Patientensicherheit

Wolfgang Hellmann
Hrsg.

Patientensicherheit

Gemeinsames Handeln als
Herausforderung

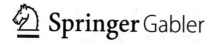

Springer Gabler

Hrsg.
Wolfgang Hellmann
Hemmingen, Deutschland

ISBN 978-3-658-37142-5   ISBN 978-3-658-37143-2 (eBook)
https://doi.org/10.1007/978-3-658-37143-2

Die Deutsche Nationalbibliothek verzeichnet diese Publikation in der Deutschen Nationalbibliografie; detaillierte bibliografische Daten sind im Internet über http://dnb.d-nb.de abrufbar.

Springer Gabler

Planung/Lektorat: Margit Schlomski
Springer Gabler ist ein Imprint der eingetragenen Gesellschaft Springer Fachmedien Wiesbaden GmbH und ist ein Teil von Springer Nature.
Die Anschrift der Gesellschaft ist: Abraham-Lincoln-Str. 46, 65189 Wiesbaden, Germany

Geleitwort von Melanie Brinkmann

Patientensicherheit ist ein hochaktuelles Thema. Die COVID-19-Pandemie veranschaulicht mit aller Deutlichkeit, dass Patientensicherheit der gemeinsamen Anstrengung von Politik, Wissenschaft, Wirtschaft und jedes Einzelnen bedarf. In einer Zeit, in der ein hohes Maß an Solidarität gefragt ist, erschweren Bedenken und Verweigerungen die Bewältigung der aktuellen Krise. Es ist deshalb wichtig, das Thema Patientensicherheit über die Fachkreise hinaus breit in die Öffentlichkeit zu kommunizieren. An genau jenem Punkt setzt dieses Buch an, wie sein Titel „Patientensicherheit: Gemeinsames Handeln als Herausforderung" klar ausweist. Besonderer Schwerpunkt sind vielfältige Anregungen mit praktischen Tipps für die Umsetzung von Patientensicherheit in stationären und ambulanten Einrichtungen.

Ich wünsche diesem Buch viel Erfolg und hoffe, dass wir durch seine Lektüre wichtige Impulse für die Bewältigung zukünftiger Gesundheitskrisen erlangen.

Braunschweig, im Dezember 2021

Prof. Dr. Melanie Brinkmann

Prof. Dr. rer. nat. Melanie Brinkmann leitet die Arbeitsgruppe „Virale Immunmodulation" am Helmholtz-Zentrum für Infektionsforschung in Braunschweig und ist seit 2018 Professorin am Institut für Genetik im Forschungsschwerpunkt „Infektionen und Wirkstoffe" der Technischen Universität Braunschweig. Seit Beginn der COVID-19-Pandemie ist sie Mitglied in Beraterstäben von Bundes- und Landesregierungen.

Geleitwort von Tim Engartner

Das vorliegende Buch stellt im Kontext des Aufzeigens von Fehlentwicklungen vielfältige Vorschläge zur Optimierung der Patientenversorgung in deutschen Krankenhäusern vor. Bezug genommen wird auch zu Unterlassungen der Gesundheitspolitik mit daraus resultierenden Einschränkungen für die Patientensicherheit. Optimierungen wären sinnvoll.

Die Corona-Pandemie wäre ein geeigneter Ausgangspunkt, um den über die Privatisierung von Krankenhäusern und Gesundheitsleistungen forcierten Wettbewerb im Gesundheitswesen aufzugeben und die Pflegekräfte angemessen zu bezahlen. Zugleich deutet das gesamtgesellschaftliche Bewusstsein in eine vielversprechende Richtung, wonach das Patientenwohl wieder zum Kern ärztlichen Handelns erklärt, die Ungleichbehandlung im dualen Versicherungssystem beendet und die Finanzierung der Krankenhäuser via Fallpauschalen abgeschafft werden sollte.

Erst dann, wenn das Geschäft mit der Gesundheit ein Ende gefunden hat, werden die Vorgaben des Krankenhausgesetzes, wonach eine bedarfsgerechte Versorgung der Bevölkerung mit Gesundheitsleistungen das Ziel eines Krankenhauses sein muss, adäquat umgesetzt werden können. Wir sollten Gesundheitseinrichtungen nicht länger als Wirtschaftseinheiten begreifen und uns im Spiegel der „Corona-Krise" die Bedeutung des öffentlichen Gesundheitssektors vergegenwärtigen. An die Stelle einer „betriebswirtschaftlich gesteuerten Behandlung" von Patienten und Patientinnen muss endlich wieder deren bestmögliche medizinische Versorgung als oberstes gesundheitspolitisches Ziel treten – erst recht in einem reichen Land wie der Bundesrepublik Deutschland.

Dem Buch wünsche ich viel Erfolg und eine weite Verbreitung. Es kann dazu beitragen, dass das Thema Patientensicherheit breitere Beachtung erfährt und damit auch die Etablierung einer Patientensicherheitskultur in Deutschland gefördert wird.

Frankfurt, im November 2021

Prof. Dr. Tim Engartner

 **Prof. Dr. Tim Engartner** ist Professor für Sozialwissen-
schaften mit dem Schwerpunkt ökonomische Bildung an der
Universität zu Köln und und Mitglied des Direktoriums der
Akademie für Bildungsforschung und Lehrkräftebildung. Zuvor lehrte er Didaktik der Sozialwissenschaften am Fachbereich Gesellschaftswissenschaften der Goethe-Universität
Frankfurt am Main.

Geleitwort von Karl Ehrenbaum

Patientensicherheit ist ein wichtiges Thema. Dies gilt für Deutschland und die Schweiz gleichermaßen. Bei allen lobenswerten und umfangreichen Bemühungen fallen zwei Dinge ins Auge: Es gibt kaum eine Annäherung an das Thema im Sinne von Prävention, und vielerorts wird es auf das Klinische Risikomanagement reduziert. Somit wird der notwendige übergreifende Ansatz nicht beachtet.

Immerhin beginnt man aber langsam in den genannten Ländern zu erkennen, dass nicht allein medizinische Expertise ein gutes Behandlungsergebnis zeitigen kann, sondern vor allem die Qualifikation der Mitarbeiter ergebnisrelevant ist.

Aus meinen langjährigen Erfahrungen bei der Umsetzung von Versorgungsprojekten (Medipoint, Zürich) habe ich die Erkenntnis gewonnen: Wirklich nachhaltig gewährleistet werden kann Patientensicherheit nur im Kontext präventiver Maßnahmen und eines nachhaltigen Patientensicherheitskonzepts, das den Blick über das Risikomanagement hinaus schärft und den Patienten einbindet. Dabei muss der Risikodialog eine entscheidende Rolle spielen. Denn der Patient weiß häufig selbst am besten, was er möchte.

Dem Herausgeber ist es in seinem Buch gelungen, neben der Vorstellung ganzheitlicher Konzepte zur Patientensicherheit alle genannten Facetten zu beleuchten. Es geht dabei nicht nur um die großen Fehler (Behandlungsfehler). Gerade die kleinen Fehler, seien es organisatorische oder auch kleine ärztliche Unterlassungen, sind es, die Patienten das Leben schwermachen und auch die Patientensicherheit bedrohen können. Sie zu identifizieren und bekannt zu machen – neben den gravierenden Risiken –, sind auch Schritte zur Prävention!

Insgesamt ein wegweisendes Buch mit vielen Anregungen durch Fallbeispiele und praktische Tipps auf dem Wege zu mehr Patientensicherheit. Ich wünsche ihm weite Verbreitung und viel Erfolg!

Stallikon, im November 2021
Karl Ehrenbaum

Karl Ehrenbaum ist eidgenössisch diplomierter Versicherungsexperte und Betriebswirt. Er hat bei der Zürich Versicherung das erste europäische integrierte Versorgungsnetzwerk aufgebaut, ist Dozent für Krankenhausmanagement an verschiedenen Hochschulen und CEO der Ehrenbaum Health Consulting GmbH.

Vorwort

Das vorliegende Buch fokussiert auf Patientensicherheit nach dem Grundsatz „Qualität ist nicht teilbar". Dies bedeutet, dass Versorger und externe Akteure wie Gesundheitspolitik, ärztliche Institutionen und Krankenkassen gemeinsam für Qualität sorgen müssen, heute mehr als je zuvor und in besonderer Weise auch mit Blick auf plötzlich und unerwartete Krisen wie die Corona-Pandemie.

Dies ist allerdings nur möglich, wenn Patientensicherheit in engem Zusammenhang mit „Gesundheitskompetenz" und der Fähigkeit zur „Gesundheitskommunikation" gesehen wird, bisher so gut wie nicht berücksichtigte Erfordernisse. Das Buch zeigt entsprechende Zusammenhänge auf.

Der Weg zu einem guten Ergebnis Patientensicherheit ist dornenreich. Denn Gesundheitskompetenz ist in Deutschland nicht breit verankert. Dies gilt für die Bevölkerung, aber auch für die Gesundheitspolitik. Grundsätzlich erschwerend sind außerdem sehr unterschiedliche Interessenlagen, denn sie behindern ein konsentiertes Vorgehen.

Neben der Bedeutung von Gesundheitskompetenz und Gesundheitskommunikation als Pfeiler von Patientensicherheit ist zu berücksichtigen, dass die bisher verfolgte strenge und einseitige Sicht auf Klinisches Risikomanagement und medizinische Expertise verlassen wird. Patientensicherheit muss weit mehr beinhalten. Sie ist Ergebnis aller Bemühungen um Qualität und schließt die Notwendigkeit multidimensionaler Qualität und eines umfassenden Risikomanagements mit ein. Konkret bedeutet dies, dass neben dem Klinischen Risikomanagement weitere Risikokategorien in die Betrachtung einbezogen werden müssen, die auf ein gutes Behandlungsergebnis abstellen, bisher jedoch kaum berücksichtigt wurden. Dem notwendigen umfassenden Risikomanagement als Grundlage für Patientensicherheit wird somit in der Regel nicht Rechnung getragen.

Darüber hinaus werden zahlreiche Risiken durch die Gesundheitspolitik ignoriert, so vor allem systemimmanente Risiken, die z. B. aus Medizinprodukten und einer unzureichenden Bereitstellung von Arzneimitteln resultieren. Die Gewährleistung hoher Patientensicherheit wird damit massiv in Frage gestellt.

Kluge Strategien für eine innovative Gesundheitsversorgung, auch im Hinblick auf zukünftige Pandemien und ähnliche Krisen, fehlen. Man orientiert sich mehr an individuellen Eigeninteressen und weniger am Patientenwohl. Dies darf nicht so bleiben! Es braucht vielmehr Mut zu neuen Wegen und Konzepten auf der Grundlage der Identifizierung von Schwachstellen in unserem Gesundheitssystem.

Grundlegende strukturelle Veränderungen wie Prozessorientierung in den Krankenhäusern und eine Verbesserung der Arbeitsbedingungen in der Aus- und Weiterbildung des ärztlichen Nachwuchses sind bisher kaum auf den Weg gebracht worden. Der Forderung junger Mitarbeiter[1] (vor allem der Generation Y) nach guten Arbeitsbedingungen mit Teamorientierung und Transparenz wird damit nicht Rechnung getragen. Die Motivation für gute Arbeit mit Patienten, eine hohe Behandlungsqualität und eine zufriedenstellende Rekrutierung von ärztlichem Nachwuchs gehen daraus folgend verloren.

Insgesamt betrachtet ist eine Krisenfestigkeit unseres Gesundheitssystems nur eingeschränkt erkennbar. Klare Zuständigkeiten werden durch das föderale System verhindert, wissenschaftlichen Experten wird nicht immer Gehör geschenkt. Bund und Länder sind, wie die Corona-Pandemie zeigt, häufig uneins. Dabei werden unterschiedliche Auffassungen laufend in die Öffentlichkeit getragen und dort kontrovers und mitunter polemisch diskutiert, mit dem Ergebnis einer steigenden Verunsicherung der Bevölkerung. Unabhängig davon fehlen Konzepte zur Bewältigung ähnlicher Krisen.

Patientensicherheit muss deshalb als gemeinsames Projekt interner (Versorger) und externer (Gesundheitspolitik, Krankenkassen, Ärzteschaft) Entscheider definiert werden. Gemeinsames Handeln ist gefragt. Sicher eine große Herausforderung, die aber bewältigt werden muss.

Zielführende Entscheidungen und gesetzliche Regelungen für die Versorgungseinrichtungen müssen die Basis für hohe Patientensicherheit schaffen, eine Schärfung des Bewusstseins auch für „kleine Risiken", mit denen Ärzte, Pflegende und Patienten täglich konfrontiert sind, eingeschlossen.

Das Buch thematisiert alle angesprochenen Aspekte, mit dem Ziel, die Notwendigkeit einer konsentierten Gewährleistung von Patientensicherheit einem breiten Leserkreis transparent zu machen und neue Wege für ein Mehr an Sicherheit zu wagen. Es ist in Zusammenarbeit mit der neu gegründeten Gesellschaft für Patientensicherheit (DGPAS) entstanden.

Adressaten des Buches sind vor allem Führungskräfte in Versorgungseinrichtungen, wie Geschäftsführer, Ärztliche Direktoren und Chefärzte, aber auch alle Mitarbeitenden der verschiedenen Berufsgruppen. Angesprochen sind ebenfalls externe Entscheider aus Gesundheitspolitik, Ärzteschaft, Krankenkassen und Beratungsgremien. Denn: Patientensicherheit ist Gemeinschaftsaufgabe!

Gerichtet ist das Buch aber auch an Patienten und Angehörige und nicht zuletzt an Studierende und Absolventen von Studienprogrammen zur Patientensicherheit und zum Krankenhaus- und Integrierten Versorgungsmanagement. Kontrollfragen zu jedem Beitrag ermöglichen insbesondere diesen Kreisen von Adressaten eine Reflexion und Überprüfung

---

[1] Zugunsten einer lesefreundlichen Darstellung wird in der Regel die neutrale bzw. männliche Form verwendet. Diese gilt für alle Geschlechtsformen (weiblich, männlich, divers).

ihres Wissensstandes. Damit übernimmt das Buch auch die Rolle eines Lehrbuches rund um das Thema Patientensicherheit.

Gedankt sei allen Autorinnen und Autoren für die gute Zusammenarbeit. Dank gilt auch Frau Margit Schlomski, die das Buch mit auf den Weg gebracht und vielfältige Anregungen zur Umsetzung gegeben hat. Ebenfalls Dank zu sagen ist Frau Renate Schilling für ihre zielführenden Hinweise zur textlichen Optimierung: Last not least danke ich auch meiner Frau Ilse Hellmann für die ständige Diskussionsbereitschaft zu Inhalten des Buches, verbunden mit vielfältigen Anregungen.

Hannover   Prof. Dr. habil. Wolfgang Hellmann
März 2022

Inhaltsverzeichnis

Der Herausgeber

Prof. Dr. habil. Wolfgang Hellmann ist Gründer der Akademie für Management im Gesundheitswesen e.V., Initiator des Studienmodells Hannover für Berufe im Gesundheitswesen, wissenschaftlicher Planer und Leiter des Studienprogramms Medical Hospital Management für Führungskräfte im Ärztlichen Dienst, Gründer der DSÖGG (Deutsch-Schweizerisch-Österreichische Gesellschaft für Gesundheitsmanagement), Verantwortlicher im Kompetenzzentrum Kooperative Kundenorientierung im Krankenhaus, Mitglied in zahlreichen Beiräten (z. B. Gesundheitsbildung e.V., Schweiz) und Herausgeber zahlreicher Buchpublikationen zum Krankenhausmanagement für Ärzte.

Über die Autoren

Dr. rer. medic. Matthias Aleff studierte Ingenieurswissenschaften und promovierte im medizinischen Bereich. Seit 2007 ist er bei der GfS Gesellschaft für Simulatorschulung mbH in Essen als Simulatorausbilder tätig. Als Abteilungsleiter verantwortet er die Aufstellung und Weiterentwicklung der Marke EKu.SAFE. Im Rahmen seiner Tätigkeit bildete sich Dr. Aleff zum klinischen Risikomanager und klärungsorientierten Coach weiter.

Julian Pascal Beier studiert Medizin, Gesundheitswissenschaften (Public Health) und Rechtswissenschaft in Heidelberg, Mannheim, Pasadena (USA) und Hagen. Seit 2020 arbeitet er im Öffentlichen Gesundheitsdienst. Sein besonderer Interessenschwerpunkt liegt im Bereich der Infektionsepidemiologie sowie der Rechtsepidemiologie (Public Health Law). Bei der Bundesvertretung der Medizinstudierenden in Deutschland e.V. (bvmd) war er als Bundeskoordinator für Gesundheitspolitik aktiv.

Prof. Dr. med. Jürgen Graf ist Ärztlicher Direktor und Vorstandsvorsitzender des Universitätsklinikum Frankfurt sowie Mitglied im Vorstand des Verbandes der Universitätsklinika Deutschlands und Leiter des Planungsstabs stationäre Versorgung COVID am Hessischen Ministerium für Soziales und Integration. Graf ist Facharzt für Innere Medizin, Facharzt für Anästhesiologie und Intensivmedizin und führt die Zusatzbezeichnung Notfallmedizin, Betriebsmedizin und Flugmedizin.

Graf ist ausgebildeter Qualitätsmanager, Risikomanager, Pilot und flugmedizinischer Sachverständiger.

Jonah Grütters studiert dual Gesundheitsmanagement an der IU Hamburg und arbeitet bei der OptiMedis AG im Bereich Research & Innovation. Seine Interessenschwerpunkte liegen im Bereich künstliche Intelligenzen, Health Technology Assessment und Value-based Healthcare. Neben seinem Studium ist er bei verschiedenen Organisationen aktiv, die sich mit Innovation im Gesundheitswesen, Prävention und Mental Health beschäftigen. Bei der Bundesvertretung der Medizinstudierenden in Deutschland e.V. (bvmd) war er Bundeskoordinator für medizinische Ausbildung.

Prof. Dr. med. Felix Hoffmann ist Facharzt für Orthopädie und Unfallchirurgie und seit über 20 Jahren in der präklinischen und klinischen Notfallmedizin tätig. Seit einigen Jahren widmet er sich der Organisationsentwicklung von Krankenhäusern; aktuell leitet er die Stabsstelle für medizinische Prozessentwicklung am Klinikum Darmstadt, wo unter anderem die zentrale Notaufnahme Gegenstand von Restrukturierungs- und Digitalisierungsprojekten ist. Felix Hoffmann ist darüber hinaus als Professor für Digital Health an der Apollon Hochschule in Bremen sowie als Dozent an der medizinischen Fakultät der Ruhr-Universität Bochum tätig.

Franziska Hörner ist Studentin des Master-Programms „Gesundheitsökonomie" (M.Sc.) an der Universität Bayreuth. Aktuell arbeitet sie als Werkstudentin bei Dr. Kottmair an Projekten im Gesundheitsmanagement. Davor war sie u. a. nebenwissenschaftlich an der Technischen Hochschule Rosenheim tätig.

Sudhakar Jayaram kann auf eine 24-jährige Tätigkeit in den Gesundheitssystemen verschiedener Länder wie Indien, China, Nepal, den Vereinigten Arabischen Emiraten und den USA zurückblicken. Unter anderem war er an der Inbetriebnahme des Krankenhauses Mediciti in Kathmandu beteiligt, war Landesleiter und Group CEO von BR Life in Indien und leitete die Planung und Entwicklung von Indiens erstem Kompetenzzentrum für Krankenpflege. Er ist Direktor für internationale Zusammenarbeit und treibt die Expansionsstrategie von CR-Medical voran, Chinas größtem privaten Gesundheitsdienstleister mit über 15.000 Betten auf dem chinesischen Festland. 2018 rief Sudhakar Jayaram mit Tobias Schilling das Projekt „Hannover-Medical.Management" ins Leben.

Dr. rer. pol. Holger Koch ist Geschäftsführer des Geriatriezentrums Neuburg und des Kreiskrankenhauses Schrobenhausen sowie deren Tochterunternehmen. Er ist studierter Volkswirt und Gesundheitsökonom sowie Spezialist für Klinik- und MVZ-Management. Er beschäftigt sich mit der Umsetzung von Digitalisierungslösungen im Gesundheitswesen und der Weiterentwicklung von Versorgungsstrukturen.

Stefan Kottmair Ist Arzt und Physiker. Er verfügt über mehr als zwanzig Jahre Berufserfahrung in den Bereichen Population Health Management, Telemedizin und E-Health. Aktuell entwickelt er Projekte für Telemedizin-Anbieter, nationale und internationale Krankenversicherungen und Unternehmen der Gesundheitsindustrie. Davor war er in verschiedenen Führungspositionen tätig, u. a. als Geschäftsführer der almeda GmbH (heute SHL Telemedizin), einem Telemedizinanbieter im Konzernverbund der Münchener Rück.

Karolina Lange-Kulmann ist Anwältin für Medizinrecht und berät Unternehmen und Leistungserbringer im regulatorischen Gesundheitsrecht umfassend und kreativ bei der Umsetzung ihrer Vorhaben. Schwerpunkte ihrer Tätigkeit sind: Beratung im Rahmen des Aufbaus von MVZ-Strukturen, Transaktionen im Gesundheitssektor, die Digitalisierung des Gesundheitswesens und die Gründung sowie Zulassung von Gesundheitseinrichtungen. Karolina Lange-Kulmann ist

Mitglied medizinrechtlicher Arbeitsgemeinschaften. Sie lehrt an der HHL Leipzig Graduate School of Management und der Akademie für freiberufliche Selbstverwaltung und Praxismanagement bei der Bundeszahnärztekammer.

Dipl.-Ing. Bert Poeten studierte Maschinenbau und ist seit 35 Jahren bei der GfS Gesellschaft für Simulatorschulung mbH tätig, zunächst als Simulatorausbilder im Bereich Kernkraftwerke, dann als zertifizierter Kommunikationstrainer und -berater. Als Leiter der Marke EKu.SAFE unterstützt er branchenübergreifend Unternehmen bei der Einführung sicherheitsgerichteter Verhaltensstandards. Darüber hinaus ist er klärungsorientierter Coach, Heilpraktiker für Psychotherapie und klinischer Risikomanager.

Prof. Dr. Erika Raab ist seit 2019 Geschäftsführerin der Kreisklinik Groß-Gerau. Neben ihrer Professur für Medizincontrolling an der MSH Medical School Hamburg ist sie auch stellvertretende Vorstandsvorsitzende der deutschen Gesellschaft für Medizincontrolling. Auf das Studium der Rechtswissenschaften an der Universität Greifswald folgte zunächst eine anwaltliche Tätigkeit im Medizinrecht, anschließend eine Stelle in der Assistenz der Geschäftsführung in einem Kreiskrankenhaus und ein berufsbegleitender Master-Abschluss in Business Administration. 2009 übernahm sie als bundesweit erste Nichtmedizinerin in Darmstadt eine klinikinterne Führungsrolle. Aktuell betreut sie federführend den bundesweit ersten Ausbau eines kommunalen Krankenhauses zum Intersektoralen Versorgungszentrum.

Dr. med. Marcus Rall ist Notarzt und Gründer sowie Leiter des InPASS Instituts für Patientensicherheit & Teamtraining GmbH. Zuvor arbeitete er 17 Jahre am Universitätsklinikum Tübingen in Anästhesie und Notfallmedizin und gründete TüPASS. Er ist Autor zahlreicher Publikationen (u. a. zwei Kapitel in Miller's Anesthesia) und hält Vorträge, auch international. Seine Schwerpunkte sind Human Factors (CRM, Teamarbeit) und Systemsicherheit (High Reliability) sowie innovative Ausbildungskonzepte mit Patientensimulatoren und zugehörige Instruktorenkurse.

Matthias Rosenberg ist Diplom-Betriebswirt und Vorstand der Controllit AG, berät seit 1999 Unternehmen verschiedenster Branchen in den Bereichen Business Continuity (BCM), IT Service Continuity (ITSCM) und Krisenmanagement (KM). Darüber hinaus ist er Trainer für BCM und Krisenmanagement an der BCM Academy sowie Dozent für BCM an der HfÖV und der Jacobs University.

Dr. Tobias Schilling studierte Medizin in Hannover und arbeitete als Arzt in der universitären Herzchirurgie, wo er tiefe Einblicke in die schlanke und effiziente Organisation von klinischen Prozessen gewinnen konnte. In den späten 1990er Jahren gründete er die infoworks GbR, ein Beratungsunternehmen mit dem Schwerpunkt Strategie, Management und Internetkommunikation. Seine unternehmerische Erfahrung untermauerte er mit einem betriebswirtschaftlichen Studium (MBA) an der Hochschule Neu-Ulm. 2018 rief Tobias Schilling mit Sudhakar Jayaram das Projekt „Hannover-Medical. Management" ins Leben.

Dr. med. Markus Schmola ist Chefarzt der Abteilung für Anästhesiologie, Intensiv-, Notfall- und Tauchmedizin am Kreiskrankenhaus Schrobenhausen. Über sein Fachgebiet hinaus beschäftigt er sich mit Risikomanagement im Krankenhaus sowie der Weiterentwicklung kommunaler Versorgungsstrukturen. Zudem ist er Experte für Pandemiemanagement.

Dr. med. Kyra Schneider, MBA ist Fachärztin für Anaesthesiologie, Leitung der Stabsstelle Patientensicherheit & Qualität des Universitätsklinikum Frankfurt, dessen Patientensicherheitsbeauftragte und Mitglied des Landesbeirats Patientensicherheit des Landes Hessen. Sie ist zertifizierte Risikomanagerin nach ONR 49003 und bildet seit vielen Jahren klinische Risikomanager und seit 2019 die Patientensicherheitsbeauftragten der hessischen Krankenhäuser aus. Von 2013 bis 2019 leitete sie die AG Risikomanagement der GQMG e. V., seit 2019 die AG Patientensicherheit des Verbandes der Universitätskliniken e. V. und ist aktiv im Aktionsbündnis Patientensicherheit e. V. sowie der Gesellschaft für Qualitätsmanagement im Gesundheitswesen e. V. (GQMG).

Irem Scholz ist Fachanwältin für Medizinrecht und seit 2005 im Arzthaftungsrecht tätig. Sie vertritt bundesweit medizingeschädigte Patienten und setzt Schmerzensgeld und Schadenersatz bei großen Personenschäden durch. Darüber hinaus publiziert und referiert sie vorwiegend zu arzthaftungsrechtlichen Themen. Von der Wirtschaftswoche wurde sie in den Jahren 2017, 2019, 2020 und 2021 als Top-Anwältin für Medizinrecht ausgezeichnet.

Dr. Katharina Schomm ist seit 2015 Rechtsanwältin bei Wessing & Partner, seit 2021 Partnerin der Sozietät. Sie vertritt und berät Unternehmen und Einzelpersonen im gesamten Wirtschaftsstrafrecht. Das umfasst auch die Beratung zu Compliance-Themen. Ein Schwerpunkt ihrer anwaltlichen Tätigkeit liegt dabei im Arzt- und Medizinstrafrecht sowie der Vertretung von Unternehmen in der Gesundheitsbranche, z. B. Krankenhäusern und MVZ. Von 2013 bis 2015 war Katharina Schomm als Unternehmensjuristin in einem großen Versicherungsunternehmen in Münster u. a. in der Rechtsabteilung der Krankenversicherungs-AG und in den Bereichen Compliance und Risikomanagement tätig. Studiert und promoviert hat sie an der Universität Münster.

Dipl.-Betriebswirt (FH) Oliver Steidle, M.A. absolvierte nach seiner Berufsausbildung zum Groß- und Außenhandelskaufmann ein Diplomstudium der Wirtschaftswissenschaften mit dem Schwerpunkt Management im Gesundheitswesen an der Westfälischen Hochschule. Seit 2009 ist er im Bereich Qualitätsmanagement und Klinisches Risikomanagement im deutschen Krankenhauswesen tätig. Berufsbegleitend studierte er Arbeits- und Organisationspsychologie an der Universität Wuppertal. Seit 2011 ist der zertifizierte Qualitätsmanagement-Auditor und klinische Risikomanager auch als Autor und Dozent an verschiedenen Bildungsinstituten im Bereich Managementlehre tätig.

Prof. Dr. Peter Stratmeyer ist Krankenpfleger, Dipl.-Pflegepädagoge, Professor für Pflegewissenschaft und Gründungsmitglied des Zentrums für Kooperatives Prozessmanagement im Gesundheitswesen (KoPM®-Zentrum) an der Hochschule für Angewandte Wissenschaften Hamburg (HAW Hamburg). Seine Schwerpunkte liegen in angewandter Forschung, Entwicklung und Organisationsberatung, insbesondere Gesundheitssystemanalyse, Prozessmanagement, interprofessionelle Kooperation, Digitalisierung in Pflegeeinrichtungen und Personalentwicklung.

Dr. Tobias Thielmann ist seit März 2020 als Rechtsanwalt bei der Kanzlei Wessing & Partner tätig. Ein besonderer Schwerpunkt seiner anwaltlichen Tätigkeit liegt im Arzt- und Medizinstrafrecht. Nach seinem Studium an der Heinrich-Heine-Universität in Düsseldorf sowie einem Aufenthalt an der Copenhagen Business School promovierte Dr. Thielmann zum Thema „Zwangsmedikation in der Kinder- und Jugendpsychiatrie". Seine Promotion beinhaltete einen Aufenthalt am Centre for Law, Medicine & Life Science der Universität Cambridge. Seit Oktober 2021 ist Herr Dr. Thielmann neben seiner anwaltlichen Tätigkeit als Lehrbeauftragter an der rechtswissenschaftlichen Fakultät der Heinrich-Heine-Universität Düsseldorf tätig.

Laura Tosberg hat 2020 das Studium der Humanmedizin an der Eberhard Karls Universität Tübingen abgeschlossen. Seit 2016 ist sie beim InPASS Institut für Patientensicherheit und Teamtraining tätig, seit Juni 2021 als operative Leiterin. Sie hat Expertise in der Planung von Simulations-Teamtrainings und hat als Ausbilderin für Simulations-Instruktoren umfangreiche Kenntnisse im Bereich Crew Resource Management und Debriefing. Aktuell studiert sie Leadership & Change Management Healthcare an der Steinbeis-Hochschule Berlin.

Abkürzungsverzeichnis[1]

AFM	Anonymes Fehlermeldesystem
AGF	Arbeitsgemeinschaft Gesundheitsförderung
ÄGF	Ärztlicher Geschäftsführer
AiW	Arzt in Weiterbildung
AMT	Ausbruchsmanagementteam
APS	Aktionsbündnis für Patientensicherheit
AS	Arbeitsschutz
BCM	Business Continuity Management
BGF	Betriebliche Gesundheitsförderung
BGM	Betriebliches Gesundheitsmanagement
BMG	Bundesministerium für Gesundheit
CA	Chefarzt
CDSS	Clinical Decision Support Systems
CIRS	Critical Incident Reporting System
CMS	Compliance Managementsystem
CRM	Crew-Ressource-Management
DGAI	Deutsche Gesellschaft für Anästhesiologie und Intensivmedizin
DGINA	Deutsche Gesellschaft Interdisziplinäre Notfall- und Akutmedizin
DGU	Deutsche Gesellschaft für Unfallchirurgie
DNGK	Deutsches Netzwerk Gesundheitskompetenz e.V.
DZQM	Dezentrales Qualitätsmanagement
eGENA	Elektronische Gedächtnis- und Entscheidungshilfe
EKTC	Einsatz-, Katastrophen-und Taktische Chirurgie
EMRAN	Electronic Medical Record Adoption Model
FA	Fachabteilung
G-BA	Gemeinsamer Bundesausschuss
GF	Geschäftsführer

---

[1] Ein Teil der Abkürzungen ist konsentiert, ein Teil wurde vom Autor geprägt.

GVWG	Gesundheitsversorgungsweiterentwicklungsgesetz
IQTIG	Institut für Qualität und Transparenz im Gesundheitswesen
KAEP	Krankenhausalarm- und Einsatzplan
KHZF	Krankenhauszukunftsfonds
KHZG	Krankenhauszukunftsgesetz
KliRM	Klinisches Risikomanagement
M&M-K	Morbiditäts- und Mortalitätskonferenzen
MTO-Ansatz	Mensch-Technik-Organisation-Ansatz
MVZ	Medizinisches Versorgungszentrum
PaSV	Patientensicherheitsverordnung (Land Hessen)
PEF	Partizipative Entscheidungsfindung
PJ	Praktisches Jahr
PJler	Studierender im Praktischen Jahr
PO	Patientenorientierung
POCD	Postoperative kognitive Dysfunktion
POL	Problemorientiertes Lernen
PRO	Patient-Reported Outcome
PS	Patientensicherheit
PSB	Patientensicherheitsbeauftragter
PSK	Patientensicherheitskonzept
QB	Qualitätsbericht
QK	Qualitätskategorie
QM	Qualitätsmanagement
QMB	Qualitätsmanagementbeauftragter
QMS	Qualitätsmanagementsystem
QSB	Qualitätssicherheitsbeauftragter
RK	Risikokategorie
RKM	Risikomanager
RM	Risikomanagement
RMB	Risikomanagementbeauftragter
RMS	Risikomanagementsystem
URM	Umfassendes Risikomanagement
ZEKO	Zentrale Ethikkommission (der BÄK)
ZERT	Zertifizierung
ZQM	Zentrales Qualitätsmanagement

Teil I

Patientensicherheit in Deutschland im Überblick

Der derzeitige Status der Patientensicherheit in Deutschland wird skizziert, eine neue Sicht wird vorgestellt, Fehlentwicklungen werden aufgezeigt, neue Konzepte für die zukünftige Gesundheitsversorgung auf den Prüfstand gestellt und technische Innovationen für die medizinische Ausbildung und die Patientenversorgung beschrieben. Es folgen die Definition wichtiger Termini, Angaben zur Rolle des Patienten und der Beauftragten für Patientensicherheit und Hinweise zur Bedeutung von Zweitmeinungen. Abschließend wird der Bezug zum ärztlichen Nachwuchs hergestellt.

Hohe Patientensicherheit in Deutschland – Wunschdenken oder Realität?

1

Wolfgang Hellmann

Inhaltsverzeichnis

Zusammenfassung

Patientensicherheit wird hier definiert als Ergebnis aller Bemühungen um Qualität. Die einseitige und schwerpunktmäßige Fokussierung auf Klinisches Risikomanagement im Kontext von Qualitätsmanagement wird damit verlassen. Der Beitrag gibt einen Überblick über den aktuellen Stand zur Patientensicherheit in Deutschland, beschreibt Entwicklungen mit Gefährdungspotenzial und stellt die Frage, ob neu vorgestellte Konzepte

W. Hellmann (✉)
Hemmingen, Deutschland
E-Mail: hellmann-w@t-online.de

© Der/die Autor(en), exklusiv lizenziert an Springer Fachmedien Wiesbaden GmbH, ein Teil von Springer Nature 2022
W. Hellmann (Hrsg.), *Patientensicherheit*,
https://doi.org/10.1007/978-3-658-37143-2_1

zur zukünftigen Gesundheitsversorgung Aspekte der Patientensicherheit ausreichend berücksichtigen oder ein Mehr an Patientensicherheit gewährleisten können.

1.1 Status der Patientensicherheit in Deutschland

Das Grundproblem und die Notwendigkeit seiner Beseitigung

Eine Fülle von Aktivitäten zur Patientensicherheit (PS) kennzeichnet die Gesundheitsversorgung in Deutschland. Hier wird insbesondere Bezug genommen auf die Bemühungen des Aktionsbündnisses Patientensicherheit (APS) in Deutschland, auch im Kontext ähnlicher Aktivitäten in der Schweiz.

Bestehende Aktivitäten in Deutschland sind häufig auf dem richtigen Weg. Sie sind oft wegweisend, lassen aber nicht immer erkennen, dass PS weitaus mehr sein muss als die Vermeidung von Behandlungsfehlern und die Optimierung von Interventionen am Patienten. Damit wird fälschlicherweise der Eindruck erweckt, dass Struktur und Management in deutschen Versorgungseinrichtungen stimmig sind und deshalb PS „konkurrenzlos" auf Interventionen am Patienten konzentriert werden kann.

Dieser einseitige Fokus ist wenig zielführend. Es gibt noch viel zu tun! Strukturelle, medizinische und managementorientierte Defizite sind in deutschen Versorgungseinrichtungen breit vorhanden. Sie existierten bereits vor der Corona-Krise – diese hat sie nur noch sichtbarer gemacht. Das Rollenverständnis von Ärzten und Führung ist vielerorts noch auf einem Stand, der verdeutlicht, dass die Notwendigkeit innovativer Sicherheitsstrategien, vor allem bezüglich neuer Patientenklientele, noch nicht ausreichend zur Kenntnis genommen worden ist. Folge ist, dass Mitarbeiterfluktuationen an der Tagesordnung sind und die notwendige Aufarbeitung von Defiziten des Praktischen Jahres (PJ) und der ärztlichen Weiterbildung kaum erfolgt (Hellmann, 2021a). Hinzu kommt der immer stärker werdende Mangel an Fachkräften, der gute ärztliche und pflegerische Praxis massiv in Frage stellt und damit zwangsläufig das Ziel hoher Patientensicherheit gefährdet. Es bedarf deshalb eines Paradigmenwechsels in Bezug auf Organisation, Führung und Medizinstrategien in den Versorgungseinrichtungen, der die Basis für nachhaltige PS gewährleisten kann. Gefragt ist ein ganzheitlicher Strategieansatz und nicht ein „Weiter so" mit weitgehend einseitiger Ausrichtung auf das Klinische Risikomanagement. Gute Zusammenarbeit aller Mitarbeitenden in den Versorgungseinrichtungen ist dazu Voraussetzung, aber auch ein Mehr an Unterstützung durch die Gesundheitspolitik.

Berücksichtigt werden muss auch, dass Patientensicherheit nicht losgelöst von Gesundheitskompetenz und der Fähigkeit zur Gesundheitskommunikation gesehen werden kann. Die Einbindung von Patienten in Konzepte zu deren Schutz setzt „Gesundheitswissen" voraus (siehe Abschn. 1.2).

Bisher angewendete Strategien

Patientensicherheit ist in Deutschland mehr ein Thema als in anderen Ländern. Besonders hervorzuheben sind die Bemühungen in den Krankenhäusern. In der Regel agieren hier hoch qualifizierte und empathische Ärzte und Pflegekräfte, die alles geben und darauf abstellen, die Patientenversorgung kontinuierlich qualitativ zu optimieren, und dies selbst unter schwierigen Bedingungen wie bei Corona (Raab, 2021; Steidle et al., 2021).

Im Mittelpunkt steht das Klinische Risikomanagement (RM). Arzthaftungsrechtliche Fragen haben dabei wichtige Bedeutung, wobei auch versicherungstechnische Fragen relevant sind (Benson, 2021). Betriebswirtschaftliche Risiken, vor allem grundlegende Fragen der Liquidität, werden nicht immer ausreichend berücksichtigt (Hellmann et al., 2020; Lütcke et al., 2021). Insgesamt betrachtet ist RM neu zu justieren (Gocke & Kaub, 2021; Lenschow & Klein, 2021). Der Weg muss vom proaktiven RM zum prädiktiven RM verlaufen (Jeurissen, 2021).

Lernen aus Fehlern und Schadensereignissen, der Einsatz von anonymen Fehlermeldesystemen (AFM), Checklisten zur Vermeidung von Patientenschäden, Frühwarnsysteme, Befragungen von Patienten zur Optimierung der Patientenversorgung im kontinuierlichen Verbesserungsprozess (KVP), Mortalitäts- und Morbiditätskonferenzen und vieles mehr sind zielführende Werkzeuge des Klinischen Risikomanagements, die auf breiter Basis in Krankenhäusern angewendet werden (Gausmann et al., 2018; Kahla-Witzsch, 2005; Kahla-Witzsch et al., 2019; Sendlhofer, 2020).

Neben dem Nutzen für Kliniken und andere Versorgungseinrichtungen ist RM vor allem auch ein Geschäft für Beratungsunternehmen mit hoher Affinität zu Universitätskliniken. Ob der Kostenaufwand immer in einem angemessenen Verhältnis zum Ergebnis steht, ist zu bezweifeln. Denn Klinisches RM kann zwar einen grundlegenden Beitrag für ein gutes Ergebnis in Bezug auf PS liefern. Es bedarf jedoch einer Ausrichtung auf ganzheitliche Ansätze unter Einbezug weiterer Risikokategorien und Strategien, die, fokussierend auf unterschiedliche Teilfunktionen und Teilbereiche von Management und medizinischer Entwicklung, in ihrer Gesamtheit umgesetzt werden können, aber auch in einem additiven Sinne, je nach jeweils vorhandenem strategischen Stand (der in verschiedenen Krankenhäusern unterschiedlich ist).

1.1.1 Die Akteure und ihr Vorgehen

Beachtlich ist die Breite von Institutionen und Initiativen, die sich mit Fragen der Patientensicherheit befassen. Einige Beispiele sind nachfolgend aufgeführt. Darüber hinaus unterstützen auch regionale Ärztekammern, regionale Kassenärztliche Vereinigungen, ärztliche Fachgesellschaften und Krankenkassen Anstrengungen zur Patientensicherheit.

Bundesgesundheitsministerium (BGM)

Das BGM stärkt die Patientensicherheit durch gesetzliche Regelungen wie Patientenrechtegesetz, Krankenhausstrukturgesetz (KHSG) und zahlreiche weitere Vorhaben, so z. B. zur Arzneimitteltherapiesicherheit, auch in Zusammenarbeit mit auf PS spezialisierten Initiativen wie dem Aktionsbündnis Patientensicherheit (APS) und über den Gemeinsamen Bundesausschuss (G-BA). Beispielhaft sei hier das aktuelle Projekt „Frag mich" genannt, das auf PS in Arztpraxen fokussiert (Bundesgesundheitsministerium, 2021a).

Aktionsbündnis Patientensicherheit (APS)

Das Bündnis macht umfassende Vorschläge zur PS. Beispielhaft seien hier genannt die überarbeitete, aktualisierte Handlungsempfehlung zur rechtssicheren Einweisung von Medizinprodukten (Strodtmann, 2021) oder auch die Forderungen und Vorschläge zu mehr Mitarbeitergesundheit (Schrappe, 2018; Strametz und Aktionsbündnis Patientensicherheit, 2021). Am 15.11.2021 ist eine Liste (APS-SEVer-Liste) erschienen, die (nach amerikanischem Vorbild) schwerwiegende Ereignisse, die verhindert werden sollten, benennt. Das Bündnis sieht in einer Umsetzung der Empfehlungen einen großen Fortschritt für die Patientensicherheit in Deutschland.

Insgesamt betrachtet sind die Bemühungen und Vorschläge des APS hochgradig zielführend und wegweisend, nicht nur in Bezug auf Vorschläge zur Umsetzung für Versorgungseinrichtungen. Das Thema Patientensicherheit kommt durch die stetige und intensive Öffentlichkeitsarbeit des Bündnisses zunehmend ins Bewusstsein der Bürger, auch mit kritischen Wertungen, wo es erforderlich ist. Eine zukünftige Herstellung des Bezugs zwischen Gesundheitskompetenz und Patientensicherheit, auch im Kontext von zielführender Gesundheitskommunikation, ist wünschenswert.

Der Herausgeber dieses Buches folgt gerne der berechtigten Forderung der Vorsitzenden des APS: „Mehr Sicherheit für Patientinnen und Patienten geht nur mit mehr Ehrlichkeit im Gesundheitswesen" und dem Hinweis „Speak up for your patients' safety"! (Overödder & Hilgen, 2021). Denn nur, wenn auch bestehende Defizite identifiziert und dargestellt werden (wie in diesem Buch), können gute Konzepte zur Optimierung resultieren.

Eine mehr ganzheitliche Sicht des APS auf Patientensicherheit, befreit vom mehr einseitigen Blick auf Klinisches Risikomanagement (RM) und fokussierend auf ein Gesamtkonzept Patientensicherheit auf Bundesebene im Kontext von Gesundheitskompetenz und guter Gesundheitskommunikation, wäre ein guter Schritt. Ein solcher ist momentan noch nicht identifizierbar. Sichtbar wird dies in einer aktuellen Publikation mit einem Interview der Vorsitzenden (Overödder & Hilgen, 2021). Im Fokus steht hier zentral das Klinische RM, auch in Bezug auf die Expertengruppe für die Erstellung der APS-SEVer-Liste. Wünschenswert wäre ebenfalls die zukünftige Ausrichtung auf bedeutsame, weitgehend noch nicht berücksichtigte Aktionsfelder wie die Altersanästhesie (Ridderbusch, 2021).

Deutsche Stiftung Patientenschutz

Sie ist die einzige unabhängige Patientenschutzorganisation Deutschlands für Schwerst-
pflegebedürftige, Schwerstkranke und Sterbende. Sie engagiert sich bundesweit für deren
Rechte und Selbstbestimmung und agiert gegen Kostendruck und Willkür.

Die Stiftung unterstützt vor allem schwer Erkrankte und schwierige Pflegefälle. Das
Patientenschutztelefon ist der „direkte Draht". Der **Service Versicherungsfragen** gibt
Hilfestellung auch in kniffligen Versicherungsfragen, z. B. im Hinblick auf Leistungsan-
sprüche. Bei Konflikten im Kontext von Patientenverfügungen kann die **Schiedsstelle
Patientenverfügung** vielfältig Hilfe leisten. Unterstützung kann auch erfolgen in Bezug
auf Rechtsansprüche auf spezialisierte ambulante Palliativversorgung.

Deutsche Gesellschaft für Patientensicherheit (DGPAS)

Das Bündnis wurde gerade gegründet. Es ist die erste deutsche Gesellschaft, die ausdrücklich auf Patienten und Angehörige ausgerichtet ist, wobei sie vor allem deren Erfahrungen
für eine Verbesserung der Gesundheitsversorgung nutzt.

Dabei handelt es sich weder um eine „vorschlagende" Institution wie das APS noch
eine Patientenberatungsorganisation wie die Deutsche Stiftung für Patientenschutz. Vor-
rangiges Ziel ist die Identifizierung von Defiziten in Bezug auf Behandlungen im Krankenhaus und im niedergelassenen Bereich mit nachfolgender Einleitung von Aktivitäten zu
deren Beseitigung in enger Zusammenarbeit mit den jeweils zuständigen Versorgern. Die
Ermittlung der Defizite basiert vor allem auf Patientenberichten. Sie werden den Kliniken
mit der Bitte um möglichst baldige Abstellung zugänglich gemacht. In Fällen extremer
Nachlässigkeit ohne Beseitigung vorgetragener und belegter Mängel (z. B. in einer Fachabteilung mit kontinuierlich auftretenden gravierenden Behandlungsfehlern) ist auch die
Einbeziehung einer Information der Öffentlichkeit vorgesehen (ein erstes Pilotprojekt bezieht sich auf die Patientenversorgung in der Region Hannover).

Ein weiterer Schwerpunkt der Arbeit der Gesellschaft ist die Bereitstellung von Anregungen und Konzepten zur Planung und Umsetzung von Patientensicherheit, schwerpunktmäßig für Krankenhäuser.

Initiatoren der Gesellschaft sind vorrangig ärztliche, betriebswirtschaftliche, juristische
und hochschulische Experten mit Engagement in Fragen der Patientensicherheit. Zugang
zum Bündnis haben nur Personen oder Unternehmungen ohne ökonomische Primär-
interessen, um Interessenkollisionen ausschließen zu können.

Im Mittelpunkt aller Aktivitäten steht der Grundsatz: „Der Patient zuerst!" Diesem
haben sich alle im Bündnis aktiven Institutionen und Personen unterzuordnen. Anfragen
von Patienten sind gewünscht, besonders im Hinblick auf Verstöße von Leistungserbringern und Krankenkassen gegen Patientenrechte. Ein Schwerpunkt der Gesellschaft
sind Behandlungsfehler und das damit verbundene mögliche Vorgehen.

1.1.2   Weitere Aktivitäten zur Patientensicherheit und ihre Aussagekraft

Die Zahl der Institutionen, die in Deutschland das Thema Patientensicherheit thematisieren, ist groß. Euphorie ist dennoch nicht angesagt. Daran ändern auch werbewirksame Aussagen wenig (Bundesärztekammer, 2021; Bundesgesundheitsministerium, 2021b; FAZ Verlagsspezial, 2021; Köster-Steinebach & Francois-Kettner, 2019). Manches ist erreicht worden, vieles aber noch nicht einmal im Ansatz gelöst! Unterlassungen und Fehlentwicklungen in der Gesundheitspolitik haben daran entscheidenden Anteil (Abschn. 1.3.1).

Der Hype um Patientensicherheitsbeauftragte

Sogenannte „Patientensicherheitsbeauftragte" (PSB) haben Konjunktur (Schrappe, 2018). Formal eingesetzt werden sie bisher nur im Bundesland Hessen. PSB sind hier auf Basis einer gesetzlichen Grundlage bzw. Festlegungen der Hessischen Krankenhausgesellschaft (HKG) von den Krankenhäusern verpflichtend zu etablieren (Pressestelle des Hessischen Ministeriums für Soziales und Integration 2018). Es gilt: ein PSB pro Krankenhaus. Die Weiterbildung von Interessenten für die Wahrnehmung von Aufgaben als PSB erfolgt über eine Akademie für Risikomanagement. Deren Programm spiegelt 1:1 das Aufgabenfeld gemäß der Verordnung des Landes Hessen (§ 2 ff PaSV 2019, Minister für Soziales und Integration 2018) wider. Im Programm (Online Fortbildungsprogramm zum Patientensicherheitsbeauftragten 2021) ist angegeben:

- Mitwirkung bei der Weiterentwicklung der Sicherheitskultur im Krankenhaus
- Mitwirkung bei und Koordinierung der Entwicklung und Implementierung von Maßnahmen zur Erhöhung der Patientensicherheit
- Beurteilung der klinischen Risiken für das Krankenhaus insgesamt und für die einzelnen Organisationseinheiten unter Beteiligung der jeweils Verantwortlichen und Beauftragten
- Risiko-Reporting i.S. von Vorbereitung des Berichts nach § 4 A Abs. 1 PaSV
- Ansprechpartner und Bearbeitung der Anfragen nach § 5 (PaSV)

Exemplarisch für den Einsatz von PSB in Hessen sei hier das Universitätsklinikum Frankfurt aufgeführt. Die Leiterin der Stabsstelle Qualitätssicherung des Klinikums nimmt in Personalunion auch die Aufgaben einer Beauftragten für PS wahr (Kap. 4). Die vorgenommene Umsetzung ist folgerichtig und zielführend.

In der Medizinischen Hochschule Hannover (MHH) sollen nach Presseberichten 200 „Patientensicherheitsbeauftragte" aktiv sein, die den Kliniken und Stationen zugewiesen sind und diese in Fragen der PS beraten sollen. Eine gesetzliche Grundlage dafür gibt es nicht. Auch nicht für Vereine, die in einem berufsständischen Sinne agieren und nicht auf die Sicherheit von Patienten abstellen.

Verankerung von Patientensicherheitsbeauftragten

- Unstrittig ist die Notwendigkeit, PS breit und intensiv zu kommunizieren und umzusetzen, sei es regional, flächendeckend in einem Bundesland oder auf Bundesebene.
- Voraussetzung für eine glaubwürdige Ausweisung von PSB ist eine gesetzliche Grundlage (s. Hessen).
- Die Aufgaben von PSB müssen sich klar von denen der Beauftragten für Qualitäts- und Risikomanagement abgrenzen.
- Ein Gebrauch des Begriffes PSB vorrangig zu Marketingzwecken (Motto: „Wir praktizieren Patientensicherheit"), ohne wirklich einen neuen Weg zu gehen, ist wenig seriös und nicht im Patienteninteresse. Dies wird auch nicht durch die Gründung von Zusammenschlüssen für Patientensicherheitsbeauftragte mit vorrangig berufspolitischer Intention besser. Gehen muss es um die Patienten!

Berücksichtigen Sie deshalb: „Marketing muss halten, was es verspricht". Konkret heißt dies für das Engagement zur Integration von PS: Entsprechende Maßnahmen müssen einen qualitativen Vorteil für die Patientenversorgung und damit mehr Sicherheit für die Patienten bedeuten. Wird dieser Notwendigkeit nicht Rechnung getragen, kann das fatale Folgen für das Krankenhaus, aber auch die verantwortliche Gesundheitspolitik haben. Zumindest können dadurch Imageschäden induziert werden!

Zusammenfassend lässt sich zum Status von Patientensicherheit in Deutschland feststellen:

- Eine Patientensicherheitskultur (wie gelegentlich euphorisch und sachfremd propagiert) ist in Deutschland nicht identifizierbar, auch kein übergreifendes Konzept für PS.
- Umfassende Einzelaktivitäten sind vorhanden, aber nicht in abgestimmter Form.
- Ökonomische Interessen haben häufig Vorrang gegenüber dem Patientenwohl.
- Die überbordende Fixierung auf Klinisches Risikomanagement und medizinische Expertise reicht nicht annähernd aus, um PS breit und nachhaltig im deutschen Gesundheitswesen zu verankern.
- Systemimmanente Risiken werden durch die Gesundheitspolitik kaum berücksichtigt.
- Eine „Zuarbeit" für Krankenhäuser durch die Gesundheitspolitik mit G-BA und IQTIQ erfolgt, hat aber Optimierungspotenzial.
- Ein inflationärer Gebrauch des Begriffes „Patientensicherheitsbeauftragte", vor allem im Kontext von Marketingzwecken für die eigene Profession, ist abzulehnen. Eine gesetzliche Verankerung ist zwingend, um Patientenbeauftragte seriös ausweisen zu können.

1.2 Patientensicherheit, Gesundheitskompetenz und Gesundheitskommunikation sind nicht trennbar

Bei aller Anerkennung der Bemühungen um Patientensicherheit in Deutschland ist erstaunlich, dass sie weitgehend isoliert behandelt wird und die Problematik von Gesundheitskompetenz und Gesundheitskommunikation so gut wie keinen Eingang findet.

Warum ist diese Situation kritisch? Die Antwort ist einfach: „Patientensicherheit", „Gesundheitskompetenz" und „Gesundheitskommunikation" stehen in enger Beziehung zueinander, ja sie sind voneinander abhängig!

Am Beispiel Krankenhaus sei dies aufgezeigt: „Patientensicherheit" als Ergebnis von zielführendem und qualitativ hochwertigem Qualitäts- und Risikomanagement setzt voraus, dass alle Mitarbeitenden wissen, wovon sie reden (Voraussetzung Gesundheitskompetenz) und dies auch intern und extern kommunizieren können (Voraussetzung Gesundheitskommunikation).

1.2.1 Patientensicherheit

Patientensicherheit muss zentrales und übergreifendes Ziel im Gesundheitswesen sein. Sie ist nicht immer einfach zu gewährleisten, wie die aktuelle Corona-Krise zeigt.

▶ Patientensicherheit ist ein Ergebnis, das aus dem Zusammenwirken sehr unterschiedlicher Akteure resultiert. Im Krankenhaus sind dies vor allem Ärzte und Pflege im Zusammenspiel mit Qualitätsmanagern, Risikomanagern und ggf. (soweit vorhanden) Patientensicherheitsbeauftragten. Auf Bundes- oder Landesebene ergibt sich das Ergebnis Patientensicherheit aus einem Zusammenspiel von Gesundheitspolitik, Gesundheitsämtern, Versorgungseinrichtungen, Krankenkassen, organisierter Ärzteschaft, Institutionen und Verbänden.

Bürger als Mitwirkende
Die Bürger können und sollten für ein positives Ergebnis Patientensicherheit wichtige Bedeutung haben. Ähnlich wie bei ins Krankenhaus eintretenden Patienten fehlen aber meist das notwendige Wissen (Gesundheitskompetenz) und die Kommunikationsfähigkeit (Gesundheitskommunikation).

Das Dilemma der Politik und seine Folgen
Von Politikern, die Gesundheitsprobleme meistern wollen, sollte man, wie bei den Bürgern, für zielführendes Engagement zu Fragen der Patientensicherheit Gesundheitskompetenz und Kommunikationsfähigkeit erwarten können. Ist dies nicht gegeben, kann das fatale Folgen haben, und zwar nicht nur für Einzelne (wie im Krankenhaus), sondern für ganze Bevölkerungskontingente (wie in der Corona-Krise).

Es dürfte davon ausgegangen werden können, dass die genannten Qualifikationen bei den meisten politischen Entscheidungsträgern fehlen oder nicht ausreichend vorhanden sind, vor allem die Fähigkeit zu bürgerorientierter Gesundheitskommunikation. Sachverhalte sollten nicht nur punktuell benannt, sondern geordnet im Zusammenhang für die Bürger in einfacher und verständlicher Form, aber auch überzeugend dargelegt werden können.

Wäre dies während der Pandemie möglich gewesen, wären viele Irritationen sicher ausgeblieben und die Aufforderungen zu Impfungen erfolgreicher gewesen. Die amtierende Bundesregierung hätte sich dann auch nicht über ihre (eigene) Corona-Expertenkommission dem öffentlichen Vorwurf unzulänglicher Gesundheitskommunikation aussetzen müssen.

1.2.2 Gesundheitskompetenz

Gesundheitskompetenz ist eine notwendige Voraussetzung, um Zusammenhänge im Gesundheitswesen verstehen und an der Umsetzung mitwirken zu können (z. B. auch Patienten im Krankenhaus).

Das Vorhandensein von Gesundheitskompetenz in der Bevölkerung ist unterschiedlich. Wenn auch ein beliebtes Forschungsthema, ist das Ziel, Gesundheitskompetenz auf breiter Basis in der Bevölkerung zu verankern, schwer erreichbar. Dies zeigen z. B. Erfahrungen aus der Schweiz und Österreich. So war das Projekt Gesundheitsbildung e. V. in der Schweiz beendet, bevor es überhaupt richtig begonnen hatte. In Österreich gibt es national orientierte Initiativen wie die zweite österreichische Gesundheitskompetenz-Erhebung (HLS19AT) mit aktuellen Erkenntnissen (Griebler, 2021). Erkenntnisgewinn nützt aber wenig, solange daraus nicht Konsequenzen gezogen werden. Ziel muss die Erstellung eines „nationalen Plans Gesundheitskompetenz und Patientensicherheit" sein, der als Basis dafür dienen kann, die Bevölkerung für das Thema zu gewinnen.

▶ „Gesundheitskompetenz" ist der Grad, zu dem Individuen durch Bildungs-, Sozial- und/oder Gesundheitssystem in die Lage versetzt werden, die für angemessene gesundheitsbezogene Entscheidungen relevanten Gesundheitsinformationen zu finden, zu verarbeiten und zu verstehen" (Definition des DNGK – Deutsches Netzwerk Gesundheitskompetenz e. V., siehe auch Naczinsky & Preising, 2021).

Damit wird die bisherige Gepflogenheit, Gesundheitskompetenz nur am Einzelindividuum festzumachen, verlassen. Nunmehr wird auch die Einbeziehung von Organisationen in die Unterstützung für den Einzelnen eingefordert. Es wird somit neben die „allgemeine" und „digitale" Gesundheitskompetenz die „organisationale Gesundheitskompetenz" gesetzt (Naczinsky & Preising, 2021).

Erfreulicherweise gibt es neben einer Vielzahl von praktischen Aktivitäten zur Gesundheitskompetenz zahlreiche Publikationen, die auf die notwendige Gesundheitskompetenz in der Bevölkerung fokussieren (Bitzer, 2021; Gille et al., 2021; Griebler, 2021; Joensson

& Baumgarten, 2021; Kirchhoff & Okan, 2021; Klose, 2021; Lippke et al., 2021; Schäfer, 2021; Sedmark, 2021; Suhr, 2021; Wangler & Jansky, 2021).

Sie breit in der Bevölkerung zu implementieren, ist schwierig. In Deutschland nähern sich diesem Ziel Institutionen wie die Medizinische Hochschule Hannover durch ihre „Patientenuniversität", aber auch „Gesundheitskioske", die in verschiedenen deutschen Städten etabliert werden. Hier können Interessenten vielfältige Informationen zu Fragen rund um die Gesundheit erhalten.

Breiter konsentiert ist die Überlegung, Patienten im Krankenhaus in Aktivitäten zur Patientensicherheit einzubeziehen. Vom Grundsatz her ein guter Gedanke. Die praktische Umsetzung ist jedoch problematisch. Dies ergibt sich aufgrund der Verweildauer. Sie ist meist zu gering, um Kenntnisse vermitteln zu können.

Die grundlegenden Probleme und Ursachen für fehlende oder unterschiedliche Gesundheitskompetenz in der Bevölkerung sind erforscht und seit längerer Zeit bekannt. Insofern bedarf es keiner weiteren, teilweise kleinteiligen Forschungsvorhaben als Selbstzweck für Forschung und Forscher. Wichtig ist die Nutzung innovativer Erkenntnisse und Hinweise zur praktischen Umsetzung, wie: „Gesundheitskompetenz kann man lernen" (Bitzer, 2021).

Innovative Konzepte zur Gesundheitskompetenz

Eine gute Sache ist das Vorhaben **„Organisationale Gesundheitskompetenz"**, ursprünglich für Krankenhäuser entwickelt (Schaeffer & Hurrelmann, 2021). Vom Grundsatz her gilt dies auch für die Studie HLS-Ger2 von 2021. Ebenfalls zielführend ist der **„Nationale Aktionsplan Gesundheitskompetenz"** mit vielfältigen Anregungen bzw. Handlungsempfehlungen, wie die Gesundheitskompetenz der Bevölkerung gestärkt werden kann (Gille et al., 2021).

Hilfreich zur Herstellung von Gesundheitskompetenz auf breiter Basis sind auch übergreifende Aktivitäten wie der **„Aktionsplan zur Stärkung der Gesundheit in Deutschland"**, der auf Grundlage von Fehlverhalten in der Bevölkerung wie falsche Ernährung oder Alkoholkonsum entwickelt wurde (Schaeffer & Hurrelmann, 2021). Der Plan beinhaltet ein breites Spektrum von Empfehlungen (z. B. gesundheitliche Aufklärung in Kindergärten und Schulen, Stärkung des Betrieblichen Gesundheitsmanagements und Beteiligung von Kommunen an gesundheitlicher Aufklärung). Angesprochen sind in besonderer Weise Krankenhäuser und Arztpraxen. Gefordert wird eine bessere Organisation, mehr Transparenz zu internen Abläufen und die Optimierung von Kommunikation und Information. Bestätigt wird die Notwendigkeit dieser Maßnahmen durch Studienergebnisse. 47 % der Befragten gaben an, von Ärzten verwendete Begriffe nicht zu verstehen, 34 % hatten Probleme im Hinblick auf eine richtige Einschätzung des Zutreffens ärztlicher Informationen. Chronisch Erkrankte oder Patienten mit schweren, lang andauernden Beeinträchtigungen hatten hier besondere Probleme.

Einen wesentlichen Beitrag zur Gesundheitsbildung leistet das **„Nationale Gesundheitsportal"** (Klose, 2021). Träger ist das Bundesministerium für Gesundheit, Partner sind IQTIG, Deutsches Krebsforschungszentrum und Robert Koch-Institut. Das Portal soll im Kontext einer Digitalstrategie zentrales deutsches Internetangebot rund um die Gesundheit werden. Begründung für die Einrichtung: Deutsche Bürger haben Schwierigkeiten, sich seriöse Gesundheitsinfos zu verschaffen. Das Portal will Suchmaschinen wie Google zurückdrängen (Gefahr für Patienten durch unseriöse Hinweise) und damit „Cyberchondrie" (Gesundheitsängste) vermeiden helfen. Das Arzt-Patient-Verhältnis soll gestärkt werden, Ärzte können auf die seriösen Angebote des Portals verweisen. Compliance und Therapietreue können damit gefördert werden. Angeblich haben Patienten ein Bedürfnis, Arztbesuche nach- und vorzubereiten und Partizipative Entscheidungsfindung (PEF) zu praktizieren. Laut einer Befragung bei Ärzten wird das Portal positiv gesehen. Gewünscht wird von Ärzten auch eine Aufklärung von Patienten über das Gesundheitswesen. Das Portal könnte einen wichtigen Beitrag zu digitaler Gesundheitskompetenz, Risikokompetenz und Compliance leisten.

Gefragt sind vor allem Ansätze mit nachhaltiger Wirkung. **„Schule als gesundheitskompetente Organisation"** ist dafür ein gutes Beispiel (Kirchhoff & Okan, 2021).

Aktuelle digitale Projekte zur Gesundheitskompetenz
Die Gesundheits-App „Nebolus" (www.nebolus.net) ist eine digitale Anwendung der FH Fulda für Jugendliche und junge Erwachsene mit Schwierigkeiten im Finden, Verstehen und Anwenden von Informationen zur Gesundheit. Über eine Plattform wird auf Angebote vor Ort aufmerksam gemacht. Auf spielerischen Ralleys können die jungen Leute Gesundheitsangebote in ihrem direkten Umfeld entdecken.

Share to care (www.share-to-care.de) ist ein Pilotprojekt zur Gesundheitsförderung am Universitätsklinikum Schleswig-Holstein. Shared Decision Making (SDM) wurde hier erstmalig an einem Krankenhaus der Maximalversorgung implementiert. Der multimodulare Ansatz umfasst Schulungen von Ärzten und Pflegekräften, eine Awareness-Kampagne und rund 80 evidenzbasierte Entscheidungshilfen. Diese wenden sich direkt an die Patienten, mit Informationen zu ihren Erkrankungen und deren Behandlungsmöglichkeiten. Im Rahmen des Projekts werden in Bremen Hausärzte in SDM geschult. Sie können entsprechende Leistungen irekt mit den Krankenkassen abrechnen.

1.2.3   Gesundheitskommunikation

Gesundheitskommunikation ist nicht zu verwechseln mit Gesundheitskompetenz. Es gibt hierzu keine konsentierte Definition; nachfolgend eine einfache Definition des Autors.

▶   Gesundheitskommunikation ist der Austausch von Informationen rund um die Gesundheit zwischen unterschiedlichen Akteuren.

Beispiele zur Gesundheitskommunikation
Arzt-Patient-Dialog
Partizipative Entscheidungsfindung (im Arzt-Patient-Dialog), die zu einem gut ab-
gestimmten Therapiekonzept führt, mit dem Arzt und Patient zufrieden sind.

Krankenhausarzt und Arzt in einer Praxisgemeinschaft
Diskutiert wird die Medikation im Kontext der Überleitung des Patienten vom stationä-
ren in den ambulanten Bereich. Die Ärzte einigen sich auf ein abgestimmtes
Medikationskonzept.

Diskussion zwischen Politik und Experten zur Frage der Eindämmung von Corona
Kontinuierlich wird diskutiert, wie nach Sachlage sinnvoll zu verfahren ist. Hier fließen
medizinische, ethische und wirtschaftliche Überlegungen ein. In der aktuellen Diskussion
kam es zu einvernehmlichen wie auch zu nicht konsentierten Entscheidungen.

Stellungnahme des Corona-Expertenrats
Beklagt wird das Fehlen koordinierter Gesundheitskommunikation, es werden aber auch
innovative Vorschläge zur Optimierung von Gesundheitskommunikation gemacht. Diese
müsse wissenschaftliche Evidenz einfach erklären, in Handlungsempfehlungen über-
setzen sowie zur ersten Wahl für hilfreiche und verlässliche Informationen werden. Auch
wenn aktuell Behörden und Ministerien Teile davon realisieren, gibt es in Deutschland
keine Institution, die eine koordinierte Risiko- und Gesundheitskommunikation umsetzt.
Dazu sollten folgende Handlungsfelder Berücksichtigung finden:

- Zusammenführung und Erzeugung des besten verfügbaren Wissens,
- Transformation relevanter Daten in zielorientierte, verständliche Informationsformate
  primär mit dem Ziel Aufklärung und nicht Werbung,
- Nutzung der verschiedensten Kanäle für die Kommunikation im Kontext neuer und
  innovativer Technologien,
- Evaluation der erzielten Ergebnisse und, falls notwendig, die Anpassung von Strategien.

1.3   Der Patientensicherheit nicht immer förderliche Entwicklungen und Sichtweisen

Dieser Abschnitt identifiziert positive, aber auch der PS weniger förderliche Entwicklungen, Sichtweisen und Unterlassungen der bedeutenden Protagonisten im Gesundheitswesen zum Zweck konstruktiver Optimierungsvorschläge und ergänzt damit die Aus-
führungen zum Status von Patientensicherheit in Deutschland (Abschn. 1.1), um dann zu
neuen Wegen für mehr PS anregen zu können (Abschn. 1.7).

1.3.1   Gesundheitspolitik

Die deutsche Gesundheitspolitik wird maßgeblich geprägt durch den Föderalismus und individuelle Interessen unterschiedlicher Protagonisten wie Ärzteschaft, Krankenkassen, Deutsche Krankenhausgesellschaft (DKG) etc.

Die Zielrichtungen differieren somit zwangsläufig. Konsentierte Abstimmungen sind schwierig und die Ergebnisse somit meist nicht zeitnah umsetzbar. Eindrucksvoll veranschaulicht dies die oft schwierige Entscheidungsfindung zu medizinisch orientierten Problemen im Gemeinsamen Bundesausschuss (G-BA) oder auch bei politischen Abstimmungen, z. B. in Bezug auf die Corona-Krise und die Flutkatastrophe.

Bezüglich Patientensicherheit gibt es zahlreiche Unterlassungen und Fehlentwicklungen der Gesundheitspolitik, z. B. das Fehlen fundierter und umfassender gesetzlicher Regelungen zur Ausschaltung systemimmanenter Risiken (Kap. 11). Dies gilt gleichermaßen für die fehlende politische Einflussnahme auf Missstände bei privaten Klinikkettenbetreibern mit zunehmender Profitorientierung und in Verbindung mit ärztlichem Stellenabbau (Hamann & Polke-Majewski, 2021) im Kontext ausufernder Privatisierung (Engartner, 2020, 2021), aber auch in Bezug auf notwendige präventive Maßnahmen zur Eindämmung der Privatisierung im ambulanten Bereich (private Investoren fokussieren auf Medizinische Versorgungszentren).

Der G-BA als oberstes Beschlussgremium der gemeinsamen Selbstverwaltung von Ärzten, Zahnärzten, Krankenhäusern, Krankenkassen und Psychotherapeuten (unter Aufsicht des BMG) ist zuständig für die Erstellung von Richtlinien für den Leistungskatalog der gesetzlichen Krankenversicherung. Ihm stehen zwei fachlich unabhängige Institute zur Seite. Das Institut für Qualitätssicherung und Transparenz im Gesundheitswesen (IQTIG) arbeitet im Auftrag des G-BA an Maßnahmen zur Qualitätssicherung und soll die Versorgungsqualität im Gesundheitswesen sicherstellen. Das Institut für Qualität und Wirtschaftlichkeit im Gesundheitswesen (IQWiG) ist zuständig für die Erarbeitung von Maßnahmen zur Qualitätssicherung und die Versorgungsqualität im Gesundheitswesen (z. B. evidenzbasierte Bewertung diagnostischer und therapeutischer Verfahren; auch Bereitstellung von Empfehlungen zu Disease-Management-Programmen).

Der G-BA leistet in Zusammenarbeit mit den genannten Instituten durchaus gute und erfolgreiche Arbeit. Die Entscheidungswege sind allerdings oft zu lang. Als zentrale Schwachstelle gilt die Dominanz der Krankenkassen bzw. die ungleiche Stimmenverteilung (Rottschäfer, 2021). Dies rügt auch die DKG.

Insgesamt betrachtet, erscheint der G-BA als ein Konsensgremium mit optimierbarer Zusammensetzung. Die Berücksichtigung der Patientenvertreter wird von diesen selbst als unzureichend angesehen. Was Patienteninteressen sind, bestimmen nicht die Patienten, sondern die Interessenvertretungen der verschiedenen Protagonisten, vor allem der Krankenkassen.

Ein übergreifendes Konzept zur Qualität mit Bündelung von QM, RM und QS ist leider immer noch nicht thematisiert, und konkrete Ansagen für Versorger, was Qualität sein soll, welche Qualitätskategorien Bindungscharakter haben sollen und wie schlechte Qualität

sanktioniert werden soll, bleiben bisher aus (Hellmann, 2016a). Damit wird den Krankenhäusern die Umsetzung von Qualität massiv erschwert. Wenig hilfreich sind unreflektierte
pauschale Äußerungen aus dem G-BA zur Reduzierung von Krankenhäusern.

1.3.2 Entwicklung der Krankenhäuser am Beispiel der Versorgung in der Region Hannover

Krankenhäuser leiden unter massivem Finanzmangel, Investitionen können aufgrund der
Verweigerungshaltung der Länder nicht getätigt werden. Verschärft wird die Situation vor
allem durch massiven Pflegekräftemangel, induziert durch nicht ausreichende Bemühungen der Gesundheitspolitik, den Pflegeberuf attraktiv zu machen. Pflegekräfte verlassen enttäuscht und entkräftet die Krankenhäuser und suchen nach anderen Arbeits-
feldern. Dringende Abhilfe ist notwendig, um ein Kollabieren unseres Gesundheitswesens
zu verhindern.

Als Beispiel soll hier die Entwicklung der ärztlichen Versorgung in Hannover detaillierter beschrieben werden.

Der Status Quo
Die ärztliche Versorgung in Hannover war bisher exzellent, bedingt durch eine Vielfalt von
stationären Einrichtungen (Krankenhäusern) und ambulanten Leistungserbringern
(z. B. Arztpraxen und Medizinische Versorgungszentren). Auch durch Corona bedingt,
verschlechtern sich die Bedingungen zunehmend. Es rächen sich jetzt vor allem
Unterlassungen „unter normalen Bedingungen" (vor der Krise) zur Entwicklung zielführender Unternehmensstrategien und neuer Geschäftsmodelle.

Medizinische Hochschule Hannover
Dies gilt derzeit nicht für die Medizinische Hochschule Hannover (MHH). Die Hochschule ist gut aufgestellt, schwarze Zahlen werden immer noch geschrieben, vor allem
dank der exzellenten Expertise der Fachabteilungen und eines guten Managements.

Klinikum Region Hannover
Das Klinikum ist ein kommunales Unternehmen mit zehn Krankenhäusern. Der Anteil an
der Krankenversorgung in Hannover beträgt 40 %. Geklagt wird über ein Millionen-
Defizit und fehlende Investitionsmittel, die vom Land Niedersachsen nicht bereitgestellt
werden. Ob dies real so ist oder auch strategische Fehler des Unternehmens eine Rolle
spielen, soll hier offenbleiben. Allerdings hält die Diskussion zur Schließung einzelner
Krankenhäuser des Klinikums an.

Diakovere GmbH
Der aus drei Kliniken bestehende Verbund (Annastift, Friederikenstift, Henriettenstift) mit
Einrichtungen der Alten- und Behindertenhilfe steht massiv in der Mitarbeiterkritik. Vor-

geworfen wird vor allem schlechter Umgang mit dem Personal, der hier aber nicht verifiziert werden kann.

Aufrechterhaltung der Funktionsfähigkeit bestehender Versorgungseinrichtungen

Die Aufrechterhaltung der Versorgung mit guter Qualität und hoher PS ist derzeit, wie die genannten Beispiele zeigen, in Frage gestellt. Mittel für Investitionen müssen den Krankenhäusern verfügbar gemacht, der Pflegenotstand beseitigt werden. Die Kliniken selbst müssen sich strategisch klug neu aufstellen, auch für weitere Krisen wie Corona. Insbesondere müssen sie berücksichtigen, dass sich die Versorgung im Raum Hannover massiv verändern wird. Innovationskraft der Klinikbetreiber und Pragmatismus sind somit gefragt. Ideologische Sichtweisen nach dem Grundsatz „Große Krankenhäuser stärker fördern und den Krankenhausmarkt bereinigen", führen nicht weiter, sie zeigen wenig Weitsicht!

Bedrohung der bestehenden Versorgungsstruktur durch private Investoren

Das relativ ausgewogene Spektrum von Gesundheitsdienstleistern in der Region wird sich massiv verändern, vor allem in der Landeshauptstadt Hannover. **Ambulantisierung** ist das Stichwort (Düllings, 2021). Medizinische Versorgungszentren (MVZ) sind auf dem Vormarsch, sei es durch die Erhöhung der Zahl bereits betriebener Zentren durch Ärzte, sei es durch die Neugründung oder Übernahme von MVZ durch private Klinikkettenbetreiber, sei es durch private Investoren. Für ambulante Versorger vor Ort könnte dies existenzbedrohend werden, besonders für die eventuelle Nachbesetzung von Praxen, deren Inhaber aus Altersgründen ausscheiden, denn der ärztliche Nachwuchs bevorzugt bei Wahlfreiheit die Tätigkeit in MVZ.

Die Gesundheitspolitik des Landers sollte in Kooperation mit Ärztekammer und KV Prioritäten setzen. Projekte mit Zukunftsoptionen für ländliche Regionen sind sinnvoll (Lange & Hilbert, 2020), sollten aber zunächst zurückstehen. Denn es geht um eine höchst dringliche Aufgabe – die Existenzsicherung bestehender stationärer und ambulanter Einrichtungen –, und damit um die Gewährleistung von Patientensicherheit.

Wünschenswert wäre ein von der Politik initiiertes regionales Bündnis „Zukunftssicherung Patientenversorgung Hannover". Hier sollten diejenigen, die sich für die Gesundheitsregion Hannover gerne werbewirksam positionieren, zeigen, was sie können. Bis auf die Vernetzung von Leistungserbringern in einem begrenzten Umfang (z. B. DRK-Krankenhaus Clementinenhaus mit Kooperationspartnern) ist ein die Qualität und die Patientensicherheit belebendes Ergebnis im Raum Hannover kaum identifizierbar.

Für eine Optimierung der Versorgung in strukturschwachen Regionen (Hellmann, 2021b) sollten sich Landespolitik und Ärzteschaft auch mehr einfallen lassen als als eine „**Landarztquote**" (Seng, 2021). Die damit einhergehenden möglichen Restriktionen (Strafzahlungen bei Abbruch) sind ein Schildbürgerstreich, der nur dazu führen wird, dass der ärztliche Nachwuchs weiter von einem Engagement in strukturschwachen Gebieten abgeschreckt wird. Im Übrigen haben in anderen Bundesländern ähnliche Initiativen wie in Niedersachsen zu keinem erkennbaren Erfolg geführt.

Perspektiven für die Gesundheitsversorgung in der Region Hannover
Im Jahre 2015 folgte das Land Niedersachsen dem bundesweiten Trend, **Gesundheits-regionen** zu popagieren und Projekte dazu zu fördern. Ein Leitfaden beschreibt das Procedere (Landesvereinigung für Gesundheit und Sozialmedizin 2021). Ziel der Initiative ist die Förderung von kommunalen Strukturen und innovativen Projekten, die eine bedarfsgerechte und möglichst wohnortnahe Versorgung ermöglichen. Hier ist sicherlich manches bewegt worden. Entsprechende Projekte sollten auch weiterhin gefördert werden.

Wünschenswert wäre jedoch, wenn sich die Beteiligten wie Land, Ärztekammer und Krankenkassen auf das konzentrieren, was Priorität haben muss, nämlich die Aufrechterhaltung der Gesundheitsversorgung in bestehenden Krankenhäusern und ambulanten Einrichtungen, insbesondere in der Landeshauptstadt Hannover. Die Not bei der Aufrechterhaltung guter Versorgung ist (auch bedingt durch die Corona-Pandemie) schon jetzt groß. Ein Lichtblick könnte in Niedersachsen ein neues Gesetz sein. Es fokussiert, auch aufgrund der Einschätzung, dass in den kommenden zehn Jahren von den bisher vorhandenen 168 Krankenhäusern etwa 30–40 wegfallen werden, auf eine Strukturreform zur Gewährleistung einer flächendeckenden wohnortnahen Versorgung einerseits und hochwertiger Behandlung andererseits. Drei Stufen der Versorgung sind vorgesehen: Grundversorgung mit Chirurgie und Innerer Medizin, vor allem auch für Notfälle (innerhalb von 30 Minuten erreichbar), Schwerpunktversorgung mit Kardiologie, Frauenheilkunde und Geburtshilfe (Erreichbarkeit innerhalb von 45 Minuten) und Maximalversorgung mit allen wichtigen Fachbereichen (Häuser mit mindestens 600 Betten). Die Etablierung regionaler Versorgungszentren (Ärzte und Physiotherapeuten) mit begrenzter Bettenzahl geht in die Betrachtung mit ein, ebenfalls die Überlegung, nicht wirtschaftliche kleine Krankenhäuser in Versorgungszentren umzuwandeln. Das Gesetz soll ab 2023 gelten.

1.3.3 Privatisierung

1.3.3.1 Stationärer Bereich
Die Privatisierung ist auf dem Vormarsch (Engartner, 2020, 2021). Tonangebend sind oft private Klinikkettenbetreiber. „Gewinnmaximierung statt Gemeinwohlorientierung" scheint die Losung zu sein. Inzwischen tendieren auch vermehrt öffentliche große Krankenhäuser zur Beschreitung dieses Weges. Eine ähnliche Entwicklung deutet sich für den ambulanten Bereich an.

Krankenkassen wie die AOK scheinen diese Entwicklung zu fördern, indem sie u. a. kontinuierlich auf die „Strukturbereinigung des Krankenhausmarktes" fokussieren. Gemeint ist damit vor allem die Schließung kleiner zugunsten großer Krankenhäuser. Gebetsmühlenartig wiederholte Begründung ist die im Kontext der „Mindestmengendiskussion" vorgetragene Aussage, nur große Krankenhäuser könnten gute Qualität erbringen. Durch Studien ist dies jedoch nicht fundiert belegt. Inzwischen regt sich in Bezug auf die Profitorientierung im stationären Bereich massiver Widerstand, auch aus der Ärzteschaft (Stern Magazin, 2019a, b). Die Chancen für ein Mehr an Privatisierung im stationären Sektor sind aber, wenn keine grundlegenden Veränderungen mit Stärkung vor allem öffentlicher Krankenhäuser durch die Gesundheitspolitik erfolgen, zunehmend gut (Simon & Krämer, 2021).

Für unser Gesundheitswesen könnte eine zunehmende Ausdehnung privater Kliniken nicht übersehbare Folgen haben! Patienten wären weitgehend Leistungsanbietern ausgesetzt, bei denen Rendite Priorität hat und damit über dem Patientenwohl steht (Ettel, 2021).

Geht die Entwicklung so weiter wie bisher, könnten Fehlentwicklungen zu Lasten der Patientensicherheit eher zur Regel werden als Ausnahme bleiben. Die nachfolgend aufgeführten Beispiele zeigen die Auswüchse, zu denen die Privatisierung führen kann.

Geschäftsmodell Rücken

Außer Zweifel dürfte sein: In Deutschland werden zu viele Rückenoperationen durchgeführt (Bertelsmann Stiftung, 2017). Es werden immer mehr Operationen durchgeführt, obwohl viele Klinikaufenthalte vermeidbar wären. Gegenüber 2007 hat sich die Zahl der Eingriffe bis zum Jahr 2017 um 71 % erhöht. Vor allem in Osthessen (Endt & Hütten, 2017; Hollersen, 2015) zeigt sich eine beängstigende Praxis. Zahlreiche Klinken mit Spezialisierung auf Rückenoperationen sind hier verankert. Die Zahl der Eingriffe ist dreimal so hoch wie im Bundesdurchschnitt. Laut AOK wird teilweise unnötig operiert. Vermutet werden konnen unseriöse Geschäftspraktiken zu Lasten der Sicherheit von Patienten. „Operieren und Kassieren" ist offenbar schon länger die Devise (WDR, 2017). Und wie geht das? Kliniken schließen mit niedergelassenen Ärzten Kooperationsverträge ab. Die Niedergelassenen empfehlen den Patienten nicht nur eine Operation, sondern können in den Kliniken auch selbst operieren. Dafür erhalten sie eine üppige Beteiligung an den Fallpauschalen. Beliebt ist zunehmend auch das Geschäftsmodell „Aus eins mach zwei". Dies beinhaltet ein OP-Splitting. Es wird zweimal operiert, obwohl nur eine Operation notwendig gewesen wäre. Damit tragen die Patienten doppeltes OP-Risiko zugunsten unseriöser ärztlicher Praxis mit Profitgier.

In diesem Zusammenhang wird die Forderung nach Mindestmengen zur Steigerung der Ergebnisqualität ins Absurde geführt (Willenborg & Maeß, 2020). Mindestmengen sind durchaus sinnvoll. Wenig zielführend ist es allerdings, wenn große Kliniken dadurch Vorteile haben, aber selbst die Fallzahlen durch unnötige Operationen in die Höhe treiben.

Die von privaten Anbietern gelegentlich gemachte Aussage, sie würden sich durch bessere Versorgungsqualität von öffentlichen Kliniken unterscheiden, wird von seriösen Presseorganen bezweifelt und auch widerlegt.

Das „Geschäftsmodell Rückenoperation" muss im Sinne der Patientensicherheit dringend aus dem Verkehr gezogen werden. Der Sachverständigenrat im Gesundheitswesen hat schon im Gutachten von 2000/2001 eine „Tendenz zur operativen Überversorgung" und „zu großzügige Indikationsstellung" festgestellt. Genützt hat dies nichts. Im Gegenteil – die Zahl entsprechender Vorgehensweisen erhöht sich ständig. Damit kann schon jetzt ein „systemimmanentes Risiko" postuliert werden (Kap. 11). Die Politik muss hier dringend eingreifen!

Unabhängig davon sind vor allem folgende Vorschläge zu begrüßen (Bertelsmann Stiftung, 2017):

- Entwicklung evidenzbasierter Leitlinien mit expliziter Indikationsstellung,
- Verankerung der Leitlinien im stationären und ambulanten Bereich zur Umsetzung im Versorgungsalltag,
- Aufforderung an Ärzte zu einer zielorientierten Aufklärung zum Risiko und Nutzen von Behandlungen, auch im Sinne von Patientensicherheit ohne primär ökonomisches Interesse.

Vereinbarte Erfolgsquoten mit Chefärzten

Das Universitätsklinikum Gießen-Marburg UKGM sollte unter der Ägide des Rhön-Klinikums eine „wegweisende Krankenhausversorgung" bieten. Laut Presseberichten kam es schnell zu massiver Kritik im Kontext der Verpflichtung von Chefärzten zu vereinbarten Erfolgsquoten (Mindest-OP-Zahlen). Insgesamt betrachtet, wurde das Projekt in der Öffentlichkeit als „Pleite" eingestuft, man sprach von einem „Kahlschlag der medizinischen Versorgung in einer ganzen Region".

Offensichtlich hat sich bisher nicht viel geändert. Ableiten lässt sich dies aus einer aktuellen Initiative der Linksfraktion im hessischen Landtag. Sie fordert eine Rückabwicklung der Privatisierung des Universitätsklinikums auf Grundlage eines Rechtsgutachtens, u. a. mit der Aussage, dass eine „Vergesellschaftung" des UKGM mit dem Grundgesetz vereinbar wäre (Gießener Anzeiger, 2021). Inwieweit es dem Staat erlaubt ist, Unternehmen, die rechtsstaatlich geführt werden, in gemeinschaftliche Formen zu überführen, muss offenbleiben.

Wenig guter Umgang mit Mitarbeitern

Identifiziert wurde von der Presse eine Klinik eines bekannten privaten Betreibers, in der offenbar so massive Missstände bestanden, dass der Begriff „Krankenhaus" durch die Formulierung „das kranke Haus" ersetzt wurde (Tangermann, 2018).

Ausdünnung von Ärzten im stationären Bereich zugunsten weiterer Verankerung im ambulanten Bereich

Ein anderer Konzern bestätigt, dass Gewinnoptimierung nach wie vor Ziel ist, aber nur noch durch Abbau von ärztlichen Stellen in seinen Kliniken erreicht werden könne (Badenberg, 2021; Hamann & Polke-Majewski, 2021). Dazu bemerkt der Vorstandsvorsitzende in einem Interview: „Es geht nicht um Stellenstreichungen, sondern um eine Anpassung des Stellenplans" (Ettel, 2021).

Zunächst klingt diese Aussage, vor allem für Patienten, verstörend, da sie eine schlechtere zukünftige Patientenversorgung vermuten lässt. Anders sieht es allerdings aus, wenn berücksichtigt wird, dass Stellenstreichungen im stationären Bereich u. a. einer neuen Gesamtstrategie des Unternehmens mit dem Fokus auf Ambulantisierung (Düllings, 2021) als neues Geschäftsfeld dienen. Insofern könnte es schlüssig erscheinen, dass die bereits hohe Zahl von Medizinischen Versorgungszentren (MVZ) beim genannten Betreiber weiter erhöht werden soll. Möglicherweise auch aus Wettbewerbsgründen, denn private Investoren dringen zunehmend, und zwar mit Fokus auf Medizinische Versorgungszentren, in den ambulanten Bereich ein.

Nachvollziehbar ist eine breite Forderung, den stationären Bereich für die fachärztliche Versorgung zu öffnen. Ein erster Schritt auf diesem Weg ist die Anpassung des Katalogs für ambulante Operationen. Die Novellierung des Katalogs soll bis Januar 2022 erfolgen.

Besonderes Ärgernis ist, dass aufgrund der im DRG-System fehlenden gesonderten Vergütung für die Liegedauer private Betreiber darauf drängen, zwecks Senkung der Personalkosten mehr Fälle in kürzerer Zeit versorgen zu können. Personalabbau, Spezialisierung auf lukrative Behandlungen und Tarifflucht sind zunehmend an der Tagesordnung. Damit sind hohe Gewinne der Betreiber möglich, zu Lasten der Patienten (siehe auch Engartner, 2021).

Insgesamt betrachtet, soll bei privaten Anbietern von Versorgungsleistungen nicht alles so prall sein, wie es von diesen im Selbstmarketing gerne dargestellt wird (Behruzi, 2016; Gnirke et al., 2016). Die von privaten Betreibern und auch Krankenkassen immer wieder aufgestellte Behauptung, private Betreiber könnten die Patientenversorgung besser gewährleisten als öffentliche Krankenhäuser, ist deshalb noch zu verifizieren. Fundierte Belege oder Studien gibt es zu dieser Aussage nicht!

1.3.3.2 Ambulanter Bereich

Eine ähnliche Entwicklung wie im stationären Sektor könnte sich bei Medizinischen Versorgungszentren anbahnen. Neben der Gründung weiterer MVZ durch private Klinikkettenbetreiber drängen private Investoren auf den Versorgungsmarkt. Dies zeigen Stellungnahmen der Bundesärztekammer und die Diskussion anlässlich des Versorgerforschungstages der KV Berlin (Kolbeck, 2021; Wasner, 2021). Ähnlich wie im stationären Bereich könnte dies zukünftig bedeuten, dass es mehr um Gewinnoptimierung als um hohe Versorgungsqualität und Patientensicherheit gehen wird.

Darüber hinaus bestehen seitens der Kassenärztlichen Vereinigungen und der Bundesärztekammer (BÄK) Bedenken, dass der Einfluss der Selbstverwaltung geschmälert werden könnte. Ob die Gesundheitspolitik hier regulierend eingreifen wird, ist abzuwarten (Kolbeck, 2021; Korzilius, 2018).

Das Thema „Privatisierung durch Übernahme von Versorgungseinrichtungen durch private Investoren" wurde auf dem 125. Ärztetag umfassend thematisiert. Vor allem fachgleiche MVZ in der Hand von Investoren sollen auf Basis gesetzlicher Regelungen nicht mehr gefördert werden (125. Deutscher Ärztetag, 2021).

1.4   Aktuelle Entwicklungen bei Krankenkassen und Verbänden

Nachfolgend wird auf die Rolle der Kostenträger, der Deutschen Krankenhausgesellschaft (DKG) sowie des Verbands der Krankenhausdirektoren Deutschland e. V. in Zusammenhang mit dem Thema Patientensicherheit eingegangen.

Krankenkassen

Das Thema Patientensicherheit wird auch von Krankenkassen nicht gemäß seiner Bedeutung thematisiert. Überlegungen zu neuen Wegen in der Gesundheitsversorgung werden offenbar durch ökonomische Überlegungen dominiert, die auf die bereits angesprochene „Strukturbereinigung des Krankenhausmarktes" fokussieren.

Dies ergibt sich auch aus einem aktuellen Positionspapier der AOK (kma Online, 2021a). Vorgeschlagen werden darin eine Vergütungsreform, eine Überarbeitung des DRG-Systems, eine methodische Gleicherfassung der Pflegeleistungen mit den ärztlichen Leistungen, eine Verpflichtung der Bundesländer, die Investitionskosten für Krankenhäuser anzuheben, und die Umwandlung von Krankenhäusern, die für die „bedarfsgerechte" stationäre Versorgung entbehrlich sind, in Gesundheitszentren, um Teile der ambulanten Versorgung übernehmen zu können. Damit würde sich auch eine Existenzberechtigung kleiner Kliniken im ländlichen Raum ergeben. Dies sind gute und nachvollziehbare Argumente für eine Optimierung der Gesundheitsversorgung. Als Voraussetzung für die vorgeschlagenen Anpassungen wird allerdings nach wie vor die **Zentralisierung stationärer Leistungserbringung** eingefordert.

Gewöhnungsbedürftig erscheint das Verständnis der Krankenkassen zum Einsatz von Finanzmitteln im Kontext von „Klagen auf hohem Niveau zur Finanzsituation von Krankenkassen". Es verwundert, dass trotz Verbots von Imagewerbung gleichzeitig dem Profisport Millionen zugeführt werden! Welche Summen hier fließen, behält die Krankenkasse für sich. Sie definiert ihre Maßnahme als Beitrag zur Gesundheitsprävention, obwohl es hier wohl ausschließlich um die Rekrutierung von Kunden gehen dürfte. Es ist zu hoffen, dass der amtierende Gesundheitsminister, wie ja angekündigt, diesem als fragwürdig einzustufenden Treiben ein Ende setzen kann (Fröhlingsdorf & Knaack, 2021).

Deutsche Krankenhausgesellschaft (DKG)

Die DKG ist ein gemeinnütziger Interessen- und Dachverband von Spitzen- und Landesverbänden der Krankenhausträger mit Sitz in Berlin. Aufgabe ist u. a. die Unterstützung der Mitglieder bei der Erfüllung ihrer gesetzlich aufgetragenen Aufgaben auf dem Gebiet des Krankenhauswesens. Sie setzt sich aber auch für die Verbesserung der Leistungsfähigkeit von Krankenhäusern ein. Dies macht u. a. die Publikation eines neuen Positionspapiers deutlich (Mau, 2021).

Die von der DKG vorgestellten Überlegungen und Vorschläge (Abschn. 1.8) erscheinen zielführend, wenn man davon absieht, dass die Krankenhausplanung Ländersache bleiben soll. In Bezug auf die Planung durch die Länder ist man seit vielen Jahren aufgrund unvereinbarer Vorstellungen nicht weitergekommen. Dies wird wohl weiterhin der Fall sein, wie man aus dem Wirrwarr der Meinungen und Positionen der Länder in der Corona-Krise und bei der Flutkatastrophe ableiten kann. Nachhaltige Patientensicherheit erscheint mit länderspezifischen Aktivitäten nur sehr aufwändig oder kaum erreichbar! Die Forderung nach regionalen Netzwerken ist sinnvoll, streiten lässt sich aber über die Sinnhaftigkeit von mehr ambulanten Strukturen in den Krankenhäusern. Eine Weiterentwicklung des DRG-Systems erscheint ebenfalls überfällig (Mau, 2021).

Mit Nachdruck widersprochen werden muss der Aussage der DKG, „Deutschlands Krankenhäuser versorgen jährlich rund 40 Millionen Patienten ambulant und stationär auf höchstem Qualitätsniveau". Sie ist im Kontext der oben dargelegten Missstände wenig realitätsnah. Ähnliches gilt für die Feststellung: „Der Vorwurf, Kliniken hätten ein finanzielles Interesse, an Personal und am Patienten zu sparen, geht ins Leere" (Dunz, 2021). Der DKG dürfte hinreichend bekannt sein, dass bei einem der großen Klinikkettenbetreiber ärztliches Personal ausgedünnt werden soll und auch schon Ärzte entlassen werden (Badenberg, 2021; Haentjes et al., 2021). Ebenfalls dürfte es für die DKG kein Neuland sei, dass bei anderen privaten Betreibern umfassende Missstände identifiziert wurden (b; Behruzi, 2016; Gnirke et al., 2016; Stern Magazin, 2019a).

Insoweit ware es wünschenswert, dass die DKG zukünftig dem neuen Leiter des IQTIG folgt, der feststellt: „Wir müssen auffällige Kliniken genau in den Blick nehmen" (Severin, 2021). Ansonsten könnte sie sich dem Vorwurf aussetzen, dass es ihr mehr um Vorteile für ihre Mitglieder geht als um Sicherheit für Patienten.

Verband der Krankenhausdirektoren Deutschland e. V.
Bezug wird hier hergestellt zur aktuellen Stellungnahme des Verbandes vom 12. November 2020 (VKD, 2021). Die Besonderheit dieser Stellungnahme liegt darin, dass gegenüber anderen Verbänden und Institutionen Patientensicherheit ausdrücklich artikuliert und eingefordert wird. Ansonsten geht es eher um ein berufspolitisch orientiertes Statement mit Kritik an den neu angestrebten Regeln für die ambulante Notfallversorgung und um Vorschläge zu Fragen der Mindestmengenregelung.

1.5   Rolle der Ärzteschaft

1.5.1   Organisierte Ärzteschaft

Patientensicherheit muss zentrales Anliegen der organisierten Ärzteschaft und auch deren führender Köpfe sein. Sie muss ansetzen bei einer ausreichenden Zahl von Studienbewerbern, einer fundierten Betreuung der Studierenden im Praktischen Jahr (PJ) und einer zielorientierten Weiterbildung zur Sicherung ausreichender Zahlen von Fachärzten (Hellmann, 2021a).

Bundesärztekammer

Mit dem von der Bundesärztekammer (BÄK) mit anderen Institutionen entwickelten Fortbildungskonzept (Bundesärztekammer, 2009) ist es nicht getan. Überaltert und nicht mehr zeitgemäß, vernachlässigt es die Bedürfnisse des ärztlichen Nachwuchses. Inhalte zur Patientensicherheit sollten bereits im Medizinstudium vermittelt und im Praktischen Jahr (PJ) und in der ärztlichen Weiterbildung umfassend vertieft werden. Dass hier seit 2009 keine erkennbaren weiterführenden Aktivitäten erfolgt sind, ist beklagenswert. Ein wesentlicher Mangel ärztlicher Ausbildung ist insbesondere die fehlende Qualifikation von Ärzten, Statistiken und Studien zum Nutzen des Patienten bei der Entscheidungsfindung zu Therapien anwenden zu können (Gigerenzer, 2021; Gigerenzer & Muir Gray, 2018).

Für viele Patienten unerträglich ist die Verharmlosung von Behandlungsfehlern durch die BÄK. Während die Kammer 2019 in einem Gutachten nur von einer Zahl von 1900 Behandlungsfehlern mit körperlichen Schäden ausgeht, bezieht sich der Medizinische Dienst der Krankenkassen (MDK) auf 3600 Fälle. Nach Auffassung des APS ist die Zahl der Opfer noch größer.

Noch gravierender ist, dass Ärzte durch das Verhalten der BÄK regelrecht ermutigt werden könnten, Behandlungsfehlern eine geringe Bedeutung zuzumessen, gemäß dem Grundsatz: „Ein Behandlungsfehler ist nicht so schlimm, er kann jedem Arzt passieren." Im Übrigen gilt die Beweislastumkehr, was bedeutet: Der Patient muss den Behandlungsfehler nachweisen. Das kann er meistens natürlich nicht! Nur bei schweren Behandlungsfehlern trifft den Arzt die Beweislast.

Insgesamt ergibt sich eine nicht immer akzeptable und patientenfreundliche Haltung der BÄK, die die Notwendigkeit von Patientensicherheit konterkariert. Werbewirksame Statements ohne Inhalt führen in der Sache nicht weiter, vor allem, wenn sie nicht die Patientensicherheit im Auge haben (Becker, 2021). So ist die aktuelle Forderung des Präsidenten der BÄK, eine zu eng getaktete und übereilte Digitalisierung zu vermeiden, der PS abträglich. Über Jahre von Niedergelassenen verhindert (Kostenargument), ist es nunmehr überfällig, Patienten durch Digitalisierung im Rahmen der Telematikinfrastruktur (TI) mehr Sicherheit zu geben (Hellmann, 2021a) und die Digitalisierung nicht weiter einzuschränken.

Sonstige ärztliche Körperschaften

Das vorrangige Bemühen um Patientensicherheit sollte sich auch in der Öffentlichkeitsarbeit von einzelnen Ärzten, ärztlichen Körperschaften und ärztlichen Vereinen widerspiegeln. Ein wenig gutes Zeichen ist, wenn bei Patienten der Eindruck erweckt wird, dass „Profit und Ego" im Mittelpunkt ärztlicher Tätigkeit stehen. „Berufspolitisch" orientierte Vereine mit Genderattitüde und dem erklärten vorrangigen Ziel, Frauen in Führungspositionen zu hieven („Die Chirurginnen e. V."), sind überflüssig (Hanke, 2021; Kucera, 2021). Dennoch ist es natürlich sinnvoll und berechtigt, darauf hinzuweisen, dass die Chirurgie eben keine Männerdomäne sein darf (Wünsch, 2021).

125. Deutscher Ärztetag vom 1.–2.11.2021

Der Ärztetag lieferte zwar umfassende Beschlussvorlagen, aber kaum griffige Ergebnisse, wenn man von den ausführlichen Empfehlungen zur Bewältigung der Klimakrise absieht, und wenig Fortschritte zur Optimierung der hochgradigen Defizite im PJ und der ärztlichen Weiterbildung (abgesehen vom Vorschlag zu einer angemessenen Vergütung der Tätigkeit im PJ).

Inzwischen reflektiert scheint zu sein, dass didaktisch-methodische Qualifikationen für Betreuer im PJ und in der Ärztlichen Weiterbildung zwingend sind und das PJ attraktiver gestaltet werden muss, um überhaupt noch ärztlichen Nachwuchs rekrutieren zu können (Beispiel Chirurgie). Das Aufzeigen von Defiziten (Hellmann, 2021a) dürfte somit gefruchtet haben.

Bedauerlich für Patienten (und Mitarbeiter) ist erneuter Widerstand gegen innovative Technologien (TI) mit bekannten fadenscheinigen Argumenten zur Verzögerung des Projekts gegenüber der Betreibergesellschaft Telematik (125. Ärztetag 2021). Primär dürfte es um Kosteneinsparungen für die eigene Klientel gehen (wie schon früher in Bezug auf die elektronische Patientenakte).

Mit Vorbehalt sind auch die Anstrengungen zu betrachten, private Investoren im ambulanten Bereich zu verhindern. Eine kritische Sicht ist hier durchaus angebracht. Die Fokussierung der Ärzteschaft auf arztgleiche MVZ (wie z. B. hausärztliche MVZ) dürfte durchaus keinen selbstlosen Charakter haben. Man möchte vor allem der eigenen Klientel nicht schaden, die in Arztpraxen agiert. Werden aus Altersgründen Praxen frei, haben diese wenig Chancen, wieder besetzt zu werden, weil der Ärztenachwuchs keine eigene Verantwortung übernehmen möchte und Tätigkeiten in MVZ mit geregelten Arbeitszeiten bevorzugt.

1.5.2 Krankenhausärzte

Wenn es auch bei Krankenhausärzten, wie in allen Berufen, einzelne „schwarze Schafe" gibt, kann doch festgehalten werden: Für den guten Ruf unseres Gesundheitswesens ist die stationäre ärztliche Versorgung der maßgebliche Pfeiler und Motor.

Krankenhausärzte leisten hervorragende Arbeit mit vollem Einsatz, vor allem in öffentlichen Krankenhäusern und Universitätskliniken, auch in sehr schwierigen Zeiten mit veränderten Rahmenbedingungen (wie Corona-Pandemie und gravierender Personalmangel). Erwähnenswert ist der meist immer noch bestehende Wunsch nach Fortbildungen zu Management und Strukturveränderungen. Dies belegen umfassende Anfragen zu Fortbildungen zum Krankenhausmanagement, die auch von älteren Ärzten gerne wahrgenommen werden und der klugen Überlegung folgen, dass gutes Management die Qualität von Behandlungsergebnissen positiv beeinflussen kann (Schilling et al., 2009; West, 2001).

Leider ist die nachhaltige Optimierung schlechter Arbeitsbedingungen auf breiter Basis bisher nicht in Sicht, wie Informationen aus Krankenhäusern verdeutlichen. Ärzte aus öf-

fentlichen und privaten Krankenhäusern, aber auch aus Universitätskliniken, klagen über
unzumutbare Arbeitsbedingungen auf Grund massiven Personalmangels und immer höherer Arbeitsdichte. Sie sehen die Gesundheit der Patienten und ihre eigene Gesundheit massiv gefährdet. Die zuständigen Verwaltungen rührt das in der Regel nicht, sie weisen die
Beschreibung der katastrophalen Zustände als unzutreffend zurück (Klein, 2021), so auch
in den Einrichtungen von Diakovere in Hannover.

1.5.3   Niedergelassene Ärzte

Verallgemeinerungen zu einem nicht optimalen Engagement von im ambulanten Bereich
tätigen Ärzten für ihre Patienten sind nicht begründet. Zahlreiche Ärzte in Praxen und
MVZ leisten qualitativ hochwertige Arbeit für ihre Patienten. Gleichermaßen gilt dies für
Belegärzte in Krankenhäusern.

Es gibt jedoch verschiedene Schwachpunkte, die nachfolgend angesprochen werden sollen.

Patientensicherheit hat auch mit guter **Organisation** zu tun. Diese ist in Arztpraxen
vielerorts nur ansatzweise erkennbar. Daran ändern auch z. T. in den Wartezimmern zur
Schau gestellte Zertifikate wenig. Diese bescheinigen keine Qualität, sondern bestenfalls
ein Bemühen um Qualität.

Ähnliches gilt für Aussagen wie: „Wir betreiben ein Qualitätsmanagementsystem".
Das beste System ist nutzlos, wenn Qualität nicht „gelebt wird". Wünschenswert wäre,
dass die zuständigen Gremien der Ärzteschaft die Vermittlung von Kenntnissen zur
Kundenorientierung veranlassen, damit die Ärzte selbst, aber vor allem auch ihr Personal,
zugunsten der Patienten davon profitieren können.

Ein besonderes Ärgernis für Patienten ist in vielen Arztpraxen die **schlechte Erreichbarkeit.** Dies gilt für Haus- und Fachärzte gleichermaßen. Dies kann durrchaus massive
Sicherheitsrisiken für Patienten beinhalten, vor allem bei Notfällen.

Fallbeispiel

Der Patient soll in der Praxis des Augenarztes eine Linse ersetzt bekommen. Der Termin ist verbindlich vereinbart. Beim Eintreffen des Patienten stellt die Fachangestellte
lapidar fest: „Termin stimmt nicht". Sie schickt den Patienten mit dem Hinweis nach
Hause, er solle einen neuen Termin vereinbaren und drei Monate später wiederkommen.
Der Patient verlässt die Praxis genervt und verwirrt. Einen Termin vereinbart er nicht,
er wird die Operation in einer anderen Praxis durchführen lassen. Mit Patientensicherheit ist dies nicht vereinbar, zumal der Patient unter Schmerzen litt und darauf auch
hingewiesen hatte. ◄

Die immer wieder gestellte Frage, warum Niedergelassene nicht für Managementfortbildungen offen sind und auch nicht im Käufermarkt für Managementliteratur zu finden

sind, lässt sich leicht beantworten. Sie halten das einfach meist nicht für nötig. In Ballungs-gebieten ebenso wie in vielen ländlichen Regionen mit wenig Ärzten sind die Praxen ohnehin voll. Daraus ergeben sich Nachlässigkeiten einzelner Praxisinhaber, die nicht durch die Behauptung „Personal ist rar" entschuldigt werden können. Der Dumme ist der Patient, denn er muss warten.

▶   **Praxisorganisation** Überprüfen Sie die Organisation Ihrer Praxis, vor allem im Bereich der Anmeldung. Verdeutlichen Sie Ihrem Personal, dass eine zügige und schnelle Bedienung der Patientensicherheit dient und buchstäblich „Leib und Leben" retten kann. Akzeptieren Sie keine privaten Diskussionen oder private Telefonate im Empfangsbereich. Stellen Sie insgesamt ab auf not-wendige **Kundenorientierung** (Hellmann, 2017) und machen Sie Ihren Mit-arbeitern deutlich, dass der Patient Vorrang vor allem anderen haben muss („Der Patient ist König"). Weisen Sie auch nachdrücklich darauf hin, dass Diskre-tion ein zwingendes Gebot ist. Es darf nicht sein, dass Patientendaten im An-meldungsbereich laut genannt werden und andere Patienten diese Informatio-nen mitbekommen. Dies ist ein Verstoß gegen das Patientenrechtegesetz!

Nachdenklich stimmen muss die zunehmende Orientierung von Niedergelassenen auf Geschäftsmodelle mit massiver Profitorientierung (z. B. Angebot von einzelnen Individu-ellen Gesundheitsleistungen (IGeL) ohne erkennbaren Nutzen und keine Erstattung durch die Krankenkassen. Wenig erfreulich sind auch bekannt gewordene Fälle unseriöser Praktiken, wie Fälschungen von Attesten oder die Bereitstellung falscher Diagnosen für Krankenkassen.

Die Gesundheitspolitik muss hier wachsamer werden. Gelten muss: „Wehret den An-fängen"! Sonst könnten Handlungen mit Potenzial zu einem systemimmanenten Risiko irgendwann zu einem solchen werden.

1.5.4   Kassenärztliche Vereinigungen

Die regionalen Kassenärztlichen Vereinigungen bzw. die Kassenärztliche Bundesver-einigung (KBV) sind verantwortlich für die Honorarverteilung für Niedergelassene und das QM, sowohl für den ambulanten Bereich als auch für die sektorenübergreifende Versorgung.

Bemühungen zu einer qualitativ hochwertigen Versorgung können der KBV nicht ab-gesprochen werden. Die Ergebnisse sind jedoch eher kläglich. Klare Richtlinien für ein einrichtungsinternes QM in Arztpraxen sind vorhanden. Eine breit angelegte Kontrolle der ambulanten Leistungserbringer zur Umsetzung der vorgegebenen Richtlinien erfolgt je-doch nicht. Es werden lediglich Stichproben in ausgewählten Praxen durchgeführt.

Besonders bedenklich ist, dass die Anstrengungen zu einer sektorenübergreifenden Qualitätssicherung (QS) unzureichend sind. Die Vorgaben zur QS für diese Versorgungsform werden allerdings von der KBV selbst in Frage gestellt. Sie moniert hier besonders die immense Bürokratie und stellt fest: „Nutzen für Patienten unklar" (Kassenärztliche Bundesvereinigung, 2016). Immerhin gibt es inzwischen Anstrengungen zur Optimierung der Richtlinien (Kassenärztliche Bundesvereinigung, 2021).

Kritikwürdig ist das Wirken einzelner Kassenärztlicher Vereinigungen. Ein neuer Begriff macht hier die Runde: „Honorarinsuffizienz" (Niedersächsisches Ärzteblatt, 2021). Die Aussage dazu lautet: „Niedergelassene leiden unter Honorarmangel". Dies ist mitnichten so! Die Entwicklung der Honorare Niedergelassener in den letzten Jahren hat kaum noch akzeptable Ausmaße erreicht, insbesondere bei Ärzten mit vielen Privatpatienten!

Geht es dagegen um Kosten und Innovationen, üben sich Niedergelassene häufig in diskreter Zurückhaltung. Anders ausgedrückt: Es wird geblockt und gebremst, wie bereits oben beschrieben. Die KBV, aber auch die BÄK, mischen als ärztliche Lobbyorganisationen (zwangsläufig) gerne mit. Der besondere Fokus richtet sich derzeit auf die Digitalisierung. So signalisiert Dr. Thomas Kreidel (KBV-Vorstandsmitglied) zwar Aufgeschlossenheit für entsprechende Innovationen, stellt aber gleichzeitig fest: „Die Digitalisierung muss gut gemacht sein und die Praxen unterstützen, statt zusätzliche Arbeit zu schaffen". Weiter stellt er fest: „Praxen akzeptieren nicht, dass alle negativen Begleiterscheinungen der Digitalisierungsprozesse wie Kosten für Anpassung der Praxis-Systeme an ihnen hängen bleiben", und weist darauf hin, dass die nahezu einzigen Profiteure bislang die Krankenkassen und die Industrie seien (Kreidel, 2021). Der amtierende Präsident der BÄK (ein niedergelassener Arzt) befördert dieses unsolidarische Verhalten. Er warnt vor „übereilter Digitalisierung". Es ist somit nicht überraschend, dass etwa ein Drittel der niedergelassenen Ärzte bisher nicht an die Telematikinfrastruktur (TI) angeschlossen sind!

Fragwürdig ist auch die **Argumentation gegen die Einführung einer Bürgerversicherung**. Laut KBV würden Überschüsse aus der Behandlung von Privatversicherten ja den gesetzlich Versicherten zugutekommen (z. B. zur Beschaffung teurer Geräte zur Diagnostik wie Ultraschall). Der hier sichtbar werdende Zynismus ist kaum zu überbieten!

1.6   Rolle des Pflegepersonals

Angesichts der während der Corona-Epidemie geleisteten Arbeit ist dem Pflegepersonal wie auch den in der Patientenversorgung tätigen Ärzten großes Lob zu zollen. Mit höchstem Engagement, bis zur Erschöpfung und in Kenntnis der Möglichkeit eigener, auch stressbedingter Erkrankungen, haben sie die Patientenversorgung aufrechterhalten und die Patienten mit vollem Einsatz betreut.

Der Patientensicherheit abträglich ist sicher die vielerorts noch schlechte Zusammenarbeit zwischen Ärzten und Pflegekräften. Nur wenige Krankenhäuser arbeiten z. B. mit gut funktionierenden therapeutischen Teams, in denen die beiden Berufsgruppen auf Augenhöhe zusammenarbeiten.

Seitens vieler Pflegekräfte wird immer wieder moniert, dass der Grad ihrer Wertschätzung optimierbar sei. Letzendlich dürfte die Ursache breiter manifestierter Unzufriedenheit aber vor allem ein „Kompetenzproblem" sein (z. B. Möglichkeiten der Übernahme ärztlicher Tätigkeiten). Dies ist aber im Krankenhaus nicht zu lösen. Nur über gesetzliche Regelungen können der Pflege höherwertige, medizinisch orientierte Aufgaben (ähnlich wie in den USA) zugeordnet werden.

Wenig verständlich ist die hohe Zahl von Impfverweigerern beim Personal von Pflegeheimen. Angemessen wäre gewesen, wenn sich der Pflegerat und der Beauftragte für Pflege der Bundesregierung für Impfungen bei Pflegekräften in Heimen eingesetzt hätten. Tote in den Pflegeeinrichtungen hätten damit wahrscheinlich vermieden werden können. Der Hinweis auf eine fehlende Selbstverwaltung ist skurril. Pflege scheint nicht durchgängig in der Lage zu sein, eine Selbstverwaltung zu organisieren. Dies zeigt beispielsweise das unrühmliche Ende der Pflegekammer Niedersachsen in Hannover. Kaum gegründet, musste sie wegen Missmanagement ihrer Präsidentin den Betrieb einstellen. Ein entsprechendes Schicksal hat inzwischen eine weitere Pflegekammer ereilt.

Verbesserungen im Bereich der Arbeitsbedingungen, mehr Wertschätzung und auch eine bessere Vergütung sind inzwischen von der Ampelkoalition auf dem Weg gebracht worden. Sie reichen jedoch bei Weitem nicht aus. Deutlich wird dies durch den Exodus von Kräften aus stationären Einrichtungen, mit dem Ergebnis, dass Intensivbetten nutzlos werden bzw. Intensivpatienten nicht mehr betreut werden können. Dieser Zustand muss schnellstens beendet werden. Kluge Anreize müssen gesetzt werden. Empfohlen wird auch ein Blick über die Grenzen (Hellmann, 2021b).

1.7 Patientensicherheit neu denken

Patientensicherheit muss weit mehr bedeuten als die Ausrichtung auf RM mit besonderer Fokussierung auf die Vermeidung und Minimierung von Behandlungsfehlern im Kontext der vielerorts als „Allheilmittel" postulierten anonymen Fehlermeldesysteme wie CIRS. Es ist auch nicht getan mit Patientensicherheitsbeauftragten (Abschn. 2.4).

Gefragt ist ein konsentiertes Patientensicherheitskonzept (PSK) auf Bundesebene im Zusammenspiel von Versorgern, externen Entscheidern und der Gesundheitspolitik, auch mit Blick auf Gesundheitskompetenz für die Bürger.

Das APS könnte hierbei in Zusammenarbeit mit dem G-BA und dem IQTIG wichtige Steuerungsfunktionen übernehmen, sofern eine ausreichende Bereitstellung von Finanzmitteln für den Verein möglich gemacht würde. Dies könnte ein guter Schritt sein. Denn von einer „Sicherheitskultur in Deutschland", wie sie einige Autoren euphorisch postulieren (Barth & Jonitz, 2018), kann man nicht sprechen. Eine solche ist bestenfalls punktuell angelegt.

Ein entsprechendes Konzept sollte massiv die **Prävention** berücksichtigen – immer noch ein Stiefkind im deutschen Gesundheitswesen. Projekte wie „Rebirth Active" der Medizinischen Hochschule Hannover (MHH) (Abschn. 1.8) sollten breit ins Leben gerufen und vom Bund gefördert werden. Aktivitäten der Krankenkassen reichen hier nicht aus. Prävention wird auch in der Schweiz großgeschrieben, vor allem von großen Krankenversicherern (Hauser & Ehrenbaum, 2018; Sanitas, 2021).

Die einseitige Fokussierung auf Klinisches RM als Teil des QM im Krankenhaus überrascht allerdings nicht. Unbestritten ist, dass dieses Instrument zentrale Bedeutung für Patientensicherheit hat. Kritisch muss aber die darauf bezogene starre Fixierung gesehen werden.

Getragen von einer in die Tage gekommenen Qualitätsphilosophie mit Festhalten an Normen wie DIN EN ISO, hat sich ein ganzer Wirtschaftszweig mit zahlreichen Beratungsunternehmen und tausenden von freien (vor allem ärztlichen) Beratern manifestiert, die vom „**Geschäftsmodell Qualitäts- und Risikomanagement**" finanziell profitieren. An diesem System möchten die Beteiligten nicht rütteln, seien es sogenannte „Qualitätsgesellschaften", Teile der Ärzteschaft mit Beratertätigkeiten für Krankenhäuser, Unternehmungen gemäß KTQ® (als GmbH mit den Gesellschaftern BÄK, GKV Spitzenverbände, DKG und Deutscher Pflegerat) oder Zertifizierungs- und Akkreditierungsgesellschaften. Qualität ist oft nur das, was vor allem einem selbst bzw. der eigenen Institution nützt!

Insoweit ist es nicht überraschend, dass einerseits unterschiedliche Aktivitäten zur Versorgungsqualität nicht abgestimmt sind und andererseits das „Narrativ vom Klinischen Risikomanagement als Heilmittel für Patientensicherheit" immer wieder neu aufgelegt wird (Kahla-Witzsch, 2005; Kahla-Witzsch et al., 2019). Patientensicherheit als „Gesamtkonzept" ist somit zwangsläufig nicht identifizierbar. Aussagen wie: „Da PS als Teil des Klinischen Risikomanagements als Teilbereich des Qualitätsmanagements betrachtet werden kann, wird nicht immer eine separate Patientensicherheitspolitik benötigt" (Haeske-Seeberg, 2018) gehen an der Sache vorbei. Patientensicherheit ist mitnichten ein Instrument von QM oder RM. Es ist vielmehr das Ergebnis aus dem erfolgreichen Zusammenwirken sehr unterschiedlicher Instrumente von QM, RM und QS. Insoweit ist eine neue Definition überfällig (Abschn. 2.2).

Darüber hinaus wird bei der Ausrichtung von RM häufig die Bedeutung des **betriebswirtschaftlichen Risikomanagements** verdrängt, das eine fundamentale Bedeutung für die dauerhafte Bestandssicherung eines Versorgers darstellt. Anders ausgedrückt: Am Anfang aller Bemühungen um Qualität mit dem Ziel PS muss eine Liquiditätsplanung stehen (Hellmann et al., 2020; Lütcke et al., 2021). Ist Liquidität nicht gesichert, wird eine zielführende, qualitativ hochwertige Patientenversorgung mit einem guten Ergebnis PS nicht möglich. Dieser Grundsatz kommt, aus welchen Gründen auch immer, in unserem Gesundheitswesen bisher nicht ausreichend zum Tragen.

Vernachlässigt wird ebenfalls, dass sich die Situation in den Krankenhäusern massiv verändert hat. Umfassende kommerzielle Qualitätsmanagementsysteme (QMS) sind aus Kosten- und Personalgründen immer weniger gefragt, von Ärzten werden sie bereits seit längerer Zeit vielerorts abgelehnt (Costa, 2014). Notwendig werden deshalb praktikable und kostensparende Lösungen mit Zuordnung der Verantwortlichkeiten auf die Fachabteilungen, die auch den anhaltenden Hype um DIN ISO und andere normativen Vorgaben überflüssig machen könnten.

Dies ist kein Widerspruch zur Auffassung des Autors, dass viele Krankenhäuser sich intensiv bemühen, ein gutes Ergebnis in Bezug auf Patientensicherheit zu erreichen! Ein Beispiel ist das Universitätsklinikum Essen, das berufsgruppenübergreifende Standards für professionelles Handeln seiner Sicherheitskultur implementiert (Steidle et al., 2021) (Kap. 5). Es liefert damit einen guten Beitrag zur Patientensicherheit!

Inzwischen wird die Notwendigkeit einer ganzheitlichen Sicht auf RM, auch im Kontext der Erfahrungen in der Corona-Pandemie, bestätigt. Die Krise induziert die Implementierung ganzheitlicher RM-Systeme mit dem Fokus auch auf wirtschaftliche Krisensituationen, die z. B. mit einem Mangel an Impfstoffen oder nicht ausreichender Verfügbarkeit von Schutzausrüstungen einhergehen können (Lenschow & Klein, 2021).

Daraus folgt, dass PS zukünftig mehr prospektiv in Verbindung mit der Entwicklung von Szenarien (Fink, 2021) und Business Continuity Management ausgerichtet sein könnte.

Nur mittels entsprechender Instrumente können bei unerwarteten und plötzlich eintretenden Krisenfällen zügig Maßnahmen zur Bestandssicherung eines Unternehmens ergriffen werden. Aus versicherungstechnischer Sicht geht es darum, Institutionen so zu unterstützen, dass mögliche unerwartete Vorfälle oder Katastrophen nicht eintreten (Jeurissen, 2021).

Gründe für das derzeitige Fehlen nachhaltiger Systeme für Patientensicherheit gibt es zahlreich. Besonders gravierend dürfte sich die Transformation vom **Gesundheitswesen** zur reinen **Gesundheitswirtschaft** auswirken, auch im Kontext der zunehmenden Privatisierung im stationären Bereich (Engartner, 2020), deren Erweiterung durch private Investoren im ambulanten Bereich nunmehr offenbar eingeleitet wird. Mit Recht regt sich hier breiter Widerstand, so von der Bundesärztekammer und den Kassenärztlichen Vereinigungen (Kolbeck, 2021).

Nicht der Patientensicherheit förderlich ist auch die Zweigliederung des Krankenversicherungssystems in Gesetzliche Krankenversicherung (GKV) und Private Krankenversicherung (PKV). Es steht außer Zweifel, dass GKV-Patienten nicht nur in Bezug auf Service (Terminvergabe) benachteiligt werden, sondern auch in Bezug auf medizinische Interventionen (z. B. Fortschreiten einer Krebsbehandlung als Folge eines späten Behandlungstermins).

Thesen für nachhaltige Patientensicherheit
Patientensicherheit

- bedarf eines Paradigmenwechsels in Bezug auf die Krankenversicherung. Die Bürgerversicherung wäre als solidarische Versicherung ein gutes Instrument zur Sicherstellung von „gleicher Patientensicherheit für alle" und könnte verhindern, dass GKV-Patienten höheren Risiken ausgesetzt sind und schlechter behandelt werden als Privatpatienten.
- muss einem ganzheitlichen Ansatz folgen, der PS als Ergebnis einer zielgerichteten Bündelung der Aktivitäten von QM, RM und QS in den Versorgungseinrichtungen be-

greift, aber auch einer besseren Unterstützung durch die Gesundheitspolitik und externe Institutionen (Ärztekammern, KV-en, DKG, Krankenkassen etc.) bedarf.

- setzt voraus, dass sich die Transformation vom „Gesundheitswesen" zum „Gesundheitsmarkt" primär an den Belangen der Patienten und nicht an finanziellen Vorstellungen von Gesundheitsunternehmen orientiert.
- erfordert eine Einschränkung ausufernder Privatisierung im stationären Bereich und die Vermeidung einer ähnlichen Entwicklung im ambulanten Bereich (Übernahme von MVZ durch private Investoren.
- erfordert, dass auch ethische Grundsätze der Medizin ausreichend berücksichtigt werden (Taupitz, 2021).
- ist nur sicherzustellen, wenn den Bestrebungen von Krankenkassen und privaten Klinikkettenbetreibern zur Strukturbereinigung des Krankenhausmarktes durch die Auflösung kleiner Krankenhäuser Einhalt geboten wird.
- muss umfassend am demografischen Wandel orientiert sein und damit auch die besonderen Risiken für alte Patienten berücksichtigen (z. B. Altersanästhesie).
- muss beinhalten, dass jeder Patient an jedem Standort eine qualitativ hochwertige Versorgung erhält (insoweit sind kleine Krankenhäuser vor allem im ländlichen Bereich zu erhalten).
- muss sich, wenn man schon das Wort „Patientensicherheitskultur" verwenden will, auf ein konsentiertes Patientensicherheitskonzept (PSK) im Kontext enger Zusammenarbeit des Bundes und der Länder unter Einschluss ambulanter und stationärer Versorgungseinrichtungen gründen können.
- bedarf einer fundierten finanziellen Basis im Kontext eines notwendigen innovativen Konzepts für die finanzielle Sicherung von Krankenhäusern und ambulanten Leistungserbringern, auch im Hinblick auf die Bereitstellung von Investitionsmitteln, und eines neuen (die Fallpauschalen ablösenden) Systems, das in angemessener Weise den Erfordernissen ambulanter und stationärer Leistungserbringer gerecht wird, besonders in Bezug auf Integrierte Versorgungsvorhaben.
- muss zukünftig mehr prospektiv in Verbindung mit der Entwicklung von Szenarien und Business Continuity Management (Hellmann et al., 2020, siehe auch Kap. 13) ausgerichtet sein, um die Bestandssicherung von Versorgungseinrichtungen (auch im Rahmen schwerer Krisen und Katastrophen) sicherstellen zu können.
- muss Prävention in massivem Umfang berücksichtigen und damit auch Angebote zum Erwerb von Gesundheitskompetenz durch die Bürger umfassender als bisher auf den Weg bringen.
- kann umfassend nur sichergestellt werden, wenn eine Neuausrichtung zu relevanten Entscheidungen für Gesundheit eine gesetzliche Basis erhält.

1.8   Neue Konzepte zur zukünftigen Versorgung

Die nachfolgend vorgestellten Konzepte und Initiativen beinhalten eine Auswahl zentral diskutierter Themen und liefern teilweise gute Anregungen für eine Neugestaltung der Gesundheitsversorgung in Deutschland. Zum Teil werden aber auch nicht günstig erscheinende Entwicklungen und Zielsetzungen verfolgt, was vermieden werden sollte. Nicht immer stehen hohe Versorgungsqualität und Patientensicherheit im Mittelpunkt.

(1) Robert Bosch Stiftung: „Neustart! Reformwerkstatt für unser Gesundheitswesen"
Aus dieser Initiative der Robert Bosch Stiftung (www.neustart-fuer-gesundheit.de) gingen mehrere Publikationen hervor, u. a. das Grundsatzpapier „Neustart! Zukunftsagenda – für Gesundheit, Partizipation und Gemeinwohl".

Grundlage für die Überlegungen zu einer Neuausrichtung des Gesundheitswesens sind aktuelle Defizite wie mangelnde Solidarität, vielfältige Einzelinteressen und unzureichende Patientenorientierung. Gefordert wird deshalb u. a. eine Neuausrichtung auf Prävention, Gesundheitskompetenz und Partizipation. Für eine optimierte Gesundheitsversorgung, vor allem im ländlichen Bereich, werden aufgrund des Rückgangs der Ärztezahlen und fehlender Bereitschaft des ärztlichen Nachwuchses, in Einzelpraxen tätig zu werden, regionale Gesundheitszentren mit folgenden Merkmalen vorgeschlagen:

- multiprofessionelle Teams aus Ärzten, Pflegekräften und anderen Gesundheitsberufen, die Patienten bedürfnisorientiert versorgen,
- effektive Leistungserbringung, auch mit dem Fokus auf Prävention,
- mögliche Einsparung von Kosten.

Gesundheitszentren nach dem PORT-Modell der Stiftung bieten einen guten Lösungsansatz (Klapper, 2020). Die Autoren der IGES-Studie postulieren in diesem Zusasmmenhang, dass eine flächendeckende Primärversorgung durch ca. 1.000 Gesundheitszentren nach dem PORT-Muster erfolgen könnte (Albrecht et al., 2021).

Kommentar Das u. a. auf der IGES-Studie (Albrecht et al., 2021) basierende Konzept ist überzeugend, da es auch auf die zentralen Defizite des Gesundheitswesens fokussiert, so vor allem auf den generellen Ärztemangel, den Wunsch vieler junger Ärzte, nicht mehr Einzelpraxen betreiben bzw. in diesen tätig werden zu wollen, und die ärztliche Unterversorgung in ländlichen Bereichen. Der Appell zu einer Entwicklung „weg von Einzelinteressen hin zu übergreifender Zusammenarbeit" ist ebenfalls nötig und damit zielführend. Patientensicherheit wird im Ansatz der Stiftung nicht breiter thematisiert.

(2) Bundesverband Managed Care: „Mehr Ökonomie wagen"
Dem Konzept „Mehr Ökonomie wagen" des Bundesverband Managed Care (BMC, 2021)
liegen folgende Thesen zugrunde:

- Messen, Vergleichen und Nutzen von Daten fördern die Qualität.
- Innovationen brauchen Handlungsspielräume und Leitplanken.
- Veränderungen müssen vom Menschen her gedacht werden.

Diese eher abstrakten und unverbindlichen Angaben werden durch die zentrale Aussage
„Ökonomische Perspektiven sind ein Schlüssel, um Qualität und Zugang zur Gesundheitsversorgung sicherzustellen" konkretisiert und durch den Hinweis „Ein attraktives Gesundheitssystem muss darüber hinaus die Bedürfnisse der dort Tätigen aufgreifen" ergänzt.
Weiter wird ausgeführt: „Ökonomische Ansätze können dabei richtungsweisend sein, um
unser Gesundheitswesen zukunftsfähig zu gestalten".

Kommentar Das Konzept könnte der Sichtweise folgen: „Erst die Ökonomie, dann der
Patient". Einer entsprechenden Logik muss jedoch widersprochen werden. Für das übergeordnete Ziel Patientensicherheit muss vielmehr der Grundsatz gelten: „Erst der Patient,
dann die Ökonomie". Innovative Versorgungsansätze müssen sich primär an den Bedürfnissen des Patienten orientieren. Diese müssen umfassend identifiziert werden. Sind sie
bekannt, ist zu prüfen, welche ökonomischen Ansätze geeignet sind, diese Bedürfnisse am
besten zu erfüllen und nachhaltig für Patientensicherheit zu sorgen. Patientensicherheit
wird nicht thematisiert.

(3) Verband der Ersatzkassen (vdek)
Pauschale Forderungen des vdek ergeben sich als Ergebnis einer vom Verband an das
IGES Institut vergebenen Studie (Albrecht et al., 2021)wie folgt:

- umfassende Strukturreformen im Krankenhausbereich,
- Konzentration von Leistungen, besonders im stationären Bereich,
- Modernisierung der Versorgung in ländlichen Regionen,
- Bündelung von Versorgung im Kontext des Fachkräftemangels,
- Ausweitung von Mindestmengenregelungen,
- Mitwirkung der Bundesländer am Strukturwandel,
- angemessene Investitionsfinanzierung der Länder,
- vernetzte Strukturen auf dem Land ausbauen.

Kommentar Das Konzept enthält bekannte und weitgehend sinnvolle Forderungen, allerdings ohne explizite Fokussierung auf notwendige Patientensicherheit.

(4) AOK

Die AOK präsentiert drei Positionspapiere, unterstützt von großen privaten und kommunalen Klinikbetreibern.

(A) Positionspapier „Neue Nähe für ein gesünderes Deutschland" (AOK, 2021)
Kommentar Auffallend ist der Wortlaut unter Punkt 2: „Neue Nähe in strukturschwachen und ländlichen Regionen bedeutet, Versorgungsangebote in allen Teilen Deutschlands zu erhalten oder dort, wo dies nicht immer möglich ist, neue Wege zu suchen, wie eine gute Gesundheitsversorgung zu den Menschen kommt." Diese Aussage steht im Widerspruch zur immer wiederkehrenden Forderung der Krankenkasse nach „Strukturbereinigung des Krankenhausmarktes" durch Wegradieren kleiner Krankenhäuser zugunsten großer Anbieter.

(B) Positionspapier „Jenseits des Lagerdenkens", gemeinsam mit der Allianz Kommunaler Großkrankenhäuser (AKG) (Heitmann, 2021)
Kommentar Zum Titel dieses Positionspapiers stellt der Autor fest: „Die Hoffnung habe ich, doch es fehlt der Glaube". Es wird auch hier nur wieder vor allem das gefordert, was Krankenkassen und große Klinikbetreuer schon seit längerer Zeit verlangen, nämlich Veränderungen, die vor allem großen Klinikbetreibern (und damit auch privaten Klinikketten) nützen. Insoweit ist die Aussage: „Auf Basis gemeinsamer Erkenntnisse haben wir als AKG-Kliniken ein detailliertes Stufenkonzept für die Ausdifferenzierung der Krankenhausgesellschaft entwickelt" eher Wunschdenken.

Berechtigt sind die Forderungen nach Verzahnung des ambulanten und stationären Sektors, nach einem intersektoralen Vergütungssystem und Möglichkeiten zur Gestaltung regional orientierter Versorgung. Patientensicherheit ist ebenfalls kein Thema.

(C) Positionspapier „Wir müssen die Sektorengrenzen niederreißen" von AOK, Helios und weiteren Klinikträgern (Doelfs, 2021)
Kommentar Eine bessere Zusammenarbeit zwischen AOK und Klinikkettenbetreibern ist gar nicht nötig. Beide verfolgen ein gemeinsames Ziel: Den Versorgungsmarkt so zu gestalten, dass beide Beteiligten größtmöglichen Nutzen und Profit davon haben. Übersetzt heißt dies: „Große und leistungsstarke Anbieter zu Lasten kleiner Krankenhäuser fördern". Dieser Zug ist längst ins Rollen gekommen und spiegelt sich auch im Positionspapier „Jenseits des Lagerdenkens".

(5) 10 Punkte-Papier der Barmer Ersatzkasse: Weiterentwicklung der sektorenübergreifenden Versorgung
Die Barmer fordert:

- Leistungsplanung anstelle Kapazitätsplanung,
- Festlegung des sektorenübergreifenden Leistungsbereiches,
- Neuschaffung eines Instituts mit der Aufgabe der Zusammenführung von Abrechnungs-
  daten und Leistungsdaten zwecks Ermittlung von Behandlungskapazitäten,
- bundesweiter Datensatz als Basis für die sektorenübergreifende Versorgung,
- Einrichtung von sektorenübergreifenden Gremien der Länder mit Festlegung der Leistungen für die Region,
- Sicherstellung für den neuen sektorenübergreifenden Leistungsbereich durch die ört-
  liche KV gemeinsam mit dem Land,
- sektorenübergreifende Ausrichtung der Notfallplanung,
- Schaffung eines sektorenübergreifenden Vergütungssystems,
- Entwicklung von regionalen Versorgungsverbünden, Erweiterung der digitalen Vernetzung und Möglichkeiten der Delegation nutzen

Kommentar Alles gute und zielführende Vorschläge, aber auch hier kein Wort zur Frage,
was Patienten wie nützt. Der Aspekt der PS tritt somit auch hier nicht deutlich hervor.

(6) Deutsche Krankenhausgesellschaft (DKG)

Im „Positionspapier" der DKG (https://www.dkgev.de/dkg/positionen/, DKG, 2021) finden sich neben wenig griffigen Aussagen wie: „Wir brauchen ordnungspolitische Weichen-
stellungen für eine moderne medizinische und pflegerische Versorgung" (Gaß, 2021) allgemeine Forderungen zur Beseitigung des Fachkräftemangels, nach einem zukunftsfähigen
Finanzierungssystem sowie Vorschläge zu Digitalisierung, Entbürokratisierung und Qualitätssicherung.

Zielführend ist die Forderung nach gleichwertiger Versorgung in Stadt und Land im
Kontext der Entwicklung von regionalen Versorgungsnetzwerken: „Wir müssen gerade im
ländlichen Raum ambulante und stationäre Versorgung zusammendenken und zusammenführen. Nur so werden wir dem zunehmenden Ärztemangel im niedergelassenen Bereich
entgegenwirken können. Vor dem Anspruch, gleichwertige Lebensverhältnisse in Stadt
und Land zu garantieren, ist dies zur Sicherung der Daseinsvorsorge in der Gesundheitsversorgung unerlässlich" (Gaß, 2021).

Die Forderung nach einem Kurswechsel in der Krankenhauspolitik durch die nächste
Bundesregierung beinhaltet folgende Punkte (Gaß, 2021):

- Beschleunigung der Digitalisierung,
- Ausbau krankenhauszentrierter Versorgungsnetze,
- Optimierung der Rahmenbedingungen zur Erhöhung der Attraktivität neuer Arbeits-
  plätze,
- Optimierung der Qualitätssicherungsmaßnahmen für Patienten,
- Einschränkung der Bürokratie,
- Modifizierung des Vergütungssystems.

Kommentar Mit dieser Sicht bestätigt die DKG die Vorgehensweise von verschiedenen Akteuren, wie sie in einem aktuellen Buch zur Optimierung der Gesundheitsversorgung in ländlichen Regionen dargestellt werden (Hellmann, 2021b). Sie ist auch kompatibel mit neuen Erfordernissen, die sich aus aktuellen Katastrophen (Corona, Flutkatastrophe) ergeben. Kleine Krankenhäuser können bei ähnlichen Ereignissen gute Hilfe leisten (Raab, 2021).

Eine explizite breitere Fokussierung auf Patientensicherheit wird auch hier nicht sichtbar.

Inzwischen steht die neue Bundesregierung als Ampelkoalition. Es wird sich zeigen, welche der genannten Forderungen erfüllt werden. Der Autor ist hier allerdings nicht hoffnungsfroh. Dies gilt vor allem für die Digitalisierung. Hier folgt man den Vorstellungen der KBV, gerade auch sichtbar geworden durch eine nicht unerhebliche Verschiebung der Umsetzung des elektronischen Rezepts. Aber: „Gesundheitspolitik ist eben auch Klientelpolitik"!

(7) Verband der Krankenhausdirektoren (VKD)

Positionen des VKD zur zukünftigen Gesundheitsversorgung ergeben sich wie folgt (VKD, 2021):

- Krankenhäuser bleiben Basis der Versorgung.
- Ganzheitliche Krankenhausplanung durch die Länder.
- Flächendeckende Versorgung ist unverzichtbar.
- Anpassung der Versorgungsstrukturen an die regionalen Notwendigkeiten.
- Kliniken als Anker ambulanter Notfallversorgung.
- Digitalisierung vorantreiben.
- Finanzierungssystem überdenken und neugestalten; vor allem eine ausreichende Investitionsfinanzierung ist zwingend.

Kommentar Nachvollziehbare Argumente, allerdings sollte die zentrale Steuerung der Versorgungsplanung federführend durch den Bund erfolgen. Interessant sind die Ausführungen zur Ambulantisierung (Düllings, 2021). Inwieweit die Gesundheitspolitik allerdings hier in größerem Umfang aktiv werden wird, muss zunächst offenbleiben. Der These, dass diese im Interesse des Patienten ist, weil invasive durch minimalinvasive Therapien ersetzt werden können und stationäre Behandlungen sich dadurch verkürzen oder ambulant erfolgen können, ist manches abzugewinnen.

Es fehlt auch hier die explizite Fokussierung auf die Berücksichtigung von PS.

(8) Rheinisches Institut für Wirtschaftsforschung (RWI), Essen

Die Positionierung des RWI für neue, innovative Krankenhausstrukturen („Richtungspapier") integriert den Blick auf mögliche weitere Krisen (Augurzky & Schmidt, 2020) mit folgenden Zielen:

- vorrangige Orientierung am Patientenwohl,
- Sicherstellung hoher Versorgungseffizienz,
- flächendeckende Erreichbarkeit der Versorgungsangebote.

Für die praktische Umsetzung werden folgende Maßnahmen vorgeschlagen (Augurzky & Schmidt, 2020):

- Formulierung eines Ordnungsrahmens mit Fokus auf individuelle Gestaltungsspiel-räume, auch zur Wettbewerbsförderung,
- Vorantreiben eines Strukturwandels mit Vereinigung von Spezialisierungsvorteilen und flächendeckender Versorgung,
- Überwindung der Sektorengrenzen im Kontext der Entwicklung neuer Versor-gungsmodelle,
- Fachkräftesicherung,
- Nutzung der Möglichkeiten der Digitalisierung,
- für Krisenfälle Entwicklung von Konzepten zu Vorbeugung, Sicherung von Notfall-kapazitäten und Zuordnung der Zuständigkeiten.

Konkrete Handlungsempfehlungen:

- Bereitstellung von Investitionsmitteln für stärkere Zentralisierung,
- Verwirklichung der sektorenübergreifenden Versorgung,
- Erhöhung der Attraktivität der Gesundheitsberufe,
- Gewährleistung von Transparenz über Kapazitäten,
- Schaffung von Voraussetzungen für die Digitalisierung.

Kommentar Den dargelegten Empfehlungen im „Richtungspapier" und weiteren Aus-führungen. kann uneingeschränkt gefolgt werden. Sie decken sich mit den Positionen des Autors (Hellmann, 2021b) und sind kompatibel mit Vorstellungen des Sachver-ständigenrates.

(9) Optimedis AG, Hamburg

Integrierte Versorgung ist immer noch ein Stiefkind des deutschen Gesundheitswesens, trotz zielführender Ergebnisse und Erfahrungen in verschiedenen Pilotprojekten (Hilde-brandt et al., 2021; Hildebrandt & Greschik, 2021). Von der Optimedis AG wurde deshalb ein Versorgungskonzept für „Innovative Gesundheitsregionen" mit den Schwerpunkten Prävention, Gesundheitsförderung und Gesundheitserhaltung entwickelt.

Kernelemente:

- weiterentwickelte Gesundheitskonferenzen,
- regionale Integrationseinheiten,

- neue Finanzierungssystematik,
- bundesweites Monitoring der Ergebnisqualität der Krankenkassen und der regionalen Versorgungssysteme.

Kommentar Zielführende Überlegungen für eine innovative zukünftige Gesundheitsversorgung fließen ein, aber ohne explizite Ausrichtung auf Patientensicherheit.

(10) consus clinicmanagement GmbH, Wuppertal

Differenziert wird zwischen kommunalen Häusern und privaten Betreibern betreffs Effizienz in der Patientenversorgung. Eine unternehmerische Ausrichtung kommunaler Häuser wird befürwortet, um auf Grundlage von Gewinnen umfassend Investitionen tätigen zu können. In diesem Zusammenhang ergeben sich folgende Empfehlungen (Berger, 2021):

- Zusammenschluss von kommunalen Häusern in Verbünden,
- Kooperationen über Landesgrenzen hinweg, z. B. gemeinsame Verhandlungen in Bezug auf die Beschaffung von Medizintechnik,
- Abbau von Überkapazitäten in Ballungsräumen,
- Sicherstellung von ortsnaher Versorgung, vor allem auch in ländlichen Regionen,
- Mindestmengen für überversorgte Regionen,
- bundesweite Krankenhausplanung.

Kommentar Das vorliegende Konzept ist schlüssig, die Vorschläge zur Stärkung kommunaler Einrichtungen über Zusammenschlüsse sind unverzichtbar und der Hinweis auf die Notwendigkeit einer bundesweiten Krankenhausplanung ist Gebot der Stunde. Ein expliziter Bezug zur PS fehlt jedoch.

(11) Konzeptstudie: Ein kommunaler Krankenhauskonzern

Eine wissenschaftliche Bewertung aus Sicht von Daseinsvorsorge, medizinischer Qualität und Wirtschaftlichkeit. Empfehlungen der Autoren aus der Studie (Balling & Maier, 2021) ergeben sich u. a. wie folgt:

- regionale und überregionale Zusammenlegung von Konzernen,
- Verbundlösungen für kleine und mittelgroße Krankenhäuser,
- Erleichterung von Konzernbildungen durch Nutzung der Rechtsform der gAG.

Kommentar Die Studie ist zielführend und aussagekräftig, zumal Interviews mit den unterschiedlichsten Krankenhausakteuren einbezogen wurden, die als Basis für die Empfehlungen der Autoren eine Rolle spielen. Hervorzuheben ist die durchaus differenzierte Sicht auf private Anbieter und auch die Vielfalt von Anregungen für die Aufrechterhaltung der Versorgung in unterversorgten Regionen, auch im Kontext der Bestandssicherung und

Fortführung kommunaler Einrichtungen. Ein explizierter Hinweis zur Patientensicherheit fehlt.

(12) Practice Lead Health TLGG Consulting GmbH, Berlin: Patientenzentrierte Gesundheitsversorgung als visionärer Ansatz
Merkmale des Modells (Hagemeijer, 2021) sind:

- präventiver Charakter,
- Ort der Behandlung verlagert sich ins private Umfeld,
- nahtlose und integrierte Versorgung,
- Einbeziehung des Patienten in die medizinischen Entscheidungen.

Forderungen in Bezug auf die Umsetzung:

- Steuerung der Integrierten Versorgung über **Gesundheitsplattformen** mit Verbindung von Verbrauchern und Patienten mit allen Leistungserbringern,
- digitale Verwaltung der Gesundheitsversorgung an einem Ort – Organisation von Terminen, Rezepterhalt, Speicherung von Rechnungen etc.,
- Narrativ zur Vermittlung der Sinnhaftigkeit, Effizienz und Sicherheit des Modells (Entscheidungshoheit bei den Patienten, Datenschutz etc.).

Aussagen zu Folgen für Ärzte und Krankenhäuser:

- Das Rad muss nicht neu erfunden werden, konsumentenorientierte Vorbilder von Gesundheitsmodellen finden sich bereits bei High-Tech-Unternehmen.
- Mitgestaltung durch Ärzte und Krankenhäuser ist möglich.
- Das Krankenhauszukunftsgesetz (KHZG) ist eine gute Basis durch die Förderung der Digitalisierung, ebenso sind Förderungen durch den Krankenhauszukunftsfonds (KHZF) möglich.

Kommentar Ein visionäres Projekt, das bereits vorliegende „schmale" Konzepte, Ideen und Anregungen bündelt. Das Projekt dürfte angesichts der jahrelangen Diskussion um die Patientenakte oder der immer noch nicht etablierten Integrierten Versorgung kurz- bis mittelfristig aber kaum umsetzbar sein. Nicht berücksichtigt werden mögliche Krisen und ihre Bewältigung – ein ganz wesentlicher und unverzichtbarer Aspekt für eine innovative Gesundheitsversorgung mit dem Ziel hoher Patientensicherheit!

(13) Überlegungen zur Entwicklung der stationären Versorgung
Die vorgestellten Überlegungen (Simon & Krämer, 2021) sind eine Bestandsanalyse der stationären Entwicklung in Deutschland einschließlich Zukunftsperspektive mit Bezug

zur Parteipolitik (SPD) und zur Sicht von großen Krankenhäusern und privaten Klinik-kettenbetreibern wie ASKLEPIOS, HELIOS und SANA. Sie haben durchaus anregenden Charakter für neue Wege in der stationären Versorgung, allerdings ohne konkreten Bezug zu einem übergreifenden Versorgungsansatz mit Beteiligung von ambulanten Versorgern (Integrierte Versorgung), der für eine ausgewogene Gesundheitsversorgung unver-zichtbar ist.

Kommentar Die Überlegungen zu Innovationen in der stationären Versorgung sind sinn-voll, wirklich zielführend werden sie aber nur dann, wenn sie Teil einer Versorgungs-gesamtstrategie sind, die ambulante Dienstleister in die Betrachtungen einschließt. Eine explizite Fokussierung auf PS wird ist auch in diesem Konzept nicht sichtbar.

(14) Visionäre, aber zeitnah kaum umsetzbare Konzepte

Forderungen wie „Patientenemanzipation" (Kaestner & Hartweg, 2015) oder „Wir brau-chen ein System, das aus Patientenerfahrungen lernt" (Stahl & Nadj-Kittler, 2015) und das Konzept „Patient Journey" (Stöckle, 2015) sind zweifellos diskussionswürdig. Die ge-nannten Konzepte sind aber in ihrer Breite, zumindest derzeit, kaum umsetzbar. Sie er-scheinen auch mehr „gesundheitswirtschaftlich" als „patientenorientiert". Dies ergibt sich u. a. aus den ja meist kurzen Aufenthalten von Patienten in Krankenhäusern, bei denen somit „Gesundheitsbildung" für Patienten kaum realistisch erscheint. Insgesamt be-trachtet, steckt diese in Deutschland bisher in den Kinderschuhen.

Kommentar Anregende Vorstellungen, allerdings mit derzeit kaum realisierbaren Chan-cen für eine Umsetzung. Der Aspekt der Patientensicherheit kommt auch hier nur ansatz-weise zum Tragen.

(15) Allianz großer Krankenhäuser mit Ziel einer Reform der Krankenversorgung

Konzeptionell ist hier wenig zu holen. Es scheint vorrangig um eine Optimierung der „Besitzstandwahrung" zum Nutzen großer Krankenhäuser und der Krankenkassen im Sinne von „Strukturbereinigung der Krankenhauslandschaft" zu gehen, ähnlich wie dies ja schon von der AOK gemeinsam mit den Helios-Kliniken vorgesehen ist (Diakoneo, 2021; Doelfs, 2021). „Wir streben einen geplanten Umbau der Krankenhauslandschaft an und wollen das nicht länger dem Zufall überlassen" (Vorsitzender der Allianz Kommunaler Großkrankenhäuser und Geschäftsführer des Klinikums Region Hannover). In Bezug auf das „Klinikum Region Hannover" ist die Argumentation des Geschäftsführers verständ-lich (siehe Abschn. 1.3.2). Das Klinikum schreibt rote Zahlen in Millionenhöhe.

Gesamtbetrachtung und Bewertung der vorgestellten Konzepte
- Die Mehrzahl der vorgestellten Konzepte bietet wertvolle Anregungen zu einer Optimierung der Gesundheitsversorgung.
- Eine konsentierte Einheit bilden die Konzepte zwangsläufig nicht. Der Notwendigkeit von Patientensicherheit als länder- und institutionenübergreifendes Konzept kann somit auch nicht Rechnung getragen werden.
- Dies resultiert auch daraus, dass sich Aspekte der Patientensicherheit in der überwiegenden Zahl der vorgestellten Konzepte nicht finden, und steht nicht im Widerspruch dazu, dass eine Reihe von Maßnahmen zu einem Mehr an PS beitragen wird.

Die Bedeutung von PS ist wahrscheinlich bei allen Autoren der verschiedenen Konzepte erkannt. Sie sollte aber explizit in den Konzepten ausgewiesen werden. Patientensicherheit muss zum „Orientierungsbegriff" im Gesundheitswesen werden.

1.9 Technische Innovationen für die Nutzung in der medizinischen Ausbildung und der Patientenversorgung

Wo Schatten, ist auch Licht. Es wäre kontraproduktiv, den Eindruck erwecken zu wollen, es gäbe vor allem Missstände und nur unausgegorene Konzepte zu neuen Wegen in der Gesundheitsversorgung. Insbesondere einzelne Versorger, vor allem im Bereich der Universitätskliniken, gehen neue Wege in Richtung einer Optimierung der Patientensicherheit (Kap. 5). Ähnliches gilt für technische Entwicklungen (Online-Plattformen) oder auch Versorgungsansätze (Notfallversorgung). Beispiele werden nachfolgend skizziert.

Das Projekt „Rebirth Active" der Medizinischen Hochschule Hannover (MHH)
Das Projekt ist vor allem auf Prävention ausgerichtet und wird von Prof. Dr. med. Axel Haverich, Direktor der Klinik für Herzchirurgie der MHH, initiiert und koordiniert. Entwickelt wurde ein Portal, über das die Möglichkeit besteht, die eigene Gesundheit präventiv über eine App zu steuern. Auf Grundlage einer Erstuntersuchung können Patienten individuell und passgenau digital betreut werden. Damit wird eine selbstbestimmte und gesundheitsförderliche Lebensführung möglich. Der Fokus der Gesamtinitiative richtet sich auf sehr unterschiedliche Adressatenbereiche, u. a. auf Schulen und Einrichtungen der Erwachsenenbildung. Erwähnenswert ist beispielsweise eine Studie mit dem Titel „Prävention statt OP". Hauptziel ist die Verbesserung der täglichen Aktivitäten und körperlichen Bewegung zur Erhöhung der körpereigenen zellulären Regeneration.

Medizinische Lehre an der Universitätsmedizin Berlin (Charité) auf neuen Wegen
„Blended Learning" soll zukünftige Mediziner im Rahmen des Förderprogramms HEDS („Handlungs- und Entscheidungskompetenz digital stärken") für die Zukunft fit machen (kma Online, 2021b). Wesentliches Ziel ist, die Entscheidungskompetenz mit Hilfe digita-

ler Formate zu unterstützen und zu fördern. Konkret heißt dies, dass klinische Fallbeispiele über den gesamten Weg des Patienten über Online-Szenarien durchlaufen werden. Entsprechende virtuelle Übungen werden mit praktischem Unterricht an Patienten verbunden. Unterricht mit Hilfe von Datenbrillen (räumliche Trennung von Dozenten und Studierenden am Patientenbett) ist ebenfalls vorgesehen, gleichermaßen eine bessere Verzahnung verschiedener Studiengänge (Medizin, Zahnmedizin, Pflege) durch virtuelle Szenarien, aus denen die unterschiedlichen Blickwinkel der verschiedenen Professionen, zum Beispiel für Notfallsituationen, erfasst werden können.

Digitale Patientenversorgung – Schub durch technische Innovation
Über eine Online-Plattform will Philips eine ganzheitliche digitale Patientenversorgung von der Aufnahme bis zur Entlassung in der Klinik sicherstellen (Philips, 2021). Angeboten werden soll den Kranken eine Lösung, die das Patientenmanagement vereinfacht. Patienten können sich aktiv an der Entlassung beteiligen, sich über Nachsorgeangebote informieren und Angebote zur Versorgung auswählen. Informationen über Medikationspläne, Röntgenaufnahmen und andere Dokumente werden abrufbar sein.

Digitales Netzwerk für Notfallmedizin
Die Deutsche Gesellschaft Interdisziplinäre Notfall- und Akutmedizin (DGINA) bietet ein digitales Netzwerk für den Informationsaustausch der Mitglieder untereinander an (DGINA, 2021). Im Netzwerk werden für alle Mitglieder Fälle vorgestellt (DGINA Weekly). Insgesamt wird auch fachlicher und berufspolitischer Austausch möglich.

Prozessorientiertes Qualitätsmanagement und Risikomanagement mit Digitalisierung
Die Darstellung und Optimierung von Prozessen innerhalb einer Gesundheitseinrichtung durch Digitalisierung wird im Kontext des PDCA-Zyklus (Plan – Do – Check – Act) nun machbar. Die Planung und Umsetzung von Veränderungen wird damit erleichtert, der Zugriff auf einen Katalog zu Führungs-, Kern- und Unterstützungsprozessen und zugeordneten Prozessbeschreibungen kann leicht erfolgen. Vielfältige Anwendungsmöglichkeiten zur Erfassung, Gestaltung und Ausführung von Prozessen, aber auch zur Messung, Überwachung und Steuerung komplettieren die Anwendungsmöglichkeiten (Hirschfeld, 2021).

Innovation Patientenlotsen
Sie sollen eine gute Chance bieten, mehr Patientensicherheit auf den Weg zu bringen (Löcherbach, 2021). Das Modell der Patientenlotsen ist gekennzeichnet durch folgende Aspekte:

- Tätigkeit nicht an eine bestimmte Berufsgruppe (oder akademische Qualifikation) gebunden,
- personen- und bedarfsorientiertes Vorgehen,

- Lotsentätigkeit ist Regie- und Unterstützungsleistung,
- Information tritt neben die (psychosoziale) Beratung von Patienten und Angehörigen,
- Patientenlotsen sind fallbezogen vernetzt, was eine Abstimmung mit allen beteiligten Akteuren, sei es im Krankenhaus, sei es in Integrierten Versorgungskonstellationen, voraussetzt.

Zum Erreichen hoher Effizienz dieses Modells sind gesetzliche Vorgaben zwingend (etwa wie in Hessen, wo die Vorgabe gilt, pro Krankenhaus einen Patientensicherheitsbeauftragten einzusetzen). Generell ergibt sich bei immer klammer werdenden Kassen die Frage nach der Finanzierung.

1.10   Schlussbetrachtung

Patientensicherheit ist ein Ergebnis, das auf einer Bündelung von Aktivitäten aus QM, RM und QS basiert und somit nicht mit RM gleichzusetzen ist. Nachhaltig zu sichern ist sie nur im Zusammenwirken von internen und externen Entscheidern. Zu berücksichtigen ist, dass die veränderten Rahmenbedingungen (auch durch Corona) neue Herausforderungen mit sich bringen. Insbesondere möglichen Krisen ist angemessen vorzubeugen.

Patientensicherheit als Ergebnis setzt voraus: **Gesundheitskompetenz** aller daran Beteiligten, aber auch eine zielführende **Gesundheitskommunikation**. Ein umfassendes Wissen rund um die Gesundheit und dessen zielorientierte Kommunikation als Grundlage für praktisches Handeln ist grundlegend und unverzichtbar für hohe Behandlungsqualität und damit auch für Patientensicherheit.

In der Summe betrachtet, wird in Deutschland für die Patientensicherheit viel getan. Die zahlreichen Einzelaktivitäten sind jedoch wenig koordiniert und konsentiert. Hier besteht Handlungsbedarf. Dies gilt gleichermaßen für zahlreiche der Patientensicherheit wenig förderliche Entwicklungen.

Ein Hauptproblem stellt die zunehmende Privatisierung dar, die eine gute Patientenversorgung durchaus beeinträchtigen kann. Hier sollte die Politik einschreiten. Denn es kann z. B. nicht sein, dass Operationen ohne zwingende Notwendigkeit zu Lasten von Patienten durchgeführt und Ärzte entlassen werden, nur um die Rendite weiter in die Höhe zu treiben. Vorgebeugt werden sollte auch der Privatisierung im ambulanten Bereich („Tsunami" privater Investoren mit dem Fokus auf MVZ).

Neue Konzepte für eine zukünftige Gesundheitsversorgung liegen vor, allerdings weitgehend ohne schnelle Umsetzungsmöglichkeiten und auch ohne eine Hervorhebung der Notwendigkeit von Patientensicherheit. Es ist deshalb erfreulich, dass einzelne Hochschulen, Unternehmen und auch Teilbereiche der Medizin neue Wege gehen, die mittelbar oder unmittelbar neue Perspektiven für hohe Patientensicherheit eröffnen. Technische Innovationen zur PS bekommen erfreulicherweise immer mehr Konjunktur.

1.11 Kontrollfragen

1. Begründen Sie, warum der Status der Patientensicherheit in Deutschland nicht befriedigend ist.
2. Skizzieren Sie Möglichkeiten der Optimierung.
3. Wie verstehen und werten Sie die Aussage: „Qualität ist nicht teilbar"?
4. Legen Sie dar, warum die Privatisierung, begonnen im stationären Bereich und nunmehr überschwappend auf den niedergelassenen Bereich (Fokussierung privater Investoren auf Medizinische Versorgungszentren), zumindest aus Patientensicht eine beängstigende Entwicklung ist.
5. „Patientensicherheit neu denken" – Was würden Sie unter dieser These verstehen?
6. Es gibt eine Vielfalt von Vorschlägen für eine Neupositionierung des Gesundheitswesens. Beschreiben Sie die besonderen Schwachstellen der meisten Konzepte.
7. Nennen Sie aktuelle Beispiele für technische Innovationen für die Krankenversorgung mit Fokussierung auf die Patientenversorgung und die Ausbildung von Gesundheitsberufen, die eine notwendige Gewährleistung von Patientensicherheit begünstigen.

Literatur

Albrecht, M., Irps, S., & Loos, S. (Hrsg.). (2021). *Qualitätsverbesserung durch Leistungskonzentration in der stationären Versorgung*. IGES.

AOK. (2021). Neue Nähe für ein gesünderes Deutschland. Positionspapier der AOK für ein gesünderes Deutschland. AOK-Positionen zur Gesundheitspolitik nach der Bundestagswahl 2021. www.aok-bv.de. Zugegriffen am 02.10.2021.

Augurzky, B., & Schmidt. (2020). Nach Corona: Jetzt stabile Krankenhausstrukturen schaffen. RWI Position 79, 06. Oktober 2020. Leibniz-Institut für Wirtschaftsforschung, Essen.

Badenberg, M. (2021). Sparen können Sie in der Klinik nur noch bei den Ärzten. Interview mit dem Marburger Bund. https://aerztezeitung.de/Politik/Sparen-koennen-Sie-in-der-Klinik-nur-noch-bei-den-Ärzten-419299.html. Zugegriffen am 14.05.2021.

Balling, S., & Maier, J. (2021). Konzeptstudie: Ein kommunaler Krankenhauskonzern. Eine wissenschaftliche Bewertung aus Sicht von Daseinsvorsorge, medizinischer Qualität und Wirtschaftlichkeit. Hrsg.: Prof. Dr. Marcus Sidki. Forschungsstelle für öffentliche und Non-profit Unternehmen. Hochschule für Wirtschaft und Gesellschaft, Ludwigshafen.

Barth, S., & Jonitz, G. (2018). Von der Fehlerkultur zur Sicherheitskultur. In P. Gausmann, M. Henninger & J. Koppenberg (Hrsg.), *(2021): Patientensicherheitsmanagement* (S. 127–131). Berlin/Boston.

Becker, K. B. (05. Mai 2021). Gesundheitswesen nicht auf reine Kosteneffizienz trimmen. Ärztekammerpräsident will mehr Geld für Kliniken. *Frankfurter Allgemeine Zeitung*, Nr. 101, S. 2.

Behruzi, D. (2016). Wir haben eher zu harmlos berichtet. Ver.di. https://gesundheit-soziales.verdi.de/mein-arbeitsplatz/krankenhaus/++co++397f6d86-e24c-11e6-a4f9-525400afa9cc. Zugegriffen am 14.05.2021.

Benson, D. (2021). Risikomanagement als (mit-)entscheidender Faktor. Für ein zukunftssicheres Krankenhaus und dessen Bedeutung aus arzthaftungsrechtlicher Sicht. *KU Gesundheitsmanagement, 7*, 39–41.

Berger, M. (2021). Bund, Land oder Kommune? Ihr müsst euch entscheiden! *KU Gesundheits-management, 5*, 47–49.

Bertelsmann Stiftung. (2017). Rückenoperationen. Der Wohnort bestimmt, ob Patienten ins Krankenhaus kommen, konservativ behandelt oder operiert werden. Spotlight Gesundheit – Daten, Analysen, Perspektiven, Nr. 7. www.bertelsmann-stiftung.de. Zugegriffen am 18.05.2021.

Bitzer, E.-M. (2021). Ressource Gesundheitskompetenz. *Impulse für Gesundheitsförderung, 113*, 3–4.

BMC. (2021). Mehr Ökonomie wagen. Drei Thesen für ein attraktives Gesundheitssystem. – Bundesverband Managed Care e. V. www.bmcev.de. Zugegriffen am 02.10.2021.

Bundesärztekammer. (Hrsg.) (2009). Fortbildungskonzept „Patientensicherheit". Texte und Materialien der Bundesärztekammer zur Fortbildung und Weiterbildung, Band 25. Fbkonzept-ps.pdf

Bundesärztekammer. (2021). Patientensicherheit. https://www.bundesaerztekammer.de/patienten/ patientensicherheit/. Zugegriffen am 18.05.2021.

Bundesgesundheitsministerium. (2021a). *BMG Abschlussbericht zum Fragebogen „Frag mich".* Service – Unsere Publikationen – Prävention. www.bundesgesundheitsministerium.de. Zugegriffen am 08.05.2021.

Bundesgesundheitsministerium. (2021b). Patientensicherheit in Deutschland stärken. https://www. bundesgesundheitsministerium.de/themen/praevention/patientenrechte/verbesserung-der-patientensicherheit.html. Zugegriffen am 13.05.2021.

Costa, S. D. (2014) Nicht zum Nutzen der Patienten. Deutsches *Ärzteblatt, 38*, A 1556–1557.

DGINA. (2021). DGINA gründet digitales Netzwerk für den bundesweiten Austausch in der Notfallmedizin (28.07.2021). https://www.dgina.de/news/dgina-grundet-digitales-netzwerk-fur-den-bundesweiten-austausch-in-der-notfallmedizin_117. Zugegriffen am 02.10.2021.

Diakoneo. (2021). Klinikträger und AOK wollen Sektorengrenzen abschaffen. https://www.kma-online.de.aktuelles/politik/detail/kliniktraeger-und-aok-wollen-sektorengrenzen-abschaffen-a-46103. Zugegriffen am 02.10.2021.

DKG. (2021). Positionspapier: Regionale Versorgungsnetzwerke lautet die zentrale Forderung der DKG. kma Online vom 16.04.2021. https://www.kma-online.de/aktuelles/politik/detail/regionale-versorgungsnetzwerke-lautet-die-zentrale-forderung-der-dkg-a-45376. Zugegriffen am 17.04.2021.

Doelfs, G. (2021). Reform der medizinischen Versorgung: „Wir müssen die Sektorengrenzen niederreißen". *Klinik Management aktuell, 26*(10), 34–38.

Düllings, J. (2021). Ambulantisierung! Näher am Patienten. *KU Gesundheitsmanagement, 9*, 38–41.

Dunz, K. (2021). Behandelt und betrogen. Blick in die Zeit. *HAZ*, 2–3.

Endt, C., & Hütten, F. (19. Juni 2017). Operieren und ordentlich kassieren? *Süddeutsche Zeitung*.

Engartner, T. (2020). Krankes Gesundheitssystem. Ökonomisierung. Weg von der Bedarfs- hin zur Gewinnorientierung lautet seit langem die Devise für Kliniken. Die Corona-Krise zeigt, wie fatal das ist. https://www.freitag.de/autoren/der-freitag/krankes-gesundheitssystem. Zugegriffen am 19.04.2021.

Engartner, T. (2021). *Staat im Ausverkauf – ein Weckruf.* Privatisierung in Deutschland. Campus.

Ettel, A. (2021). So viele Betten wären nicht nötig gewesen. Interview mit Francesco De Meo (Helios-Health Chef). *Welt am Sonntag*, 30.

FAZ Verlagsspezial. (21. April 2021). Zukunft Gesundheitswesen 2021. https://www.faz.net/asv/ zukunft-gesundheitswesen-2021/. Zugegriffen am 10.05.2021.

Fink, A. (2021). Szenario-Management: Entwicklung, Bewertung und Nutzung von Zukunftsszenarien. In W. Hellmann (Hrsg.), *Kooperative Versorgungsformen – Chance für den ländlichen Raum* (S. 112–121). mgo fachverlage.

Fröhlingsdorf, M., & Knaack, B. (30.04.2021). Tickets für Freunde. *Spiegel*, Nr. 18, S. 123.

Gaß, G. (2021). Kurswechsel Krankenhauspolitik. Die Erwartungen der DKG an die nächste Bundesregierung. *KU Gesundheitsmanagement, 9*, 42–44.

Gausmann, P., Henninger, M., & Koppenberg, J. (Hrsg.). (2018). *Patientensicherheitsmanagement*. de Gruyter.

Gießener Anzeiger. (04. Mai 2021). Privatisierung des UKGM rückgängig machen. *Gießener Anzeiger*.

Gigerenzer, G. (2021). *Klick. Wie wir in einer digitalen Welt die Kontrolle behalten und die richtigen Entscheidungen treffen*. C. Bertelsmann.

Gigerenzer, G., & Muir Gray, J. (Hrsg.). (2018). *Bessere Ärzte, bessere Patienten, bessere Medizin. Aufbruch in ein transparentes Gesundheitswesen*. Medizinisch Wissenschaftliche Verlagsgesellschaft.

Gille, S., Hurrelmann, K., Griese, L., & Schaeffer, D. (2021). Blackbox Gesundheitssystem – die Bedeutung der Gesundheitskompetenz. *Impulse für Gesundheitsförderung, 113*, 4–5.

Gnirke, K., Hülsen, I., & Müller, M. U. (2016). Ein krankes Haus. *Spiegel*, Nr. 51, S. 14–22.

Gocke, T., & Kaub, J. (2021). Qualitäts- und Risikomanagement im Krankenhaus. Ein Qualitäts- und Risikomanagementsystem ist mehr als nur eine Zertifizierung – auch und gerade in Zeiten der Pandemie. *KU Gesundheitsmanagement, 7*, 22–44.

Griebler, R. (2021). Neue Ergebnisse zur Gesundheitskompetenz aus Österreich. *Impulse für Gesundheitsförderung, 113*, 7–8.

Haentjes, C., Huppertz, C., Dippmann, I, & Kloppmann, S. (2021). Millionengewinne und knappes Personal. *Tagesschau*. https://www.tagesschau.de/wirtschaft/unternehmen/helios-kliniken-gewinn-corona-101.html. Zugegriffen am 08.05.2021.

Haeske-Seeberg, H. (2018). Patientensicherheit als Unternehmensziel. In P. Gausmann, M. Henninger & J. Koppenberg (Hrsg.), *(2021): Patientensicherheitsmanagement* (S. 551–556). Berlin/Boston.

Hagemeijer, T. (2021). Wo der Mensch mehr zählt als die Krankheit. *Vision einer patientenzentrierten Gesundheitsversorgung. KU Gesundheitsmanagement, 4*, 51–53.

Hamann, G., & Polke-Majewski, K. (12. Mai 2021). Weniger Ärzte, hohe Gewinne. Helios, die größte private Krankenhauskette in Deutschland, baut Stellen für medizinisches Personal ab und nutzt gleichzeitig schlau die Corona-Starthilfen. Was heißt das für Patienten? *DIE ZEIT*, Nr. 20, WIRTSCHAFT.

Hanke, S. (2021). Prof. Dr. Katja Schlosser über Vernetzung: „Junge Chirurginnen brauchen Vorbilder". *Deutsches Ärzteblatt*. https://aerztestellen.aerzteblatt.de/de/redaktion/katja-schlosser-vernetzung-chirurginnen. Zugegriffen am 08.05.2021.

Hauser, E., & Ehrenbaum, K. (2018). *Patient Gesundheitssystem. Zu viel des Guten oder immer noch zu wenig?* Tredition GmbH.

Heitmann, J. (18. September 2021). Verbände fordern „Ende der Gelegenheitschirurgie". Hannoversche *Allgemeine Zeitung*, S. 9.

Hellmann, W. (2016a). *Qualitätsmängel in deutschen Krankenhäusern – Neue Sicht auf Qualität und Qualitätssicherung ist unverzichtbar. Handbuch Integrierte Versorgung, 50. Akt.* medhochzwei.

Hellmann, W. (2016b). *Multidimensionale Qualität und Kooperative Kundenorientierung – Erfolgsfaktoren für mehr Qualität und eine neue Logik der Qualitätssicherung. Handbuch Integrierte Versorgung. 50. Akt.* medhochzwei.

Hellmann, W. (2017). *Kooperative Kundenorientierung im Krankenhaus. Ein wegweisendes Konzept zur Sicherung von mehr Qualität*. Kohlhammer.

Hellmann, W. (2021a). *Die Chirurgie hat Zukunft. Innovative Aus- und Weiterbildung als Erfolgsfaktor*. Kohlhammer.

Hellmann, W. (2021b). *Kooperative Versorgungsformen – Chance für den ländlichen Raum*. Praxisbeispiele, Konzepte, Wissensvermittlung, mgo fachverlage.

Hellmann, W., Meyer, F., Ehrenbaum, K., & Kutschka, I. (Hrsg.). (2020). *Betriebswirtschaftliches Risikomanagement im Krankenhaus. Ein integrierter Bestandteil des Qualitätsmanagements.*

Hildebrandt, H., & Greschik, T. (2021). Integrierte Versorgung in „Innovativen Gesundheitsregionen" – Konzept für eine nachhaltige Transformation des Gesundheitswesens. In W. Hellmann (Hrsg.), *Kooperative Versorgungsformen – Chance für den ländlichen Raum.* Praxisbeispiele, Konzepte, Wissensvermittlung. Mediengruppe Oberfranken.

Hildebrandt, H., Greschik, T., Gröne, O., & Rautenberg, J. (2021). Leuchttürme für die integrierte Versorgung: bevölkerungsorientierte, regionale Versorgungsnetzwerke der OptiMedis AG. In W. Hellmann (Hrsg.), *Kooperative Versorgungsformen – Chance für den ländlichen Raum.* Praxisbeispiele, Konzepte, Wissensvermittlung. Mediengruppe Oberfranken.

Hirschfeld, J. (2021). Prozessorientiertes Qualitäts- und Risikomanagement mit Nexus/Curator. *KU Gesundheitsmanagement, 7,* 7.

Hollersen, W. (2015). Geschäftsmodell Rücken. *Welt am Sontag,* Nr. 44, Wissen S. 65.

Jeurissen, P. (2021). Vom proaktiven zum prädiktiven Risikomangement. *Krankenhausversicherung neu denken. KU Gesundheitsmanagement, 7,* 33–35.

Joensson, N., & Baumgarten, K. (2021). Gesundheit- und Technikkompetenz im Alter fördern. *Impulse für Gesundheitsförderung, 113,* 21–22.

Kaestner, R., & Hartweg, H.-R. (2015). Kompetenzentwicklung für Patienten – Voraussetzung für Patientenorientierung durch Patientenemanzipation. In V. E. Amelung, S. Eble, H. Hildebrandt, F. Knieps, R. Lägel, S. Ozegowski, R.-U. Schlenker & R. Sjuts (Hrsg.), *Patientenorientierung. Schlüssel für mehr Qualität* (S. 89–94). Medizinisch Wissenschaftliche Verlagsgesellschaft.

Kahla-Witzsch, H. (2005). *Praxis des Klinischen Risikomanagements.* ecomed.

Kahla-Witzsch, H., Jorzig, A., & Brühwiler, B. (2019). *Das sichere Krankenhaus. Leitfaden für das Klinische Risikomanagement.* Kohlhammer.

Kassenärztliche Bundesvereinigung. (2016) (Hrsg.). Die QM-Richtlinie und QEP, Version 2010, Stand 26.10.2016.

Kassenärztliche Bundesvereinigung. (2021) (Hrsg.). 10 Impulse für eine Neuausrichtung der sQS. Stand: Juli 2021.

Kirchhoff, S., & Okan, O. (2021). Organisationale Gesundheitskompetenz an Schulen. *Impulse für Gesundheitsförderung, 113,* 10–12.

Klapper, B. (2020). PORT-Gesundheitszentren – eine Perspektive (nicht nur) für kleine Krankenhäuser im ländlichen Raum. In W. Hellmann, J. Schäfer, G. Ohm, K. Rippmann & U. Rohrschneider (Hrsg.), *SOS Krankenhaus. Strategien zur Zukunftssicherung* (S. 267–272). Kohlhammer.

Klein, M. (06. Oktober 2021). Diakovere-Ärzte fürchten um die Gesundheit der Patienten. *Hannoversche Allgemeine Zeitung,* S. 15.

Klose, S. (2021). Das Nationale Gesundheitsportal – Verlässliche, leicht verständliche Gesundheitsinformationen. *Impulse für Gesundheitsförderung, 113,* 19.

kma Online. (2021a). AOK positioniert sich zu Vergütungs- und Strukturreform. https://www.kma-online.de/aktuelles/management/detail/aok-positioniert-sich-zu-verguetungs-und-strukturreform-a-46142. Zugegriffen am 31.08.2021.

kma Online. (2021b). Digitale Tools ziehen in die Medizin-Lehre an der Charité ein. https://www.kma-online.de/aktuelles/it-digital-health/detail/digitale-tools-ziehen-in-die-medizin-lehre-an-der-charite-ein-a-46027. Zugegriffen am 09.08.2021.

Kolbeck, C. (2021). Inhaberbezogene Praxen auf dem Rückzug. Medical Tribune vom 08.09.2021. https://www.medical-tribune.de/praxis-und-wirtschaft/niederlassung-und-kooperation/artikel/inhaberbezogene-praxen-auf-dem-rueckzug/. Zugegriffen am 02.10.2021.

Korzilius, H. (2018). Ambulante Versorgung: Investoren auf Einkaufstour. *Deutsches Arztebl, 115*(39), A-1688/B-1422/C1408.

Köster-Steinebach, I., & Francois-Kettner, H. (2019). Patientensicherheit in Deutschland: Geschichte und Gegenwart. *Onkologische Pflege, 9*(1), 16–21.

Kreidel, T. (2021). Digitale Gesundheitsanwendungen. *Gesundheit und Gesellschaft, 24*(11), 9.

Kucera, M. (2021). Interview. „Die Chirurginnen" vernetzt Frauen für Aufstieg in Chefetagen. https://www.kma-online.de/aktuelles/management/detail/die-chirurginnen-vernetzt-frauen-fuer-aufstieg-inchefetagen-a-45506. Zugegriffen am 09.05.2021.

Lange, J., & Hilbert, J. (2020). Gesundheitsversorgung in ländlichen Räumen (67/20). Nachhaltigkeit für erfolgreiche Pilotprojekte und Regionen. Loccumer Protokolle. https://www.loccum.de/publikationen/9783817267200/. Zugegriffen am 07.05.2021.

Lenschow, M., & Klein, M. (2021). Aus der Krise lernen. Zielgerichtet und fokussiert Risikomanagement nach der Coronapandemie. *KU Gesundheitsmanagement, 7*, 36–38.

Lippke, C., Derksen, C., Keller, F. M., Lubasch, J., Voigt-Barbarowicz, M., & Brütt, A. (2021). Kommunikationstraining für Gesundheitsfachkräfte. *Impulse für Gesundheitsförderung, 113*, 22–23.

Löcherbach, P. (2021). Die Karte im Kopf. *Gesundheit und Gesellschaft, 24*(10), 23–26.

Lütcke, N., Marke, D., & Horn, L. (2021). Liquiditätsplanung als Risikofrühwarnsystem. Insolvenzrechtliche Bedeutung seit dem 1. Januar 2021. *KU Gesundheitsmangement, 8*, 68–71.

Mau, J. (2021). DKG positioniert sich fürs Wahljahr und die Zeit danach. Bibliomed Manager. https://www.bibliomedmanager.de/news/dkg-positioniert-sich-fuers-wahljahr-und-die-zeit-danach. Zugegriffen am 07.05.2021.

Naczinsky, S., & Preising, A. (2021). Gesundheitskompetenz im System. *Gesundheit und Gesellschaft, 24*(10), 16–17.

Niedersächsisches Ärzteblatt. (2021). Honorar-Insuffizienz. Honorverhandlung für 2022 nach zähem Ringen beendet – Orientierungswert steigt um 1,275 Prozent. *Niedersächsisches Ärzteblatt, 10*, 39.

Overödder, R., & Hilgen, J. (2021). Interview mit Ruth Hecker: „Speak up for your patients' safety!". *Gesundheitsbarometer*, 28–31.

Philips. (2021). Philips stärkt ganzheitiche digitale Patientenversorgung. kma Online vom 27.07.2021. https://www.kma-online.de/aktuelles/it-digital-health/detail/philips-staerkt-ganzheitliche-digitale-patientenversorgung-a-45977. Zugegriffen am 11.08.2021.

Raab, E. (2021). Sektorenübergreifende Versorgungskonzepte für kleine Landkrankenhäuser – Perspektiven für die Optimierung der Versorgung in ländlichen Bereichen – auch als Chance für den Erhalt kleiner (Land)Krankenhäuser. In W. Hellmann (Hrsg.), *Kooperative Versorgungsformen – Chance für den ländlichen Raum*. Mediengruppe Oberfranken.

Ridderbusch, K. (19. September 2021). Risiko Narkose. *Welt am Sonntag*, Nr. 38, S. 69.

Rottschäfer, T. (2021). Tauziehen um gute Versorgung. *Gesundheit und Gesellschaft, 24*(9), 33–36.

Sanitas. (2021). *Der Sanitas Health Forecast* (S. 2021). Der neue Optimismus. Die Gesundheit der Zukunft.

Schaeffer, D., & Hurrelmann, K. (21. April 2021). Für mehr Gesundheitskompetenz in Deutschland. *FAZ Verlagsspezial, Zukunft Gesundheitswesen*, S. V6. https://www.faz.net/asv/zukunft-gesundheitswesen-2021/. Zugegriffen am 07.05.2021.

Schäfer, M. (2021). (Digitale) Gesundheitskompetenz und die Qualität von Gesundheitsinformationen und Gesundheitskommunikation. Zwei Seiten einer Medaille. *Impulse für Gesundheitsförderung, 113*, 8.

Schilling, T., Jäger, C., & Haverich, A. (2009). Perspektiven zur Optimierung der Qualität in der Herzchirurgie. *Deutsche Medizinische Wochenschrift, 134*, 5230–5231.

Schrappe, M. (2018). *APS-Weißbuch Patientensicherheit*. Medizinisch Wissenschaftliche Verlagsgesellschaft.

Sedmark, C. (2021). Gesundheitskompetenz: Lehren aus der Pandemie. *Impulse für Gesundheitsförderung, 113*, 14.

Sendlhofer, G. (2020). *Patientensicherheit gewährleisten*. Wegweiser für Prävention und Verbesserung.

Seng, M. (12. November 2021): Die Landarztquote soll im nächsten Jahr kommen. *Hannoversche Allgemeine Zeitung*, S. 8.

Severin, T. (2021). Interview mit Prof. Claus-Dieter Heidecke: um „Wir müssen auffällige Kliniken genau in den Blick nehmen". *Gesundheit und Gesellschaft*. https://www.gg-digital.de/2021/04/wir-muessen-auffaellige-kliniken-genau-in-den-blick-nehmen/index.html. Zugegriffen am 07.05.2021.

Simon, B., & Krämer, N. (2021). Spezialisierung, Privatisierung, Digitalisierung. In B. Simon & N. Krämer (Hrsg.), *Zukunft der Gesundheitsversorgung: Vorschläge und Konzepte aus der Perspektive der stationären Leistungserbringer* (S. 193–203). Springer Gabler.

Stahl, K., & Nadj-Kittler, M. (2015). Wir brauchen ein System, das aus Patientenerfahrungen lernt. In V. E. Amelung, S. Eble, H. Hildebrandt, F. Knieps, R. Lägel, S. Ozegowski, R.-U. Schlenker & R. Sjuts (Hrsg.), *Patientenorientierung: Schlüssel für mehr Qualität* (S. 14–19). Medizinisch Wissenschaftliche Verlagsgesellschaft.

Steidle, O., Aleff, M., & Poeten, B. (2021). Einführung berufsgruppenübergreifender Standards – Für professionelles Handeln zur Stärkung der Sicherheitskultur im Klinikbetrieb. *KU Gesundheitsmanagement, 7*, 27–29.

Stern Magazin (05. September 2019a). Krankenhäuser: Wie der Druck, Gewinn zu machen, das Wohl der Patienten gefährdet. *Ärzte berichten über erschreckende Zustände*, Nr. 37, S. 24–33.

Stern Magazin. (2019b). Krankenhäuser: Mensch vor Profit. 215 Mediziner fordern eine Wende im Gesundheitssystem. Nr. 37 vom 05.09.2019, S. 33–39.

Stöckle, F. (2015). Patientenorientierung mit Hilfe von Patient journeys realisieren – von der Idee zur Umsetzung. In V. E. Amelung, S. Eble, H. Hildebrandt, F. Knieps, R. Lägel, S. Ozegowski, R.-U. Schlenker & R. Sjuts (Hrsg.), *Patientenorientierung. Schlüssel für mehr Qualität* (S. 20–27). Medizinisch Wissenschaftliche Verlagsgesellschaft.

Strametz, R., & Aktionsbündnis Patientensicherheit e. V. (2021). *Mitarbeitersicherheit ist Patientensicherheit. Psychosoziale Unterstützung von Behandelnden im Krankenhaus*. Kohlhammer.

Strodtmann, L. (2021). Rechtssichere Einweisung in Medizinprodukte. *niedersächsisches ärzteblatt, 10*, 34.

Suhr, G. (2021). Neue Lernansätze zur Förderung der digitalen Gesundheitskompetenz. *Impulse für Gesundheitsförderung, 113*, 20–21.

Tangermann, G. (02. September 2018). Das kranke Haus. *Welt am Sonntag*, Nr. 35, S. 1–2.

Taupitz, J. (2021). Stellungnahme der Zentralen Kommission zur Wahrung ethischer Grundsätze in der Medizin und ihren Grenzgebieten (Zentrale Ethikkommission) bei der Bundesärztekammer: „Entscheidungsunterstützung ärztlicher Tätigkeit durch Künstliche Intelligenz". *Deutsches Ärzteblatt, 118*, 33–34.

VKD. (2021). Das ist die Sicht der Praktiker. Positionen des Verbandes der Krankenhausdirektoren Deutschlands im Wahljahr 2021. *KU Gesundheitsmanagement, 7, 87*.

Wangler, J., & Jansky, M. (2021). Das nationale Gesundheitsportal: Positive Effekte für die Gesundheitsversorgung? *KU Gesundheitsmanagement, 12*, 60–62.

Wasner, A. (2021). Zahl der MVZ in Private-Equity-Besitz auch 2020 gestiegen. Medical Tribune. https://www.medical-tribune.de/praxis-und-wirtschaft/niederlassung-und-kooperation/artikel/zahl-der-mvz-in-private-equity-besitz-auch-2020-gestiegen/. Zugegriffen am 07.05.2021.

WDR. (2017). „Operieren und Kassieren – Ein Klinik-Daten-Krimi". Film von Meike Hemschemeier.
  https://presse.wdr.de/plounge/tv/das_erste/2017/06/20170619_operieren_und_kassieren-html.
  Zugegriffen am 08.05.2021.
West, E. (2001). Management matters: The link between hospital organization and quality of patient
  care. *Quality in Health Care, 10*, 10–48.
Willenborg, P., & Maeß, P. (2020). Schärfere Regelungen bei Mindestmengen. *Gesundheit und Gesellschaft, 23*(12), 12–13.
Wünsch, L. (2021). Frauen in der Chirurgie: Keine Männerdomäne. https://www.aerzteblatt.de/
  archiv/187356/Frauen-in-der-Chirurgie-Keine-Maennerdomaene. Zugegriffen am 08.05.2021.

Grundlegende Informationen zur Patientensicherheit

2

Wolfgang Hellmann

Inhaltsverzeichnis

Zusammenfassung

Dieser Beitrag definiert den Begriff Patientensicherheit, erläutert die Bedeutung und Zielsetzung, stellt einen terminologischen Rahmen für die Nutzung damit verbundener Begriffe vor und beleuchtet die Rolle von Patienten und Angehörigen im Kontext der Diskussion zum Einsatz von Beauftragten für Patientensicherheit. Angaben zur Notwendigkeit von Zweitmeinungen runden den Beitrag ab.

W. Hellmann (✉)
Hemmingen, Deutschland
E-Mail: hellmann-w@t-online.de

W. Hellmann (Hrsg.), *Patientensicherheit*,
https://doi.org/10.1007/978-3-658-37143-2_2

2.1   Definition, Bedeutung, Akteure und Zielsetzung

Der Begriff „Patientensicherheit" wird von verschiedenen Seiten, je nach Interessenlage, unterschiedlich ausgelegt (Wikipedia, 2021; vdek, 2018). Patientensicherheit erfordert nach Klemperer (2000) die „Ausrichtung von Strukturen, Prozessen und Ergebnissen des Systems der Gesundheitsversorgung auf die Interessen des individuellen Patienten".

Empfohlen wird hier eine neue Definition im Kontext der Begriffe „Patienten-orientierung" und „Patientenzufriedenheit".

▶ **Patientensicherheit** ist Ergebnis aller Maßnahmen in Arztpraxen, Kliniken, MVZ und kooperativen Versorgungsstrukturen, um Patienten im Rahmen der Heilbehandlung vor vermeidbaren strukturell und systemimmanent induzierten Risiken zu schützen und zu bewahren.

Neu an dieser Definition ist die Berücksichtigung *struktureller* und *systemimmanenter* Risiken, die in der Diskussion bisher vernachlässigt werden.

Patientensicherheit ist Ergebnis aller Bemühungen um Qualität und somit kein Handlungsrahmen!

Patientensicherheit (PS) muss *das* Thema im deutschen Gesundheitswesen werden. Sie wird hier definiert als „Ergebnis aller Bemühungen eines Versorgers um Qualität für den Patienten". Im Mittelpunkt dieser Aktivitäten muss die Wahrung von Patientenrechten und die Sicherung hoher Versorgungsqualität stehen, massiv unterstützt vor allem durch eine grundlegende Förderung durch die Gesundheitspolitik (z. B. klare Festlegungen und Re-gelungen zur Qualität durch den Gemeinsamen Bundesausschuss (G-BA)). Vieles ist ge-tan worden (z. B. Patientenrechtegesetz), aber längst nicht genug. Dies wurde bereits vor Jahren festgestellt (Candidus, 2014, Abschn. 1.1).

Aktuell ist demzufolge zu prüfen, wie PS in der Patientenversorgung, auch unter den bestehenden ungünstigen Rahmenbedingungen mit massivem Finanz- und Fachkräfte-mangel nachhaltig realisiert und umgesetzt werden kann.

Dazu gibt es in der Diskussion, in Abhängigkeit von verschiedenen Interessenlagen, unterschiedliche Argumente und Strategien, die nachfolgend vorgestellt werden.

2.1.1   Die Akteure – enges Zusammenspiel ist zwingend

Das Erreichen des Ziels PS ist eine Gemeinschaftsaufgabe aller Beteiligten im Kranken-haus in Zusammenarbeit mit externen Protagonisten wie Gesundheitspolitik und Ärzte-schaft. Dies schließt Patienten und den ärztlichen Nachwuchs mit ein (Abb. 2.1).

Zentraler Akteur ist der Versorger. Aufgaben innerhalb einer Versorgungseinrichtung ergeben sich wie folgt:

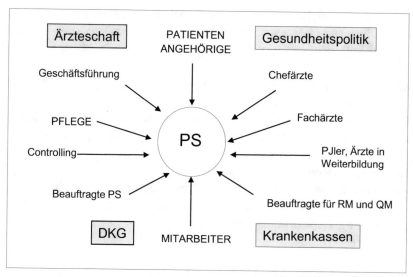

Quelle: Eigene Darstellung

Abb. 2.1 Patientensicherheit als Gemeinschaftsaufgabe aller Beteiligten im Krankenhaus und mit Unterstützung externer Entscheider

Geschäftsführung (GF)

Gewährleistung der Gesamtheit von Maßnahmen zur PS in enger Zusammenarbeit mit den Chefärzten und dem Qualitätsmanagement (QM) sowie Risikomanagement (RM).

Chefärzte (CÄ), Oberärzte (OÄ) und Fachärzte (FÄ)

Gewährleistung hoher Versorgungs- und Servicequalität für die Patienten in der Fachabteilung (Kap. 21 und 22). Einhaltung eines hohen Qualitätsstandards bei der aktiven Patientenversorgung. Auf folgende Aspekte kommt es an:

- Aufklärung: patientenzentriert, verständlich und umfassend, Aufzeigen von Risiken;
- Diagnose: patientenzentriert, verständlich und realitätsbezogen, auch im Hinblick auf unangenehme Wahrheiten (z. B. Diagnose von Krebs), entsprechend gegenüber Angehörigen;
- Therapie: soweit für den Patienten geeignet, gemeinsam getragene Entscheidung im Arzt-Patient-Dialog (Festlegung auf eine bestimmte Therapie durch partizipative Entscheidungsfindung (PEF);
- Visite: Beschränkung der Zahl der Ärzte und des Pflegepersonals auf ein Minimum zur Vermeidung von Unsicherheiten und Ängsten beim Patienten;
- Betreuung während des Aufenthaltes: zeitlich abgestimmte Planung des CA mit den OÄ und FÄ im Hinblick auf Besuche beim Patienten;

- angemessene Vorbereitung der Entlassung mit konkreten Hinweisen, wie es für den Patienten im Falle einer notwendigen ambulanten Behandlung oder Rehabilitation weitergeht; ggf. Angaben zu Art und Umfang der Betreuung im häuslichen Umfeld.

Qualitätsmanagementbeauftragte (QMB) und Risikomanagementbeauftragte (RMB)
- Planung, Durchführung, Implementierung und kontinuierliche Weiterentwicklung von QM und RM, auch im Sinne von Servicefunktionen für die Fachabteilungen.

Beauftragte für PS (sofern vorhanden)
- Koordination von Aufgaben zur PS, vor allem Zusammenarbeit mit Patienten und Fachabteilungen (dezentrale Sicherheitsbeauftragte), Berichterstattung an die GF bzw. die Stabsstelle PS (sofern vorhanden).

Pflege
- Planung, Durchführung und Umsetzung hoher Pflegequalität für die Patienten einschließlich professioneller Umsetzung des Managements bei Entlassungen.

Mitarbeiter aller Berufsgruppen
- Bereitschaft zur Unterstützung von QM und RM im Team und zur Fortbildung in Fragen der PS.

Patienten und Angehörige
- Bereitschaft zum Erwerb von Kenntnissen zur Gesundheitskompetenz und zur Organisation des Krankenhauses einschließlich des Zusammenspiels von QM, RM und Qualitätssicherung (QS) als Grundlage für ein gutes Ergebnis PS (Abschn. 2.3).

Studierende im Praktischen Jahr (PJ) und Ärzte in Weiterbildung
Unterstützung der hauptamtlichen Kräfte in allen Fragen der PS, wo dies angemessen und möglich ist. Fehler vermeiden, erkennen, minimieren und ausschalten ist eine Kernaufgabe von Ärzten, aber auch des ärztlichen Nachwuchses in der Patientenversorgung!

Zwingend für alle Ärzte ist die Fähigkeit, Statistiken und Studien zum Nutzen des Patienten interpretieren zu können. Ansonsten wäre die Forderung nach partizipativer Entscheidungsfindung (PEF) im Hinblick auf „mündige" Patienten nicht mehr als Effekthascherei (Gigerenzer & Muir Gray, 2018; Gigerenzer, 2021). Die Ärzteschaft ist gefordert, hier aktiv zu werden und die Vermittlung statistischer Kenntnisse in Studium und Ausbildung sicherzustellen.

▶ **Praxistipp** Inhalte und Methoden zur PS für Ärzte sollten bereits früh vermittelt werden, am besten bereits im Medizinstudium. Notwendig wäre eine Änderung der Approbationsordnung für Ärzte. Zeitnah umsetzbar wird diese Forderung jedoch nicht sein. Die Mühlen der organisierten Ärzteschaft arbeiten langsam, alte Zöpfe werden nicht gerne abgeschnitten. Bis auf Weiteres sind deshalb die einzelnen Leistungsbringer gefordert. Empfohlen wird die Entwicklung einer **Unterweisungseinheit PS für Studierende im PJ und von Ärzten in Weiterbildung** mit Aufzeigen der Anforderungen und Möglichkeiten der praktischen Umsetzung in der Einrichtung. Bei der Strukturierung eines entsprechenden Unterrichtskonzepts sollten die Studierenden im PJ, ggf. auch die Ärzte in Weiterbildung, beteiligt werden.

PJ und ärztliche Weiterbildung sind für den ärztlichen Nachwuchs wichtige Zeitfenster, auch mit der Möglichkeit, das eigene Bewusstsein für PS bereits früh zu schärfen und im Arbeitsfeld Patientenversorgung Beiträge für mehr PS zu leisten (Schmidt, 2021).

Controlling

Ein effizientes Controlling ist für PS unverzichtbar, denn es hat die Aufgabe, den Fachabteilungen alle Daten für effektives und effizientes Handeln zur Bestandssicherung der Einrichtung zu liefern (Falge, 2020).

Inwieweit es sinnvoll ist, dem Controlling zukünftig erweiterte Kompetenzen einzuräumen (Raab & Rasche, 2021), wäre umfassend zu prüfen – und damit auch die Relevanz von Aussagen wie: „Wichtig ist in formaler Hinsicht eine machtpolitische Aufwertung des Medizincontrollings in Gestalt einer Linienfunktion auf Leitungsebene" oder: „Poltische Führung durch Medizincontrolling". Eine Aufwertung des Controllings erscheint auch dem Autor sinnvoll. Offen ist jedoch die Frage, in welcher Art und in welchem Umfang.

Die vorgestellten Überlegungen erinnern an frühere, ähnliche Vorschläge von Marketingstrategen nach dem Grundsatz: „Marketing muss die ‚Krone' des Krankenhauses sein, alles andere hat sich dem unterzuordnen". Realisiert werden konnten entsprechende Forderungen nicht. Unabhängig davon hat Marketing in deutschen Krankenhäusern bis heute nicht die Bedeutung, die es haben sollte. Dies mag mit den erwähnten überspitzten Forderungen zu tun haben. Beim Controlling ist das anders. Es ist essenziell und grundlegend für die Bestandssicherung des Krankenhauses. Insofern erscheinen Forderungen zu seiner „Aufwertung" durchaus nachvollziehbar.

Angesichts der Corona-Pandemie und der Möglichkeit weiterer, ähnlicher Krisen rückt die Frage in den Vordergrund, wie Krankenhäuser zukünftig strukturiert und organisiert werden müssen, um Kompatibilität von regulärer Patientenversorgung und „Krisenversorgung" herstellen zu können. Knappe Finanzen und die zunehmende Minimierung der Personalkapazitäten in Kliniken sind dabei ein Hindernis (Raab, 2021).

Überflüssig erscheinen Hinweise auf die Art der Kommunikation zwischen Krankenhaus und Krankenkassen. Zielorientierte Kommunikation über die verschiedenen Berufsgruppen hinweg und mit externen Partnern sollte in jedem Krankenhaus vorausgesetzt werden können.

Neue Wege im Controlling wie die umfassende Berücksichtigung von Künstlicher Intelligenz (KI) werden hingegen als innovativ und unverzichtbar angesehen (Karl, 2021).

2.1.2   Zielsetzung: ein umfassendes Patientensicherheitskonzept

Die enge Zusammenarbeit der genannten Personen und Funktionseinheiten ist die Grundlage für eine patientenbezogene Unterstützung des Krankenhauses, um mögliche Fehler erkennen und umgehend melden zu können (z. B. dem Beschwerdemanagement). Auf dieser Basis kann ein Patientensicherheitskonzept (PSK) resultieren, das auf einer nachhaltigen Dialog-, Fehler- und Sicherheitskultur basiert (Abb. 2.2).

Verlangt werden muss von allen genannten Beteiligten, insbesondere von Ärzten:

- Kenntnis grundlegender Aufgaben, Methoden und Ziele von QM, RM und QS,
- Kenntnis des Zusammenhangs bzw. des Ineinandergreifens dieser Instrumente.

Eine provokante Forderung ist dies nicht. In zahlreichen Kursen zum Krankenhausmanagement für Leitende Ärzte an den HS Hannover, Neu-Ulm und Osnabrück hat sich gezeigt, dass zwar isolierte Kenntnisse zu den einzelnen Bereichen (z. B. zum QM und/ oder RM) vorhanden waren, das Zusammenwirken der Einzelbereiche Ärzten jedoch häufiger nicht geläufig und somit auch nicht abrufbar war. Diesem Mangel ist dringend abzuhelfen, auch im Sinne einer notwendigen und vertieften Sensibilisierung von Ärzten für das Thema PS.

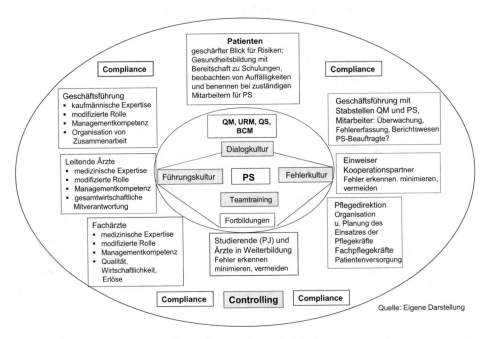

Abb. 2.2 Das Patientensicherheitskonzept (PSK) für das Krankenhaus – Führungskräfte, Mitarbeiter, Medizinstudierende, Ärzte in Weiterbildung und Patienten als Team

2.2 Differenzierung von Begriffen rund um das Thema Patientensicherheit

Die Verwendung des Begriffes „Patientensicherheit", einschließlich der darauf bezogenen Bedeutung für Patienten, aber auch für die Versorger, bedarf intensiver interner und externer Kommunikation im Gesundheitswesen. In der Diskussion muss die übergeordnete Bedeutung des Begriffs gegenüber Termini wie QM, RM und QS ankommen.

Vor allem in Zeiten des Finanz- und Personalmangels müssen die Instrumente so ausgelegt sein, dass sie mit einem möglichst geringen Ressourceneinsatz am Laufen gehalten werden können, aber dennoch hohe Schlagkraft besitzen. Neue Konzepte zur PS müssen dieser Notwendigkeit Rechnung tragen. Erforderlich ist ebenfalls, Begriffe wie PS, Qualität, QM und RM nicht synonym zu verwenden.

Patientenorientierung

Darüber hinaus ist es zwingend, den nicht konsentierten Begriff „**Patientenorientierung**" sinnvoll zu definieren. Der Begriff ist mit dem Terminus „Patientensicherheit" nicht zu verwechseln und damit auch nicht synonym verwendbar.

▶ **Patientenorientierung** Bemühen der Versorger, alle Servicefunktionen und Maßnahmen zur Gesundung des Patienten auf hohem Niveau sicherzustellen. Patientenorientierung ist somit eine Strategie oder Haltung zum Erreichen von „Patientenzufriedenheit".

Anders ausgedrückt: „Patientenorientierung" definiert eine Unternehmensstrategie mit den vier Säulen „Unternehmensethik", „Dialogkultur", „Qualitätsmanagement" und „Risikomanagement" (einschließlich Fehlerkultur mit Compliance), wobei die Dimensionen und Instrumente des QM/RM besondere Berücksichtigung finden (Hellmann, 2017).

Qualitätsmanagement, Risikomanagement und Qualitätssicherung sind die Pfeiler für das Erreichen hoher Qualität. Der Grad der **Qualität** prägt den Grad der Patientensicherheit.

Qualität

▶ **Qualität** Ist das Ergebnis des Einsatzes der Instrumente QM, RM und QS mit dem Ziel der Herstellung eines guten Ergebnisses PS.

Die Abkehr von einer eindimensionalen Sicht auf Qualität und der Übergang zu einer multidimensionalen Sicht sind unverzichtbar (Hellmann, 2020). Hohe Ergebnisqualität steht nicht am Ende der Bemühungen um Qualität, sondern am Anfang. Das Erreichen von hoher Ergebnisqualität ist nur auf der Grundlage zahlreicher Qualitätskategorien erreichbar, zu denen u. a. die medizinische Expertise sowie die „Mitarbeiterqualität" (Kap. 21) zählen. Umfassendes Risikomanagement (URM) beinhaltet ein ergänzendes Instrumentarium, das das Erreichen hoher Ergebnisqualität fördert.

▶ **Qualitätsmanagement** Unternehmensstrategie mit dem Ziel, Qualität nachhaltig zu verankern. Erreichbar wird dieses Ziel durch die Implementierung eines QM, das hohe Behandlungsqualität, hohe PS und hohe Servicequalität im Kontext qualitätssichernder Maßnahmen auf Grundlage eines Kontinuierlichen Verbesserungsprozesses (KVP) sicherstellt.

▶ **Alternative Definition** Handlungsrahmen mit dem Ziel umfassender Qualitätssicherung und damit der Vermeidung und Minimierung von Risiken für den Patienten zum Erreichen des Ziels PS, aber auch zum Schutz von Mitarbeitern und Kooperationspartnern und zur Bestandssicherung des Krankenhauses.

Zentrales Handlungsinstrument des Qualitätsmanagements ist ein Qualitätsmanagementsystem (QMS).

▶ **Qualitätsmanagementsystem** Managementsystem zur Planung, Strukturierung, Leitung und Lenkung einer Organisation für die kontinuierliche Umsetzung von QM (mit RM). Für deutsche Krankenhäuser verpflichtend.

Wichtige Instrumente eines QMS sind z. B.:

- Qualitätsberichte,
- Befragungen (Patienten/Angehörige, Mitarbeiter, Einweiser),
- Beschwerdeerfassung (Beschwerdemanagement).

Risikomanagement

Risikomanagement (RM) beinhaltet ebenfalls einen Handlungsrahmen zum Erreichen des Ergebnisses Patientensicherheit.

▶ **Risikomanagement** Handlungsrahmen zur Vermeidung, Minimierung und Bewältigung von Risiken für Patienten, Mitarbeiter und Kooperationspartner, aber auch zur Bestandssicherung des Krankenhauses. RM kann definiert werden über eine Vielzahl von Risikokategorien (RK), subsumierbar unter dem Begriff **Umfassendes Risikomanagement** (URM) (Hellmann & Ehrenbaum, 2011).

Zentrales Handlungsinstrument des Risikomanagements ist ein **Risikomanagementsystem** (RMS)

► **Risikomanagementsystem** Umfasst die Gesamtheit aller organisatorischen Regelungen und Maßnahmen zur Risikoerkennung, Risikobewältigung und Risikovermeidung zum Erreichen des Ziels PS einschließlich der nachfolgend gelisteten (und weiterer) Instrumente bzw. Risikokategorien (Hellmann & Ehrenbaum, 2020):

- Anonyme Fehlermeldesysteme (z. B. CIRS),
- Befragungen (Patienten/Angehörige, Mitarbeiter, Einweiser),
- Compliance,
- Business Continuity Management (BCM),
- Juristisches RM,
- Betriebswirtschaftliches RM,
- Mitarbeiterorientiertes RM,
- Patientenorientiertes RM (syn.: Klinisches oder Medizinisches RM),
- Sicherheitschecklisten,
- Risikodialog.

Die verschiedenen Kategorien des RM sind nicht alle eindeutig voneinander zu differenzieren (siehe Kap. 22). Exemplarisch sei das „Juristische Risikomanagement" genannt. Fragen des juristischen RM berühren nahezu alle in Tab. 2.1 aufgeführten Kategorien. Juristen interpretieren den Begriff unterschiedlich. Er wird häufig eingeschränkt auf haftungsrechtliche Probleme bezogen, denen Ärzte in der Patientenversorgung ausgesetzt sind.

Compliance ist weder ein eigenes Rechtsgebiet noch eine vom RM abzutrennende Risikokategorie. Sie ist formal ein integrierter Bestandteil des RM, der aber durchaus, vor allem auch in der Beratungspraxis (Rechtsanwaltskanzleien und einschlägige Beratungsunternehmen), als eigenständiges Geschäftsfeld betrachtet wird.

Aus juristischer Sicht (Kap. 14) sind Compliance und Qualitätsmanagement „gleichberechtigte Partner". Diesbezüglich besteht die Auffassung, dass in einer Compliance-Abteilung als Informations- und Kompetenzschnittstelle die verschiedenen übergreifenden Themen gebündelt werden, um über die Abteilung auf die Einhaltung sehr unterschiedlicher Vorgaben (auch gesetzlicher Art) und die regelrechte Umsetzung von QM und RM achten zu können. Empfohlen wird ein regelmäßiger Austausch des Compliance-Beauftragten mit dem Qualitätsmanagement. Besondere Bedeutung hat eine gute Kommunikation zwischen der Compliance-Abteilung und den Fachabteilungen. Ziel ist das Einwirken auf ein regelkonformes Verhalten bezüglich Qualität und PS.

Entsprechendes wie für Compliance gilt auch für **Business Continuity Management** (BCM).

Beachtet wird im Krankenhaus zentral das **Klinische Risikomanagement** (Kahla-Witzsch et al., 2019). Es hat berechtigt höchste Priorität, da es auf die Vermeidung und

Tab. 2.1 Hierarchie der Ärzte im Krankenhaus und in den Fachabteilungen

Status	Aufgaben
Medizinstudierender im PJ	Medizinstudierender in hohem Semester im Status eines „Praktikanten"; darf keine ärztliche Behandlung durchführen, unterstützt aber Ärzte im Behandlungsprozess.
Arzt in Weiterbildung	Arzt mit Abschluss (Approbation), der Patienten nicht in eigeninitiativ und eigenständig behandeln darf. Er steht unter Aufsicht eines Facharztes.
Facharzt	Patientenversorgung in einem speziellen Fachgebiet (z. B. Facharzt für Chirurgie oder Innere Medizin); ggf. Stationsleitung.
Oberarzt	Facharzt mit Führungsaufgaben und Aufgaben in der Patientenversorgung in seinem speziellen Fachgebiet (Bereichsleitung).
Leitender Oberarzt	Facharzt mit Führungsaufgaben, ständiger Vertreter des Chefarztes, Patientenversorgung in seinem speziellen Fachgebiet.
Chefarzt	Leiter der Fachabteilung (Klinik), Vorgesetzter aller Mitarbeiter der Fachabteilung. Verantwortlicher für hohe Versorgungsqualität und Patientensicherheit, das Management, die Erlössicherung, die Aus- und Weiterbildung des ärztlichen Nachwuchses und die dauerhafte Wettbewerbsfähigkeit der Fachabteilung.
Ärztlicher Direktor (hauptamtlich oder nebenamtlich)	Koordinierung und Abstimmung der medizinischen Leistungsspektren der Fachabteilungen, kein Vorgesetzter, sondern Koordinator der Chefärzte.
Ärztlicher Geschäftsführer	Leitung des Krankenhauses in enger Kooperation mit Chefärzten, Pflege und Aufsichtsrat.

Minimierung von Risiken im Behandlungsprozess abstellt, damit auch auf die Vermeidung von Behandlungsfehlern. Berücksichtigt werden müssen aber auch die übrigen Risiken (z. B. Risiken aufgrund von Mitarbeiterversagen). Insoweit ist, wie beim QM, eine eindimensionale Sicht zum Erreichen des Ziels PS nicht ausreichend. Notwendig ist ein multidimensionaler Ansatz gemäß einem umfassenden Risikomanagement (Hellmann & Ehrenbaum, 2011).

Qualitätssicherung
Qualitätssicherung (QS) gehört ebenfalls zum Instrumentarium für die Herstellung eines guten Ergebnisses PS. Interne QS beinhaltet eher eine pauschale Aussage. Zu verstehen sind darunter meist Maßnahmen, die zur Sicherung von Qualität beitragen. Dazu gehören somit vor allem auch QM und RM. Zielführender definierbar ist die externe Qualitätssicherung.

▶ **Externe Qualitätssicherung** Ist eine „unabhängige Qualitätsprüfung" (außerhalb des Versorgers) unter Einbeziehung des sogenannten **„Strukturierten Dialogs"** zwischen Versorger und der zuständigen Einrichtung für externe QS. Die Bedeutung des Strukturierten Dialogs ist uneingeschränkt hoch, sie wird aber im Rahmen eines neuen Konzepts zur Bündelung von Qualitätsmanagement, Risikomanagement und externer Qualitätssicherung relativiert (Hellmann, 2020).

Systemimmanente Risiken

Sie sind die Folge langanhaltender Unterlassungen der Gesundheitspolitik und werden vorrangig durch politisches Zögern oder Politikversagen induziert (z. B. Fehlen eindeutiger und nachhaltiger Regeln im Hinblick auf fehlerhafte Medizinprodukte) (siehe auch Kap. 11).

Fallbeispiel – minderwertiges Medizinprodukt

Der Patientin wird Dr. Werner als Operateur für eine Hüftprothese empfohlen. Dieser ist hochangesehener Spezialist. Erwartungsgemäß wird ein hervorragendes Ergebnis erzielt, die Patientin kann schnell wieder gehen. Nach ca. drei Monaten hat sie jedoch heftige Schmerzen. Die Untersuchung ergibt, dass die Prothese einen qualitativen Herstellungsmangel aufweist, der für die Schmerzen verantwortlich ist. Die Patientin muss erneut operiert bzw. ihr muss ein neues Hüftgelenk eingesetzt werden. ◄

Interessant ist, dass bei offensichtlichem Fehlverhalten Gerichte häufiger unverständlich urteilen. So hat gerade ein Gericht in erster Instanz entschieden (HAZ, 2021), dass Patienten (ohne ihr Wissen) anstelle der vorgesehenen Bandscheibe aus Titan eine solche aus Kunststoff eingesetzt werden kann (ungeachtet des Risikos, dass die Patienten möglicherweise dauerhaft massive Schmerzen ertragen müssen oder sogar an einen Rollstuhl gebunden werden). Hier wird der Gedanke der PS, ohne Rücksicht auf die Patienten, ins Absurde geführt!

Strukturelle Risiken

Diese ergeben sich z. B. aus Fehlverhalten des Personals (beispielsweise nicht sachgerechtem Transport des Patienten innerhalb des Krankenhauses oder nach Entlassung in eine Rehabilitationseinrichtung).

Fallbeispiel – gefährlicher Fahrdienst

Ein frisch an der Hüfte operierter Patient wird von einem Taxifahrer transportiert, der mit entsprechenden Überführungen keine Erfahrungen hat. Als der Patient (neben dem Fahrer sitzend) während der Fahrt anmerkt, dass die Rückenlehne zu steil eingestellt sei, weist der Fahrer auf einen Hebel hin, den der Patient zur Veränderung benutzen soll. Als dieser dem Hinweis folgt, schlägt die Lehne ruckartig mit Wucht zurück und der Patient wird abrupt in die Liegestellung überführt. Der nachfolgende jähe Schmerz hatte glücklicherweise keine Konsequenzen für den Patienten. ◄

Ergänzende Aspekte

Subjektive Qualität ist keine Qualitätskategorie im engeren Sinne. Sie beinhaltet eine Einschätzung der Patienten bezüglich der „Prozessqualität/Servicequalität". Besonders die letztgenannte Kategorie hat für Patienten einen hohen Stellenwert. Sie ist entscheidend dafür verantwortlich, wie Patienten einen Krankenversorger beurteilen. Ist die Beurteilung positiv, werden sie bei einer Neuerkrankung wiederkommen und den Versorger auch an Bekannte und Freunde weiterempfehlen. Gute Servicequalität ist damit ein wichtiges Marketinginstrument für die Rekrutierung neuer Patienten.

Die **medizinische Qualität** dagegen entfällt für Patienten als Bezugspunkt, da sie ein medizinisches Behandlungsergebnis in der Regel nicht beurteilen können.

Patientenzufriedenheit ist das Ergebnis von Patientenorientierung. Sie wird vor allem durch die „subjektive Qualität" bzw. die darauf bezogene Erwartungshaltung des Patienten bestimmt, wobei ein gutes Ergebnis Qualität Voraussetzung für ein gutes Ergebnis PS ist. Insoweit ist das Ergebnis Qualität dem Ergebnis PS untergeordnet.

2.3   Rolle des Patienten in einem Patientensicherheitskonzept für das Krankenhaus

2.3.1   Einbindung des Patienten nützt dem Patienten und dem Krankenhaus

Breiter fachlicher Konsens ist, dass es sinnvoll ist, den Patienten zentral in die Bemühungen um mehr PS im Krankenhaus einzubeziehen. In seinem eigenen Interesse (aber auch dem des Versorgers) ist es wünschenswert, dass er in der Lage ist, den Behandlungsprozess zu unterstützen, z. B. bei der gemeinsamen Entscheidung für die Auswahl einer Therapie (Partizipative Entscheidungsfindung, PEF). Er kann damit einen eigenständigen Beitrag zu seiner Genesung und eigenen Sicherheit leisten.

Um sich im Krankenhaus zurechtfinden zu können, muss der Patient wissen, wer, was, wie zu verantworten hat und wie er beispielsweise bei Behandlungsfehlern vorgehen kann. Die auf breiter Basis gewünschte Schärfung des Blicks von Patienten für Fehler wird durch die Kenntnis der Organisation und der Zuständigkeiten im Krankenhaus erleichtert. Vor allem muss der Patient wissen, wer die konkreten Ansprechpartner für Kritik und Vorschläge sind und dass er, ähnlich wie Mitarbeiter bei anonymen Fehlermeldesystemen, angstfrei Kritik äußern und Fehler melden kann.

Die Mitwirkung von Patienten in Fragen der PS setzt vor allem die Bereitschaft zum Kenntniserwerb voraus, sei es im Hinblick auf Gesundheitskompetenz allgemein, sei es spezifisch für den Aufenthalt im Krankenhaus. Es müssen aber auch ausreichende Möglichkeiten zum Wissenserwerb zur Verfügung stehen, was aktuell nicht immer der Fall ist.

Möglichkeiten des Wissenserwerbs

Eine Wissensvermittlung „vor Ort" ist nur möglich in Versorgungseinrichtungen, in denen Patienten länger verbleiben, z. B. Einrichtungen der Rehabilitation mit Aufenthalt des Patienten von drei oder mehr Wochen (beispielsweise bei orthopädischen Krankheitsbildern). Dass dies funktionieren kann, wird vielerorts durch Schulungen deutlich, die von Sanitätshäusern angeboten werden (z. B. Einsatz und Anwendung von Gehhilfen etc.).

Schulungen im Krankenhaus zur Vermittlung oder Erweiterung von Gesundheitswissen sind dagegen aus Zeitmangel meist nicht möglich. Dies ergibt sich aus der meist geringen Verweildauer der Patienten im Krankenhaus, sei es in der Notaufnahme oder auch auf einer Station. In der Notaufnahme ist der zeitliche Spielraum besonders eng. Bei Unfallopfern steht die Frage der Einbindung der Patienten außer Diskussion.

Daraus folgt zwingend, dass Bürger, die in einer Versorgungseinrichtung behandelt werden, bereits vor ihrem Aufenthalt über die grundlegenden Strukturen, Abläufe und Zuständigkeiten von Versorgungseinrichtungen informiert sein sollten.

Es stellt sich also die Frage: Wo können Patienten entsprechendes Wissen erwerben, nicht nur im Hinblick auf Wissen zum Versorger, sondern auch in Bezug auf übergreifende Gesundheitskompetenz?

Hilfestellung können Einrichtungen wie z. B.Patientenuniversitäten geben, innerhalb derer in der Regel ein sehr breites Spektrum von Gesundheitsthemen abgehandelt wird. Auch Informationen aus dem Internet oder Online-Schulungen könnten einen Beitrag zum Wissenserwerb leisten. Entsprechende Möglichkeiten haben aber eher punktuellen Charakter. Das generelle Problem, Gesundheitskompetenz in der breiteren Bevölkerung zu verankern, ist damit nicht lösbar. Es bedarf somit weiterer nationaler Anstrengungen, getragen von der Politik, die das Thema Gesundheitskompetenz breit thematisieren, vor allem in Schulen und anderen Bildungseinrichtungen. Die Umsetzung ist allerdings schwierig, wie auch Erfahrungen aus der Schweiz zeigen (vgl. Auflösung des Vereins Gesundheitsbildung Schweiz e. V.).

Ansprüche an die Wissensvermittlung

Der gelegentlichen Behauptung, Zusammenhänge zu Organisation und Qualität seien zu komplex, um sie Patienten verständlich machen zu können, kann nicht gefolgt werden, denn es gilt hier Ähnliches wie bei der Einbindung von Patienten in den Behandlungsprozess (PEF). Zweifellos gibt es Patienten, die weder willens noch intellektuell fähig sind, die komplexen und komplizierten Zusammenhänge im Gesundheitswesen zu durchdringen. Patienten werden aber zunehmend (auch durch fast tägliche Konfrontation mit Berichten in den elektronischen Medien) mit dem Thema Gesundheit konfrontiert, das Thema interessiert sie. Damit ist die Basis für Aufgeschlossenheit gegenüber dem „Kenntniserwerb in eigener Sache" gegeben.

Allerdings: Patienten sind „schwierige Schüler", denn sie sind krank, häufig in höherem Alter mit zwangsläufigen physiologischen Einschränkungen (z. B. schlechtes Hör- und Aufnahmevermögen). Ähnliches gilt für Angehörige. Sie sind zwar von der Erkrankung „weiter entfernt" als der Patient selbst. Informationen müssen aber auch für sie verständlich aufbereitet sein.

Somit bleibt vor allem ein Vermittlungsproblem für Betreuer (Abschn. 2.4) mit der Frage: *Welche Inhalte muss ich wie vermitteln?* Es geht also um die methodisch-didaktische Kompetenz der die Patienten unterweisenden Fachkräfte. Sie ist entscheidendes Kriterium dafür, dass das zu vermittelnde Wissen bei den Patienten ankommt. Diese Problematik wird auch in anderen Lehrbereichen der Medizin deutlich. So krankt die Wissensvermittlung für Medizinstudierende im PJ und in der ärztlichen Weiterbildung häufig an fehlenden methodisch-didaktischen Qualifikationen der ärztlichen Betreuer. Rein fachliche Expertise reicht auch bei der Wissensvermittlung an Patienten nicht aus.

Bei den bisher bekannten Fortbildungen, z. B. für Patientensicherheitsbeauftragte, ist das Vorhaben einer Vermittlung entsprechender Kenntnisse leider nicht erkennbar. Diesem Mangel wird in einer vom Autor dieses Beitrags entwickelten neuen Fortbildung abgeholfen (Kap. 26).

2.3.2   Empfohlenes Wissen für Patientenaufenthalte im Krankenhaus

Krankenhausorganisation

Die Organisationsstrukturen sind sehr verschieden. Exemplarisch wird hier zur Organisation eines kommunalen Krankenhauses Bezug genommen (Abb. 2.3).

Hierarchie der Ärzte im Krankenhaus und in der Fachabteilung

Es gibt ein klares Hierarchiegefüge des ärztlichen Personals, in besonderer Weise bei Krankenhäusern mit funktionaler Aufbau- und Ablauforganisation. Bei Krankenhäusern mit vorwiegender Prozessorganisation verschwimmt hingegen die strenge Hierarchie, vor allem in den Fachabteilungen. Tab. 2.1 bezieht sich beispielhaft auf das Gefüge eines funktional organisierten Krankenhauses mit Fachabteilungen unter der Leitung von Chefärzten. Eine ähnliche Hierarchie findet sich in der Pflege mit Pflegedirektion, Pflegedienstleitungen und Pflegefachkräften für die Patientenbetreuung.

Überblick über Aufgaben und Zielsetzung von Qualitätsmanagement, Risikomanagement und Qualitätssicherung

Ein Überblick über grundlegende Begriffe zur PS ist für Patienten unverzichtbar, wenn die Forderung ernst genommen werden soll, Patienten müssten eine zentrale Rolle in Bezug auf das Erreichen des Ergebnisses PS spielen. Besonderer Wert ist auf die Kenntnis der

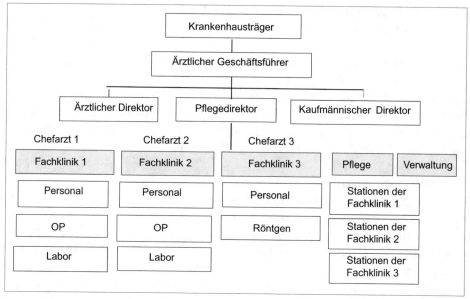

Quelle: Eigene Darstellung

Abb. 2.3 Krankenhausorganisation (Beispiel Kommunales Krankenhaus)

Zielsetzungen von RM, QM und QS mit Ausrichtung auf PS zu legen, aber auch auf einschlägige Begriffe in Verbindung mit der Definition von Patientensicherheit (Abschn. 2.2).

Das Wissen von Patienten sollte fokussieren auf:

- Bedeutung und Sinn von Befragungen (Patienten- und Mitarbeiterbefragungen),
- Aufgaben und Rollen des Beschwerdemanagements,
- Bedeutung eines Kontinuierlichen Verbesserungsprozesses (KVP),
- Bedeutung und Aufgaben anonymer Fehlermeldesysteme,
- Bedeutung von Patienteninformationen als Patientenpfade,
- Bedeutung und Einsatzmöglichkeiten Klinischer Pfade,
- Aufgaben und Zielsetzung des Hygienemanagements,
- Sinn und Unsinn von Zertifizierungen,
- grundlegende Aussagen des Patientenrechtegesetzes,
- Bedeutung von Qualitätsberichten.

Das Krankenhaus ist gehalten, Ansprechpartner für die Patienten zu benennen, eine darauf bezogene Personenliste kontinuierlich zu erweitern und auch den Kontakt zu den zu betreuenden Patienten herzustellen. Denn nur wenn die Patienten mit den Bezugspersonen vertraut sind, werden sie angstfrei Fehler melden und Informationen liefern.

2.4 Aufgaben und Zuständigkeiten des Personals für Patientensicherheit

Zuständige für Patientensicherheit, ob sie nun als „Risikomanager", „Qualitätsmanager" oder „Patientensicherheitsbeauftragte" bezeichnet werden, sollten „Kümmerer" für die nachfolgend aufgelisteten Bedürfnisse der Patienten sein. Sie sollten außerdem als „Notfeuerwehr" fungieren, die Patienten bei besonderen Vorkommnissen unterstützt, die ihre Sicherheit gefährden könnten. Sie sollten aber auch die Fachabteilungen bei der Umsetzung von Qualität für die Herstellung von PS unterstützen.

Hilfestellung für Patienten
- Räumliches Zurechtfinden im Krankenhaus,
- richtige Anwendung von Medikamenten,
- Hilfestellung im Hinblick auf die Überprüfung regelrechter Aufklärung (DKG, 2020),
- Erkennen von falschen Entscheidungen und Fehlern des ärztlichen Personals und der Pflege,
- sinnvolles Verhalten und Vorgehen gegenüber dem Arzt bei einem Behandlungsfehler,
- Hilfestellung bei der Entlassung mit Fokus auf die Umsetzung des gesetzlich verpflichtenden Entlassmanagements, ggf. mit Unterstützung des Case Managers (Recare Solutions, 2021; Kramer, 2021; BMG, 2021),
- zielführende Auswahl einer Anschlussbehandlung,
- Hilfestellung im Hinblick auf das Vorgehen beim Einholen einer Zweitmeinung (Halbe, 2019).
- Sinnvoll wäre außerdem Hilfestellung im Hinblick auf das Verständnis der Theorie und Praxis digitaler Anwendungen. Beispielhaft könnte Patienten aufgezeigt werden, welche Möglichkeiten die Telemedizin (Zamzow & Weber, 2021) sowie die Telepflege (Mosenhauer & Asbach, 2021), grundsätzlich eröffnen und welche Chancen und Risiken die Digitalisierung insgesamt bietet (Dahmen & Becker, 2021; Jorzig, 2021). Grundkenntnisse zu Fragen der Compliance können ebenfalls nicht schaden (Dann, 2015; Corell & Naucke, 2021).

Hilfestellung für die Fachabteilungen
Ein direkter Draht der Beauftragten zu den Fachabteilungen fördert die PS. Realisierbar ist dies, wenn das Sicherheitskonzept des Krankenhauses zentrale Elemente (Stabsstelle PS mit Ansiedlung bei der Geschäftsführung) mit dezentralen Elementen (Beauftragte für PS mit Zuordnung zu den Fachabteilungen) verknüpft. Dezentral agierende Beauftragte für PS sollten auf die Unterstützung der Fachabteilungen Wert legen. Dazu zählen folgende Aspekte:

- Unterstützung bei der Umsetzung von QM,
- Unterstützung bei der Umsetzung von RM,
- Unterstützung im Hinblick auf den Einsatz digitaler Anwendungen und den Einsatz von Künstlicher Intelligenz für die Patientenbetreuung.

Diesen Aufgaben müssen auch Fortbildungen für Beauftragte zum Thema PS unbedingt explizit Rechnung tragen, basierend auf der Vermittlung von Kenntnissen und Lernzielen wie bereits dargestellt.

Notwendige Kenntnisse des für Patientensicherheit zuständigen Personals
- Bedeutung, Aufgaben und Instrumente von QM, RM, QS sowie ihres Zusammenspiels als Grundlage eines guten Ergebnisses PS,
- Bedeutung und Einsatz digitaler Anwendungen und Instrumente der Künstlichen Intelligenz in der Patientenbetreuung,
- Struktur und Aufgaben der Fachabteilungen.

Erforderliche Fähigkeiten des für Patientensicherheit zuständigen Personals
- Hohe kommunikative und kooperative Kompetenz einschließlich Befähigung zu einem adressatenspezifischen Dialog mit Ausrichtung auf die besonderen Anforderungen an den Dialog mit Patienten als besondere Adressatengruppe (krank, häufig alt, mit oft eingeschränktem Wahrnehmungsvermögen).
- Kenntnisse der Methodik und Didaktik zur angemessenen Auswahl und Vermittlung relevanter Unterrichtsinhalte.
- Befähigung zur Konfliktbewältigung aufgrund guter Kenntnisse im Konfliktmanagement.

Schulungen für Beauftragte
Bei der Planung und curricularen Entwicklung von Schulungen sind die unterschiedlichen Kenntnisse potenzieller Patientensicherheitsbeauftragter (PSB) zu berücksichtigen:

- Adressaten, die bisher bereits „formal" als PSB agiert haben und Erfahrungen im QM und RM besitzen (und auch schon Fachabteilungen unterstützen oder unterstützt haben),
- Adressaten mit bisher fehlender Orientierung auf PS, ohne breitere Kenntnisse zu QM und RM.

Es geht also bei der Entwicklung eines Lehrkonzepts auch um die Frage, welche Erfahrungen die Teilnehmer zum Thema PS konkret haben oder mit welchen Aufgaben sie wo im Krankenhaus eingesetzt werden sollen. Denn es ist ein Unterschied, ob die Besetzung einer Stabsstelle mit Zuordnung zur Geschäftsführung mit koordinierenden Aufgaben erfolgen soll oder aber PSB dezentral für die einzelnen Fachabteilungen „beratend" tätig sein sollen. Lernziele ergeben sich wie folgt:

- Begriff PS definieren und einordnen können,
- Bedeutung der Humanfaktoren für die PS kennen,
- Komplexität der Patientenversorgung kennen und beschreiben können,
- Bedeutung von Teamarbeit und multiprofessionellen Teams kennen,
- Bedeutung der Fehlererkennung als Grundlage für Verbesserungen kennen und eine Übersicht über mögliche systematische Fehler geben können,
- Bedeutung des RM kennen und das Zusammenspiel seiner Einzelkomponenten beschreiben können,
- Methoden zur Qualitätsoptimierung kennen,
- Bedeutung von Patienten und Angehörigen für PS kennen und ihre Mitwirkungsmöglichkeiten für PS beschreiben können,
- Präventive Maßnahmen zur Infektionsvermeidung und Infektionskontrolle kennen,
- Risiken invasiver Verfahren kennen,
- Bedeutung der Medikamentensicherheit kennen.

Für Mitarbeiter, die Stabsstellen besetzen, müssen erweiterte Kenntnisse eingefordert werden (z. B. Erstellung von Berichten, Organisation von Treffen mit der Geschäftsführung etc.).

Praxistipps zur Lehrkompetenz
- Machen Sie als zukünftige Zuständige für Patientensicherheit „Lehrkompetenz" zu Ihrem zentralen Anliegen.
- Nur wenn Sie Informationen in aktueller und verständlicher Form an die Patienten übermitteln können, werden diese – und auch Ihr Krankenhaus – angemessen davon profitieren können.
- Sie profitieren ebenfalls: Zufriedene Empfänger (Patienten) induzieren zufriedene Sender. Aus Ihrer erfolgreichen Arbeit resultiert somit auch für Sie mehr Arbeitszufriedenheit.
- Im Übrigen sind didaktisch-methodische Qualifikationen nicht nur ein Erfolgsrezept für Ihre konkrete Aufgabe. Sie sind auch ein wichtiges Qualifikationsmerkmal für die Übernahme von Führungsaufgaben und können somit Ihrer Karriere dienlich sein.
- Achten Sie bei Fortbildungen zur PS deshalb besonders darauf, dass die Vermittlung der genannten Qualifikationen wesentlicher Bestandteil der Fortbildung ist.
- Werden Sie auch Experte für digitale Anwendungen zur Nutzung durch die Patienten. Sie müssen in der Lage sein, Ihren Patienten Theorie und Anwendungsmöglichkeiten so verständlich zu erklären, dass diese beispielsweise Apps zur Medikation selbst anwenden können.

Vorteile eines PSK für Patienten und dazu notwendiger Kenntniserwerb	Schaffung von Grundvoraussetzungen für ein Patientensicherheitskonzept (PSK) Schritt 1	Unterweisungen und Schulungen des Personals Schritt 2
Vorteile • Hilfe bei der Diagnose • Entscheidung über geeignete Therapien • Richtige Auswahl eines Leistungserbringers • Gewährleistung der Anwendung einer Behandlung **Erwerb von Gesundheitskompetenz** (z .B. Patientenuniversität) **Erwerb von Kenntnissen zum Management im KH** • Wer macht was, wo? • Wer hat welche Aufgaben? • Zusammenspiel der Instrumente (QM, RM, QS) für PS	Grundvoraussetzungen für die Etablierung eines PSK **Modifiziertes ärztliches Rollenverständnis** Kommunikative Kompetenz und Dialogfähigkeit aller Mitarbeiter für Dialogkultur, Fehlerkultur und PS **Dialogfähigkeit** Arzt- Patient Arzt- Pflege Chefarzt- Patienten und Mitarbeiter Chefarzt- Geschäftsführung Mitarbeiter- Mitarbeiter **Fachkenntnisse** QM, RM, QS, PS: Zusammenspiel der Instrumente als Grundlage für PS	Schulungen für zukünftige Kümmerer für PS **Mit welchem Ziel?** • PSB für jede FA? • PS als Stabstelle? • Weiterqualifizierte RM- oder QM-Beauftragte? **Schulungsinhalte** • Identifizierung von Risiken • Initiativen zur Beseitigung • Impulse zur Weiterentwicklung PSK • Berichte für die GF

Quelle: Eigene Darstellung

Abb. 2.4 Procedere für die Umsetzung eines Patientensicherheitskonzepts unter Einbindung von Patienten und geschulten Mitarbeitern

Möglichkeiten der Umsetzung

Die Vermittlung von Kenntnissen zur PS für ein breites Adressatenfeld ist ein hoher Kostenfaktor, den Krankenhäuser, sofern die Kostenübernahme von ihnen erwartet wird, kaum stemmen können. Andererseits steht fest, dass Wissen zum Thema wenig nützt, solange dies aufgrund fehlender struktureller und managementmäßiger Grundvoraussetzungen nicht praktisch zur Wissensvermittlung an Dritte angewendet werden kann.

Ein geeignetes Procedere für die Umsetzung eines Patientensicherheitskonzepts im Zusammenspiel zwischen Patienten und geschulten Mitarbeitern auf der Grundlage definierter Grundvoraussetzungen ist in Abb. 2.4 dargestellt.

2.5 Die Zweitmeinung – Sicherheitsnetz für Patienten

Wie heißt es so schön: „Vertrauen ist gut, Kontrolle ist besser". Vielen Ärzten kann man selbstverständlich vertrauen. Sie geben sich viel Mühe, die richtige Therapie für den jeweiligen Adressaten auszuwählen. Irrtümer sind auch in diesem Fall natürlich nicht auszuschließen.

Vorsicht sollte man allerdings vor der Entscheidung zu einer Operation walten lassen, denn es wird häufig klinikspezifisch entschieden. Ein klassisches Beispiel ist der Herzinfarkt. Das „Geschäft" der Herzchirurgen ist die Operation, weshalb hier oft schnell zugegriffen wird. Daher sollte man sich vor einer Entscheidung zunächst intensiv mit dem

Kardiologen auseinandersetzen, ob eine Operation zwingend notwendig oder eine konventionelle Therapie die bessere Möglichkeit ist.

Denn in Deutschland wird zu viel und zu schnell operiert. Hier spielen, vor allem bei privaten, profitorientierten Klinikkonzernen, wirtschaftliche Gründe eine entscheidende Rolle (Engartner, 2021), auch im Kontext von Chefarztverträgen mit fragwürdigen Zielvereinbarungen zur Fallzahlsteigerung. Insofern lohnt sich, vor allem bezüglich schwerer operativer Eingriffe, das Einholen einer Zweit- oder auch Drittmeinung, im konkreten Beispiel bei anderen Herzchirurgen.

▶ **Praxistipp** Holen Sie eine Zweitmeinung ein (Nürnberg & Meier, 2021). Die Kosten übernimmt ggf. Ihre gesetzliche Krankenversicherung. Zweitmeinungen zu Mandeloperationen, operativer Gebärmutterentfernung, Knieprothesen und Schulterarthroskopie sind schon seit 2018 als Kassenleistung beanspruchbar. Nunmehr ist das IQTiQ beauftragt worden, zu ermitteln, bei welchen weiteren Eingriffen zukünftig die Kostenerstattung für Zweitmeinungen in Frage kommen soll. Zur Debatte stehen u. a.: Ersatz von Herzklappen, Herzdurchblutungsdiagnostik, Adipositas-Operationen. Unabhängig davon gilt: Erscheint Ihnen ein Vorschlag zu einer (schwerwiegenden) medizinischen Intervention nicht angemessen, holen Sie unbedingt eine Zweitmeinung ein, ggf. auch ohne Kostenerstattung. Es könnte sich für Sie lohnen, da Sie möglicherweise nicht nur Krankenhauskosten sparen, sondern auch den richtigen Weg für Ihre Gesundheit wählen.

Möglichkeiten zum Einholen einer Zweitmeinung über das Internet

Interessant ist in diesem Zusammenhang ein Blick in die Schweiz. Hier wird mit dem **Qualitouch OutcomeCalculator** die Möglichkeit einer schnellen Information zur Frage nach der Notwendigkeit und den voraussichtlichen Ergebnissen einer Operation im orthopädischen Bereich angeboten (Theiler & Kuster, 2010). Dafür wurden standardisierte Daten einer schweizweiten multizentrischen Studie zur Ergebnisqualität nach der Implantation von Hüftgelenks- und Knieprothesen zusammengefasst und statistisch ausgewertet. Die Datenbank kann nun als Voraussagemodell von Patienten genutzt werden (https://outcomecalculator.org/).

Beispiel für unzureichende Aufklärung

Die 86-jährige Patientin leidet seit längerer Zeit unter schweren Rückenschmerzen. Der Hausarzt geht davon aus, dass eine Operation an der Wirbelsäule unausweichlich sein könnte. Die Patientin wendet sich an den vom Hausarzt empfohlenen Spezialisten. Dieser bestätigt die Notwendigkeit einer Operation aufgrund der gemachten Röntgenaufnahme, ist aber hochgradig wortkarg und gibt keine ausreichenden Erklärungen. Fragen der Patientin werden nicht beantwortet. Ergebnis ist eine starke Verunsicherung der

Patientin. Sie verlässt die Praxis mit der Erkenntnis, dass sie eine Operation durch den kontaktierten Arzt nicht durchführen lassen wird. Sie tendiert dazu, vor allem auch im Hinblick auf ihr doch schon fortgeschrittenes Alter, das hohe Risiko einer Operation nicht einzugehen und weiter mit Schmerztabletten auszukommen.

Kommentar: Ob dies tatsächlich die optimale Lösung für die Patientin ist, muss zunächst offenbleiben. Die Einholung einer Zweitmeinung wird von ihr erwogen, aber praktisch nicht durchgeführt. ◄

Beispiel für eine fragwürdige Behandlungsempfehlung

Nach der Diagnose Brustkrebs empfiehlt das Tumorboard die Entfernung der linken Brust. Diese wird operativ entfernt. Nach Rückkehr aus dem Urlaub stellt die zuständige OÄ die erfolgte massive Intervention gegenüber der Patientin in Frage. Die Patientin holt daraufhin eine Zweitmeinung ein. Diese bestätigt, dass die Entfernung der Brust nicht erforderlich gewesen wäre. Daraufhin lässt die Patientin über einen Anwalt eine Klage wegen eines schweren Behandlungsfehlers einleiten.

Kommentar: Das Vorgehen der Patientin einschließlich der Klage war folgerichtig, Besser gefahren wäre sie aber, wenn sie bereits nach der Diagnose Brustkrebs eine Zweitmeinung eingeholt hätte. Möglicherweise hätte sie sich dann eine Operation ersparen können. ◄

2.6 Meinungsvielfalt ist nicht immer zielführend

Aktuell besteht ein Flickenteppich kaum noch überschaubarer Vorschläge zur Patientensicherheit auf theoretischer Basis von meist profitorientierten „Qualitätsgesellschaften", ärztlichen Berufsverbänden und Beratungsunternehmen. Ähnlich wie bei Corona, möchte jeder etwas zum Thema sagen oder zu sagen haben, meist ohne einen größeren Zusammenhang definieren oder Vorschläge zu einer konsentierten Gesamtlösung machen zu können.

Dieser „Vielstimmen-Chor" ist keine gute Basis für eine konsentierte Gewährleistung von PS. Wünschenswert wäre vielmehr eine bundesweite „Initiative Patientensicherheit" mit einheitlichen Vorgaben, was PS sein soll und wie sie umgesetzt werden muss.

Zentrales Hemmnis für ein innovatives und konsentiertes Konzept ist das vielerorts bei Ärzten noch vorhandene Denken in alten Strukturen und eine damit häufig verbundene Innovationsresistenz. Sie spiegelt sich u. a. in der Arbeit ärztlich dominierter „Qualitätsinitiativen" und „Qualitätsvereine" mit Festhalten an alten Weisheiten und Mustern (Abschn. 1.5). Neues gibt es hier wenig. Oft kommt die Aussage: „Wir machen das so, wie wir es immer gemacht haben."

Umfassende innovative Ansätze für Qualität und PS sind in Deutschland nur unzureichend identifizierbar. Sicherlich ist im föderalen Deutschland die Koordination der Entscheider im Gesundheitswesen nicht einfach. G-BA mit IQTIG, ggf. mit Unterstützung des APS, wären dafür prädestiniert, die Federführung zu übernehmen und dem Thema PS als gemeinsamem Anliegen aller Protagonisten im Gesundheitswesen Geltung zu verschaffen und ein umfassendes Konzept zu erarbeiten. Initiativen zur PS dürfen sich allerdings nicht nur auf die Krankenhäuser selbst beschränken.

2.7   Patientensicherheit als Anliegen der jungen Generation

Die Diskussion zur Frage von PS und hoher Versorgungsqualität ist hochaktuell und umfassend. Dies wird u. a. sichtbar durch eine breite Palette von konkreten Vorschlägen des ärztlichen Nachwuchses. Dieser stellt besonders auf eine Veränderung der Organisationsstrukturen in Versorgungseinrichtungen ab.

Eines dürfte, vom heutigen Stand aus betrachtet, sicher sein (Hellmann, 2021a): Ansprüche an das Studium und das Krankenhaus (der Zukunft) auf einem Niveau, wie es von Teilen der jungen Generation aktuell gewünscht wird (Hellmann, 2021a), werden sich derzeit nur punktuell und einrichtungsspezifisch erfüllen lassen. Denn die Mühlen von Gesundheitspolitik, Ärztetag und ärztlichen Körperschaften arbeiten langsam. Hoffnungsvoller kann man dagegen in Bezug auf die Umsetzung technischer Innovationen sein; einiges ist hier bereits im Fluss (Grütters, 2020).

Grund ist, dass Entscheider, und damit auch die Gesundheitspolitik, derzeit nicht annähernd sicher abschätzen können, wohin die Reise im Gesundheitswesen gehen wird. Es gibt bisher, und wahrscheinlich auch in naher Zukunft, keine Integrierte Versorgung als Regelversorgung, keine wirklich annehmbaren und umsetzbaren Vorschläge zu einer länderübergreifenden Krankenhausplanung bzw. Versorgungsplanung, keine wirklich konkreten Vorgaben, was Qualität und PS eigentlich sein sollen (Hellmann, 2016a, b), und auch keine umfassenden perspektivischen Überlegungen, wie Patientenversorgung generell, aber vor allem in unterversorgten strukturschwachen Regionen zielführend organisiert werden kann und soll (Hellmann, 2021b). In diesem Zusammenhang hat die Corona-Pandemie vieles an den Tag gebracht und für neue Herausforderungen sensibilisiert. Man kann gespannt sein, was die neue Bundesregierung auf den Weg bringen wird.

2.8   Schlussbetrachtung

Terminologische Sicherheit ist für jedes Krankenhaus essenziell. Konkret bedeutet das im Kontext einer nachhaltigen Dialogkultur: Jeder Mitarbeiter muss verstehen, was der andere meint. Dies gilt auch für die Anwendung von Fachtermini, den Begriff Patientensicherheit selbst und damit in Zusammenhang stehende weitere Begrifflichkeiten. Eine hierarchische Betrachtung der Begrifflichkeiten erleichtert die Diskussion. Sie beginnt bei der Unterscheidung der Begriffe „Patientenorientierung" und „Patientensicherheit". Während der erstgenannte Begriff eine grundlegende, übergreifende Haltung und Strategie ausdrückt, ist unter PS das Ergebnis aller Aktivitäten von QM, RM und QS zu verstehen. Wenn diese optimal zusammenspielen, können sie ein gutes Ergebnis PS ermöglichen.

Patientensicherheit ist Gemeinschaftsaufgabe, sei es innerhalb der Mitarbeitenden im Krankenhaus, sei es übergreifend zwischen Krankenhaus und externen Entscheidern einschließlich der Gesundheitspolitik. Eine differenzierte Aufgabenverteilung ergibt sich im Krankenhaus aus den jeweiligen Funktionen oder besonderen übertragenen Aufgaben.

Insgesamt empfiehlt sich ein Patientensicherheitskonzept (PSK), in dem Studierende, Ärzte in Weiterbildung, Fachärzte und Führungskräfte gemeinsam das Ergebnis PS auf der Basis einer Bündelung von QM, RM und QS umsetzen. Die Einbeziehung von Patientensicherheitsbeauftragten (PSB) ist nicht zwingend. In der Regel werden die für diesen Personenkreis vorgesehenen Aufgaben von Beauftragten für QM und RM wahrgenommen. Wird eine Einbeziehung von PSB für sinnvoll erachtet, bedarf es einer dezidierten klaren Aufgabenverteilung gegenüber Risiko- und Qualitätsbeauftragten, aber auch gegenüber Sicherheitsbeauftragten.

Patientensicherheit ist aber nicht nur Aufgabe des Krankenhauses, sondern auch des Patienten selbst. „Augen auf" muss die grundsätzliche Devise lauten. Auch Ärzte sind nicht unfehlbar. Es besteht zunehmend die Tendenz, aus wirtschaftlichen Gründen unnötige Interventionen vorzunehmen, vor allem im operativen Bereich. Bei voraussichtlich notwendig werdenden schwerwiegenden operativen Eingriffen ist deshalb die Einholung einer Zweitmeinung (oder gar einer dritten Meinung) sinnvoll, damit der Patient zu einer für ihn guten Entscheidung kommen kann.

Gesundheitskompetenz ist für jeden Bürger essenziell. Sie ist auf breiter Basis jedoch schwer herzustellen. Die Möglichkeiten, entsprechende Kompetenzen in Versorgungseinrichtungen wie Krankenhäusern zu vermitteln, sind aufgrund der meist geringen Verweildauer der Patienten außerordentlich gering. Gesundheitskompetenz kann übergreifend und nachhaltig nur auf Basis nationaler Aktivitäten wirksam vermittelt werden. Regionale Aktivitäten können aber im Sinne eines „Schneeballsystems" dazu beitragen, mehr Gesundheitskompetenz bei Patienten zu erzielen und damit die Basis für gesundheitsorientiertes Verhalten in regionalen Einrichtungen (z. B. Krankenhäusern) zu schaffen. Dies schließt eine Sensibilisierung der Patienten für PS mit ein.

Insgesamt betrachtet, müssen nationale Bemühungen im Kontext politischer Entscheidungen verstärkt werden. Der Erwerb von Gesundheitskompetenz sowie Kenntnissen zur Patientensicherheit darf nicht dem Zufall überlassen werden. Kommt es hier dauerhaft zu Unterlassungen, werden sich weiterhin nur Patienten mit bereits vorhandener Affinität und besonderem Interesse am Themenkomplex Gesundheit, Gesundheitssystem und Patientensicherheit ausreichende Informationen zu Abläufen und Funktionen in Gesundheitseinrichtungen beschaffen.

2.9   Kontrollfragen

1. Definieren Sie den Begriff „Patientensicherheit".
2. Was bedeutet die Aussage: „Qualitätsmanagement und Risikomanagement sind ein Handlungsrahmen für Patientensicherheit"?
3. Welche Rolle spielt in diesem Zusammenhang „Compliance Management" im Krankenhaus?
4. Begründen Sie die Aussage: „Die Begriffe Patientenorientierung und Patientensicherheit dürfen nicht synonym verwendet werden".
5. Differenzieren Sie die verschiedenen Akteure in der akuten Patientenversorgung mit Angabe der jeweiligen Aufgaben.
6. Warum sind Managementkompetenzen für Ärzte im Krankenhaus unverzichtbar?
7. Nennen Sie die allgemeinen Aufgaben des Controllings und begründen Sie, warum diese Managementfunktion zukünftig einen noch höheren Stellenwert haben sollte als bisher.
8. Welche Bedeutung und Aufgaben hat „Compliance Management" und warum ist es in Krisenzeiten besonders wichtig?
9. Gefordert wird seit längerem die Einbindung des Patienten in ein Patientensicherheitskonzept. Welche Voraussetzungen müssen dazu gegeben sein?
10. Was bedeutet „Gesundheitskompetenz" und welche Möglichkeiten sehen Sie, diese in der breiten Bevölkerung zu realisieren?
11. Begründen Sie die besondere Notwendigkeit von methodisch-didaktischen Qualifikationen für die Vermittlung von patientenrelevantem Wissen.
12. Welche Kenntnisse sollten Beauftragte für Patientensicherheit im Hinblick auf die „Beratung" von Patienten vor allem mitbringen?
13. Was bedeutet „Zweitmeinung" und warum ist deren Einholung vor allem bei gefährlichen operativen Eingriffen von besonderer Bedeutung?
14. Begründen Sie, warum eine „überbordende" Vielfalt von Meinungen der Patientensicherheit eher nützt als schadet.

Literatur

BMG. (2021). *Entlassmanagement.* https://www.bundesgesundheitsministerium.de/service/begriffe-von-a-z/e/entlassmanagement.html. Zugegriffen am 09.10.2021.

Candidus, A. (2014). Wahrung von Patientenrechten und Sicherung einer hochwertigen Versorgungsqualität. In W. Hellmann, A. Beivers, C. Radtke & D. Wichelhaus (Hrsg.), *Krankenhausmanagement für Leitende Ärzte* (2. Aufl., S. 63–70). medhochzwei.

Corell, C., & Naucke, C. (2021). *Einrichtung von Compliance Managementsystemen (CMS) im Krankenhaus.* Kohlhammer.

Dahmen, A., & Becker, P. (2021). Digitale Versorgung im Gesundheitswesen. Evidenz und Umsetzung im Versorgungsalltag am Beispiel der webbasierten psychosomatischen Reha-Nachsorge. *KU Gesundheitsmanagement, 9*, 32–34.

Dann (Hrsg.). (2015). *Compliance im Krankenhaus. Risiken erkennen – Rahmenbedingungen gestalten.* Deutsche Krankenhaus Verlagsgesellschaft mbH.

DKG (Hrsg.). (2020). *Empfehlungen zur Aufklärung von Krankenhauspatienten über vorgesehene ärztliche Maßnahmen* (8. Aufl.). Kohlhammer.

Engartner, T. (20. April 2021). Krankes Gesundheitssystem. Ökonomisierung weg von der Bedarfs- hin zur Gewinnorientierung lautet seit langem die Devise für Kliniken. Die Corona-Krise zeigt, wie fatal das ist. *Der Freitag.* https://www.freitag.de/autoren/der-freitag/krankes-gesundheitssystem. Zugegriffen am 07.05.2021.

Falge, C. (2020). Controlling im Krankenhaus – Neupositionierung erhöht die Wettbewerbsfähigkeit. In W. Hellmann, J. Schäfer, G. Ohm, K. Rippmann & U. Rohrschneider (Hrsg.), *SOS Krankenhaus. Strategien zur Zukunftssicherung* (S. 147–158). Kohlhammer.

Gigerenzer, G. (2021). *Klick. Wie wir in einer digitalen Welt die Kontrolle behalten und die richtigen Entscheidungen treffen.* C. Bertelsmann.

Gigerenzer, G., & Muir Gray, J. (Hrsg.). (2018). *Bessere Ärzte, bessere Patienten, bessere Medizin. Aufbruch in ein transparentes Gesundheitswesen.* Medizinisch Wissenschaftliche Verlagsgesellschaft.

Grütters, J. (2020). Technische Innovationen – Bedeutung und Vorschläge zur Umsetzung. In W. Hellmann (Hrsg.), *Die junge Generation zeigt Flagge. Vorschläge zu Studium, Weiterbildung und Arbeitsbedingungen im Krankenhaus* (S. 95–102). Kohlhammer.

Halbe, B. (2019). Patientenaufklärung: Die ärztliche Zweitmeinung. *Deutsches Ärzteblatt, 116*(22), A-1124, B 924/C-912.

HAZ. (21. Juli 2021). Gericht spricht Arzt frei. Chirurg hatte defekte Prothesen eingesetzt. *Hannoversche Allgemeine Zeitung*, S. 7.

Hellmann, W. (2016a). *Qualitätsmängel in deutschen Krankenhäusern – Neue Sicht auf Qualität und Qualitätssicherung ist unverzichtbar* (Handbuch Integrierte Versorgung, 50. Akt.). medhochzwei.

Hellmann, W. (2016b). *Multidimensionale Qualität und Kooperative Kundenorientierung – Erfolgsfaktoren für mehr Qualität und eine neue Logik der Qualitätssicherung* (Handbuch Integrierte Versorgung. 50. Akt.). medhochzwei.

Hellmann, W. (2017). Zertifizierung – Zukunfts- oder Auslaufmodell. In W. Hellmann (Hrsg.), *Kooperative Kundenorientierung im Krankenhaus. Ein wegweisendes Konzept zur Sicherung von mehr Qualität* (S. 51–52). Kohlhammer.

Hellmann, W. (2020). Qualität im Krankenhaus – ein ganzheitlicher Ansatz. In W. Hellmann, J. Schäfer, G. Ohm, K. Rippmann & U. Rohrschneider (Hrsg.), *SOS Krankenhaus. Strategien zur Zukunftssicherung* (S. 138–145). Kohlhammer.

Hellmann, W. (2021a). *Die Chirurgie hat Zukunft.* Springer Gabler.

Hellmann, W. (Hrsg.). (2021b). *Kooperative Versorgungsformen – Chance für den ländlichen Raum. Praxisbeispiele, Konzepte, Wissensvermittlung.* mgo Fachverlage.

Hellmann, W., & Ehrenbaum, K. (2011). *Umfassendes Risikomanagement im Krankenhaus. Risiken beherrschen und Chancen erkennen.* Medizinisch Wissenschaftliche Verlagsgesellschaft.

Hellmann, W., & Ehrenbaum, K. (2020). Der Risikodialog im Krankenhaus – Bedeutung, Anforderungen und kritische Reflexion der Umsetzung unter den derzeitigen Rahmenbedingungen. In W. Hellmann, F. Meyer, K. Ehrenbaum & I. Kutschka (Hrsg.), *Betriebswirtschaftliches Risikomanagement im Krankenhaus. Ein integrierter Bestandteil des Qualitätsmanagements* (S. 150–175). Kohlhammer.

Jorzig, A. (2021). Rechtliche Besonderheiten in der Telemedizin. Alles richtig machen. *KU Gesundheitsmanagement, 9*, 17–19.

Kahla-Witzsch, H., Jorzig, A., & Brühwiler, B. (2019). *Das sichere Krankenhaus. Leitfaden für das Klinische Risikomanagement.* Kohlhammer.

Karl, S. (2021). IT im Controlling. Eine unschlagbare Kombination. *KU special Controlling,* S. 26–27.

Klemperer, D. (2000). Patientenorientierung im Gesundheitswesen. *Newsletter der GQMG, 1*(7), 15–16.

Kramer, U. (2021). Anforderungen an das Entlassmanagement der zentralen Notaufnahme. *Notfall + Rettungsmedizin,* Nr. 6. https://www.springermedizin.de/anforderungen-an-das-entlassmanagement-der-zentralen-notaufnahme/18629366. Zugegriffen am 26.10.2021.

Mosenhauer, J., & Asbach, H. (2021). Optimierte Wundversorgung durch Telepflege: Potenziale und Voraussetzungen aus der Perspektive eines Krankenhauses. *KU Gesundheitsmanagement, 9*, 29–31.

Nürnberg, V., & Meier, M.-T. (2021). *Die ärztliche Zweitmeinung: Einfach und verständlich erklärt.* Springer.

Raab, E. (2021). Sektorenübergreifende Versorgungskonzepte für kleine Landkrankenhäuser – Perspektiven für die Optimierung der Versorgung in ländlichen Bereichen – auch als Chance für den Erhalt kleiner (Land)Krankenhäuser. In W. Hellmann (Hrsg.), *Kooperative Versorgungsformen – Chance für den ländlichen Raum.* Mediengruppe Oberfranken.

Raab, E., & Rasche, C. (2021). Medizincontrolling als politische Arena. Führung jenseits der Zahlen-Aseptik. *KU special Medizincontrolling,* S. 4–6.

Recare Solutions. (16. April 2021). *Digitales Entlass- und Überleitungsmanagement.* https://recare-solutions.com/digitales-pflegeplatzmanagement/. Zugegrifffen am 20.04.2021.

Schmidt, J. (2021). Das Praktische Jahr. Vorschläge zu einer Verbesserung der Lehr- und Organisationsqualität. In W. Hellmann (Hrsg.), *Die junge Generation zeigt Flagge. Vorschläge zu Studium, Weiterbildung und Arbeitsbedingungen im Krankenhaus* (S. 110–120). Kohlhammer.

Theiler, R., & Kuster, J. R. (2010). Der Klick vor dem Schnitt. *Care Management, 3*(5), 33.

vdek (2018). Definition Patientensicherheit. In M. Schrappe (Hrsg.), *APS-Weißbuch Patientensicherheit in der Gesundheitsversorgung* (S. XXI). Medizinisch Wissenschaftliche Verlagsgesellschaft.

Wikipedia. (2021). *Definition zur Patientensicherheit.* Zugegriffen am 22.05.2021.

Zamzow, C., & Weber, T. (2021). Telemedizin in der Versorgung und deren Transformation. Wie digitale Lösungen Patienten und Patientinnen und Leistungserbringer trennen und doch näher zusammenbringen. *KU Gesundheitsmanagement, 9*, 26–28.

Teil II

Aus Erfahrungen lernen – Patientensicherheit und ihre Umsetzung

Patientensicherheit ist nicht ein völlig neues Projekt, die Umsetzung erfolgt bereits in zahlreichen Versorgungseinrichtungen. Es ist deshalb sinnvoll, sich an bestehenden Erfahrungen zu orientieren. Nachfolgend werden Patientensicherheitsstrategien unterschiedlicher Versorgungstypen vorgestellt. Die Bandbreite umfasst Universitätsklinik, Krankenhaus, Medizinisches Versorgungszentrum und Notaufnahme. Eingegangen wird auch auf Integrierte Versorgungskonstellationen und Patientensicherheit in der Pflege.

Vorbemerkung des Herausgebers

Die Fokussierung auf Patientensicherheit als Kernthema wirft primär die Frage auf, welche Erfahrungen in Einrichtungen der Patientenversorgung bereits vorliegen. Deshalb wurden ausgewählte Versorger gebeten, dieses Buch durch Autorenbeiträge zu bereichern.

Grundsätzlich lassen sich auch Informationen der Kliniken aus dem Internet zusammenführen. Darauf wurde jedoch verzichtet, da hier häufig marketingstrategische Aspekte eingehen und damit unklar ist, was im praktischen Klinikalltag wirklich zum Nutzen des Patienten getan wird. Offen bleibt dabei auch die Frage, ob das Bemühen um Patientensicherheit wirklich real sein kann, wenn ein Betreiber gleichzeitig hohe Renditesteigerungen anstrebt, was häufig nur durch die Einsparung von Personalkosten möglich ist. Das entsprechende Vorgehen hat in den letzten Jahren bereits zu einer breiten und kontroversen Diskussion geführt.

Der Arztberuf als Freier Beruf – Bedeutung für die Patientensicherheit

3

Karolina Lange-Kulmann

Inhaltsverzeichnis

Zusammenfassung

Der ärztliche Beruf ist seiner Natur nach ein Freier Beruf. Nach der Berufsordnung besteht die ärztliche Aufgabe darin, Leben zu erhalten, Leiden zu lindern, die Gesundheit zu schützen und wiederherzustellen. Der Heilauftrag der Ärztinnen und Ärzte ist Grundlage ihres Tuns und wesentlichste Berufspflicht. Ärztinnen und Ärzte dürfen keine Grundsätze anerkennen und keine Vorschriften oder Anweisungen beachten, die mit dieser Pflicht nicht vereinbar sind oder deren Befolgung sie nicht verantworten können. Sie dürfen nach ihrem Berufsrecht keine Weisungen von Nichtärzten annehmen. Weisungen und andere Vorgaben, beispielsweise solche zur Durchführung von Behandlungen, zur Arbeitsorganisation oder zur Erfüllung von Renditeerwartungen der

K. Lange-Kulmann (✉)
Taylor Wessing Partnerschaftsgesellschaft mbB, Düsseldorf, Deutschland
E-Mail: K.Lange@taylorwessing.com

© Der/die Autor(en), exklusiv lizenziert an Springer Fachmedien Wiesbaden
GmbH, ein Teil von Springer Nature 2022
W. Hellmann (Hrsg.), *Patientensicherheit*,
https://doi.org/10.1007/978-3-658-37143-2_3

Controllingabteilungen sind durchaus geeignet, die Freiberuflichkeit von Ärztinnen und Ärzten zu untergraben. Wo jedoch Ärztinnen und Ärzte in ihrer Heilbehandlungstätigkeit spezifisch ärztlich tätig werden und therapeutische Entscheidungen treffen, haben sie – auch wirtschaftlichem Druck zum Trotz – ihre Freiberuflichkeit zu wahren. Sie haben die Pflicht, Eingriffe in die unabhängige Berufsausübung abzuwehren. Die Stärkung und Erinnerung des gesetzlich festgeschriebenen und verbindlich geltenden Grundsatzes der Freiberuflichkeit ist essenziell zur Wahrung des Patientenwohls und damit auch der Patientensicherheit.

3.1 Einleitung

Der ärztliche Beruf ist seiner Natur nach ein Freier Beruf. Er ist kein Gewerbe. „Ärzte dienen der Gesundheit des einzelnen Menschen und des gesamten Volkes." So beginnt die Bundesärzteordnung, die die Grundsätze der ärztlichen Berufszulassung und die Approbationsvoraussetzungen regelt. Auch die Berufsordnungen der Landesärztekammern stellen diese Aussagen an ihren Anfang.

„Interessant", werden Sie vielleicht denken. Vielleicht auch: „Und was bedeutet das?"oder: „Was hat das mit Patientensicherheit zu tun?"

Hierzu wollen wir uns näher anschauen, was mit dem Programmsatz von der ärztlichen Freiberuflichkeit eigentlich gemeint ist.

3.2 Leitbild der Freien Berufe

Der Bundesverband der Freien Berufe e. V. hat eine Definition der Freien Berufe formuliert. Danach haben die Freien Berufe „im Allgemeinen auf der Grundlage besonderer beruflicher Qualifikation oder schöpferischer Begabung die persönliche, eigenverantwortliche und fachlich unabhängige Erbringung von Dienstleistungen höherer Art im Interesse der Auftraggeber und der Allgemeinheit zum Inhalt". Das sich daraus ergebende Leitbild der Freien Berufe kennzeichnen mithin nachfolgende Eigenschaften:

- besondere berufliche Qualifikation, Professionalität und Expertenstellung der Berufsträger,
- Erbringung von Leistungen höherer Art,
- die persönliche und eigenverantwortliche Leistungserbringung,
- die fachliche Unabhängigkeit und Weisungsfreiheit,
- Gemeinwohlverpflichtung.

3.3   Das Postulat der Freiberuflichkeit

Nach der ärztlichen Berufsordnung besteht die ärztliche Aufgabe darin, Leben zu erhalten, Leiden zu lindern, die Gesundheit zu schützen und wiederherzustellen. Der Heilauftrag der Ärzte ist Grundlage ihres Tuns und Ausdruck des Wertes der Humanität. Damit stellt er die wesentlichste Berufspflicht dar. *Salus aegroti suprema lex* – das Wohl des Kranken sei das oberste Gesetz.

Ärzte üben ihren Beruf nach ihrem Gewissen, nach den Geboten der ärztlichen Ethik und der Menschlichkeit aus; so steht es in ihrer Berufsordnung (vgl. § 2 Absatz 1 Satz 1 der Musterberufsordnung für Ärzte).

Ärzte dürfen keine Grundsätze anerkennen und keine Vorschriften oder Anweisungen beachten, die mit dieser Aufgabe nicht vereinbar sind oder deren Befolgung sie nicht verantworten können. Sie dürfen nach ihrem Berufsrecht keine Weisungen von Nichtärzten annehmen. Im Zusammenhang mit diesem Heilauftrag ist der Grundsatz zu sehen, dass der Arztberuf „seiner Natur nach" ein Freier Beruf ist.

Bei ihrer Einführung stellte der Gesetzgeber der Bundesärzteordnung klar, dass durch die Vorschriften die Freiheit ärztlichen Tuns gewährleistet werden solle, und zwar unabhängig davon, in welcher Form der Beruf ausgeübt wird. Die Ausübung des ärztlichen Berufes im vorstehenden Sinne ist mithin auch dann frei, wenn sie in einem Krankenhaus oder einer anderen Gesundheitseinrichtung in einem Anstellungsverhältnis stattfindet.

3.4   Wunsch oder Wirklichkeit?

Völlig zu Recht kann man sich die Frage stellen, ob der Arztberuf heutzutage überhaupt noch ein Freier Beruf im vorbezeichneten Sinne ist. In einem Dienstverhältnis empfangen Ärzte sehr wohl Weisungen und sind in ein Organisationsgefüge eingebunden, das zuweilen nur wenig Gefühl von Freiheit vermittelt. Vorgaben seitens des Controllings oder arbeitsvertragliche Regelungen bestimmen das ärztliche Handeln. Einige Tätigkeiten sind wiederum kein Ausdruck von Freiheit, sondern von Haftungsvermeidung, wie etwa die Aufklärung von Patienten über das noch so kleine Restrisiko eines Eingriffes oder überbordende Dokumentation.

Auch die Tätigkeit (freiberuflicher, sprich: selbstständiger) Vertragsärzte ist in ein durchreguliertes, öffentlich-rechtliches System einbezogen. Es gibt Vorgaben zur Wirtschaftlichkeit und Notwendigkeit einer Heilbehandlung, zu notwendigen Inhalten ihrer Leistung, zu Orten der Leistungserbringung – um nur einige aufzuzählen. Kostendruck, Budgetierung und Sparzwänge auf der einen Seite stehen dem medizinisch Machbaren und dem für das Wohl des/der Kranken Besten auf der anderen Seite gegenüber. Nicht zuletzt können Leitlinien und Standards auf die Behandlungsfreiheit beschränkend wirken.

Wie viel bleibt also von den Merkmalen eines Freien Berufes in der Praxis übrig?

3.5   Unfrei?

Auch wenn das Wirtschaftlichkeitsgebot im Vertragsarztsystem manch ärztliche Leistung als nicht zulasten der gesetzlichen Krankenversicherung abrechenbar deklariert, so sind Ärzte dennoch nicht gehindert, ihren Patienten diese Leistungen anzubieten. Dass es umständlich ist, diese abzurechnen, weil man etwa eine Honorarvereinbarung schließen oder Patienten im Vorfeld über die Kosten informieren muss, verletzt die Freiberuflichkeit nicht. Auch wenn die fehlende Abrechnungsmöglichkeit beispielsweise neuer, noch nicht in den Leistungskatalog der gesetzlichen Krankenversicherung aufgenommener Leistungen faktisch für Ärzte beschränkend wirken mag, sind sie nicht daran gehindert, diese anzuwenden. Dies gilt in besonderem Maße, wenn das Patientenwohl oder die Patientensicherheit es erfordern. In Debatten hierzu wird oft vergessen, dass die Deckelung von Leistungen – übrigens auch in der privaten Krankenversicherung – Ausdruck des kollektiven Versicherungssystems ist und Ärzte nicht per se in ihrer Behandlungsfreiheit begrenzt.

Gleiches gilt für Leitlinien und Standards, über die sich Ärzte – jedenfalls aus juristischer Sicht – durchaus hinwegsetzen können. Die Behandlung hat nach § 630a BGB nach den zum Zeitpunkt der Behandlung bestehenden, allgemein anerkannten fachlichen Standards zu erfolgen – soweit nicht etwas anderes vereinbart ist. Auch hier steht es den Ärzten nach entsprechender Aufklärung und Vereinbarung mit ihren Patienten frei, das zu tun, was ihr Heilauftrag und ihr Gewissen ihnen gebietet und das Patientenwohl erfordert.

Handlungen zur Haftungsvermeidung und zur Dokumentation stehen letzten Endes ebenso im Zusammenhang mit der Patientensicherheit und liegen im Interesse der Patienten. Sie laufen der Freiheit ärztlichen Tuns nicht zuwider. Zuwider können diese Tätigkeiten zuweilen jedoch sein.

Weisungen und andere Vorgaben, beispielsweise zur Durchführung von Behandlungen, zur Arbeitsorganisation oder zu Renditeerwartungen des Controllings, sind hingegen sehr wohl geeignet, die Freiberuflichkeit von Ärzten zu untergraben. Und gerade für die Abwehr auch dieser Einflussnahmen auf den ärztlichen Heilauftrag ist die Freiberuflichkeit des ärztlichen Berufs vom Gesetzgeber verschriftlicht worden. Das bedeutet, dass Ärzte die Pflicht haben, ihre Behandlungstätigkeit frei im Sinne von unabhängig und unbeeinflusst auszuüben. Sie müssen Eingriffe in die unabhängige Berufsausübung abwehren. Die wirtschaftliche Abhängigkeit von ihrem Arbeitgeber darf nicht dazu führen, dass sie ihr Berufsrecht und ihren Heilauftrag missachten. Gleiches gilt für jede andere Art wirtschaftlicher Verflechtungen. Ärzte dürfen keine (Arbeits-)Verträge schließen, die dem Postulat des Freien Berufes zuwiderlaufen. Solche Verträge dürften im Übrigen auch rechtlich zu beanstanden und unter Umständen sogar nichtig sein.

Die Stärkung und Erinnerung des gesetzlich festgeschriebenen und verbindlich geltenden Grundsatzes der Freiberuflichkeit ist essenziell zur Wahrung des Patientenwohls und damit auch der Patientensicherheit.

3.6   Schlussbetrachtung

Dort, wo Ärzte therapeutische Entscheidungen treffen, haben sie ihre Freiberuflichkeit zu wahren. Sie haben die Pflicht, Eingriffe in die unabhängige Berufsausübung abzuwehren. Dies ist Ausdruck der Natur des ärztlichen Berufes als Freier Beruf. Der Heilauftrag der Ärztinnen und Ärzte ist ihre wesentlichste Berufspflicht. Im Einklang damit handeln Ärzte schließlich im Sinne des Patientenwohls.

3.7   Kontrollfragen

1. Begründen Sie die Aussage: „Der ärztliche Beruf ist kein Gewerbe".
2. Definieren Sie „Freie Berufe" und skizzieren Sie das sich daraus ergebende Leitbild (gemäß Bundesverband der Freien Berufe).
3. „Die Aufklärung von Patienten ist eine Einschränkung ärztlicher Freiheit." Nehmen Sie zu dieser Aussage Stellung.
4. Begründen Sie, warum Leistungsdeckelung Ärzte nicht per se in ihrer Behandlungsfreiheit einschränkt.
5. Die Notwendigkeit, ärztliche Leistungen auch wirtschaftlich erbringen zu müssen, wird von Ärzten gelegentlich als Eingriff in ihre Freiberuflichkeit gewertet. Ist dies fundiert begründbar?
6. Begründen Sie die Aussage: „Eingriffe in die unabhängige ärztliche Berufsausübung sind abzuwehren".
7. Definieren Sie den Begriff „Patientensicherheit" und setzen Sie ihn in Beziehung zu „ärztlicher Freiberuflichkeit".

Patientensicherheit – Was wir darunter verstehen und wie wir dies im Universitätsklinikum Frankfurt umsetzen

4

Kyra Schneider und Jürgen Graf

Inhaltsverzeichnis

Zusammenfassung

Geschätzt einer von zehn Patienten erleidet ein unerwünschtes Ereignis während eines Krankenhausaufenthaltes in Ländern mit hohem Einkommen. Die Komplexität der behandelten Krankheitsbilder, die hohe Interdisziplinarität und Interprofessionalität sowie die ihnen eigene, anspruchsvolle Organisationsstruktur mit der notwendigen Abbildung von Forschung, Lehre und Patientenversorgung stellen Universitätskliniken vor eine besondere Herausforderung. Letztendlich gilt es, die unmittelbare Arbeit am

K. Schneider (✉)
Universitätsklinikum Frankfurt, Frankfurt, Deutschland
E-Mail: kyra.schneider@kgu.de

J. Graf
Universitätsklinikum Frankfurt, Frankfurt/Mn., Deutschland
E-Mail: VV-UKF@kgu.de

Patienten sicher zu gestalten bzw. die Rahmenbedingungen hierfür zu schaffen. Dies bedarf der individuellen Anstrengung eines jeden Mitarbeitenden am sogenannten „scharfen" Ende ebenso wie derjenigen mit organisatorischer Entscheidungsbefugnis am sogenannten „stumpfen" Ende der Patientenversorgung. Um dieses Ziel zu erreichen, werden eine strukturierte Patientensicherheitsstrategie zur systematischen Umsetzung und ein kontinuierliches Lernen der Organisation und der Mitarbeitenden über alle Hierarchieebenen und Berufsgruppen hinweg benötigt. Das Qualitäts- und Risikomanagement bilden das notwendige systematische Grundgerüst, das jedoch ohne eine gemeinsame Sicherheitskultur ins Leere läuft. Aufgrund der herausragenden Bedeutung der Patientensicherheit für unseren Auftrag in der Patientenversorgung ist dies eines der zentralen Arbeitsfelder des Vorstandes des Universitätsklinikum Frankfurt.

4.1   Was wir unter Patientensicherheit verstehen

Anlehnend an die Definition der Weltgesundheitsorganisation (WHO, 2021) stellt das Konstrukt Patientensicherheit ein Rahmengerüst für unsere – internen wie externen – Aktivitäten zur zielorientierten Entwicklung der Strukturen, Prozesse und Infrastrukturelemente, aber auch unserer Kultur dar, um „konsistent und nachhaltig Risiken bzw. das Auftreten von vermeidbaren Schäden zu minimieren, Fehler weniger wahrscheinlich zu machen und die Auswirkung einer Schädigung zu reduzieren, wenn diese eintritt" (WHO, 2021).

Ein umfassendes Qualitäts- und Klinisches Risikomanagement bildet die Basis für Führungs-, Kern- und Unterstützungsprozesse zur Sicherstellung einer sicheren Patientenversorgung und somit das zielgerichtete Ineinandergreifen aller vorhandenen Strukturen und Prozesse. Die Anwendung unterschiedlicher, generisch eingesetzter Instrumente wird hierbei gezielt durch Einzelmaßnahmen bzw. Maßnahmenbündel ergänzt, die spezifische Risiken adressieren. Die Haltung und Kenntnis des Einzelnen und die daraus erwachsende Sicherheitskultur der Organisation sind führend für die Verhaltenssteuerung und daher eines der wichtigsten und zentralen Arbeitsfelder.

Für ein Universitätsklinikum besteht hier – neben der wissenschaftlichen Auseinandersetzung mit Fragen zur Patientensicherheit – insbesondere auch aus dem Bereich der jüngst seitens des Wissenschaftsrates propagierten „vierten Säule" der Universitätsmedizin – den System- und Zukunftsaufgaben – eine Verpflichtung. Konkret wird seitens des Universitätsklinikums Frankfurt Verantwortung in und für Hessen übernommen und die Weiterentwicklung beispielsweise durch die Qualifizierung von Patientensicherheitsbeauftragten sowie durch Mitarbeit in verschiedenen nationalen und internationalen Gremien aktiv unterstützt.

4.2   Kasuistik

Vor einigen Jahren erhielt unsere Apotheke an einem Donnerstagabend ein Fax mit der Mitteilung des Rückrufs eines Medizinalproduktes. Es handelte sich um eine medizinische Mundspülung, eingesetzt vor allem bei immunsupprimierten Patienten. Grund für den Rückruf war eine bakterielle Kontamination. Welche Prozesse und Kommunikationsschritte folgten?

Am Freitag, dem nächsten Tag, wurde die Information durch die Hygienefachkräfte in den klinischen Versorgungsbereichen und über die Apotheke weitergegeben. Das Institut für medizinische Mikrobiologie begann die Recherche bzgl. des Keims und untersuchte Proben der Medikamente aus dem Haus.

Am darauffolgenden Montag wurde das am Universitätsklinikum Frankfurt etablierte Ausbruchsmanagementteam (AMT) einberufen. Dieses bestand in diesem Fall aus Vertretern der Apotheke, der Krankenhaushygiene und der Mikrobiologie, Infektiologie und Onkologie, der Intensivmedizin und der Kinderklinik sowie dem Justiziar, der Pressestelle und der Stabsstelle Patientensicherheit & Qualität unter der Leitung des Ärztlichen Direktors.

Das AMT bewertete strukturiert das Risiko für Patienten, bei denen üblicherweise eine Indikation für den Einsatz dieser Mundspülung besteht. Notwendige Akutmaßnahmen zur Identifikation der Patienten und Einsatzbereiche und ggf. notwendige Diagnostik und Behandlungsmaßnahmen betroffener Patienten wurden abgestimmt. Überdies wurde ein Ad-hoc-Verfahren für den Rückruf von Produkten der betroffenen Charge, die sich noch in den klinischen Versorgungsbereichen befanden, mit dokumentierter Vier-Augen-Kontrolle festgelegt.

Es stellte sich hierbei heraus, dass sich auf einer der Intensivstationen, deren Arzneimittelschrank bereits am Freitag zuvor auf das fehlerhafte Präparat hin untersucht und bereinigt worden war, noch eine der Flaschen befand. Zusätzlich wurden Patienten, die im Rahmen der klinischen Versorgung mit dem Präparat in Kontakt gekommen waren, identifiziert und auf mögliche unerwünschte klinische Ereignisse hin analysiert. Ein Patientenschaden konnte am Universitätsklinikum Frankfurt in diesem Zusammenhang nicht ausgemacht werden.

Im Rahmen einer Root-Cause-Analyse – initiiert und durchgeführt durch die Stabsstelle Patientensicherheit & Qualität – zeigte sich, dass u. a. der Rückruf-Prozess zwar als solcher etabliert war, die Durchführung aber nicht hinreichend kontrolliert und dokumentiert ablief. In der Folge wurden Rückrufe für Arzneimittel und Medizinprodukte als geschlossene Prozesskette neu definiert, so dass unabhängig davon, ob ein Rückruf über die Apotheke, den Einkauf oder die Beauftragten für Medizinproduktesicherheit erfolgt, die einzelnen Prozessschritte nach dem Vier-Augen-Prinzip erfolgen und dokumentiert werden, sodass auch der Prozessabschluss festgestellt werden kann. Die Wirksamkeit des angepassten Prozesses wurde bei verschiedenen Arzneimittel- und Medizinprodukte-Rückrufen überprüft und überzeugend nachgewiesen.

Die am Universitätsklinikum Frankfurt etablierten Strukturen – d. h. die Stabsstelle Patientensicherheit & Qualität sowie das anlassbezogene AMT – haben u. a. dafür gesorgt, Schwächen in einem etablierten Prozess zeitnah zu identifizieren, kurzfristig darauf zu reagieren und Abhilfe zu schaffen (Schadensminimierung) sowie für die Zukunft einen verbesserten Prozess zu etablieren (Schadensprävention) und diesen Prozess anhand anderer Beispiele in seiner Funktionsfähigkeit zu evaluieren. Hierbei wurden sowohl Prozessabläufe als auch Kommunikationsstrukturen mit den mittel- und unmittelbar beteiligten klinischen und administrativen Einrichtungen angepasst.

Im Nachgang wurde berichtet, dass in anderen Kliniken Todesfälle im Zusammenhang mit dem Einsatz der verunreinigten Mundspülung aufgetreten waren.

4.3   Aufbauorganisation des Qualitäts- und Klinischen Risikomanagements am Universitätsklinikum Frankfurt

Das Universitätsklinikum Frankfurt besteht aus 33 Fachkliniken und klinischen Instituten. Gemeinsam mit den mehr als 20 Forschungsinstituten des Fachbereichs Medizin der Goethe-Universität sprechen wir von der Universitätsmedizin Frankfurt, einer kooperativen Verknüpfung von Krankenversorgung, Forschung und Lehre. Der Vorstand des Universitätsklinikums Frankfurt besteht aus dem Ärztlichen Direktor, dem Kaufmännischen Direktor, der Pflegedirektorin und dem Dekan. Auf der Basis des Hessischen Universitätskliniken-Gesetzes obliegt die Position des Vorstandsvorsitzenden dem Ärztlichen Direktor.

Patientensicherheit und Qualität sind aufgrund der Bedeutung als Stabsstelle mit regelmäßiger Berichterstattung und unmittelbarem Zugang zum Ärztlichen Direktor verortet. Dies ermöglicht eine enge und direkte Abstimmung, wie im oben aufgeführten Fallbeispiel beschrieben. Darüber hinaus besteht regelmäßig eine enge Kommunikation mit der Pflegedirektion, aber auch dem Gesamtvorstand, einerseits zur regelmäßigen Berichterstattung, andererseits in Form der Einbindung bei übergeordneten, mittel- oder unmittelbar die Patientensicherheit oder Qualität betreffenden Entscheidungen.

Die Risikostrategie mit dem Fokus Patientensicherheit wurde vom Vorstand verabschiedet.

Das Hessische Ministerium für Soziales und Integration hat das Universitätsklinikum Frankfurt beauftragt, ein Konzept zur Erhöhung der Patientensicherheit vorzulegen. Hierfür hat die Stabsstelle Patientensicherheit & Qualität gemeinsam mit der Ärztlichen Direktion zwei konsekutive Workshops mit nationalen und internationalen Experten im Kontext der Patientensicherheit im stationären Versorgungsbereich durchgeführt. Hierbei wurde u. a. die Empfehlung erarbeitet, in Hessischen Krankenhäusern einen Patientensicherheitsbeauftragten verpflichtend zu benennen.

Hieraus entwickelte sich die bereits im Jahr 2018 auf den Weg gebrachte Patientensicherheitsverordnung (PaSV Hessen, 2019). Darüber hinaus wurde das Universitätsklinikum Frankfurt durch das Hessische Ministerium für Soziales und Integration mit der Qualifizierung der ersten Patientensicherheitsbeauftragten betraut.

Die Rolle des Patientensicherheitsbeauftragten wird am Universitätsklinikum Frankfurt durch die Leitung der Stabsstelle Patientensicherheit & Qualität ausgeübt.

Aufgrund des hausinternen Regelwerkes ist die Patientensicherheitsbeauftragte verpflichtet, mindestens einmal jährlich in strukturierter Weise an den Vorstand schriftlich und im persönlichen Vortrag während einer Vorstandssitzung zu berichten.

Der durch die Patientensicherheitsverordnung verpflichtende und in seiner Struktur vorgegebene Bericht der Patientensicherheitsbeauftragten an das Hessische Ministerium für Soziales und Integration muss im Jahr 2021 erstmals erstellt werden.

Allgemein obliegen der Stabsstelle Patientensicherheit & Qualität die Information über Ereignisse und Maßnahmen mit Bezug zur Patientensicherheit und zur Qualität der Leistungserbringung sowie die Beratung des Vorstandes bei der Weiterentwicklung von Instrumenten, Verfahrensweisen oder Zielen im Kontext von Patientensicherheit und Qualität. Die dezentrale Umsetzung von Maßnahmen – aber auch die Rückmeldung über individuelle oder systemische Schwächen – erfolgt durch ca. 120 dezentrale Qualitätsmanagement- und Klinische Risikomanagementbeauftragte.

Die dezentral agierenden Beauftragten werden durch die Stabsstelle qualifiziert und bei ihren Aufgaben begleitet. Konferenzen, Newsletter, Workshops und unmittelbare Kontakte stellen den notwendigen bi- oder auch multidirektionalen Informationsfluss zwischen zentralen und dezentralen Bereichen sicher und unterstützen die Umsetzung und Dokumentation der vereinbarten Maßnahmen.

Die drei- bzw. zweitägigen internen Schulungen der dezentralen Qualitätsmanagement- bzw. Klinischen Risikomanagementbeauftragten führen durch die interprofessionelle und interdisziplinäre Besetzung zu einem Verständnis der unterschiedlichen Anforderungen und helfen, ein internes Netzwerk aufzubauen, welches durch formelle und informelle Aktivitäten weiter gefördert wird.

Dies ermöglicht dezentral die sichere Übernahme von Verantwortung mit entsprechender Steuerungsfähigkeit, die für eine universitäre Einrichtung und deren spezielle Governance unabdingbar ist. Personen in definierten Positionen erhalten darüber hinausgehende, weiterführende Qualifikationen zum Qualitäts- und Klinischen Risikomanagement bzw. zu Schnittstellenthemen, wie beispielsweise der Informationssicherheit.

4.4 Grundlagen und Umsetzung im Kontext des Qualitätsmanagements

Das Universitätsklinikum Frankfurt hat bereits 2001 den Entschluss für den Aufbau eines Qualitätsmanagementsystems (QM-Systems) auf der Basis der DIN EN ISO 9001 gefasst und parallel dazu die Stabsstelle Qualitätsmanagement gegründet. Nach sukzessiver Zertifizierung mit schließlich 42 Einzelzertifikaten war 2012 das Universitätsklinikum Frankfurt eine der ersten deutschen Universitätskliniken mit einem Gesamtzertifikat nach DIN EN ISO 9001. Insbesondere die Weiterentwicklung der DIN EN ISO 9001:2015 mit dem Schwerpunkt des risikobasierten Ansatzes wurde zuletzt genutzt, um die etablierte Fokussierung auf das QM-System weiterzuentwickeln und die Patientensicherheit in den Vordergrund aller Bemühungen und Aufgaben zu stellen. Es erfolgte die Umbenennung der Stabsstelle, die zunächst Stabsstelle Qualitätsmanagement, dann Stabsstelle Qualitätsmanagement und Klinisches Risikomanagement hieß, in Stabsstelle Patientensicherheit & Qualität, um die zugrunde liegende Entwicklung und die inhaltliche Zielsetzung nach innen wie nach außen zu betonen.

Ein ubiquitär einsehbares, elektronisches Dokumentenlenkungssystem stellt die Verfügbarkeit und Transparenz aller Regelungen für alle Mitarbeitenden zu jeder Zeit sicher. Die Bedeutung dieses Instrumentes wurde nicht zuletzt in der Pandemie sichtbar. Auf das in dieser Zeit wesentlichste Hygienedokument des Universitätsklinikum Frankfurt wurde mit Stand September 2021 bei insgesamt 118 Aktualisierungen über 22.000 Mal zugegriffen.

Das Qualitätsmanagementsystem und das Klinische Risikomanagementsystem auf der Grundlage der ÖNORM 490x sind das zentrale Fundament des integrierten Managementsystems des Universitätsklinikum Frankfurt. Zuletzt wurde noch das Informationssicherheitsmanagement mit seiner Systemstruktur integriert, um den gestiegenen inhaltlichen und regulativen Anforderungen des IT-Sicherheitsgesetzes als kritische Infrastruktur gerecht zu werden. Die Bewertung von Risiken aus den verschiedenen Perspektiven – Klinisch, betriebswirtschaftlich und aus Sicht der Informationssicherheit – vermeidet einerseits Redundanzen, führt andererseits zur notwendigen wechselseitigen Berücksichtigung bestehender Vorgaben in der Gesamtorganisation und bildet somit die Grundlage für das Organisationsrisikomanagement.

Neben der Informationssicherheit ergeben sich aufgrund der Bedeutung für die Patientensicherheit vielfältige Schnittstellen insbesondere zum Hygienemanagement, zur Medizintechnik bzw. dem Beauftragten für Medizinproduktesicherheit, der Apotheke bzw. der klinischen Pharmakologie, aber auch zum Einkauf, der Haustechnik und der Personalentwicklung (Abb. 4.1).

Über die verschiedenen Anforderungen bzw. Arbeitsthemen ist die Stabsstelle Patientensicherheit & Qualität horizontal über alle Bereiche und vertikal ganz im Sinne des Top-down- und Bottom-up-Ansatzes über alle Hierarchieebenen eingebunden. Dies ermöglicht, zeitnah relevante Themenfelder zu identifizieren und ggf. auch in geeigneter Weise zu priorisieren.

Abb. 4.1 Patientensicherheit – Schnittstellen

4.5   Zur Stärkung der Patientensicherheit eingesetzte Instrumente

Das Qualitätsmanagementsystem ermöglicht durch eine strukturierte Regelung von Verantwortlichkeiten und implizite Prozessorientierung die notwendige Transparenz, um Themenfelder zur Erhöhung der Patientensicherheit identifizieren und gleichermaßen die Entwicklung, Umsetzung und Wirksamkeit von Maßnahmen erfassen zu können. Somit stellt es ein starkes, wenn nicht essenzielles Fundament für die Patientensicherheit dar. In der dargestellten Kasuistik erwiesen sich entsprechend angepasste Kommunikations-strukturen sowie die Festlegung von Verantwortlichkeit und das Vier-Augen-Prinzip als wesentliche Erfolgsfaktoren.

Die berufsgruppenübergreifende Besetzung der Qualitätsmanagementbeauftragten zentral und dezentral stellt hierbei die Umsetzung der verschiedenen, insbesondere der regulativen Anforderungen sicher. Die dezentral tätigen Qualitätsmanagementbeauf-tragten fungieren hierbei als „Auge und Ohr": Ein regelmäßiger, berufsgruppen- und be-reichsübergreifender Austausch auf Leitungsebene, eine strukturierte Maßnahmenver-folgung und die jährliche Managementbewertung sind etablierte und anerkannte Instrumente. Hierdurch gelingt die systemische Darstellung von regionalen Problem-feldern, was effektiv zur Verhinderung von gleichartigen Fehlern und Zwischenfällen in anderen Arbeitsbereichen genutzt werden kann. Die Festlegung von (smarten) Zielen bie-tet diesbezüglich Anreiz- und Kontrollmöglichkeiten.

Zur Risikoidentifikation sind mit dem **Critical-Incident-Reporting-System** für patientensicherheitsrelevante Meldungen sowie einem intensiv genutzten Meldeportal für organisatorische Mängel verschiedenartige Meldesysteme etabliert, die anonyme, aber auch konkret nachvollziehbare Meldungen ermöglichen. Daneben existieren weitere, nicht weniger wichtige Quellen zur Risikoidentifikation: Dies sind u. a. das zentrale **Lob- & Beschwerdemanagement**, interne und externe **Audits** sowie **Morbiditäts- und Mortalitätskonferenzen**, aber auch klinische **Schadensfälle**. **Risikoaudits** sind üblicher-weise in die internen Audits integriert. Anlassbezogen, aber auch auf der Grundlage spezi-fischer Fragestellungen werden dezidierte Risikoaudits durchgeführt. **Peer Reviews** wer-den als ein weiteres Instrument genutzt, um die Qualität der Patientenversorgung und damit auch die Patientensicherheit fallbezogen und klinikorientiert weiterzuentwickeln.

Dezentral werden die Kliniken in der Identifikation von Risiken durch ein jährliches **Risiko-Assessment** unterstützt. Eine Aufstellung sogenannter **Events-to-Prevent**, das heißt unerwünschter Ereignisse, die im Universitätsklinikum Frankfurt systematisch ver-hindert werden sollen, wurde durch ein **Delphi-Verfahren** mit den Direktorinnen und Direktoren der Kliniken festgelegt. Diese umfasst 26 Events-to-Prevent.

Prospektive und reaktive Instrumente des Risikomanagements werden zur Risiko-minimierung eingesetzt: Übergeordnet wurden zunächst die zehn wichtigsten Risiken mit-hilfe von Szenarioanalysen eingehend untersucht und daraus zu den bereits bestehenden, wenn möglich und sinnvoll, weitere präventive Maßnahmen entwickelt. Diese werden jährlich angepasst und sukzessive um weitere Risiken ergänzt, um der Veränderung der Risiken gerecht zu werden. Prozessrisikoanalysen sind aufgrund der Heterogenität und der Größe des Campus sehr aufwendig in der Durchführung. Daher werden diese nur in Einzelfällen durchgeführt. Bei Bedarf werden Schadensfälle mithilfe eines London-Proto-kolls untersucht (Taylor-Adams & Vincent, 2007).

Im klinischen Alltag etabliert sind **Morbiditäts- und Mortalitätskonferenzen** (M&M-K). Für diese wurde fachübergreifend ein hausweiter Strukturstandard entwickelt. Präsentations- und Dokumentationsvorlagen stehen zur Verfügung, die Verantwortung für die Maßnahmennachverfolgung ist festgelegt, der Deming-Cycle somit geschlossen. Die

Evaluation der M&M-K auf Ebene der Leitungen und der Teilnehmenden zeigt die Bedeutung dieses Instrumentes insbesondere für die Entwicklung der Sicherheitskultur.

Zu deren Weiterentwicklung hat sich auch der sogenannte **„Room of Error"** bewährt. In diesem suchen interprofessionelle Teams in eine klinische Fallkonstellation eingebaute Fehler. Beobachtungsgabe, Kommunikation und Teamarbeit werden hierbei gefördert. Die Rückmeldung der Teilnehmenden ist sehr positiv. Patientensicherheit mit einem positiven Teamerleben zu verknüpfen ist eine unserer Maßnahmen zur Erhöhung der Sicherheitskultur.

Crew-Resource-Management-Trainings werden in spezifischen Risikobereichen durchgeführt. Zur Unterstützung von Mitarbeitenden in belastenden Situationen ist ein Kriseninterventionsteam etabliert. Dies dient auch der Unterstützung sogenannter „Second Victims".

Vielfältige Einzelmaßnahmen zur Minderung bestehender Risiken werden sukzessive mithilfe zentraler Strukturen umgesetzt, sei es die elektronische perioperative Checkliste zur Vermeidung von Informationsdefiziten zum Zeitpunkt einer Operation oder Intervention, eine regelmäßige, verpflichtende Indikationsprüfung von Kathetern und Venenzugängen im elektronischen Dokumentationssystem oder die Vereinheitlichung des Perfusorenstandards über alle klinischen Einsatzbereiche.

Zielsetzung unserer Arbeit ist neben der Weiterentwicklung des Steuerungs- und Managementsystems vor allem das Fordern und Fördern dezentraler Verantwortlichkeit mit hier unmittelbar bestehendem Praxisbezug.

Konkrete Risiken werden als sogenannte **Patientensicherheitsinformationen** für die Mitarbeitenden aufgearbeitet und strukturiert kommuniziert. Die aufeinander aufbauende, in großen Teilen interdependente Struktur des Managements der Patientensicherheit ist in Abb. 4.2 dargestellt.

4.6   Schlussbetrachtung

Patientensicherheit braucht die kontinuierliche Aufmerksamkeit sowohl der Führung als auch aller Mitarbeitenden. Benötigt werden systemische und konkrete Maßnahmen zur Weiterentwicklung der Strukturen und Abläufe sowie der interpersonellen Kompetenzen, zu denen Kommunikations- und Führungskompetenzen genauso gehören wie das Feedback mit Bezug zu einzelnen klinischen Szenarien.

Die kontinuierliche Weiterentwicklung der großen übergreifenden Risiken, wie z. B. des Hygienemanagements oder der Arzneimitteltherapiesicherheit, erfordert sowohl zeitliche als auch personelle Ressourcen. Die Herausforderung ist es, neben dieser Weiterentwicklung und den reaktiven Maßnahmen auf identifizierte Risiken im alltäglichen operativen Geschäft nicht den Blick auf die Gesamtorganisation – das „System Patientensicherheit" – zu verlieren. Hier ist es aus der Metaperspektive wesentlich, Ressourcen für strategisch-präventive Maßnahmen bereitzustellen und nicht nur reaktiv zu agieren.

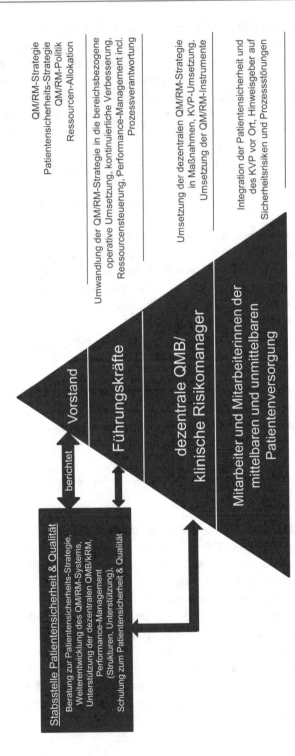

Abb. 4.2 Aktivitäten und Aufgaben zur Patientensicherheit im Universitätsklinikum Frankfurt

QM Qualitätsmanagement, QMB Qualitätsmanagementbeauftragte/r, kRM klinisches Risikomanagement, KVP Kontinuierlicher Verbesserungsbedarf

Die Interaktion von **Performance Management** und Fragen der Patientensicherheit ist oftmals schwierig abzugrenzen. Die Differenzierung von unerwünschten Ereignissen in Kategorien wie „vermeidbar" und „unvermeidbar" ist einerseits nur mit hoher Fachexpertise möglich und erlaubt andererseits nur schwer das Ausmaß des „Hindsight bias" zu benennen.

Für einige relevante Risiken wie z. B. die unerwünschten Arzneimittelereignisse fehlt immer noch eine valide Datenerfassung. Schadensfälle wiederum sind so selten, dass eine statistische Auswertung nur begrenzt hilfreich ist.

Neben Surrogatparametern wie der Vorhaltung von Qualifikationen und System- sowie Fachzertifizierungen verfügen wir über eine Vielzahl von Kennzahlen, z. B. im Bereich der Hygiene oder auch der externen Qualitätssicherung. Diese gilt es zukünftig intensiver zu verknüpfen, um sie fokussierter als Aufgreifkriterien für eine dezidiertere Analyse in Risikobereichen zu nutzen und über longitudinale Auswertungen Entwicklungen und deren Erfolg oder Misserfolg objektiver abbilden zu können. Nur so können Ressourcen möglichst zielgerichtet und effektiv eingesetzt werden.

Die Erfassung der Sicherheitskultur in einem gegebenen System ist von Seiten der Joint Commission zur Weiterentwicklung der Resilienz im Gesundheitswesen empfohlen (The Joint Commission, 2021). Die von Hammer und Manser (2014) bearbeitete Übersetzung hat sich bisher in Deutschland allerdings noch nicht durchsetzen können. In Anbetracht der Bedeutung des gemeinsamen Verständnisses von Patientensicherheit zur Weiterentwicklung der Sicherheitskultur besteht hier aktuell noch erheblicher Nachholbedarf.

Unabhängig von der Erfassung der Sicherheitskultur bedarf es der Weiterentwicklung interpersoneller Kompetenzen von Führungskräften und Mitarbeitenden, d. h. einer Förderung der Teamarbeit als zentrales Element einer resilienten Organisation. Im Format des „Room of Error" sehen wir aufgrund des niedrigschwelligen Zugangs ein hohes Potenzial. Ein weiterer Ansatzpunkt ist die Erhöhung der Analysequalität der Morbiditäts- und Mortalitätskonferenzen. Beides sind Maßnahmen, die durch die Breite der Anwendung zur Durchdringung von Wissen, Kompetenzen und gemeinsamer Entwicklung der (Sicherheits-)Kultur genutzt werden und sich somit positiv auf die Gesamtorganisation auswirken können.

Die Patientensicherheit im Universitätsklinikum Frankfurt wird durch die diversen Instrumente und Maßnahmen des Qualitäts- und Klinischen Risikomanagements unterstützt. Entscheidend sind Haltung, Wissen und Kompetenz am „scharfen Ende" – das sind alle unmittelbar klinisch tätigen Kolleginnen und Kollegen der verschiedenen Berufsgruppen. Die Verankerung dieser Werte gemäß dem Leitsatz „*primum non nocere, secundum cavere, tertium sanare* – erstens nicht schaden, zweitens vorsichtig sein, drittens heilen" in Studium, grundständiger Aus- sowie beruflicher Fort- und Weiterbildung ebenso wie in den Bereichen Forschung, Entwicklung und Versorgung ist insbesondere auch ein Auftrag an die Universitätsmedizin. Aus Wissen wird Gesundheit.

4.7   Kontrollfragen

1. Wie viele Patienten erleiden durchschnittlich ein unerwünschtes Ereignis während eines Krankenhausaufenthaltes?
2. Welche Möglichkeiten haben Führungskräfte zur Förderung der Patientensicherheit?
3. Welche Schnittstellen gibt es für Patientensicherheitsbeauftragte?
4. Welche Instrumente können zur Identifikation von klinischen Risiken verwendet werden?
5. Welche Methoden können zur Stärkung interpersoneller Kompetenzen zur Erhöhung der Patientensicherheit eingesetzt werden?

Literatur

Hammer, A., & Manser, T. (2014). The use of the Hospital survey of patient safety culture in Europe. In P. Waterson (Hrsg.), *Patient safety culture: Theory, methods and application* (S. 229–261). Ashgate.

PaSV Hessen. (2019). Patientensicherheitsverordnung (PaSV) – Hessen – vom 30. Oktober 2019, GVBl. Nr. 23 vom 12.11.2019 S. 324, Gl.-Nr.: 34–79.

Taylor-Adams, A., & Vincent, Ch. (2007). Systemanalyse klinischer Zwischenfälle. Das London-Protokoll. Stiftung für Patientensicherheit. https://www.imperial.ac.uk/media/imperial-college/medicine/surgery-cancer/pstrc/londonprotocoldeutsch.pdf. Zugegriffen am 27.12.2021.

The Joint Commission. (2021). Safety culture assessment: Improving the survey process. https://www.jointcommission.org/accreditation-and-certification/accredited/accreditation-announcements-and-updates/safety-culture-assessment-improving-the-survey-process/. Zugegriffen am 12.10.2021.

WHO. (2021). *Global patient safety action plan 2021–2030: Towards eliminating avoidable harm in health care*. World Health Organization.

Patientensicherheit neu erlernen

5

Oliver Steidle, Matthias Aleff und Bert Poeten

Inhaltsverzeichnis

Zusammenfassung

Der Beitrag betrachtet das Erlernen auf Sicherheit ausgerichteten Verhaltens mit der Zielsetzung, die Patientensicherheit zu erhöhen, aus einer neuen Perspektive. Zunächst wird auf die herausfordernde Ausgangslage beim Thema Patientensicherheit und das Erlernen sicherheitsgerichteter Verhaltensweisen eingegangen und anschließend wird ein erprobtes, aus anderen Hochrisikobranchen bekanntes und etabliertes Verfahren

O. Steidle (✉)
Universitätsklinikum Essen, Essen, Deutschland
E-Mail: Oliver.Steidle@uk-essen.de

M. Aleff
EKu.SAFE, GfS Gesellschaft für Simulatorschulung mbH, Essen, Deutschland
E-Mail: M.Aleff@ekusafe.de

B. Poeten
EKu.SAFE, GfS Gesellschaft für Simulatorschulung mbH, Essen, Deutschland
E-Mail: B.Poeten@ekusafe.de

vorgestellt. Patientensicherheitsmaßnahmen müssen erlernt werden, und das Erlernen solcher Maßnahmen sollte nicht ausschließlich im Kontext der gewohnten Arbeitsumgebung stattfinden. Eine fachfremde Arbeitsumgebung lässt die Teilnehmenden auf die wesentlichen Aspekte sicherheitsgerichteter Verhaltensaspekte fokussieren. Durch die fachfremde Arbeitsumgebung lassen sich Informationsasymmetrien über unterschiedliche Berufsgruppen hinweg ausschließen und damit die Effektivität des Trainings erhöhen.

5.1   Ausgangslage

Gesundheitseinrichtungen beschreibt Schrappe (2018, S. 7) als" Expertenorganisationen, welche geprägt sind durch „… hochgradige Autonomie ihrer Mitglieder (…), die eigene Kundenbeziehungen, Ausbildungskompetenz und eine Abneigung gegen jegliche Form von Management aufweisen". Weiter neigen Gesundheitseinrichtungen zur Selbstorganisation mit einer hohen Toleranz von Unsicherheit.

Eine der wichtigsten Grundlagen für effektive Teams, gerade in Bezug auf die PS, ist die psychologische Sicherheit im Unternehmen.

Die wesentlichen Elemente von psychologischer Sicherheit sind nach Goller und Laufer (2018, S. 11):

- **Offen eigene Meinungen äußern**: Es geht darum, im Alltag den Mut zu seiner eigenen Stimme zu haben oder, wie es im Englischen bezeichnet wird: „having a voice".
- **Jeder spricht gleich viel**: Dies muss nicht in jedem Meeting gleich verteilt sein, aber sich über einen gewissen Zeitraum ausgleichen. Am Ende eines Meetings sollte man daher kurz überlegen: Hat jeder seinen Beitrag geleistet?
- **Fehler und Schwächenals Lernproblem ansehen**: Fehler werden i. d. R. als Ausführungsproblem angesehen. Ausführungsprobleme verführen oft genug dazu, nach Schuldigen statt nach Lösungen zu suchen. Es gilt, aus Fehlern oder einer Schwäche zu lernen, um nicht immer wieder an dieselben Grenzen zu stoßen.
- **Die Talente und Fähigkeiten im Team werden geschätzt und eingesetzt**: In einem Team verfügt jeder über eigene Talente, Fähigkeiten oder Neigungen. So gelingt es, weg von einer defizitären hin zu einer stärkenorientierten Sichtweise zu kommen. „Besteht eine solche Atmosphäre im Team, können sich alle darauf verlassen, dass kein Teammitglied bloßgestellt, zurückgewiesen oder bestraft wird, weil es offen seine Meinung ausspricht." … „Durch diese Überzeugung hat jedes Teammitglied ein Gefühl von Sicherheit bei alltäglichen Herausforderungen. Mit diesem Gefühl der Sicherheit im Rücken sind wir offener für Veränderungen und dafür, neue Verhaltensweisen zu lernen und Widerstände zu überwinden." (Goller & Laufer, 2018, S. 8).

Um den von Schrappe (2018) beschriebenen Herausforderungen im Gesundheitswesen zu begegnen, wird ein sicherheitsgerichtetes Verhaltenstraining, welches aus einer anderen Hochrisikobranche adaptiert wurde, nachfolgend vorgestellt.

5.2   Zielsetzung

Das Training fördert die kontinuierliche Verbesserung der Sicherheitskultur im Gesundheitswesen und damit auch die PS. Menschliche Fehlhandlungen sind nicht zu vermeiden, ganz gleich, mit welcher Sorgfalt gearbeitet wird. Durch die strikte Anwendung des trainierten, bewussten Einsatzes der Werkzeuge wird das Risiko, das auf Grund einer Fehlhandlung ein Patient zu Schaden kommt, verringert. Auch Beinahefehler in der Behandlung oder Pflege werden durch das Aufbrechen von Hierarchiegrenzen minimiert, da in den Nachbesprechungen der Übungen das kollegiale Feedback trainiert und gecoacht wird. In Gruppenübungen müssen auch Führungskräfte handwerkliche Tätigkeiten durchführen, die von Mitarbeitern beobachtet und ggf. korrigiert werden.

Nach dem Training sollen die Kursteilnehmer die gelernten Verhaltensweisen und Werkzeuge in ihrer Arbeitsumgebung umsetzen.

5.3   Konzept

Selbst in sicherheitsrelevanten Bereichen und Organisationen, auch im Gesundheitswesen, bestimmen Arbeitsroutinen den Alltag. Dies führt häufig zu einem unbewussten Fehlverhalten Einzelner oder einer Gruppe. Die Folgen reichen von Effizienzverlust in Prozessen über Arbeitsunfälle bis hin zu Gefahren für Patienten. Neben der fachlichen Kompetenz kommt es daher auch auf die Verhaltenskompetenz an, im Arbeitsalltag genauso wie in Notfallsituationen.

Häufig wiederkehrende Arbeiten werden routiniert abgearbeitet, meist ohne bewusst auf sicherheitsgerichtetes Verhalten zu achten. Es ist menschlich, zielgerichtet zu handeln; dies hat jedoch mitunter bei den handelnden Personen einen auf die gestellten Aufgaben ausgerichteten Tunnelblick zur Folge. Faktoren wie Erfahrung und Routine verstärken diesen Tunnelblick auf die durchgeführten Tätigkeiten (Alexander, 2017).

Grundlage für eine starke Sicherheitskultur sowohl in Industrieunternehmen als auch im medizinischen und pflegerischen Umfeld ist der sorgfältige Einsatz bestimmter Verhaltensweisen, der sogenannten Werkzeuge des professionellen Handelns zur Fehlervermeidung durch Mitarbeiter aller Ebenen. Im Mensch-Technik-Organisation-Ansatz (MTO) ist dies ein Bestandteil der Barriere M (Mensch).

Menschliche Fehlhandlungen sind nie ganz auszuschließen, ganz gleich, mit welcher Sorgfalt gearbeitet wird. Menschliche Fehlhandlungen sind konkrete Handlungen, zu deren Vermeidung spezielle Werkzeuge hilfreich sind. Die Anwendung von Fehlervermeidungswerkzeugen vor, während oder nach der Durchführung von Tätigkeiten soll also die Wahrscheinlichkeit von Fehlhandlungen minimieren.

Mit dem **Initialtraining Patientensicherheit** wurde ein Schulungsformat entwickelt, welches aus dem industriellen Bereich stammt (vgl. U.S. Department of Energy, 2009a, b, DOE-HDBK Vol. 1 und 2) und an die medizinischen und pflegerischen Belange angepasst wurde. Training, Coaching und theoretische Informationen vermitteln dabei die Aufgabe, den Aufbau und die konkrete Anwendung der Werkzeuge, welche im Sinne der Patientensicherheit angewendet werden sollten.

Idealerweise begleiten und überprüfen Führungskräfte die Anwendung und Wirksamkeit von Fehlervermeidungswerkzeugen. Arbeitsausführende und Entscheider wenden die Werkzeuge sorgfältig und stringent an, um das Risiko, Fehler zu machen, zu verringern. Resultate aus der Anwendung der internen und externen Überprüfungen sowie freiwillige Meldungen werden im Maßnahmenverfolgungsprogramm erfasst und verfolgt.

Das Initialtraining richtet sich an alle Mitarbeiter aus dem Gesundheitsbereich. In gemischten, hierarchieübergreifenden Gruppen werden die Teilnehmer an Übungsständen trainiert, die bewusst fachfremd gewählt werden und somit nicht mit den gewohnten Arbeitsumgebungen übereinstimmen (Abb. 5.1 und 5.2). Die Schulungsteilnehmer sind somit hinsichtlich ihrer Fachkompetenz auf nahezu dem gleichen Stand, um hierarchieübergreifende Kommunikation zu begünstigen (Peadon et al., 2020). So kann beispielsweise ein erfahrener Oberarzt mit einer Krankenschwester in Ausbildung offen über Fehler bei der Ausführung einer Tätigkeit diskutieren.

Abb. 5.1 Trainingsmodul 1 für Initialtraining Patientensicherheit

Abb. 5.2 Trainingsmodul 2 für Initialtraining Patientensicherheit

Schwerpunkt des Initialtrainings für medizinisches Personal ist eine praxisbezogene Aus- und Weiterbildung, in der die Teilnehmer aufbauend von einfachen bis hin zu komplexen Übungen ihre Verhaltenskompetenz weiterentwickeln. Die Erfahrungen aus Schulungen in der Industrie zeigen, dass die Übungsmodule bzw. die Übungen so konzipiert sind, dass sie ohne fachliche Vorkenntnisse durchgeführt werden können. Die fachliche Komponente kann somit bei der Nachbesprechung vernachlässigt werden. Der Fokus liegt ausschließlich auf dem Verhalten der Teilnehmer und der systematischen Anwendung beobachtbarer Verhaltenswerkzeuge (Abb. 5.3), die das Vermeiden von Fehlern und damit sicherheitsgerichtetes Verhalten unterstützt.

Diese Fokussierung auf Verhaltensaspekte unterscheidet dieses Training grundlegend von allen üblichen medizinischen Simulatortrainings, in denen über kurz oder lang die Diskussion auf fachliche Aspekte gelenkt wird.

5.3.1 Grundsätzliche Verhaltensweisen

Zu Beginn des Trainings steht das „grundsätzliche Verhalten" für professionelles Handeln im Vordergrund. Dies wird, wann immer erforderlich, eingesetzt, ohne dass dies vorher explizit angestoßen, angeordnet oder beschrieben werden muss. Die Verhaltensweisen sind Teil unserer inneren Einstellung (Haltung) als professionell Handelnde und durch unsere Ausbildung und Erfahrung beispielsweise als kritisch hinterfragende Grundhaltung

Grundsätzliches Verhalten	Standard-Werkzeuge	Spezial-Werkzeuge
Kritisch hinterfragende Grundhaltung	Pre Job Briefing Debriefing	Sicherheitsgerichtete Entscheidungsfindung
STAR Selbstüberwachung	Sichere Kommunikation: 3-Wege-Kommunikation	Tätigkeitsbeobachtung
STOP bei Abweichungen	Vier-Augen-Prinzip: Begleitende Prüfung Unabhängige Prüfung	Erfahrungsrückfluss (CIRS)

Abb. 5.3 Übersicht der Verhaltenswerkzeuge zur Fehlerminimierung

bei jedem Einzelnen verankert. Sie schärfen das Situationsbewusstsein, indem sie einen besseren Überblick über die Situation am Arbeitsplatz bzw. über die betroffenen Patienten verschaffen. Sie fördern eine Haltung, die für mögliche Gefährdungen und Folgen eines Fehlers sensibilisiert. Sie helfen dabei, Abweichungen ohne Zeitdruck zu beurteilen und Zeit für Bedenken zu lassen.

Werden diese grundsätzlichen Verhaltensweisen insgesamt sorgfältig und konsequent angewandt, helfen sie dem Einzelnen dabei, mögliche Fehler zu erkennen und damit menschliches Fehlverhalten zu minimieren.

Kritisch hinterfragende Grundhaltung

Eine kritisch hinterfragende Haltung bestärkt einen Menschen darin, sich aus Eigeninitiative über (Patienten-)Sicherheit Gedanken zu machen, bevor er zu handeln beginnt. Zeit dafür muss immer vorhanden sein. Zweifel werden anhand von – ggf. noch zu ermittelnden – Fakten bewertet und nicht anhand von Vermutungen. So wird die Kenntnislage einer Situation verbessert, was wiederum den Zweifel beseitigt. Ohne ausreichende Fakten unterbricht der Ausführende sofort seine Arbeit, um zunächst die Arbeitssituation zu klären und so womöglich schwere Fehler zu vermeiden.

STAR vor Arbeitsaufnahme (Selbstprüfung)

Die Selbstprüfung hilft dem Ausführenden vor der ersten Maßnahme dabei, bewusst seine Aufmerksamkeit auf den richtigen Arbeitsort/Patienten zu richten, sich über die vorgesehenen Maßnahmen und das erwartete Ergebnis klar zu sein. Sie hilft ihm weiterhin dabei, die Ergebnisse seiner Arbeit nach Fertigstellung zu überprüfen. Die Selbstprüfung erfolgt angelehnt an das STAR-Konzept (international bewährtes Verfahren, s. DOE-HDBK Vol. 2, S. 18) in vier Schritten:

1. **STOP vor Start:** Unmittelbar vor der Ausführung einer (physischen) Handlung legt der Ausführende eine kurze Pause ein, um seine Aufmerksamkeit auf Arbeitsort und Arbeitsumgebung, den Patienten, die beabsichtigte Maßnahme und das erwartete Ergebnis zu konzentrieren.
2. **THINK:** Dabei überlegt der Ausführende, ob die beabsichtigte Maßnahme für die aktuelle Situation die richtige ist und welches Ergebnis nach der Ausführung erwartet wird. Sollten sich dabei Unsicherheiten ergeben, klärt der Ausführende zunächst mögliche Fragen oder Bedenken, bevor er weiterarbeitet.
3. **ACT:** Die zuvor vorbereitete Maßnahme wird durchgeführt.
4. **REVIEW:** Er überprüft anschließend das Ergebnis, um sicherzugehen, dass auch das richtige Ergebnis erzielt wurde oder ob Abweichungen vorhanden sind. Falls sinnvoll, werden Führungskraft und Kollegen über das Ergebnis informiert.

STOP bei Abweichungen
Jeder hat das Recht und die Pflicht, seine Arbeit zu unterbrechen, wenn Auffälligkeiten oder Abweichungen vom Soll- oder Erwartungszustand vorliegen. Der Arbeitsausführende beschafft sich von der Führungskraft genauere Informationen über die Arbeitssituation, bevor er mit der Arbeit fortfährt. Nur für den Fall, dass dringende Maßnahmen erforderlich sind, um unmittelbare und ernste Folgen zu vermeiden, sollte man diese Maßnahmen sofort selbst ergreifen, bevor die Führungskraft kontaktiert wird, dies aber auch nur, wenn man dafür qualifiziert ist (DOE-HDBK Vol. 2, S. 16).

5.3.2 Standardwerkzeuge

Die Standardwerkzeuge des professionellen Handelns sind situativ anzuwenden und einzufordern. Diese standardisierten Werkzeuge/Prozeduren werden im Alltag immer wieder angewendet und antrainiert, so dass sie auch in Stresssituationen abgerufen werden können. Sie dienen dazu, mögliche Fehler durch bewusste Anwendung der Werkzeuge zu minimieren.

Pre-Job Briefing, Debriefing
Pre-Job Briefing bzw. Debriefing sind standardisierte, strukturierte kurze Arbeitsvor- bzw. -nachbesprechungen mit den maßgeblich beteiligten Mitarbeitern, die vor bzw. nach der Ausführung von Arbeiten durchgeführt werden.

Das Pre-Job Briefing unterstützt die sichere Durchführung von Arbeiten und hilft damit, Fehler zu vermeiden. Das Debriefing unterstützt die Erkennung und die Veranlassung von Verbesserungsmaßnahmen für zukünftige gleichartige Arbeiten (DOE-HDBK Vol. 2, S. 34).

Vier-Augen-Prinzip

Bei der begleitenden Prüfung erfolgt zeitgleich aktiv eine Überprüfung von Handlungen durch einen qualifizierten Kollegen. Dieser prüft die Richtigkeit und Angemessenheit der Tätigkeit oder Entscheidung und gibt aktiv Rückmeldung oder interveniert. Die begleitende Prüfung ersetzt nicht die Eigenverantwortung des Ausführenden.

Während die begleitende Prüfung angewendet wird, um Fehler vor/bei der Ausführung zu vermeiden (handlungsorientiert), zielt die unabhängige Prüfung auf die Verifikation eines Zustandes ab (statusorientiert).

Die unabhängige Prüfung erfolgt zeitversetzt. So wird bspw. eine Medikation überprüft, nachdem sie vom Kollegen vorbereitet wurde, aber bevor sie verabreicht wird (DOE-HDBK Vol. 2, S. 42).

Sichere Kommunikation

Die Drei-Wege-Kommunikation ist ein Kommunikationsprinzip, das Wert auf richtiges Verstehen legt und so Kommunikationsfehler vermeidet.

- 1. Weg: Anweisender gibt eine vollständige Anweisung an den Ausführenden, ggf. mit Angabe der Ziele, der zu berücksichtigenden Bedingungen und zu ergreifenden Maßnahmen.
- 2. Weg: Der Ausführende wiederholt die wichtigen Inhalte mit eigenen Worten mit Angabe seiner beabsichtigten Maßnahmen.
- 3. Weg: Der Anweisende bestätigt das Verständnis des Ausführenden (ggf. Korrektur).

5.3.3 Spezialwerkzeuge

Spezialwerkzeuge werden im Gegensatz zu den Standardwerkzeugen nur fallweise und ggf. nach Abstimmung mit Vorgesetzten angewendet. Beschreibungen dieser Werkzeuge können im Rahmen dieser Abhandlung nicht aufgezeigt werden.

5.3.4 Sicherheitsgerichtete (konservative) Entscheidungsfindung

Wenn komplexe Entscheidungen anstehen, ist ein strukturierter Prozess zur systematischen Entscheidungsfindung notwendig. Er soll die erforderlichen Personen einbinden, Fakten systematisch ermitteln, das Ziel definieren, mögliche Optionen und deren Risiken aufzeigen, Bedenken berücksichtigen, die Entscheidung nachvollziehbar dokumentieren und eine Wirksamkeitsprüfung der durchgeführten Entscheidung beinhalten. Dabei bleibt die Entscheidungsverantwortung bei dem Verantwortlichen entsprechend der innerbetrieblichen Organisation. Das Vorgehen lehnt sich an die Methodik FOR-DEC an (bekannt aus der Luftfahrt, s. Hörmann, 1994; Soll et al., 2016).

Entscheidungen werden durch den strukturierten Prozess zur Entscheidungsfindung mit einer höheren Qualität vorbereitet, durchgeführt und evaluiert. Durch die Einbindung des erforderlichen Personenkreises, die Abwägung der Optionen und der damit verbundenen Risiken wird die Entscheidung auf einer breiteren Basis vorbereitet. Der vorgegebene Schritt „Kontrolle" bewertet bewusst deren Wirksamkeit.

5.4 Praxisrelevanz

Die Erfahrungen aus dem industriellen Bereich zeigen, dass Verhaltensthemen immer mehr in den Vordergrund treten. Im Bereich der Medizin sind Ansätze im Bereich des professionellen Verhaltens erkennbar.

▶ **Zur flächendeckenden Einführung und Anwendung der Werkzeuge des professionellen Verhaltens ist ein Umdenken in Führungspositionen erforderlich.**

Hierbei muss die Führungslinie ihrer Vorbildfunktion gerecht werden und eine hohe Sicherheitskultur mit einer Verhaltensänderung einfordern. Einen Grundstein für die Verhaltensänderung legt das vorgestellte Konzept.

In den deutschen Kernkraftwerken ist der Wandel im Verhalten und die damit verbundene Verbesserung der Sicherheitskultur seit ca. 20 Jahren beobachtbar. Die hierarchischen Strukturen waren stark ausgeprägt und kommuniziert wurde primär zwischen angrenzenden Ebenen. Fehler wurden nur dann kommuniziert, wenn sie Auswirkungen hatten. Heute sind die Strukturen aufgebrochen, so dass jeder mit jedem kommuniziert. Fehler, aber auch Beinahefehler, werden offen kommuniziert. Entscheidungen der Führungslinie werden von den Mitarbeitern konstruktiv-kritisch hinterfragt und so qualitätsgesichert.

Gerade unter dem Kosten- und Zeitdruck im Gesundheitswesen ist es essenziell, die Mitarbeiter in den Krankenhäusern hinsichtlich ihrer Verhaltenskompetenz weiterzubilden. Unter hoher Arbeitsbelastung und in Notfällen müssen die Werkzeuge des professionellen Verhaltens automatisiert angewendet werden, beispielsweise bei der Gabe von intravenösen Medikamenten: Der Arzt gibt die Anweisung an die Krankenschwester, ein Medikament in einer bestimmten Menge und Konzentration zu verabreichen. Die Schwester wiederholt die Anweisung, und erst nach der Bestätigung wird die Arbeit durchgeführt. Anhand dieses Beispiels ist eine Praxisrelevanz zu erkennen, die geschult und gelebt werden muss.

5.5   Schlussbetrachtung

Die Evaluation der oben genannten Verfahren erfolgte im industriellen Bereich. Bei der konsequenten und bewussten Anwendung der Werkzeuge des professionellen Handelns nimmt die Fehlerhäufigkeit ab.

In den 90er-Jahren des letzten Jahrhunderts wurden in den amerikanischen Kernkraftwerken die Werkzeuge des professionellen Verhaltens eingeführt. Dies hat zu deutlich weniger Fehlern und somit zu einer Senkung der Erzeugungskosten und einer zeitgleichen Erhöhung der Stromproduktion geführt. Eine gleiche Tendenz ist auch in Deutschland erkennbar.

Dieser Effekt tritt auch in der Medizin auf. Eine Studie aus den Niederlanden (Haerkens et al., 2015) belegt die Tendenz. Auf einer Intensivstation wurden Verhaltensschulungen durchgeführt, und dies hat dazu geführt, dass die Kosten und die Infektionsrate der Patienten gesunken sind.

Bislang wurden mehr als 2000 Mitarbeiter aus sicherheitsrelevanten Branchen (Kernenergie, Seenotrettung, Gesundheitswesen) in dem Training speziell für ihre Tätigkeit weitergebildet.

Im Sinne der Patientensicherheit wäre eine Ausweitung der Trainings sowie eine gesetzlich verankerte Verpflichtung zur regelmäßigen Durchführung dieser Trainings, wie sie in anderen Hochrisikobereichen (Kernkraft, Luftfahrt) bereits etabliert ist, wünschenswert.

5.6   Kontrollfragen

1. Was sind die Vorteile von Verhaltenstrainings in fachfremden Arbeitsumgebungen?
2. Wodurch sind Gesundheitseinrichtungen nach Schrappe geprägt?
3. Was ist die wichtigste Grundlage für effektive Teams und was sind die wesentlichen Elemente hierfür?
4. Nennen Sie den Unterschied zwischen dem „grundsätzlichen Verhalten" und den „Standardwerkzeugen".
5. Was besagt die kritisch hinterfragende Grundhaltung?
6. Beschreiben Sie das STAR-Konzept.
7. Mit welchen Methoden wird Kommunikation sicherer?
8. Welche Bedeutung für einen sicheren Klinikbetrieb hat die Vorbildfunktion der Führungskräfte?

Literatur

Alexander, T. M. (2017). *Human error assessment and reduction technique (HEART) and Human factor analysis and classification system (HFACS)*. IAASS Conference 2017.

Goller, I., & Laufer, T. (2018). *Psychologische Sicherheit in Unternehmen*. Springer Gabler.

Haerkens, M. H. T. M., Kox, M., Lemson, J., Houterman, S., van der Hoeven, J. G., & Pickkers, P. (2015). Crew resource management in the intensive care unit: A prospective 3-year cohort study. *Acta Anaesthesiologica Scandinavica, 59*(10), 1319–1329.

Hörmann, H.-J. (1994). Urteilsverhalten und Entscheidungsfindung. In H. Eißfeldt, K.-M. Goeters, H.-J. Hörmann, P. Maschke & A. Schiewe (Hrsg.), *Effektives Arbeiten im Team: Crew Resource-Management-Training für Piloten und Fluglotsen*. Hamburg.

Peadon, R., Hurley, J., & Hutchinson, M. (2020). Hierarchy and medical error: Speaking up when witnessing an error. *Safety Science, 125*, 104648.

Schrappe, M. (2018). *APS-Weißbuch Patientensicherheit*. Medizinisch Wissenschaftliche Verlagsgesellschaft.

Soll, H., Proske, S., Steinhardt, G., & Hofinger, G. (2016). FOR-DEC & Co: Decision-making tools for aeronautical teams. *European Aviation Psychology, 6*(2), 101–112.

U.S. Department of Energy. (2009a). *Human performance improvement handbook, vol. 1: Concepts and principles, DOE STANDARD DOE-HDBK-1028-2009*. USDOE.

U.S. Department of Energy. (2009b). *Human performance improvement handbook, vol. 2: Human performance tools for individuals, work teams, and management, DOE STANDARD DOE-HDBK-1028-2009*. USDOE.

Patientensicherheit im Krankenhaus – Strategien für ein gutes Ergebnis am Beispiel der Corona-Pandemie

6

Markus Schmola und Holger Koch

Inhaltsverzeichnis

Zusammenfassung

Im Jahr 2020 wurden die Krankenhäuser durch die Corona-Pandemie relativ unerwartet auf eine große Belastungsprobe gestellt. Pandemische Vorbereitungen in der Breite existierten nur wenige; ein bis dato unbekanntes Krankheitsbild wurde schnell zur großen Herausforderung. In diesem sehr dynamischen Umfeld war es notwendig, ungewohnte Probleme schnell, sicher und oftmals pragmatisch zu lösen. Knappheit an Schutzausrüstung oder Medikamenten sowie ein durch Krankheits- und Quarantäneausfall verstärkter Personalmangel waren tägliche Herausforderungen für eine sichere Patientenversorgung. Dieser Beitrag stellt mögliche Bewältigungsstrategien für ver-

M. Schmola (✉)
Kreiskrankenhaus Schrobenhausen GmbH, Schrobenhausen, Deutschland
E-Mail: Markus.schmola@kkh-sob.de

H. Koch
Medizinisches Zentrum SOB MVZ GmbH, Schrobenhausen, Deutschland
E-Mail: Holger.koch@kkh-sob.de

© Der/die Autor(en), exklusiv lizenziert an Springer Fachmedien Wiesbaden GmbH, ein Teil von Springer Nature 2022
W. Hellmann (Hrsg.), *Patientensicherheit*,
https://doi.org/10.1007/978-3-658-37143-2_6

schiedene Krankenhausbereiche vor und bietet Diskussionsgrundlagen sowie mögliche Lösungsansätze. Letztlich wird versucht, anhand von vier Säulen der Patientensicherheit zu Pandemiezeiten Zukunftsstrategien für Krankenhäuser zu erarbeiten. Oberstes Ziel dieser Maßnahmen soll dabei ein pandemievorbereitetes Krankenhaus sein.

6.1 Ausgangslage der Krankenhäuser vor der Corona-Pandemie

Zu Beginn des Jahres 2020 zeigte sich für die Krankenhäuser eine bislang unbekannte Situation. Die relativ unerwartet und schnell aufgetretene Corona-Pandemie stellte das Gesundheitswesen, insbesondere die Krankenhäuser, vor eine noch nie da gewesene Mammutaufgabe.

Die Frage nach der Patientensicherheit in vielen Bereichen der medizinischen Versorgung gewann unter Corona-Bedingungen angesichts vieler – teilweise neuer – Probleme extrem schnell höchste Priorität und erforderte in vielen Fällen neue Planungen und neues Denken.

Pandemische Vorbereitungen existierten in der Regel nicht in den Krankenhäusern; lediglich auf Bundesebene gab es rudimentäre Konstrukte (z. B. Nationaler Pandemieplan in der Version des Jahres 2016; vgl. Gesundheitsministerkonferenz der Länder, 2017), wie in solchen Situationen möglicherweise verfahren werden könnte. Diese Konzepte berücksichtigten aber wichtige Einzelheiten wie einen plötzlichen weltweiten Liefermangel oder das Auftreten völlig unbekannter Krankheiten nur teilweise, so dass die Entwicklung von Strategien zur sicheren Patientenversorgung parallel zur ersten Erkrankungswelle erfolgen musste.

Ein großes Problem im Gesundheitswesen war anfangs das fehlende Bewusstsein, organisations- und trägerübergreifend zusammenarbeiten zu müssen; die Krankenhauslandschaft aus öffentlichen, frei-gemeinnützigen und kirchlichen Krankenhäusern kannte derart trägerübergreifende Zusammenarbeit auf breiter Ebene nicht. Auch die auf Bundes- und Landesebene komplexen und oftmals hinderlichen föderalistischen Strukturen behinderten die Entwicklung eines bundeseinheitlichen Vorgehens.

Für Krankenhäuser gab es zudem keine Pflicht zur explizierten Vorbereitung auf Pandemien; lediglich im Bereich des Katastrophenschutzes gab es Minimalanforderungen (Bundesamt für Bevölkerungsschutz und Katastrophenhilfe, 2020). Diese wurden aber in der Regel nicht und nur unzureichend überprüft. Zudem waren entsprechende Übungsmaßnahmen der Einrichtungen in der Regel nicht gegenfinanziert und daher für die Träger mit hohem Aufwand und v. a. finanziellen Ausgaben verbunden.

Im Laufe der Pandemie wurde jedoch im Bereich der Pandemiebewältigung und -vorsorge systematisch nachgearbeitet, was mitunter mit einem sehr hohen Organisationsaufwand in einer überaus dynamischen Situation verbunden war. Noch bis weit ins Jahr 2021 mussten Prozesse und Strukturen an das dynamische Krankengeschehen kontinuierlich adaptiert werden, um das Ziel einer patientensicheren Versorgung erreichen zu können und dabei den Schutz des Personals kontinuierlich verbessern zu können. Denn Patientensicherheit setzt neben den Rahmenbedingungen immer eine Versorgung durch ausgebildetes, motiviertes sowie maximal geschütztes Personal voraus.

6.2 Neue Anforderungen an Krankenhäuser durch die Corona-Pandemie

Zu Beginn der Pandemie waren die Krankenhäuser in der Bewältigung der neuen Anforderungen weitestgehend auf sich allein gestellt. Es wurde anfangs mit staatlichen Reglementierungen versucht, die Versorgungskapazitäten aufrechtzuerhalten. Erst im Verlauf bildeten sich staatliche organisatorische und finanzielle Hilfspakete aus. Aufgrund föderalistischer Strukturen waren diese jedoch nicht deckungsgleich und auch im zeitlichen Ablauf unterschiedlich. Insgesamt waren alle Seiten bemüht, die neuen Anforderungen schnell und möglichst effizient zu bewältigen.

Anfangs wurde vermutet, dass mit größeren Patientenzahlen zu rechnen wäre. Entsprechend bereiteten sich die Krankenhäuser intern aufbauend auf ihren Katastrophenplänen auf die neue Situation vor. Diese waren jedoch in der Regel nicht für Pandemien entwickelt und mussten dynamisch adaptiert werden. Teilweise wurde durch Impulse von außen diese Umstrukturierung begleitet oder gefordert, zum Beispiel durch das Ausrufen des Katastrophenfalles in Bayern (Bayerische Staatsregierung, 2020). Auf diese Art gelang es, relativ frühzeitig Reservekapazitäten zu bilden. Hierbei wurde allerdings von Seiten des Bundes und der Länder primär die medizintechnische, weniger die personalbedingte Seite betrachtet. Erstere konnte in der Regel problemloser bewältigt werden als die Schaffung zusätzlicher Personalressourcen.

Als großes Problem zeigte sich jedoch die Lieferbarkeit von einfachen Verbrauchsartikeln (Taube, 2020) wie Schutzmasken und Handschuhen sowie im späteren Verlauf die Verfügbarkeit von Beatmungsgeräten zu marktüblichen Preisen. Insgesamt musste hier oftmals improvisiert werden, und Kompromissbereitschaft begleitete die tägliche Patientenversorgung. Personalmangel bestand von Anfang an. Auch Überlegungen zur Triagierung von Patienten wurden angestellt, mussten jedoch dank der Vorbereitungen nicht in großem Stil angewandt werden.

Auf diese Probleme aufbauend erkannte man in den Krankenhäusern schnell, dass eine intensive Zusammenarbeit untereinander beim Patientenaustausch, der medizinischen Versorgung, aber auch in den Einkaufsbereichen unabdingbar war. So bildeten sich – teilweise auch unterstützt durch staatliche Forderungen und Verpflichtungen – entsprechende Strukturen aus. Auch politisch wurde die Zusammenarbeit, zum Beispiel durch Einführung koordinierender Ärzte in verschiedenen Ebenen, verbessert. Dennoch konnten unterschiedliche Strukturen in mehreren Bereichen nicht vermieden werden. Retrospektiv war der Föderalismus aus Sicht der Autoren hier eher hinderlich.

Für Krankenhäuser neu war zum großen Teil die Arbeit in Stäben, die notwendig war, um mit Einrichtungen des Katastrophenschutzes der unteren, mittleren oder oberen

Katastrophenschutzbehörden zusammenarbeiten zu können. Hier zeigten sich Vorteile für Kliniken, die entsprechend geschultes Personal aufweisen konnten.

Ebenfalls neu für die Kliniken war das Problem der Kontingentierung. Zum einen konnten nicht alle Patienten gleichzeitig und vor Ort versorgt werden, zum anderen musste man zunächst den Umgang mit Materialknappheit lernen. Dies erforderte parallel dazu Überzeugungsarbeit beim Personal, da bislang ein Mangel an Basisprodukten nicht in dem Maße aufgetreten war und das Personal solche Zustände und entsprechende Bewältigungsstrategien nicht kannte. Oftmals musste abgewogen werden, wann welcher Schutz wem in welchem Umfang angeboten werden kann. Das dann auftretende Unverständnis musste parallel ebenfalls bewältigt werden. Psychosoziale Notfallseelsorge im Krankenhaus für solche Fälle war bis dato ebenfalls eine bislang unbekannte Institution. Besonders wichtig ist diese auch in ethischen Grenzsituationen wie einer Triagierung.

6.3 Patientensicherheit und Corona in wesentlichen Krankenhausbereichen

Vielerlei Anstrengungen wurden unternommen, um die Sicherheit der Patienten zu verbessern. Hier galt es zunächst, die infizierten Patienten sicher zu versorgen und dabei immer sicherzustellen, dass Personal und Mitpatienten nicht gefährdet wurden. Dies war notwendig, da neben der Versorgung von Pandemiepatienten auch die reguläre Krankenversorgung – zumindest größtenteils – weiterhin stattfinden musste. Teilweise versuchte man diesem Umstand durch Schaffung eigener „Coronakliniken" Rechnung zu tragen; aus Sicht der Autoren ist dieses Konzept allerdings aus vielen Gründen ungeeignet. Wesentliches Argument ist die Zunahme der Patientenströme im Bereich des Rettungsdienstes durch Verlegungen, was die Knappheit der medizinisch-rettungsdienstlichen Infrastruktur unter Pandemiebedingungen noch verstärkt. Die Versorgung sollte in nahezu jeder Klinik in speziellen Bereichen möglich bleiben. Nur in Einzelfällen können „Coronakliniken" sinnvoll sein.

Das Thema Sicherheit von Mitarbeitenden sowie von Patienten gewann, wie dargestellt, extrem hohe Bedeutung. Durch die sehr strengen und rigiden Quarantäneanordnungen war der Betrieb eines Krankenhauses plötzlich mit einem sehr hohen Ausfallfaktor bedroht. Da die Quarantäne mindestens 14 Tage betrug, waren die Ausfallzeiten beim Personal in diesen Fällen immens. Einige Kliniken mussten wegen Personalmangel oder Ausbruchssituationen gar temporär geschlossen werden oder waren in ihren Versorgungsmöglichkeiten stark limitiert (Berndt, 2020).

Neben der Sicherstellung eines adäquaten Personalstamms zur Patientenversorgung mussten auch die einzelnen Krankenhausbereiche für eine sichere Patientenversorgung angepasst werden. Für den Rettungsdienst oder Notfallpatienten wurden im Bereich der Notaufnahme große Sichtungszonen eingerichtet. Durch primäre Isolationsnotwendigkeit waren Platz- und Personalbedarf deutlich erhöht. Eine Umsetzung gelang am Anfang nur durch innovative Konzepte. Zudem dauerten die PCR-Nachweistests des Coronavirus am

Anfang etwa 24–48 Stunden, in der Patienten nur in Einzelzimmern und unter Isolationsbedingungen versorgt werden konnten. Ein Regelbetrieb im Krankenhaus war damit nicht mehr möglich; elektive Eingriffe oder Therapien waren temporär nicht möglich oder gar per Anordnung verboten (Bayerisches Staatsministerium für Gesundheit und Pflege, 2020). Entsprechend waren die Zahlen geplanter Eingriffe rückläufig (RWI – Leibniz-Institut für Wirtschaftsforschung, 2021).

Gleichzeitig stieg der Anzahl der vital bedrohten Patienten deutlich an, so dass befürchtet wurde, dass die üblicherweise vorgehaltene Anzahl an Intensivbetten nicht ausreicht (Kröll, 2020). Zwar wurden Förderprogramme angeboten, die aber teilweise Fehlanreize setzten (o. N., 2020) oder aufgrund von Lieferschwierigkeiten nicht zeitnah umsetzbar waren.

Intensivpersonal, welches bereits vor der Corona-Pandemie nur eingeschränkt zur Verfügung stand, erwies sich als Nadelöhr. Die politisch angedachten Konzepte zur Schulung von Personal aus anderen Bereichen (DGAI, 2020) für Intensivstationen oder Notaufnahmen (Jansen et al., 2021) waren nur teilweise sachgerecht, da die Intensivmedizin nicht parallel zu einem auf Volllast laufenden Krankenhausbetrieb per „Wochenkurs" in ihrer Komplexität geschult werden kann. Entsprechend schwankend waren Evaluationen solcher Konzepte (Vogt et al., 2022).

Mögliche Anpassungsmaßnahmen in einzelnen Krankenhausbereichen waren und sind folgende:

6.3.1 Rettungsdienst und Notaufnahme

Im Bereich des Rettungsdienstes und damit auch in den Notaufnahmen war plötzlich bei jedem Fall mit einem potenziell infektiösen Patienten zu rechnen. Dementsprechend hoch war der Schutzaufwand für das Personal. Neben der Knappheit an Schutzausrüstung zeigte sich auch eine Verlängerung der Einsatz- bzw. Versorgungsdauer, zum einen durch die erhöhten Schutzanforderungen, zum anderen aber auch durch die verlängerten Aufbereitungszeiten nach Transport und Versorgung infektiöser Patienten. Zudem bestand die Gefahr des Personalausfalls bei Kontaktsituationen.

Im Verlauf war es erfreulicherweise möglich, mittels Schnelltests eine Vorselektionierung der Patienten vorzunehmen. Diese wurde aber gerade im Rettungsdienst nicht flächendeckend angewandt, insbesondere da klare Vorgaben an die Träger des Rettungsdienstes meist fehlten. PCR-Tests, welche im Verlauf der Pandemie theoretisch innerhalb von 15 bis 30 Minuten auch präklinisch durchführbar gewesen wären, wurden – vermutlich aufgrund der hohen Kosten – in diesem Bereich überhaupt nicht eingesetzt. In den klinischen Alltag nahmen diese Teststrategien aber nach ihrer Verfügbarkeit meist relativ schnell Einzug.

Für Notaufnahmen war problematisch, dass diese klassisch nach dem Prinzip aufgebaut sind, dass es einen Wartebereich und einen Behandlungsbereich gibt. Letzterer ist hauptsächlich auf nicht-infektiöse Patienten ausgelegt. Behandlungskapazitäten für infektiöse Patienten sind i. d. R. limitiert.

In der Corona-Pandemie mussten jedoch sehr viele Patienten als potenziell infektiös angesehen werden, da die Symptome von COVID sich als höchst unterschiedlich darstellten. Eine sichere Erkennung dieser neuartigen Krankheit ist ohne Testung nicht möglich. Somit mussten die Bereiche für isolationspflichtige Patienten erweitert werden, was mit deutlichem Aufwand und Einschränkungen in der Versorgungsfläche für die restlichen Patienten einherging.

Zudem konnten potenziell infektiöse Patienten in normalen Wartebereichen nicht während oder nach der Behandlung warten. Es wären hier Kontaktsituationen mit anderen Patienten entstanden, vor allem in der Anfangszeit, als keine adäquate Menge an Schutzmasken für Patienten verfügbar war.

Die damit verbundenen Herausforderungen sind insbesondere bei der Neukonzeption von Notaufnahmen künftig zu berücksichtigen. Hier bieten sich zum Beispiel Bereiche mit Dual-Use-Konzepten oder schnell umgestaltbare Reserveräumlichkeiten als mögliche Option an.

Zudem zeigte sich ein anderes Phänomen: Viele Patienten mit ernsthaften Erkrankungen suchten plötzlich das Krankenhaus – vermutlich aus Angst vor einer Infektion – nicht mehr auf (Ramshorn-Zimmer et al., 2020). Daraus resultierte eine Verschiebung des Behandlungsspektrums sowie eine Zunahme des Schweregrades von Erkrankungen durch Zuwarten (Pfenninger et al., 2020).

6.3.2 Normalstation

Im Bereich der Normalstation zeigte sich, dass angesichts der großen Menge an isolationspflichtigen Patienten nicht mehr mit einem normalen Pflegeschlüssel gearbeitet werden konnte. Hier waren teilweise Pflegeschlüssel wie auf einer Intensivstation für eine adäquate Versorgung notwendig.

Zudem sind klassische Normalstationen im Gegensatz zu Infektionsstationen, welche aber nur in großen Kliniken als eigenständige Einheiten überhaupt existieren, für die Isolation von hoch ansteckenden Patienten meist nur unzureichend geeignet. Schleusen vor den Zimmern sind gerade in Krankenhäusern mit alter Bausubstanz selten, so dass Schleusenbereiche für komplette Stationsteile oder Stationen eingerichtet werden mussten. Auch Anpassungen von Luftdruck in Zimmern und Gängen sowie Luftfilterungsanlagen gibt es im Regelfall in typischen Krankenhäusern nicht. Angesichts wechselhafter Fallzahlen haben sich hier dynamische Konzepte – z. B. verschiebbare Trennwände – als vorteilhaft erwiesen. Für die Zukunft ist es sinnvoll, bei Neubauten spezielle Lüftungskonzepte in die Planungen einfließen zu lassen.

Zudem sind flexible Personalkonzepte notwendig, da mit hohen Ausfallzahlen beim Personal durch Infektion oder starre Quarantäneregelungen gerechnet werden muss. Insgesamt das größte Problem war auf den Normalstationen – wie auch auf den Intensivstationen – der Mangel an qualifiziertem Personal bei generellem Personalmangel im medizinischen Bereich.

6.3.3   Intensivstation

Intensivstationen standen von Anfang an im Fokus der Anpassungsmaßnahmen. Hier waren Ressourcenknappheit und Personalmangel am schnellsten erkennbar.

Zudem zeigte sich recht schnell, dass viele der Patientinnen und Patienten mit schweren Verläufen der Coronaerkrankung sehr lange (teilweise mehrere Wochen) auf den Intensivstationen verbringen mussten und so das klassische Belegungsmanagement nach dem Prinzip „One In – One Out" nicht mehr funktionierte. Der „Nachschub" übertraf den „Abfluss" an Patienten deutlich, und so kam es zum Overcrowding von Intensivstationen mit Aufnahmestopp, Absage von elektiven Operationen oder Interventionen, Verlegungen oder im Extremfall zur Patiententriage.

Außerdem musste immer mit einem hohen und plötzlichen Ausfall an Personal durch Infekt oder Kontaktsituation gerechnet werden, was die Versorgungssicherheit einschränkte.

Qualifizierungsmaßnahmen für Nichtintensivpersonal wurden begonnen; diese können aber – je nach Vorqualifikation – nur bedingt als Ersatz angesehen werden, da wesentliche Schlüsselqualifikationen für den Einsatz auf der Intensivstation fehlen und der Einsatz damit nur eingeschränkt und supportiv möglich war. Hier wurde das große Problem der Personalnot in Krankenhäusern evident (Frei, 2021). Größere Häuser mit Anbindung an Universitäten hatten hier zum Beispiel durch Zugriff auf „Studentenpools" vermutlich weniger Probleme als kleinere Grund- und Regelversorger auf dem Land.

Letztlich war neben der Personalknappheit die Ressource Intensivbett, aber auch der Mangel an Arzneimitteln und Medizinprodukten ein reales Schreckensszenario, welches Überlegungen zu Triagierungsstrategien notwendig machte (Kröll, 2020).

Allerdings bemühte man sich von Anfang an politisch, die Anzahl an Beatmungskapazitäten zu erhöhen. Platzmäßig war dies in den meisten Kliniken möglich. Die Beschaffung von Beatmungsgeräten hingegen war mühevoll, so dass oftmals auf Narkosegeräte oder Altgeräte des Zweitmarkes zurückgegriffen werden musste. Ähnliche Probleme bestanden auch für andere Medizinprodukte. Ein Bezug von Neugeräten war aufgrund der hohen weltweiten Nachfrage sowie von Störungen in der Logistikbranche de facto nicht möglich. Letztlich kam es zwischendurch auch immer wieder zu Mangel an intensivmedizinisch wichtigen Medikamenten. Zu einer wirklichen Knappheit an Beatmungsplätzen kam es deutschlandweit gesehen jedoch nicht.

6.3.4   Patientenmanagement

Wie sinnvoll ein durchdachtes Patientenmanagement sein kann und wie wichtig es im klinischen Alltag ist, zeigte sich, als durch die Coronapatienten schnell Intensivstationen und auch Normalstationen am Belegungslimit angekommen waren. Teilweise mussten innerhalb von Stunden neue Versorgungsmöglichkeiten außerhalb der regulären Patientenversorgungsbereiche geschaffen werden. Hier halfen Erfahrungen aus dem Katastrophenmanagement und eine entsprechende Vorbereitung durch Katastrophenschutz- und Pandemiepläne.

Durch politische Vorgaben wurden parallel dazu relativ schnell Elektiveingriffe oder -operationen untersagt, so dass kapazitative Engpässe – abgesehen von regionalen Einschränkungen – extrem selten auftraten. Vielmehr waren – gerade am Ende der Wellen und getriggert durch Ausgleichszahlungen von Bund und Ländern – eher viele freie Betten nachweisbar.

6.3.5 Spezialeinrichtungen außerhalb der Intensivstation, z. B. Dialyse

Während der Planungen der Maßnahmen wurde politisch der Fokus sehr schnell auf die Intensivstationen gelegt, da hier die kritisch Kranken behandelt werden mussten. Dennoch gab es auch andere Bereiche, in denen ähnlich schwer Erkrankte zu versorgen waren. Als Beispiel seien hier Dialyseeinheiten genannt (Weinreich et al., 2021).

Diese sind räumlich in der Regel so gebaut, dass sich Patienten während der Dialyse unterhalten können. Nur für einzelne isolationspflichtige Patienten (z. B. mit MRSA-Besiedlung) gibt es Einzelräume, oder die Behandlungen erfolgen zu anderen Zeiten. Parallel dazu stellen Dialysepatienten ein Kollektiv mit hoher Gefährdung dar, dessen Behandlung auch im Falle einer Infektion, aber auch während einer Quarantäne zwingend fortgesetzt werden muss. Dies stellt hohe Anforderungen an die Gewährleistung der Patientensicherheit durch Vermeidung von Infektionen sowie an das Screening von Patienten, das anfangs nur mit PCR-Testungen (und Wartezeiten von 24–48 Stunden auf das Ergebnis) möglich war.

Zusatzschichten, um die Patientenströme zu entzerren, waren wegen der engen Taktung der Patienten bereits im Regelbetrieb und wegen des notwendigen (knappen) Fachpersonals nur schwierig umzusetzen. Aus diesem Grund musste hier ein engmaschiges Screening in Verbindung mit häufigen Testungen etabliert werden.

Im Fall von Quarantäne einzelner Patienten war mit eher geringen Problemen im Ablauf zu rechnen; bei Quarantänemaßnahmen aller Dialysepatienten musste unbedingt mit den Behörden die Möglichkeit der Kohortenisolation und die Möglichkeit der „Kohortendialyse" besprochen werden. Dies war und ist nach dem Infektionsschutzgesetz und den Infektionsschutzmaßnahmenverordnungen der Länder in der Regel problemlos umsetzbar. Nichtsdestotrotz bleiben Dialysen Hochrisikobereiche.

6.3.6 Operationsbetrieb

Der Operationsbetrieb wurde zu Beginn der Pandemie und auch in deren weiterem Verlauf (z. B. Ende 2021 in Bayern) per Verordnung eingeschränkt (Bialas et al., 2020). Entsprechend gab es relativ konkrete Vorgaben in Bezug auf die Operationen, die noch durchgeführt werden durften. Ziel der Maßnahmen war es, die Intensivkapazität von Patienten mit großen (jedoch nicht lebenswichtigen) Operationen freizuhalten, aber auch Personal mit Intensiverfahrung aus dem Bereich der Anästhesie in den Bereich der Versorgung von Coronapatienten auf Intensivstationen verschieben zu können. Teilweise wurden die geschlossenen OP-Säle auch als Reserveintensiveinheiten betrieben oder als Standby-Einheiten umgerüstet.

Da Elektiveingriffe weitestgehend untersagt waren, wurden Kapazitäten an Personal, Material, Medizintechnik und Räumen freigesetzt. Diese konnten zur Versorgung von Coronapatienten eingesetzt werden. Allerdings mussten die Elektivoperationen verschoben werden und „blieben deshalb liegen". Infolgedessen bestand nach den Wellen ein gewisser Nachholbedarf, dessen zügige Abarbeitung aber aufgrund des generellen Personalmangels im Gesundheitswesen eingeschränkt war. Zudem wurden die politischen Vorgaben relativ träge aktualisiert und gaben wenig Freiraum für ein an die individuelle Kliniksituation angepasstes Vorgehen. Dies schränkte die Versorgung von eher dringlichen elektiven Operationen noch zusätzlich deutlich ein.

6.3.7   Entlassmanagement

Im Entlassmanagement zeigten sich am Beginn der ersten Welle größere Probleme, denn oftmals waren Patienten nicht mehr in die Häuslichkeit, in Pflegeheime oder Einrichtungen des betreuten Wohnens zu entlassen: Entweder waren Neuaufnahmen untersagt oder Patienten mit überstandener COVID-Erkrankung wurden von den Einrichtungen aus Unsicherheit nicht mehr übernommen. Teilweise bestand auch ein Verbot von Neuaufnahmen (Gosch et al., 2020). In der Folge mussten zahlreiche Patienten länger im Krankenhaus bleiben, als dies eigentlich notwendig gewesen wäre.

Auch bei COVID-Patienten, bei denen zu Hause noch eine Isolation notwendig war, war eine Entlassung nicht unproblematisch möglich, da durch die Quarantäneregelungen oftmals der gesamte Haushalt unter Quarantäne stand und so eine Versorgung der gerade aus dem Krankenhaus Entlassenen im häuslichen Umfeld kaum möglich war.

Zudem war ein Transport nach Hause ohne Rettungsdienst nicht uneingeschränkt möglich: Angehörige schieden wegen Quarantäne als Abholer aus oder konnten mangels Schutzausrüstung den Angehörigen nicht abholen, ohne anschließend selbst unter Quarantäne gestellt werden zu müssen. Taxen transportierten Infektionspatienten ohnehin nicht, Rettungsdienst und Krankentransport waren überlastet. Auch ohne Pandemie sind geregelte Entlassungen zu festen Zeitpunkten – selbst bei Patienten ohne Infektion – aufgrund der eingeschränkten Transportkapazitäten kaum planbar möglich. Die Pandemie verschärfte die Problematik.

6.3.8   Personalmanagement

In vielen Bereichen war das Personal die knappste Ressource (Fischer et al., 2020). Hier traf die Pandemie ein Gesundheitssystem, das durch Einsparungen und Unattraktivität von

Arbeitszeiten, Dienstplanmodellen, mangelnder Flexibilität und Entlohnung ohnehin schon unter Personalmangel, v. a. im Pflegebereich, zu kämpfen hatte.

Zum zweiten erkrankten auch viele Mitarbeiter an COVID-19 und fielen damit teils mehrere Wochen aus. Darüber hinaus mussten eigentlich gesunde und arbeitsfähige Mitarbeitende quarantänisiert werden und konnten nur teilweise – bei extremem Personalmangel – mit Ausnahmegenehmigungen weiterarbeiten.

All diese Aspekte führten zu einer Einschränkung der Versorgungsmöglichkeiten im Krankenhaus, so dass die Versorgung im Sinne einer hohen Patientensicherheit auf Kernbereiche eingeschränkt werden musste. Externe Personalbeschaffung war kaum möglich, da überall Personalbedarf bestand: Neueinstellungen aufgrund einer extrem angespannten Arbeitsmarktsituation ebenfalls nicht. Die politisch initiierten Freiwilligenangebote waren entweder ausgebucht oder qualitativ ungeeignet. Einzige Möglichkeit war die innerbetriebliche Abordnung zum Beispiel ehemaliger Pflegekräfte aus der Verwaltung. Hier bestand dann aber sehr oft eine hohe Bereitschaft zur kurzfristigen Aushilfe.

Seit Einführung der Corona-Schutzimpfung konnte dieser Zustand etwas entschärft werden, da Quarantänemaßnahmen für Kontaktpersonen bei Geimpften und Genesenen größtenteils entfielen. Damit ließ sich der Mitarbeiterausfall begrenzen. Diese Regelungen griffen jedoch nicht bei sogenannten VOCs (Variants of Concern, besorgniserregende Varianten) wie anfangs der Delta- und später der Omikron-Variante.

6.4   Lehren aus der Corona-Pandemie für ein Krankenhaus

Letztlich bildeten sich durch die Corona-Pandemie neue Anforderungen an Krankenhäuser als wichtiger Bestandteil eines umfassenden Katastrophen- und Pandemiemanagements. Diese können vereinfacht auf vier Risikobereiche reduziert werden, in denen unter Pandemiebedingungen Ressourcenknappheit auftreten kann (Abb. 6.1). In diesen Bereichen müssen Lösungsstrategien vorhanden sein:

Abb. 6.1 Vier Säulen der Patientensicherheit im Pandemiefall

6.4.1 Personal

Die Personalressourcen sind zur direkten Patientenversorgung notwendig. Vor allem beim hochspezialisierten Personal wie zum Beispiel dem Intensivpflegepersonal bilden sich schnell deutliche Lücken. Meist besteht in diesen Bereichen ohnehin Personalknappheit. Eine Art „Schnellausbildung" für Pflegekräfte aus anderen Bereichen zur Qualifizierung für Spezialbereiche ist nicht zielführend. Die Deckung zusätzlicher Personalressourcen aus patientenfernen Bereichen mit ehemaligem Intensivpersonal oder aus berenteten Kräften kann jedoch kurzfristig zur Überbrückung helfen. Im Bereich der Ärzte waren die Engpässe geringer, da bedingt durch die deutsche Facharztausbildung intensivmedizinische Basiskenntnisse vermutlich breiter gestreut sind, als dies in anderen Ländern der Fall gewesen sein dürfte.

6.4.2 Verbrauchsmaterial/Lagerhaltung

Auch im Bereich Verbrauchsmaterial und Lagerhaltung sind neue Konzepte notwendig. Aufgrund des im Gesundheitssystem stetig steigenden Kostendrucks bediente man sich auch in Krankenhäusern in der Vergangenheit zunehmend bei Konzepten aus der freien Wirtschaft. Dort hilft der Abbau der Lagerhaltung und eine „Just in time"-Produktion, Kosten zu sparen. Voraussetzung hierfür ist aber eine einwandfreie Lieferkette. Diese Lieferketten waren jedoch in der Medizin bereits in der Zeit vor Corona deutlich ins Wanken geraten. So besteht seit Jahren die Gefahr von Lieferengpässen und Lieferausfällen bei Medizinprodukten, aber auch Medikamenten. Meist konnte dies in der Vergangenheit durch Ersatzprodukte, oftmals von anderen Herstellern oder aus anderen Ländern, ausgeglichen werden – aber manchmal zu deutlich schlechterer Qualität.

Aber nicht nur im Krankenhaus, sondern auch bei Zwischenhändlern und Produzenten existiert keine Lagerhaltung. Damit wird dieser Prozess noch störanfälliger bei Ausfall von Produktionskapazitäten oder großer Nachfrage. Beide Aspekte traten bei der Corona-Pandemie gleichzeitig ein, so dass entsprechend schnell Lieferengpässe bei wichtigem Verbrauchsmaterial, in der Folge aber auch bei Medikamenten, auftraten.

Manche Artikel wie FFP2-Masken, die außerhalb von Pandemiezeiten aus dem Bereich Medizin wenig nachgefragt werden, wurden durch plötzlichen weltweiten Nachfrageanstieg knapp. Heimatnahe Produktionsstätten waren meist nicht unmittelbar verfügbar.

Nachdem es etwa drei Monate gedauert hatte, bis die Lieferketten wieder einigermaßen funktionierten und Material brauchbarer Qualität liefern konnten, bietet sich pragmatisch die Lagerhaltung von wichtigem Material in Kliniken für Pandemiezeiten, aber auch für Katastrophenzeiten für einen Drei-Monats-Zeitraum an. Auch andere komplexe Prognosemodelle können zur Vorplanung und Lagerhaltung geeignet sein (Pfenninger & Kaisers, 2020).

Für die errechneten Zeiträume sollte eine Klinik autark einsatzbereit bleiben können, wenn Lieferketten plötzlich abbrechen. Dies erfordert entsprechende Anfangsinvestitionen, welche das Gesundheitssystem entsprechend fördern muss. Alternativ bieten sich große, staatlich (z. B. durch die Bundeswehr) betriebene Lager an, die eine schnelle staatliche Belieferung ermöglichen können.

Um einen entsprechenden Produkt-Turnover zu ermöglichen, müssen diese Einrichtungen ihre Produkte dann aber auch dem freien Markt zur Verfügung stellen dürfen, um nicht Großmengen bei Verfall entsorgen zu müssen und damit hohe Kosten zu verursachen.

6.4.3 Platzbedarf

Die Corona-Pandemie zeigte, wie beschrieben, auf, dass ein Krankenhaus nicht nur personell schnell an seine Grenzen kommen kann, sondern auch räumlich. Klassische Stationen lassen umfangreiche Isolationen nicht zu. Nur wenige Einzelzimmer sind verfügbar, so dass bei Nutzung von Zwei- oder Mehrbettzimmern, insbesondere, wenn keine Kohortenisolationsmaßnahmen möglich sind bzw. diese vermieden werden sollen, sich die Aufnahmekapazität eines Krankenhauses sehr schnell erschöpft.

Dieser Effekt wird verstärkt durch den politisch gewünschten Abbau von Planbetten, der Krankenhäuser auch flächenmäßig kleiner werden lässt. Die Bewirtschaftung von Reserveflächen ist unrentabel und unterbleibt entsprechend. Hier konnten Krankenhäuser mit entsprechenden Flächen (zum Beispiel, weil Umstrukturierungsprozesse noch nicht abgeschlossen waren) entsprechend schnell räumliche Kapazitäten zur Verfügung stellen. Genau dies muss für die Zukunft ein Ansatzpunkt sein, wenn Krankenhäuser pandemiesicher gemacht werden sollen.

Mögliche weitere Ansatzpunkte könnten sein:

- Erhöhung der Anzahl an Einzelzimmern: Mit einem solchen Konzept wird in Pandemiezeiten die Isolation erleichtert, ohne dass wertvolle Bettenplatzkapazität verloren geht. In Normalzeiten stehen diese Zimmer für Wahlleistungen zur Verfügung und erlauben damit eine Refinanzierung.
- Verbesserung der Infrastruktur für Isolationen durch entsprechende Lüftungsabschnitte und verbesserte Lüftungstechnik in Krankenhäusern.
- Schaffung von Reservebereichen (Isolationsstationen), welche entweder schnell hochgefahren werden könnten und in Normalzeiten entsprechend betriebsbereit gehalten werden müssen oder eine Nutzung als Dual-Use in Kooperation mit anderen medizinischen Leistungen ermöglichen. So könnte zum Beispiel eine Kurzzeitpflege in einem solchen Gebäudeteil untergebracht werden. Damit würde dieser Bereich bewirtschaftet und würde sich zumindest zum Teil refinanzieren, was die Vorhaltekosten im Bereich Katastrophenschutz senken würde. Zum anderen ist Personal vorhanden, welches bereits im Normalbetrieb durch Rotationskonzepte so fortgebildet werden kann, dass in Pandemiezeiten entsprechend keine Weiterqualifizierungsmaßnahmen mehr notwendig sind und „Auffrischungen" des Wissens ausreichen. Auch wäre damit für

diesen Bereich bereits Personal vorhanden und müsste nicht unter Katastrophenschutz-bedingungen gesucht werden. Geeignet für solche Bereiche sind medizinische Dienst-leistungen, die nur auf kurze Zeit angelegt sind und so Belegungsflexibilität erfordern und idealerweise in Pandemiezeiten weniger nachgefragt werden. Dies trifft wie be-schrieben beispielsweise auf eine Kurzzeitpflegeeinrichtung zu.

6.4.4 Finanzierung

Die während der Corona-Pandemie politisch eingeführte Art der Krankenhausfinanzierung hatte zum Ziel, die Infrastruktur aufrechtzuerhalten. Hierzu wurde in die wesentlichen Krankenhausprozesse eingegriffen. Diese Förderung gelang nur teilweise, da sich retro-spektiv betrachtet dadurch auch Fehlanreize ausbildeten. Eines zeigten die Maßnahmen jedoch deutlich: Bei entsprechendem politischen Willen sind Geldflüsse in das Gesund-heitssystem problemlos zu realisieren, und die Unterfinanzierung des Gesundheitssystems in den letzten Jahren und Jahrzehnten, die zum großen Teil zu einem Investitionsstau in den Krankenhäusern führte, war weder zielführend noch finanziell notwendig. Daher ist es für die Zukunft geboten, Krankenhäuser entsprechend finanziell auf eine solide Basis zu stellen.

Dies kann und muss mit einer entsprechenden Bedarfsanalyse einhergehen, die sowohl den Versorgungsgrad als auch die geografische Lage genau einbezieht. So sind ins-besondere der städtische und ländliche Raum differenziert zu betrachten. Rechnerische Überkapazitäten mögen im städtischen Umfeld problemlos abbaubar sein, in ländlichen Regionen kann dies aber spätestens unter Pandemiebedingungen zu großen Versorgungs-lücken führen. Hierzu sind innovative Prozesse anzustoßen, um diese Probleme nachhaltig lösen zu können. Ein möglicher Weg kann das Modell des „kommunalen Gesamtver-sorgers" sein (Schmola, 2021).

6.5   Schlussbetrachtung: Das pandemievorbereitete Krankenhaus

Für die Zukunft sind Konzepte von pandemiesicheren beziehungsweise pandemievorbe-reiteten Krankenhäusern unabdingbar. Dies musste man bereits am Anfang der Pandemie erkennen (Augurzky & Schmidt, 2020).

So sind neben den Materialvorhaltungen, welche mindestens drei Monate autarken Be-trieb ermöglichen sollten, ein adäquater Personalstock sowie Ausgleichsflächen not-wendig. Zudem sollten die Personalreserven vordefiniert und sicher abrufbar sein. Durch Schulungsmaßnahmen im Vorfeld kann das notwendige Wissen auch außerhalb des Pan-demiebetriebes erworben werden. Regelmäßige Schulungen, Auffrischungen und Crew-Ressource-Management-Maßnahmen können helfen, diesen Prozess aktiv zu unterstützen. Insgesamt ist es extrem wichtig, den Umgang mit knappen Ressourcen im Krankenhaus zu erlernen.

Unabdingbar sind zudem Isolationseinheiten für Erkrankte mit Intensivpflichtigkeit, mit höherem Versorgungsaufwand, aber auch für „normale" Patienten. Idealerweise werden darüber hinaus Bereiche vorgehalten, die für ambulante Patienten, welche aber nicht nach Hause entlassen werden können, genutzt werden können. Solche Reservekapazitäten sollten idealerweise für alle Krankenhaus-Kernbereiche verfügbar sein (Notaufnahme, Intensivstation, Normalstation, OP, Spezialbereiche wie Dialyse usw.).

Reservebereiche können in Nicht-Pandemiezeiten im Sinne eines Dual-Use-Konzeptes genutzt werden. Es bieten sich vor allem Nutzungsmöglichkeiten an, welche in einer Pandemie logischerweise automatisch entfallen oder für eine grundlegende Gesundheitsversorgung nicht zwingend notwendig sind.

Der in der Corona-Pandemie zunächst eingebrachte Gedanke, im Bereich psychiatrischer Kliniken Bettenkapazitäten zu mobilisieren, schränkt hingegen die Behandlungskapazität während einer Belastungssituation wie einer Pandemie stark ein und ist nicht zu empfehlen. Außerdem unterscheiden sich trotz gleicher Basisausbildung die Behandlung in akut-somatischen sowie psychiatrischen Einheiten doch deutlich.

Vielmehr wäre hier beispielsweise an Kurzzeitpflegeeinrichtungen zu denken. Diese könnten innerhalb von kürzester Zeit geleert und für Pandemiezwecke ertüchtigt und genutzt werden. So ließen sich auch in Nicht-Pandemiezeiten ein wirtschaftlicher Umgang mit diesen Reservekapazitäten realisieren und Ressourcen im Sinne einer intersektoralen Zusammenarbeit bündeln (Deutsche Gesellschaft für Medizincontrolling, 2020).

Insgesamt müssen damit zukünftig politisch gefördert Krankenhäuser dahingehend unterstützt werden, sich für Pandemien vorbereitet aufstellen zu können. Hierfür ist neben den räumlichen und personellen Reservekapazitäten vor allem eine entsprechende finanzielle Förderung notwendig. Neubauten sind konsequent pandemiesicher zu errichten; Bestandsbauten müssen entsprechend ertüchtigt werden.

Zusammenfassend ergeben sich damit zur Sicherstellung einer adäquaten PS während einer pandemischen Krise die in den Abb. 6.2, 6.3, 6.4 und 6.5 vorgestellten Möglichkeiten der Vorbereitung in verschiedenen Sektoren eines Krankenhauses.

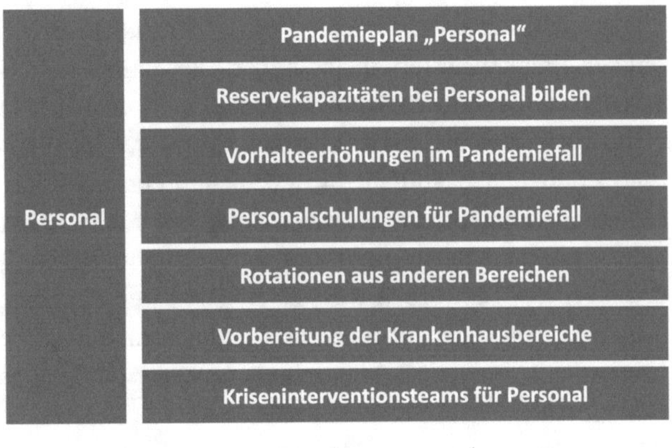

Abb. 6.2 Möglichkeiten der Vorbereitung im Bereich „Personal"

Personal

Pandemieplan „Personal"

Reservekapazitäten bei Personal bilden

Vorhalteerhöhungen im Pandemiefall

Personalschulungen für Pandemiefall

Rotationen aus anderen Bereichen

Vorbereitung der Krankenhausbereiche

Kriseninterventionsteams für Personal

Abb. 6.3 Möglichkeiten der
Vorbereitung im Bereich
„Material"

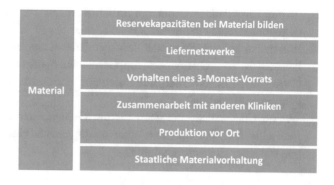

Abb. 6.4 Möglichkeiten der
Vorbereitung im Bereich
„Raumplanung"

Abb. 6.5 Möglichkeiten der
Vorbereitung im Bereich
„Finanzierung"

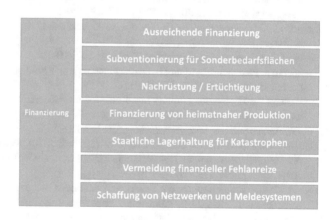

6.6   Kontrollfragen

1. Erläutern Sie anhand von drei Bereichen eines Krankenhauses, wo bei Pandemien das klassische Vorgehen angepasst werden muss und mit welchen Strategien dies geschehen kann.
2. Welche Bereiche eines Krankenhauses sind besonders anfällig gegen Pandemien? Begründen Sie Ihre Meinung!

3. Warum kann Pandemievorsorge im Krankenhaus nur durch eine adäquate politische Gegenfinanzierung gelingen?
4. Wie stellen Sie sich ein pandemievorbereitetes Krankenhaus vor?
5. Weshalb ist es problematisch, im Gesundheitswesen auf eine lokale, regionale und überregionale Lagerhaltung zu verzichten? Warum ist dieser Aspekt besonders für den Pandemiefall wichtig?
6. Welche Unterschiede bestehen für die Gesundheitsversorgung der Bevölkerung in Deutschland im Fall einer Pandemie im Vergleich zu einer örtlich begrenzten Katastrophe wie einer Überschwemmung?

Literatur

Augurzky, B., & Schmidt, C. M. (2020). Corona-Krisenmanagement im Gesundheitswesen. Kernpunkte einer Strategie zum Umgang mit SARS-CoV-2. RWI Position #76, 17. März 2020, S. 1–11.

Bayerische Staatsregierung. (2020). Pressemitteilungen. Corona-Pandemie/Bayern ruft den Katastrophenfall aus/Veranstaltungsverbote und Betriebsuntersagungen. München, 16.03.2020.

Bayerisches Staatsministerium für Gesundheit und Pflege. (2020). Vollzug des Infektionsschutzgesetzes (IfSG). Corona-Pandemie: Verschiebung elektiver Eingriffe und geplanter Behandlungen in Krankenhäusern. Bekanntmachung des Bayerischen Staatsministeriums für Gesundheit und Pflege vom 19. März 2020, Az. G24-K9000-2020/125.

Berndt C. (21. November 2020). Corona in Deutschland. Krank am Krankenbett. *Süddeutsche Zeitung*.

Bialas, E., Schleppers, A., & Auhuber, T. (2020). COVID-19: Auswirkungen des Lockdowns auf die operative Patientenversorgung in Deutschland im April 2020. *Anästhesiologie & Intensivmedizin, 61*. https://doi.org/10.19224/ai2021.054.

Bundesamt für Bevölkerungsschutz und Katastrophenhilfe. (2020). *Handbuch Krankenhausalarm- und -einsatzplanung (KAEP). Empfehlungen für die Praxis zur Erstellung eines individuellen Krankenhausalarm- und -einsatzplans*. Warlich Druck.

Deutsche Gesellschaft für Medizincontrolling. (22. Juni 2020). Katalysator Corona – für ein besseres Gesundheitswesen in Deutschland. Statement der Deutschen Gesellschaft für Medizincontrolling. *Management&Krankenhaus*.

DGAI. (2020). Empfehlungen der DGAI zu Schulungen von medizinischen Helfenden bei Einsatz während der COVID-19-Pandemie. https://www.dgai.de/alle-docman-dokumente/aktuelles/1329-14-04-2020-dgai-konzept-empfehlungen-zu-covid-helfer-schulungen.html. Zugegriffen am 01.10.2021.

Fischer, F., Raiber, L., Borscher, C., & Winter, M. (2020). Kommentar. Systemrelevanz der Pflegeberufe in Zeiten von Corona – und darüber hinaus. *Gesundheitswesen, 82*(05), 373.

Frei, U. (2021). Die SARS-CoV-2-Pandemie. Der Blick eines Nephrologen. *Dialyse aktuell, 25*(05/06), 209–210.

Gesundheitsministerkonferenz der Länder. (2017). *Nationaler Pandemieplan, Teile 1 und 2*. RKI.

Gosch, M., Singler, K., Kwetkat, A., & Heppner, H. J. (2020). COVID-19 im Alter – eine komplexe Herausforderung. *Geriatrie-Report, 15*(2), 14–17.

Jansen, G., Latka, E., Behrens, F., et al. (2021). Kliniksanitäter. Ein interprofessionelles Blended-Learning-Konzept zur Weiterqualifikation von Rettungsdienst- und medizinischem Personal zum

Einsatz auf Intensivstationen und in Notaufnahmen während der COVID-19-Pandemie. *Der Anaesthesist, 70,* 13–22.

Kröll, W. (2020). Knappe Ressourcen in der Katastrophe und erhöhte Anforderungen im intensiv-medizinischen Alltag. In W. Kröll, J. Platzer, H. W. Ruckenbauer & W. Schaupp (Hrsg.), *Die Corona-Pandemie: Ethische, gesellschaftliche und theologische Reflexionen einer Krise* (S. 103–118). Nomos.

o. N. (2020). AOK fordert Korrekturen. *PflegeZeitschrift, 73*(7), S. 7. https://link.springer.com/content/pdf/10.1007%2Fs41906-020-0735-6.pdf. Zugegriffen am 01.10.2021.

Pfenninger, E., Faust, J. O., Klingler, W., Fessel, W., Schindler, S., & Udo, X. (2020). Intensivbetten: Flexible Freihaltequoten. *Deutsches Ärzteblatt, 117*(45), A-2153/B-1831.

Pfenninger, E. G., & Kaisers, U. X. (2020). Bevorratung persönlicher Schutzausrüstung in Kliniken zur Vorbereitung auf eine Pandemie. *Der Anästhesist, 69,* 909–918.

Ramshorn-Zimmer, A., Schröder, R., Fakler, J., Stöhr, R., Kohls, E., & Gries, A. (2020). Themen der Zeit. Notaufnahme während der Coronapandemie: Weniger Non-COVID-19-Notfälle. *Deutsches Ärzteblatt, 117*(24), A-1201/B-1016.

RWI – Leibniz-Institut für Wirtschaftsforschung. (2021). Analysen zum Leistungsgeschehen der Krankenhäuser und zur Ausgleichspauschale in der Corona-Krise. Ergebnisse für den Zeitraum Januar bis Dezember 2020. Im Auftrag des Bundesministeriums für Gesundheit, Essen.

Schmola, M. (2021). Der kommunale Gesamtversorger als mögliche Weiterentwicklung und visio-näre Lösungsoption für die Optimierung der Gesundheitsversorgung im ländlichen Raum. In W. Hellmann (Hrsg.), *Kooperative Versorgungsformen – Chance für den ländlichen Raum. Praxisbeispiele, Konzepte, Wissensvermittlung* (S. 63–75). Mediengruppe Oberfranken.

Taube, C. (2020). COVID-19-Pandämie. *Atemwegs- und Lungenkrankheiten, 46*(4), 171–172.

Vogt, L., Schmidt, M., Klasen, M., Bickenbach, J., Marx, G., & Sopka, S. (2022). Medizinstudierende als Helfende in der Pandemie: Innovatives Konzept zu Rekrutierung, Schulung und Einsatz-planung von Medizinstudierenden als medizinisches Personal während der COVID-19-Pandemie. *Der Anaesthesist, 71,* 21–29.

Weinreich, T., Gehlen, F., Hergesell, O., & Hohenstein, B. (2021). COVID-19-Pandemie in der ambulanten Dialyse. Zwischen den Stühlen. *Dialyse aktuell, 25*(05/06), 214–219.

Digitalisierung und Patientensicherheit in einem Medizinischen Versorgungszentrum während der Corona-Pandemie

7

Holger Koch und Markus Schmola

Inhaltsverzeichnis

Zusammenfassung

Digitalisierung bietet enorme Chancen für die Verbesserung der Patientenversorgung. In diesem Beitrag werden speziell die Möglichkeiten der Digitalisierung zur Erhöhung der Patientensicherheit in einem Medizinischen Versorgungszentrum beleuchtet. Hierbei wird zunächst der Begriff Digitalisierung bestimmt und deren Potenzial für die Erhöhung der Patientensicherheit dargestellt. Die Realisierung dieses Potenzials ist dabei

H. Koch (✉)
Medizinisches Zentrum SOB MVZ GmbH, Schrobenhausen, Deutschland
E-Mail: Holger.koch@kkh-sob.de

M. Schmola
Kreiskrankenhaus Schrobenhausen GmbH, Schrobenhausen, Deutschland
E-Mail: Markus.schmola@kkh-sob.de

© Der/die Autor(en), exklusiv lizenziert an Springer Fachmedien Wiesbaden GmbH, ein Teil von Springer Nature 2022
W. Hellmann (Hrsg.), *Patientensicherheit*,
https://doi.org/10.1007/978-3-658-37143-2_7

an Voraussetzungen geknüpft. Anhand des Beispiels einer gastroenterologischen Praxis werden diese Sachverhalte, ebenso wie die Auswirkungen der Corona-Pandemie, veranschaulicht.

7.1   Vorgehensweise

Das Ergebnis der Summe aller Maßnahmen, die zur Verhinderung vermeidbarer Schäden von Patienten in Zusammenhang mit deren Heilbehandlung unternommen werden, kann als „Patientensicherheit" verstanden werden.

Für die bestmögliche Patientensicherheit in einem Medizinischen Versorgungszentrum (MVZ) müssen damit sowohl der gesamte Prozess der Heilbehandlung als auch alle dadurch induzierten vor- und nachgelagerten Prozesse erfasst, analysiert und nach der jeweiligen situativen Bewertung gegebenenfalls angepasst werden. In diesem Beitrag soll für die Bewertung digitaler Lösungen für die Erhöhung der Patientensicherheit (vgl. World Health Organization, WHO, 2002; Aktionsbündnis für Patientensicherheit, 2021)[1] beispielhaft ein ambulanter Leistungserbringer, ein MVZ, gewählt werden. Zum anderen soll das Verhältnis von Digitalisierung und Patientensicherheit generell reflektiert und hierbei auch auf die Erfahrungen während der Corona-Pandemie eingegangen werden. Zur Verdeutlichung der Chancen und Risiken digitaler Lösungen für die Patientensicherheit werden außerdem Beispiele aus einer gastroenterologischen Praxis anhand des gewählten Verständnisses von Digitalisierung dargestellt.

7.2   Medizinisches Versorgungszentrum versus (Einzel-) Facharztpraxis

In Medizinischen Versorgungszentren können verschiedene Facharztpraxen oder Kombinationen von Facharztpraxen zusammengefasst sein. Nun erfordern beispielsweise eine gastroenterologische und eine gynäkologische Untersuchung jeweils einen Aufnahme- und einen Entlassungsprozess, mit ähnlichen logistischen und inhaltlichen Anteilen. Allerdings unterscheidet sich der Untersuchungsprozess naturgemäß erheblich.

Jeder fachärztliche Bereich erfordert deshalb einen eigenen, auf die jeweilige Art der Patientenversorgung optimierten Prozess. Nur so kann der Betrieb sowohl den Anforderungen der Patienten als auch den Notwendigkeiten der entsprechenden Praxisorganisation gerecht werden. Ein effizienter Ablauf des Praxisbetriebs muss dabei mit Blick auf die Notwendigkeit der Wirtschaftlichkeit ebenso garantiert sein wie die obligate Orientierung am Primat der Qualität der Patientenversorgung. Damit geht auch einher,

---

[1]In einer Resolution verpflichteten sich die Mitglieder der World Health Organization, diesem Thema höchste Aufmerksamkeit zu widmen.

dass sich das organisatorische Innenleben von MVZ zu MVZ zwar erheblich unterscheidet, sinnhafterweise aber in den einzelnen Facharztpraxen eines MVZ das gleiche Digitalisierungsniveau vorliegt.

Hier wird die Perspektive des MVZ gewählt, um die Vielfältigkeit der notwendigen Problemlösungen, die sich aufgrund der Organisation mehrerer fachärztlicher Praxen ergeben, und damit die Herausforderungen eines MVZ mit Blick auf die Digitalisierung darzustellen. Mit Blick auf die Wirtschaftlichkeit sind Synergien in Bezug auf digitale Lösungen im MVZ wichtig; mit Blick auf die Effizienz der jeweiligen (Einzel-)Praxisorganisation ist die Passgenauigkeit der jeweiligen digitalen Lösung entscheidend.

Betrachtet man in diesem Zusammenhang die Entscheidung für ein **Praxisverwaltungssystem (PVS)**, ist hier häufig eine wichtige Abwägung zwischen dem Grad der Einheitlichkeit der Systemumwelt in einem MVZ und der Passgenauigkeit des PVS für die im MVZ enthaltenen Facharztpraxen zu treffen. Ein sehr gut geeignetes PVS für eine radiologische Praxis muss beispielweise in keiner Weise dem Prozess einer nuklearmedizinischen Praxis entsprechen. Ideal ist ein PVS, das die Anforderungen der einzelnen Praxen im MVZ gleichermaßen erfüllt.

7.3 Auswirkungen der Corona-Pandemie auf den ambulanten Bereich

Die immensen Auswirkungen der Corona-Pandemie sind ubiquitär und können allerorts beobachtet werden. Es wird der wissenschaftlichen Analyse der nächsten Jahre bzw. Jahrzehnte bedürfen, um etwas besser zu verstehen, was sich während der Pandemie gesellschaftlich und in den Teilbereichen der Wirtschaft zugetragen und verändert hat.

Speziell die Gesundheitssysteme weltweit wurden massiven Herausforderungen ausgesetzt (vgl. Damm et al., 2020). Im Bereich der Krankenhausversorgung hatte dies dramatische Auswirkungen, die offensichtlich erkannt werden können; die notwendigen Personalverlagerungen hin zu Intensivstationen, die Verschiebungen von elektiven Eingriffen – mit den entsprechenden Folgen für die Lebensqualität der Patienten – und die massiven Erlöseinbrüche vieler Krankenhäuser, ohne weitere Ausgleichszahlungen im Jahr 2021, sollen an dieser Stelle beispielhaft genannt sein.

Die Auswirkungen der Pandemie auf Arztpraxen erscheinen wenig erforscht. Es ist anzunehmen, dass diese Auswirkungen regional und facharztspezifisch uneinheitlich waren und sind (vgl. Schroeder, 2021). Die unterschiedlichen Höhen der Inzidenzzahlen zwischen den Landkreisen auf der bundesweiten Übersichtskarte des Robert-Koch-Instituts (vgl. RKI, 2021) zum jeweiligen Zeitpunkt der Pandemie sind ebenso offenkundig wie die unterschiedlichen Regelungen der Schutzmaßnahmen von Seiten der Bundesländer während der Pandemie. Bei allen Einrichtungen des Gesundheitswesens war zu Beginn und während der Pandemie lediglich eine konstante Gemeinsamkeit festzustellen: eine hohe Unsicherheit. Insgesamt scheint seit Beginn der Corona-Pandemie der ambulante Bereich der Gesundheitsversorgung in Deutschland mit dem stationären Bereich die Gemeinsamkeit eines starken Fallzahlrückgangs zu haben.[2]

Relativ zügig durchgesetzt hatten sich in Medizinischen Versorgungszentren Schutzmaßnahmen, wie – wenn möglich – eine angepasste Wegführung der Patienten, Abstandsregelungen im Praxis- und speziell im Wartebereich sowie weitere Schutzmaßnahmen für Patienten und Besucher. In Bayern galt von Beginn an eine Maskenpflicht. Aus Perspektive der PS war und ist während der Pandemie vor allem zu reflektieren, wie Patienten und Personal vor einer Infektion in der Praxis geschützt werden können. Hierfür bedarf es unter anderem vorgenannter Sicherheitsvorkehrungen.

Dem Schutz des Personals kommt dabei gerade wegen dessen Kontakthäufigkeit mit den Patienten eine besondere Bedeutung zu. Darüber hinaus stellt der Personalausfall in einem MVZ während der Pandemie ein großes Risiko für die Wirtschaftlichkeit dar. Im Falle einer Quarantänisierung stand der entsprechende Mitarbeiter dem MVZ für mindestens 14 Tage nicht zur Verfügung. Aufgrund der Kontaktnachverfolgung von Seiten der Gesundheitsämter war und ist es im Falle einer Infektion eines Mitarbeiters zudem möglich, dass gegebenenfalls mehrere Mitarbeiter gleichzeitig ausfallen (vgl. Berndt, 2020).[3] Im Folgenden werden allgemeine Aussagen zu Digitalisierung und PS getroffen und die angeführten Anwendungsbeispiele jeweils um Einflüsse der Corona-Pandemie ergänzt.

7.4   Chancen und Hemmnisse der Digitalisierung im ambulanten Bereich

Im ambulanten Bereich, für den die kassenärztlichen Vereinigungen zuständig sind, wurden während der Corona-Pandemie geltende Beschränkungen, wie limitierte Fallzahlen und Leistungsmengen für die Videosprechstunde, für einen befristeten Zeitraum aufgehoben (vgl. Kassenärztliche Bundesvereinigung, 2021). Dies erscheint im vorliegenden Kontext als gutes Beispiel für die Chancen der Digitalisierung im Gesundheitswesen, unabhängig von der Beurteilung der Eignung von Videosprechstunden in den verschiedenen fachärztlichen Bereichen.

Eine weitere Chance, die mit Blick auf das Entwicklungspotenzial der Digitalisierung aktuell und in der Folgezeit gesehen werden kann, besteht in ihrem steigenden Reifegrad und der zunehmenden Umsetzbarkeit von IT-Lösungen in der komplex-arbeitsteiligen Gesundheitswirtschaft. Die IT-Technologien und -Anwendungen scheinen in den letzten

---

[2] Laut KV-Nordrhein sind die Fallzahlen und Leistungsmengen fachgruppenübergreifend um rund ein Viertel zurückgegangen.

[3] Diese Aussagen beziehen sich auf die Regelungen, wie sie weitgehend im Jahr 2020 Anwendung fanden. Hier kam es im Zeitablauf der Corona-Pandemie zu Veränderungen. Die Hauptreiber dieser Veränderungen sind u. a. das bessere Verständnis des Virus, die steigende Impfquote in Deutschland und die sich weiter wellenartig entwickelnde Pandemie.

Jahren für einen Einsatz in der Gesundheitsversorgung und speziell auch für eine sektoren-übergreifende Anwendung immer besser geeignet zu sein.

Zum einen erscheint die Umsetzbarkeit auf Seiten der Leistungserbringer zunehmend besser möglich, zum anderen besteht mittlerweile auch auf Seiten der Patienten die Möglichkeit, solche Angebote nutzen zu können. Ein Hemmnis bei der Einführung digitaler Lösungen stellen dabei offenbar Zurückhaltung bzw. Beharrungseffekte unter den Anwendern, in diesem Falle der Ärzteschaft im ambulanten Bereich, bei der Anwendung von innovativen digitalen Lösungen dar. Beispielsweise fiel die Pflicht für die Etablierung gewisser Grundfunktionen, die über die Telematik-Infrastruktur (TI) abzubilden sind, in die Zeit der Corona-Pandemie. Trotz der verpflichtenden Teilnahme ist allerdings ein erheblicher Teil der an der ambulanten Versorgung teilnehmenden Ärzte bisher nicht an die TI angeschlossen (vgl. Ärzteblatt, 2021).[4]

7.5 Welche Rolle kann Digitalisierung für Patientensicherheit spielen?

Für den Begriff Digitalisierung gibt es keine allgemeingültige Definition, weswegen unterschiedliche Definitionen existieren (vgl. Oswald & Goedereis, 2019, S. 50 ff.) (vgl. Abb. 7.1). Die vorliegende Fragestellung, die sich mit der Rolle von Digitalisierung für die PS im ambulanten Bereich der deutschen Gesundheitsversorgung beschäftigt, wird unter dem Begriff Digitalization eingeordnet.

Es wird dabei der Einteilung von Digitalisierung in Digitization, Digitalization und Digital Transformation gefolgt: Geht es bei Digitization um die Übertragung von analogen in digitale Daten, wird mit Digitalization die Möglichkeit beschrieben, dass speicherbare

Abb. 7.1 Verständnis von Digitalisierung (in Anlehnung an Oswald & Goedereis, 2019, S. 51)

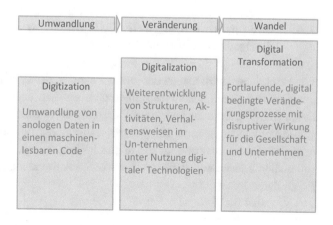

Daten von verschiedenen Personen an verschiedenen Orten interpretiert, kommuniziert, bearbeitet und gespeichert werden können – sei es parallel oder sequenziell. Digital Transformation beschreibt schließlich die Möglichkeiten, die weithin angesprochen werden, wenn über die gesellschaftlichen Potenziale der Digitalisierung gesprochen wird. Digital Transformation ist „die Summe verschiedener Einflüsse aus Technologie, Verfahren, Denkweisen, kulturellen Systemen, Recht und Wissenschaft, deren Wirkung sich zutreffend mit ‚disruptiv' beschreiben lässt" (vgl. Schmalenbach-Gesellschaft, 2018, S. 203 ff.).

Die Anwendungsfelder digitaler Lösungen, die man bisher mit der Organisation von Leistungserbringern im Gesundheitswesen verbindet, sind dabei weithin mit dem Einsatz von Informations- und Kommunikationstechnologien (IK-Technologien) verbunden (vgl. Oswald & Goedereis, 2019, S. 51). Viele weitere Bereiche wie Robotik, Sensorik, Big Data und andere sind ebenfalls Anwendungsbereiche mit hohem Potenzial für die (deutsche) Gesundheitsversorgung (vgl. Hippmann et al., 2018, S. 18).

Generell ist betreffs der Potenziale der Digitalisierung festzuhalten, dass bestimmte digitale Anwendungen zu einer deutlichen Verbesserung der PS führen. Andererseits kann dieses Potenzial nur realisiert werden, wenn die IT-Systeme, so wie sie aus Sicht der gewünschten Anwendung spezifiziert sind, einwandfrei funktionieren. Ist dies der Fall, muss zudem der jeweilige Anwender diese fehlerfrei einsetzen. Ist eine dieser Bedingungen nicht erfüllt, können damit sogar große Risiken für die PS einhergehen (vgl. Sellge & Hagenmeyer, 2019). Damit die Potenziale der Digitalisierung[5] für die PS realisiert werden können, muss deshalb das beständige Bestreben aller Beteiligten beim Einsatz von IT-Systemen und -Software in der Sicherstellung der Betriebssicherheit von Anwendungen und IT-Systemen sowie in der Schulung, also der entsprechenden Befähigung der Anwender, liegen (vgl. Augurzky et al., 2018).

7.6 Anwendungsbeispiele für Digitalisierung und Patientensicherheit im MVZ

Wie beschrieben, wird aktuell das größte Potenzial der Digitalisierung im MVZ bei Informations- und Kommunikationstechnologien gesehen und hier insbesondere darin, dass Daten von verschiedenen Personen gleichzeitig oder nacheinander an verschiedenen Orten verarbeitet werden können. Ein Beispiel dafür ist der Einsatz einer **automatisierten Benachrichtigungsanwendung**, die in das PVS integriert werden kann. An dieser Stelle sollen die Chancen und Risiken einer solchen Anwendung für eine gastroenterologische Praxis dargestellt werden.

---

[5] Deutschland hat im internationalen Vergleich jedoch einen großen Nachholbedarf, der sich bspw. am bisher erreichten Digitalisierungsgrad ablesen lässt. Dieser lässt sich mit Hilfe des internationalen Reifegradmodells – dem European Electronic Medical Adoption Model (EMRAM) der HIMSS Analytics messen.

Bietet man beispielsweise eine vollständig **digitalisierte Terminbuchungslösung** für Patienten an, können darüber auch Daten erhoben werden, die für die automatischen Benachrichtigungen an den Patienten per Mail oder Mobilnummer genutzt werden können.[6] In jeder Arztpraxis hat eine automatisierte Benachrichtigungsanwendung aus Sicht des Patienten den Vorteil, dass dieser jederzeit online einen (Erst-)Termin vereinbaren kann. Aus Sicht der jeweiligen Praxis kann auf diese Weise unter anderem automatisiert eine Terminerinnerung an den jeweiligen Patienten gesendet werden. Neben der Optimierung des Benachrichtigungsprozesses an den Patienten bietet eine solche Lösung auch erhebliches Entlastungspotenzial für das Praxispersonal, welches die gesparte Zeit für andere Tätigkeiten, gegebenenfalls auch für Aktivitäten zur Erhöhung der PS, nutzen kann. Außerdem kann auf diese Weise auch die Termintreue verbessert werden.

Im Falle einer gastroenterologischen Praxis bietet die Möglichkeit der automatisierten Benachrichtigung, die man für verschiedene Anwendungsfälle konfigurieren kann, eine Möglichkeit, die PS zu erhöhen. So können schon im Vorfeld einer Behandlung vorbereitende Hinweise und später sogar prozessbegleitende Nachrichten an den Patienten gesendet werden. In diesem Beispiel kann der Patient im Vorbereitungsprozess zu einer Darmspiegelung mit einer Nachricht daran erinnert werden, dass er ab einer bestimmten Zeit bestimmte Lebensmittel bzw. im Zeitablauf nichts mehr zu sich nehmen soll, und mit einer weiteren Nachricht, dass er mit der Einnahme des Abführmittels für die Vorbereitung des anstehenden Spiegelungstermins beginnen müsse. Dies stellt im Idealfall eine Verbesserung des Vorbereitungsprozesses für die Untersuchung des Patienten und damit auch eine Verbesserung der PS dar. Dieser ideale Zustand kann, wie beschrieben, nur erreicht werden, wenn die IT-Anwendung richtig konfiguriert ist und ebenso wie die eingesetzte IK-Technologie fehlerfrei funktioniert. Außerdem müssen auch die Anwender, in diesem Fall die Medizinischen Fachangestellten, die Anwendung fehlerfrei bedienen. Funktioniert die IK-Technologie-Umgebung des MVZ nicht fehlerfrei und/oder ist das Personal nicht ausreichend auf diese Anwendung geschult, kann das Potenzial dieser Digitalisierungslösung nicht realisiert werden beziehungsweise deren Einsatz sogar negative Wirkungen nach sich ziehen.

Am Beispiel der Corona-Pandemie wird das Potenzial einer solchen automatisiert digitalen Kommunikationslösung ebenfalls offenkundig. Gerade in Zeiten von Unsicherheit ist die zielgenaue Kommunikation beispielsweise von notwendigen Schutzvorkehrungen und -verhaltensweisen zielführend (vgl. Damm et al., 2020, S. 1075).[7] Dies erspart dem Personal in der Corona-Pandemie erheblich Zeit, da viele Nachfragen entfallen, und erhöht damit auch die Patientensicherheit.

---

[6] Diese automatischen Benachrichtigungen können auch bei telefonischer Terminvereinbarung genutzt werden.

[7] Gerade gastroenterologische Untersuchungen des oberen Gastrointestinaltraktes sind mit der erhöhten Bildung von Aerosolen verbunden. Dies erhöht das Risiko während der Untersuchung für das Personal und dementsprechend für eine Verbreitung des Virus bei Vorliegen einer Sars-CoV2-Infektion des Patienten.

Gerade im Rahmen eines MVZ können die positiven Skaleneffekte einer automatisierten Kommunikationslösung genutzt werden. Eine solche Lösung ist für alle Praxen innerhalb des MVZ, die Präsenzsprechstunden anbieten, gewinnbringend nutzbar; Anpassungen für die jeweiligen Besonderheiten einzelner Praxen erscheinen zudem konfigurierbar.

7.7   Schlussbetrachtung

Das Potenzial der Digitalisierung für die Gesundheitsversorgung wird seit mittlerweile Jahrzehnten diskutiert und auch gesehen. Denkt man an Projekte wie beispielsweise die digitale Patientenakte, die elektronische Gesundheitskarte und auch die Telematikinfrastruktur, sind diese bezüglich ihrer Umsetzungsgeschwindigkeit hinter vielen Erwartungen zurückgeblieben. Allerdings gibt es aktuell einige Gründe, die für eine baldige Umsetzung von digitalen Lösungen im Gesundheitswesen, speziell auch im ambulanten Bereich, sprechen. Die Technologien und die Anwendungen, die für Digitalisierungslösungen notwendig sind, scheinen zunehmend einen Reifegrad zu haben, der die Umsetzungsgeschwindigkeit beschleunigt. Daneben besteht seitens der Politik zunehmend der Druck, Verbesserungspotenziale, die mit der Digitalisierung erreichbar scheinen, zu realisieren. Diese Tendenz wird zudem durch die Corona-Pandemie verstärkt. Zum einen hat die Pandemie die Kostenträger sehr viel Geld gekostet, sodass digitale Lösungen, die auf die Realisierung von Rationalisierungsreserven im Gesundheitswesen gerichtet sind, weiter starke politische Unterstützung erfahren werden. Zum anderen hat die Pandemie die Akzeptanz von digitalen Lösungen durch die Bevölkerung, insbesondere in der Kommunikation, erhöht.

Weitere Ansatzpunkte für Digitalisierungspotenziale sind im ambulanten Sektor in vielen Bereichen zu finden. Beispielsweise kann die **Senkung von Risiken der Lagerhaltung**[8] durch **automatisierte Scan- und Bestelllösungen,** analog dem Krankenhausbereich, realisiert werden. Es erscheint in den nächsten Jahren möglich, Lösungen in der **Telemedizin**, über Telemonitoring und auch durch Vernetzungslösungen, gerade mit dem Akut- und Reha-Bereich, voranbringen zu können. Der Start der Telematikinfrastruktur im ambulanten und stationären Bereich sowie die Digitalisierungsoffensive im Rahmen des Krankenhauszukunftsgesetzes (KHZG) schaffen hier neue Möglichkeiten der strukturierten Kommunikation. Neben den generellen wirtschaftlichen und versorgungsorientierten Potenzialen liegt hierin auch eine große Optimierungsmöglichkeit für die Patientensicherheit – pandemieunabhängig.

---

[8]Gerade in der Gastroenterologie war die persönliche Schutzausrüstung während der Pandemie knapp. Hier konnte eine Nachlässigkeit in der Nachbestellung diesen Umstand noch verstärken.

7.8 Kontrollfragen

1. Welche Chancen und Risiken sind mit Digitalisierung im Bereich Patientensicherheit verbunden?
2. Welche Voraussetzungen sind notwendig, um die Potenziale der Digitalisierung im Bereich der Patientenversorgung realisieren zu können?
3. Wie kann man den Begriff Digitalisierung definieren?
4. Welche Unterschiede bestehen hinsichtlich der Digitalisierung einer Einzelpraxis und eines Medizinischen Versorgungszentrums?
5. Was sind die Haupttreiber der Digitalisierung in einem Medizinischen Versorgungszentrum?

Literatur

Aktionsbündnis Patientensicherheit. (2021). Glossar zu Patientensicherheit. http://www.aps-ev.de/glossar/. Zugegriffen am 31.10.2021.

Ärzteblatt. (2021). Telematikinfrastruktur: Ein Drittel der Ärzte muss mit Honorarkürzungen rechnen. https://www.aerzteblatt.de/nachrichten/104307/Telematikinfrastruktur-Ein-Drittel-der-Aerzte-muss-mit-Honorarkuerzungen-rechnen. Zugegriffen am 31.10.2021.

Augurzky, B., Krolop, S., Mensen, A., et al. (2018). Krankenhaus Rating Report 2018 (1. Aufl.). medhochzwei.

Berndt, C. (21. Novemer 2020). Corona in Deutschland. Krank am Krankenbett. Süddeutsche Zeitung. https://www.sueddeutsche.de/politik/coronavirus-pandemie-krankenhaus-pflege-1.5122576. Zugegriffen am 31.10.2021.

Damm, M., Garbe, J., Eisenmann, S., et al. (2020). Gastrointestinale Endoskopie in Zeiten der COVID-19-Pandemie: Umsetzung von Empfehlungen und Erwartungen für die Zukunft. Z. Gastroenterol., 58(11), 1074–1080.

Hippmann, S., Klingner, R., & Leis, M. (2018). Digitalisierung – Anwendungsfelder und Forschungsziele. In Neugebauer (Hrsg.), Digitalisierung – Schlüsseltechnologien für Wirtschaft und Gesellschaft. Springer-Vieweg.

Kassenärztliche Bundesvereinigung. (2021). Coronavirus: Sonderregelungen für die ambulante Versorgung. https://www.kbv.de/html/themen_53751.php. Zugegriffen am 31.10.2021.

Oswald, J., & Goedereis, K. (2019). Voraussetzungen und Potentiale des digitalen Krankenhauses. In J. Klauber, M. Geraedts & J. Friedrich (Hrsg.), Krankenhaus-Report 2019. Springer.

Robert Koch-Institut. (2021). COVID-19-Dashboard. https://experience.arcgis.com/experience/478220a4c454480e823b17327b2bf1d4/page/Landkreise/. Zugegriffen am 31.10.2021.

Schmalenbach-Gesellschaft (2018). Digitalisierung im Krankenhaus: Technische Entwicklungen und deren Implikationen für Behandlungsprozesse. In S. Krause & B. Pellens (Hrsg.), Betriebswirtschaftliche Implikationen der digitalen Transformation. 75 Jahre Arbeitskreise der Schmalenbach-Gesellschaft für Betriebswirtschaft e.V (S. 203–219). Springer.

Schroeder, A. (2021). Editorial – Corona nimmt Defizite im Gesundheitssystem unters Brennglas. Zielke R, Der Urologe, 60(2021), 403–413.

Sellge, E., & Hagenmeyer, E.-G. (2019). Digitalisierung und Patientensicherheit. In J. Klauber, M. Geraedts & J. Friedrich (Hrsg.), Krankenhaus-Report 2019. Springer.

World Health Organization. (2002). Quality of Care: Patient Safety. Resolution WHA 55.18 (55th. Aufl.). World Health Assembly.

Mehr Patientensicherheit in der Notfallaufnahme

8

Felix Hoffmann

Inhaltsverzeichnis

Zusammenfassung

Notaufnahmen sind nicht nur eigenständige notfallmedizinische Dienstleister, sondern stellen für Patienten auch sehr wichtige Zutrittspforten in den stationären Bereich von Krankenhäusern dar und verfügen über zahlreiche interne und externe Schnittstellen. Die Gefährdung von Patienten ist häufig auf eine unzureichende Standardisierung und Schnittstellenorientierung zurückzuführen. Eine kontinuierliche Prozessoptimierung mit digitaler Unterstützung ist ein wesentlicher Erfolgsfaktor; ebenso können innovative Führungsstrukturen zu einer Verbesserung der Patientensicherheit beitragen.

F. Hoffmann (✉)
Klinikum Darmstadt, Darmstadt, Deutschland
E-Mail: hoffmann.felix@gmail.com

8.1   Einleitung

Die Notaufnahme eines Krankenhauses ist nicht nur die Funktionsabteilung, aus der ein großer Teil aller stationären Patienten eines Krankenhauses rekrutiert wird, sondern auch die Abteilung, in der Patienten mit den verschiedensten Notfällen vorstellig werden. In jedem einzelnen Behandlungsfall ist es der Anspruch, eine Therapie einzuleiten, die dem aktuellen Stand der Wissenschaft entspricht und in der Regel durch Dritte ambulant oder stationär fortgeführt wird.

Um fehleranfällige und somit patientengefährdende Abläufe in Notaufnahmen beeinflussen zu können, muss zunächst die Prozessinfrastruktur einer Notaufnahme betrachtet und verstanden werden. Zahlreiche Prozesse spielen sich innerhalb einer Notaufnahme ab, die teilweise auch über Schnittstellen hinausgedacht werden müssen. Die Schnittstellen selbst sind ebenfalls wichtige Bestandteile der Prozessinfrastruktur einer Notaufnahme.

Innerhalb einer Notaufnahme existieren Behandlungsprozesse, die in der Regel gemäß dem AUD²IT-Schema in die einzelnen Schritte „Anamnese", „klinische Untersuchung", „Ableitung von Verdachtsdiagnosen", „apparative Diagnostik", „Interpretation aller Befunde" und „Therapie" gegliedert sind und unter Umständen fachabteilungsbezogen voneinander abweichen können (Hoffmann & Gröning, 2019). Innerhalb dieser Prozesse spielt die Kommunikation zwischen den daran beteiligten Personen eine wesentliche Rolle.

Je nach Dringlichkeit können zudem verschiedene Behandlungsschienen existieren, insbesondere kann das personal- und ressourcenintensive Schockraummanagement bei dringlichen Behandlungsanlässen von den regulären Behandlungen abgegrenzt werden.

Innerhalb der einzelnen Prozesse werden diagnostische und therapeutische Maßnahmen ergriffen, die für sich genommen Fehlerquellen beinhalten und somit zu einer Gefährdung von Patienten führen können.

In einer Notaufnahme spielen fünf externe Schnittstellen eine wesentliche Rolle. Betreffend den Patientenzustrom sind dies der Rettungsdienst sowie fußläufige Patienten, die sich eigenständig vorstellen. Nach Abschluss der Behandlung bestehen Schnittstellen in das Krankenhaus hinein (bei stationärer Aufnahme) bzw. zu niedergelassenen Weiterbehandlern (bei ambulanter Behandlung). Schlussendlich existiert auch eine virtuelle Schnittstelle, denn häufig wird eine Notaufnahme telefonisch oder auf anderen Kanälen kontaktiert, sei es durch einweisende Ärzte oder durch Patienten, die sich zunächst informieren möchten.

▶ Notaufnahmen verfügen über fünf große Schnittstellen, die bestmöglich aufeinander abgestimmt werden müssen. Der Zustrom erfolgt über den Rettungsdienst und Selbstzuweisungen, der Abstrom erfolgt in Krankenhäuser oder an niedergelassene Weiterbehandler. Darüber hinaus existiert eine virtuelle Schnittstelle, bei der sich der Patient nicht im Krankenhaus befindet.

8.2 Ursachen für patientengefährdende Abläufe in Notaufnahmen

Sowohl umfeldbezogene Gefährdungen als auch menschliche Fehler können zu kritischen Situationen führen, die wiederum zu einer manifesten Schädigung führen können. Jeder einzelne Prozessschritt der gesamten Notfallbehandlung kann Ausgangspunkt für umfeldbezogene Gefährdungen oder menschliche Fehler sein.

Nachfolgend werden Überlegungen und Strategien vorgestellt, um die wesentlichen Fehlerquellen zu adressieren. Dabei wird zunächst das jeweilige Problem geschildert, anschließend werden Lösungsansätze diskutiert, um dann Möglichkeiten einer digitalen Prozessunterstützung herauszuarbeiten.

8.3 Lösungsansatz: Standardisierung und Prozessoptimierung

Gemäß § 630a Abs. 2 BGB hat eine medizinische Behandlung nach den zum Zeitpunkt der Behandlung bestehenden, allgemein anerkannten fachlichen Standards zu erfolgen, soweit nicht etwas anderes vereinbart ist. Der allgemein anerkannte fachliche Standard entspricht in der Regel den Empfehlungen einschlägiger Leitlinien. Da abweichende Vereinbarungen nur in Ausnahmefällen getroffen werden, haben Patienten in der Regel also einen Rechtsanspruch auf eine leitliniengerechte Behandlung.

Leitlinien lassen sich jedoch nicht unmittelbar auf das einzelne Individuum anwenden. Einerseits können individuelle Faktoren dazu führen, dass von den Leitlinien abgewichen werden muss, andererseits können auch krankenhausbezogene Faktoren dazu führen, dass Leitlinien auf unterschiedliche Weise umgesetzt werden. Um dennoch für die Mitarbeitenden einen verbindlichen Handlungsrahmen zu schaffen, werden für viele relevante Prozesse hausinterne Standard Operating Procedures (SOPs) verfasst.

Doch wer kennt es nicht? Bei der Aufarbeitung von kritischen Ereignissen wird immer wieder festgestellt, dass „eigentlich alles geregelt ist", aber die Mitarbeitenden entweder die Regelungen überhaupt nicht kennen oder diese aus den verschiedensten Gründen nicht anwenden. In vielen Fällen schützen SOPs also das Management vor Repressalien, nicht jedoch Patienten vor Risiken.

Es sind also Strategien erforderlich, um die Einhaltung vorgegebener Prozessabläufe sicherzustellen, ohne dabei den medizinisch gebotenen Handlungsspielraum einzuschränken.

Eine etablierte Strategie ist die Durchführung von Schulungen, die dazu führen, dass ausgewählte Prozesse mit einer höheren Compliance durchgeführt werden. Da die Zeit für Schulungen begrenzt ist, werden immer Themenfelder bestehen bleiben, die nur unzureichend adressiert werden.

Darüber hinaus sind seltene Behandlungsprozesse trotz Schulung aufgrund einer geringen Routine fehleranfällig. Beide Aspekte werden durch eine hohe Personalfluktuation, wie sie in Notaufnahmen häufig besteht, noch verstärkt.

Das Problem besteht im Kern darin, dass die Informationen zwar existieren, allerdings nicht zur richtigen Zeit am richtigen Ort verfügbar sind. Ein Lösungsansatz kann also darin bestehen, das gesamte Prozessökosystem einer Notaufnahme digital abzubilden und die relevanten Informationen zur richtigen Zeit am richtigen Ort bereitzustellen.

Beide Strategien können sich wunderbar ergänzen, indem im Rahmen von Schulungen Handlungsgrundsätze vermittelt werden (fluide Intelligenz), ohne dass darin ergänzendes Wissen zum Auswendiglernen (kristalline Intelligenz) bereitgestellt wird. Dieses kristalline Wissen sollte im Rahmen eines digitalen Wissensmanagements bedarfsgerecht bereitgestellt werden.

▶ In Schulungen sollten Handlungsgrundsätze vermittelt werden – Wissen zum Auswendiglernen sollte zur richtigen Zeit am richtigen Ort digital verfügbar gemacht werden.

8.4   Lösungsansatz: Schnittstellenmanagement

Die Notfallmedizin ist in erster Linie ein Querschnittsfach, welches die notfallmedizinisch relevanten Erkrankungsbilder und Verletzungsmuster nahezu aller Fachrichtungen abdeckt. Zwar ist die Notfallmedizin in Deutschland aktuell kein eigenständiges Fachgebiet, aufgrund der großen Bedeutung ist es allerdings sinnvoll, diese als eigenständiges medizinisches Fachgebiet zu betrachten.

In der Regel dauert eine notfallmedizinische Behandlung nur Minuten bis wenige Stunden, um abgeschlossen oder von nachgelagerten Behandlern fortgeführt zu werden. Oft werden die Behandlungen, die in einer Notaufnahme durchgeführt werden, bereits durch Ersthelfer, niedergelassene Ärztinnen und Ärzte oder den Rettungsdienst begonnen. Eine wesentliche Kernkompetenz der (klinischen) Notfallmedizin besteht also darin, ohne Reibungsverluste mit vor- und nachgelagerten Einheiten zusammenzuarbeiten.

▶ Notfallmedizin ist medizinisches Schnittstellenmanagement.

Bei der Konzeption eines **Notaufnahme-Prozessökosystems** müssen also zwingend die vor- und nachgelagerten Einheiten mitbedacht werden. Dazu zählt, dass die jeweiligen Behandlungen lückenlos elektronisch dokumentiert werden, die Datenerhebung durch alle notfallmedizinisch relevanten Player standardisiert anhand internationaler Datenstandards erfolgt (z. B. SNOMED CT, HL7, FHIR) und die Behandlungsdokumentation an den Schnittstellen unverzüglich, vollständig und digital übergeben wird.

Nicht nur die Datenerhebung sollte standardisiert sein, auch die Behandlungspfade von Rettungsdienst, Notaufnahme und nachgelagerten Behandlern sollten aufeinander abgestimmt sein, um schlanke und wirksame Behandlungsprozesse sicherzustellen.

Die Standardisierung ist auch vor dem Hintergrund relevant, als dass die Möglichkeit bestehen muss, Softwareprodukte bei Bedarf auszutauschen. Wenn dies nicht oder nur unter erheblichem Aufwand möglich ist, befinden sich die Softwarehersteller in der komfortablen Situation, nahezu keinem Leistungsdruck mehr ausgesetzt zu sein. Die Möglichkeit eines raschen Austauschs von Softwareprodukten führt hingegen dazu, dass auch nach der Implementierung stets eine hohe Servicequalität und stetige Weiterentwicklung sichergestellt sein muss, wenn ein Unternehmen seine Kunden nicht verlieren will.

▶ Je geringer der Aufwand für einen Wechsel von Softwareprodukten ist, desto größer ist die Motivation für Softwarehersteller, hohe Servicequalität und stetige Weiterentwicklung des Produkts sicherzustellen.

8.5   Lösungsansatz: Kommunikation und Führung

Im praktischen Alltag zeigt sich, dass durch eine digitale Unterstützung die vorgegebenen Prozessabläufe besser eingehalten werden. Dennoch bleibt – nicht zuletzt der Einzigartigkeit eines jeden Falls geschuldet – ein Handlungsspielraum für die Beschäftigten, der zwar notwendig ist, aber dennoch Fehlerquellen beinhaltet. Schlussendlich steht und fällt die Qualität der Behandlung damit, dass sich Mitarbeitende innerhalb dieses Handlungsspielraums „richtig" verhalten.

Es ist ausgesprochen sinnvoll, den Mitarbeitenden Skills zu vermitteln, sich risikobewusst zu verhalten und auf Fehler sowie Gefährdungen adäquat zu reagieren. Ein verbreitetes Konzept ist das aus der Luftfahrt stammende Crew Resource Management (CRM), eine Weiterentwicklung des Fehlermanagements (Kersten et al., 2021). Diesem Konzept liegt die Grundannahme zu Grunde, dass irren menschlich ist, Fehler unvermeidlich sind und daher Strategien erforderlich sind, die einen konstruktiven und lernenden Umgang mit Fehlern beinhalten. Jeder Fehler sollte als Chance begriffen werden, daraus zu lernen.

▶ Irren ist menschlich und Fehler sind unvermeidlich. Daher müssen Beschäftigte Strategien für einen konstruktiven und lernenden Umgang mit Fehlern beherrschen, um Fehler als Chance zu begreifen und daraus zu lernen.

Konzepte, die sich auf der Grundlage einer agilen Führungsstruktur bewegen, sind im Gesundheitswesen und insbesondere in der Notfallmedizin bisher kaum verbreitet. Allerdings existieren vielversprechende Beispiele, die stellvertretend für ein Umdenken im Gesundheitswesen stehen und den Menschen zurück in den Mittelpunkt rücken.

Der Intensivbereich des Born Gesundheitsnetzwerks in Dortmund beispielsweise ist dezentral organisiert und setzt auf Selbstführung. Es gibt keine Führungskräfte – die operativen Entscheidungen werden von den Mitarbeitenden selbst getroffen, die schließlich auch über die für die jeweilige Entscheidung erforderlichen Informationen verfügen. Somit wird gewissermaßen jeder Mitarbeiter zu einer Führungskraft, bisherige Führungskräfte werden zu „Experten", die ihr Wissen in dieser neuen Struktur einbringen können (Wiens, 2021).

Diese Führungsstruktur setzt Vertrauen, Selbstbewusstsein und gegenseitigen Respekt voraus und beinhaltet Konfliktpotenzial. Dass dennoch nur wenige Konflikte auftreten, liegt unter anderem daran, dass ein völlig neues Berufsbild Einzug in den Pflegedienst gehalten hat: „Organisationsfloristen" wollen die Menschen innerhalb der Organisation „zum Aufblühen bringen" und den Purpose der Organisation erfahrbar machen. Nicht nur Patienten gelten hier als eine Kundengruppe, deren Bedürfnisse erfüllt werden müssen, sondern auch die Mitarbeitenden, die schließlich einen großen Anteil ihrer Lebenszeit auf der Arbeit verbringen.

▶   In selbstorganisierten Organisationsstrukturen werden ehemalige Führungskräfte zu Experten, die Führungsaufgaben werden gemeinschaftlich an alle Mitarbeitenden übertragen.

8.6   Schlussbetrachtung

Ein hohes Maß an Patientensicherheit entsteht nicht durch die Veränderung einzelner Faktoren einer Notaufnahme, sondern ist das Ergebnis einer funktionierenden notfallmedizinischen Infrastruktur, die auch über die Abteilungsgrenzen einer Notaufnahme hinausgedacht werden muss.

Für die Schaffung der Rahmenbedingungen, einschließlich einheitlicher (internationaler!) Datenstandards, ist die Politik in der Pflicht, insbesondere hinsichtlich der aktuell immer noch sehr zerstückelten Notfallstrukturen. Das Ziel muss eine einheitliche notfallmedizinische Infrastruktur sein, die auch international anschlussfähig sein muss.

Es liegt auf der Hand, dass die Verantwortung für eine moderne und sichere Notfallmedizin nicht mehr in der Hand einzelner Personen liegen kann, sondern zahlreiche Player am Gesamtergebnis beteiligt sind. Neben den medizinisch und pflegerisch verantwortlichen Personen spielen insbesondere die technisch Verantwortlichen eine große Rolle; eine enge Abstimmung der Krankenhäuser (Betreiber) mit der Wirtschaft (Hersteller) ist daher ausgesprochen wichtig.

Ein wirksames Zusammenwirken aller an der Notfallmedizin beteiligten Personen setzt eine Führungsstruktur voraus, die alle wichtigen Interessen berücksichtigt und das Wissen aller Personen mit einbezieht. Erste Erfahrungen zeigen, dass agile Führungsstrukturen erfolgreich sein können. Warum sollte nicht auch eine Notaufnahme funktionieren, die auf Selbstorganisation setzt?

8.7   Kontrollfragen

1. Nennen Sie Ursachen für patientengefährdende Abläufe in Notaufnahmen.
2. Warum kann die Standardisierung von Behandlungen zu einer Verbesserung der Patientensicherheit beitragen?

3. Welche Schnittstellen spielen für Notaufnahmen eine besondere Rolle und wie können diese anhand digitaler Technologien gestaltet werden?
4. Beschreiben Sie, welche Chancen und Risiken mit einer agilen Führungsstruktur einhergehen können.
5. Beschreiben Sie das AUD²IT-Schema. Wie kann dieses zu einer schnittstellenübergreifenden Prozessverbesserung in der Notfallmedizin führen?

Literatur

Hoffmann, F., & Gröning, I. (November 2019). *Das AUD2IT-Schema als Instrument für eine strukturierte Notfallversorgung.* Deutsche Gesellschaft Interdisziplinäre Notfall- und Akutmedizin (DGINA). DGINA Kongress 2019, Bremen.

Kersten, C., Fink, K., Michels, G., & Busch, H.-J. (2021). Crew Resource Management im Schockraum [Crew resource management in emergency centers]. *Medizinische Klinik, Intensivmedizin und Notfallmedizin, 116*(5), 377–388. https://doi.org/10.1007/s00063-021-00808-1.

Wiens, M. (2021). Selbstorganisation in der Pflege: Das Born-Gesundheitsnetzwerk. *Neue Narrative, 12*, 36–45.

Patientensicherheit in kooperativen Versorgungsstrukturen

9

Wolfgang Hellmann

Inhaltsverzeichnis

Zusammenfassung

Patientensicherheit ist in kooperativen Versorgungseinrichtungen nur umfassend realisierbar, wenn eine Abstimmung zwischen dem beteiligten stationären Versorger und den nachgelagerten Rehabilitationseinrichtungen oder ambulanten Leistungserbringern festgeschrieben ist, sei es über eine förmliche Kooperation oder eine formlose Vereinbarung. Der Beitrag zeigt anhand verschiedener Beispiele auf, warum dieser Aspekt unbedingt zu beachten ist.

W. Hellmann (✉)
Hemmingen, Deutschland
E-Mail: hellmann-w@t-online.de

© Der/die Autor(en), exklusiv lizenziert an Springer Fachmedien Wiesbaden
GmbH, ein Teil von Springer Nature 2022
W. Hellmann (Hrsg.), *Patientensicherheit*,
https://doi.org/10.1007/978-3-658-37143-2_9

9.1 Versorgung im Krankenhaus mit nicht festgelegter Nachsorge

Unzureichende Nachsorge ist nicht nur für den Patienten ein Problem, sondern auch für den Operateur im Krankenhaus. Sie kann seine gute Arbeit schmälern und damit seinem Image, ein hervorragender Operateur zu sein, schaden.

Beispielhaft sei hier eine Abteilung für Herzchirurgie in einem Universitätsklinikum genannt. Die Operationsergebnisse sind hervorragend, die Mortalitätsrate ist gering. Die Chirurgen der Klinik sind dennoch unzufrieden. Sie klagen über ein schlechtes Image der Klinik in der Bevölkerung.

Grund dafür ist, dass die Nachsorge in unterschiedlichen Rehakliniken und durch verschiedene Arztpraxen vollzogen wird. Damit entfällt eine konsentierte und auf definierte Qualitätsstandards bezogene Nachsorge, mit dem Ergebnis, dass die Mortalitätsrate (insgesamt betrachtet) höher ist, als sie es sein müsste.

Ein strukturierter Plan mit definierten Qualitätskriterien, entwickelt in Zusammenarbeit mit ausgewählten und hochkarätigen ambulanten Leistungserbringern, ist bei kooperativen Strukturen unbedingt notwendige Grundlage für hohe Patientensicherheit. Nur so lässt sich die beschriebene prekäre Situation der Fachabteilung vermeiden.

Da es bisher keine Vorgaben für Strukturen gibt, die eine Integration der unterschiedlichen Leistungserbringer ermöglichen, bleibt es aktuell den Fachabteilungen der Krankenhäuser überlassen, entsprechende Initiativen auf den Weg zu bringen.

9.2 Versorgung in sektorenübergreifenden Einrichtungen

Die Gewährleistung von Patientensicherheit in Integrierten Versorgungskonstellationen ist komplex und kompliziert, da sehr unterschiedliche Vorstellungen zur Versorgung bestehen, beispielsweise im Hinblick auf die Medikation. Dies gilt besonders für Krankenhausärzte und Niedergelassene.

Beispiel für webbasierte psychosomatische Nachsorge

Aufgabe einer psychosomatischen Nachsorge ist die Unterstützung der Rehabilitanden bei ihrer Rückkehr in den (häuslichen) Alltag. Sie wird z. B. im Kontext der Behandlungen in den Dr. Becker Kliniken (Dahmen & Becker, 2021) realisiert. Sie erfolgt ähnlich einer „normalen" Nachsorge. Die digitale Form impliziert die Einbeziehung von Lernvideos für die Patienten in Verbindung mit Schulungen für die zuständigen Psychotherapeuten. Die Ergebnisse aus webbasierten Studien wurden erfasst und mit denen analoger Nachsorge verglichen. Die Wirksamkeit der beiden angewendeten Methoden war äquivalent. ◄

▶ **Praxistipp** Herstellung konsentierter Bedingungen für den Patienten, z. B. in Bezug auf die Medikation und die Nutzung digitaler Techniken für psychosomatische Nachsorge (Dahmen & Becker, 2021) oder eine optimierte Wundversorgung durch Telepflege (Mosenhauer & Asbach, 2021). Außer Zweifel dürfte stehen, dass digitale Lösungen in der Versorgung zunehmen, zum Vorteil von Patienten und Behandlern (Stepan, 2021; Zamzow & Weber, 2021).

9.3 Belegärzte und Belegkliniken

Gute Belegärzte alleine können hohe Versorgungsqualität und PS nicht sicherstellen. Hier gilt ähnliches, wie bereits für die Herzchirurgie beschrieben. Ein Belegarzt kann ein begnadeter Operateur sein. Ein wirkliches gutes Ergebnis wird er aber nur erzielen können, wenn die von ihm beanspruchte Klinik eine zielführende Struktur aufweist, kompetente Mitarbeiter besitzt und/oder einen exzellenten OP-Saal zur Verfügung stellen kann.

▶ **Praxistipp** Informieren Sie sich (als Belegarzt) genau über die Klinik, in der Sie Belegpatienten betreuen wollen oder auch schon betreuen. Achten Sie bei zunehmendem Personalmangel vor allem auf das Vorhandensein ausreichenden und qualifizierten Personals, aber auch auf die Ausstattung von Räumlichkeiten (moderner OP-Saal etc.).

9.4 Schlussbetrachtung

Kooperative Versorgungsstrukturen erfordern aufgrund ihrer hohen Komplexität besondere Anstrengungen im Hinblick auf die Gewährleistung hoher Versorgungsqualität und Patientensicherheit. Es ist deshalb vor Abschluss einer Kooperation sinnvoll, mit den potenziellen Partnern einen Konsens in allen die Patienten tangierenden Fragen zu erzielen und die relevanten Punkte auch schriftlich zu fixieren.

Eine **Kooperationsmarke** kann dazu beitragen, den Patienten die „gleichsinnige" Qualität aller beteiligten Versorger zu vermitteln und damit die Kooperation zu einem attraktiven Anziehungspunkt für medizinische Interventionen zu machen.

9.5 Kontrollfragen

1. Begründen Sie die Aussage: „Eine erfolgreiche Operation im Krankenhaus sagt noch nichts darüber aus, ob der Patient (bei längerfristiger Betrachtung) von einem guten Behandlungsergebnis ausgehen kann." Wovon ist ein solches zentral abhängig?
2. Nennen Sie die grundlegenden Voraussetzungen für eine erfolgreiche und qualitativ hochwertige Behandlung in sektorenübergreifenden Versorgungsprojekten.

3. Versetzen Sie sich in die Rolle eines niedergelassenen Chirurgen, der zukünftig auch Patienten als Belegarzt in einem Krankenhaus versorgen möchte. Welche Bedingungen müssen im Krankenhaus sichergestellt sein, damit der Arzt seine Patienten erfolgreich und sicher behandeln kann?

Literatur

Dahmen, A., & Becker, P. (2021). Digitale Versorgung im Gesundheitswesen. Evidenz und Umsetzung im Versorgungsalltag am Beispiel der webbasierten psychosomatischen Reha-Nachsorge. *KU Gesundheitsmanagement, 9*, 32–34.

Mosenhauer, J., & Asbach, H. (2021). Optimierte Wundversorgung durch Telepflege: Potenziale und Voraussetzungen aus der Perspektive eines Krankenhauses. *KU Gesundheitsmanagement, 9*, 29–31.

Stepan, T. (2021). Acht Anwendungsszenarien für die digitale Kommunikation: Patienten optimal versorgen und Klinikpersonal entlasten. *KU Gesundheitsmanagement, 9*, 23–25.

Zamzow, C., & Weber, T. (2021). Telemedizin in der Versorgung und deren Transformation: Wie digitale Lösungen Patienten und Patientinnen und Leistungserbringer trennen und doch näher zusammenbringen. *KU Gesundheitsmanagement, 9*, 26–28.

Patientensicherheit in der klinischen Pflege

10

Wolfgang Hellmann

Inhaltsverzeichnis

Zusammenfassung

Patientensicherheit in der klinischen Pflege ist ein heikles Thema. Geht man von kontinuierlich zunehmender Abnahme des Pflegepersonals aus, aber auch der Unwilligkeit vieler Pflegekräfte, sich angesichts der aktuellen Corona-Pandemie impfen zu lassen, muss man feststellen: Pflege wird zunehmend zum Risiko für Patienten. Entscheidend ist der immer stärker werdende Mangel an Pflegekräften, induziert vor allem durch Orientierung hin zu anderen Bereichen aufgrund der miserablen Rahmenbedingungen für Pflegende. Hier setzen von findigen Unternehmen entwickelte digitale Lösungen an. Der Beitrag umreißt kurz die Gesamtsituation und die Möglichkeiten digitaler Unterstützung für die Pflege.

W. Hellmann (✉)
Hemmingen, Deutschland
E-Mail: hellmann-w@t-online.de

© Der/die Autor(en), exklusiv lizenziert an Springer Fachmedien Wiesbaden
GmbH, ein Teil von Springer Nature 2022
W. Hellmann (Hrsg.), *Patientensicherheit*,
https://doi.org/10.1007/978-3-658-37143-2_10

10.1   Derzeitige Situation in der Pflege

Pflege befindet sich schon länger im Ausnahmezustand, doch die Corona-Pandemie hat die Situation verschärft. Immer mehr Kräfte sind nicht mehr bereit, die kaum noch zu bewältigenden Aufgaben zu übernehmen. Gestresste und krank werdende Mitarbeiter sind an der Tagesordnung. Zahlreiche Pflegekräfte sind aufgrund schlechter Bezahlung und wenig attraktiver Arbeitsbedingungen nicht mehr bereit, im Pflegebereich Aufgaben zu übernehmen. Sie wandern in andere Berufsfelder oder ins benachbarte Ausland ab, trotz Reagieren der Gesundheitspolitik in Einzelbereichen und innovativer Vorschläge von Krankenkassen und Hochschulexperten.

10.2   Digitale Lösungen – Vor- und Nachteile

Das Angebot digitaler Lösungen, auch zur Kompensation von Personalmangel und Stressabbau, sei es im Krankenhaus oder in ambulanten Einrichtungen, hat verständlicherweise Konjunktur (Dahmen & Becker, 2021). Dies schließt die Fokussierung auf Pflege mit ein. Angegeben wird beispielsweise (Cliniserve, 2021):

- Entlastung von Pflege und daraus folgend mehr Zeit für die Zuwendung zu den Patienten (erlebbare Entlastung, Stressabbau, zeitliche Minimierung bisher zeitaufwändiger Routinearbeiten),
- schneller Zugriff auf Wissen und Informationen,
- Möglichkeit besserer Pflege der sozialen Beziehungen zwischen Pflegenden und Patienten (bzw. Angehörigen),
- mehr Attraktivität für den Pflegeberuf durch IT-Nutzung für die Pflege.

Eingeräumt wird aber auch:

- Digitalisierung bedeutet mehr Sicherheitsrisiken.
- Dem Missbrauch von Daten muss vorgebeugt werden.
- Entsprechende Maßnahmen sind kostenaufwändig.

Schulungen zur digitalen Transformation werden angeboten.

▶   **Praxistipp** Prüfen Sie, bevor Sie auf den „Digitalisierungszug" aufspringen, in welchem Umfang Pflegepersonal zur Verfügung steht, welche Engpässe es gibt und wie diese ggf. kompensiert werden können und sollen. Selbst wenn eine befriedigende Situation vorliegt, sollten Sie prüfen, wo und wie durch digitale Techniken die Arbeit des Personals, nicht nur zu dessen eigenem Nutzen, sondern auch zum Nutzen der Patienten, erleichtert werden kann. Geeignet ist vor allem der Bereich der Prozessoptimierung, z. B. im Kontext der Erstellung von klinischen Pfaden oder Patientenpfaden.

10.3 Neue Konzepte für die Pflege

Es scheint vorwärts zu gehen, für Pflegepersonal und Patienten. Der 19. Gesundheitspflege-Kongress am 14. September 2021 hat Maßstäbe gesetzt, wie die Veranstaltungen und die vorgestellten Konzepte ausweisen.

Auch der GKV-Spitzenverband ist aufgewacht und setzt sich mit seinem „Drei-Säulen-Modell" für eine sichere, gute und bedarfsgereche Pflege ein (GKV-Spitzenverband, 2021). Dieses Modell fordert:

- Pflegepersonaluntergrenzen, die ein Mindestversorgungsniveau sicherstellen,
- digitale Pflegepersonalbedarfsermittlung,
- bedarfsgerechte Krankenhausstrukturen.

10.4 Schlussbetrachtung

Eine Auseinandersetzung der Kliniken mit digitalen Anwendungen für die Pflege ist im Rahmen des zunehmenden Personalmangels unverzichtbar. Klinikbetreiber und -manager sollten aber genau prüfen, was sinnvoll und finanziell machbar und möglich ist. Eine Wunderwaffe ist die Digitalisierung nicht, sie kann nur als ergänzendes Hilfsmittel eingesetzt werden, vor allem für die Optimierung von Prozessen und die Einbindung von Patienten in die Behandlung. Dabei ist auch zu berücksichtigen, dass die Telematikinfrastruktur (TI) vielfältige Anwendungen zur Digitalisierung bereithält, die auch in der Pflege (vor allem in Integrierten Versorgungsprojekten) nützlich sein können.

10.5 Kontrollfragen

1. Was ist die Telematikinfrastruktur (TI) und welche Bedeutung hat sie für die Patientenversorgung?
2. Nennen Sie digitale Anwendungen für die Pflege und ihre besondere Bedeutung für eine effiziente Versorgung in schwierigen Zeiten.
3. „Magnetkrankenhäuser" gewinnen an Zuspruch. Was verstehen Sie darunter und welche Vorteile bieten sie für Patienten gegenüber den üblichen Krankenhäusern?
4. Was ist eine „Community Health Nurse", welche Aufgaben übernimmt sie und welche Bedeutung hat sie für die Patientenversorgung?

Literatur

Cliniserve. (2021). Produktwerbung. https://www.cliniserve.de/. Zugegriffen am 09.10.2021.

Dahmen, A., & Becker, P. (2021). Digitale Versorgung im Gesundheitswesen. Evidenz und Umsetzung im Versorgungsalltag am Beispiel der webbasierten psychosomatischen Reha-Nachsorge. *KU Gesundheitsmanagement, 9*, 32–34.
GKV-Spitzenverband. (27. August 2021). 3-Säulen-Modell für gute klinische Pflege vorgestellt. *kma Online*. https://www.kma-online.de/aktuelles/pflege/detail/3-saeulen-modell-fuer-gute-klinische-pflege-vorgestellt-a-46128. Zugegriffen am 30.08.2021.

Teil III

Risiken für die Patientensicherheit

Risiken im Krankenhaus bedürfen der Identifizierung und Bewältigung zur Herstellung von Patientensicherheit. Im Mittelpunkt steht das Klinische Risikomanagement. Arzthaftungsrechtliche Fragen haben dabei wichtige Bedeutung, wobei auch versicherungstechnische Fragen relevant sind. Betriebswirtschaftliche Risiken, vor allem grundlegende Fragen der Liquidität, werden dabei eher ausgeklammert. Völlig vernachlässigt wurden bisher „systemimmanente Risiken", denen hier umfassende Beachtung geschenkt wird. Weitere Risiken werden erwähnt.

Systemimmanente Risiken

11

Wolfgang Hellmann

Inhaltsverzeichnis

Zusammenfassung

Patientensicherheit (PS) wird meist nur am Krankenhaus festgemacht. Dies ist folgerichtig. Dabei darf jedoch nicht vernachlässigt werden, dass PS viel mehr beinhaltet als Risiken im Rahmen der Aufnahme, Versorgung und Entlassung der Patienten. Von besonderer Bedeutung sind Risiken, die sich aus Fehlentscheidungen und Unterlassungen externer Entscheider wie der Gesundheitspolitik ergeben, hier als systemimmanente Risiken bezeichnet. Ihre Beseitigung und Auflösung sind nicht nur grundlegend für die erfolgreiche Umsetzung von Qualitätsmanagement im Krankenhaus und damit das Erreichen des Ziels PS, sondern essenziell für eine zukunftsorientierte Sicherung des Bestands unseres gesamten Gesundheitssystems.

W. Hellmann (✉)
Hemmingen, Deutschland
E-Mail: hellmann-w@t-online.de

© Der/die Autor(en), exklusiv lizenziert an Springer Fachmedien Wiesbaden
GmbH, ein Teil von Springer Nature 2022
W. Hellmann (Hrsg.), *Patientensicherheit*,
https://doi.org/10.1007/978-3-658-37143-2_11

11.1   Systemimmanente Risiken im Überblick

Systemimmanente Risiken sind Risiken, denen die Krankenhausorganisation und ihre Beteiligten wie Patienten und Mitarbeiter, aber auch Krankenkassen ausgesetzt sind. Sie resultieren vor allem aus gesetzgeberischen Unzulänglichkeiten und Unterlassungen der
Politik angesichts zweifelhafter Praktiken, z. B. von (privaten) Leistungserbringern und
Kostenträgern.

Unter dem Begriff systemimmanente Risiken lässt sich auch die zunehmende Privatisierung einordnen, sei es in Bezug auf den stationären Bereich, sei es im Hinblick auf die
fortschreitende **Ambulantisierung** (Düllings, 2021), verstärkt durch Aktivitäten privater
Investoren mit Fokus auf Medizinische Versorgungszentren. Die Gesundheitspolitik sieht
hier immer noch tatenlos zu, obwohl die Privatisierung ein Kernproblem für hohe Patientensicherheit darstellt und im stationären Bereich zu nicht immer erfreulichen Entwicklungen geführt hat (Engartner, 2020, 2021) (siehe auch Abschn. 1.3).

Ein ausführlicher Überblick über systemimmanente Risiken wurde bereits an anderer
Stelle gegeben (Hellmann, 2020, 2021). Ausgewählte systemimmanente Risiken sind in
Tab. 11.1 zusammengefasst. Eine umfassende Übersicht zu Risiken im Krankenhaus fin-
det sich in Kap. 12.

Beispiele aktueller systemimmanenter Risiken
Medizinprodukte
Hier gibt es inzwischen einen Fortschritt über eine umfassende Reform des
Medizinprodukte-Rechtsrahmens auf EU-Ebene, der durch die Covid-19-Pandemie ver-
zögert worden war. Gestärkt wird der Patientenschutz durch eine strengere Kontrolle der
Qualität und Sicherheit von Medizinprodukten. Wann und wie dies in Deutschland greift,
bleibt abzuwarten. Aktuell hervorzuheben ist eine überarbeitete, aktualisierte Handlungs-
empfehlung zur rechtssicheren Einweisung von Medizinprodukten (Strodtmann, 2021).

Arzneimittelsicherheit
Wünschenswert wäre der Übergang zu einem modifizierten Verständnis von Arzneimittel-
versorgung durch Orientierung am konkreten Bedarf, besonders im Hinblick auf die Herstellung von Arzneimitteln für eher seltene Erkrankungen.

Corona-Risiken
Ähnliches gilt für Gefälligkeitsatteste von Ärzten, die letztendlich zu einer Verleugnung
der Gefährlichkeit von Corona beitragen. Politik und Strafverfolgungsbehörden reagieren
erfreulicherweise bereits. So hat die Ärztekammer Berlin als Berufsaufsicht für diese
Stadt zur Meldung von Verstößen aufgefordert und Verfahren eingeleitet.

Tab. 11.1 Wichtige systemimmanente Risiken, die die Patientensicherheit bedrohen

Risiko	Kommentar
Gesetze	Unzureichende gesetzliche Regelungen und Unterlassungen führen zu zunehmenden Risiken.
Vergütung	Wenig durchdachte Vergütungssysteme für den ambulanten und stationären Bereich verringern die Motivation von Ärzten und Pflegenden, Patienten bestmöglich zu therapieren. Vor allem das DRG-System steht in ständiger Kritik.
Digitalisierung	Massive Verzögerungen in der Umsetzung der Digitalisierung zum Nachteil von PS, z. B. aufgrund der Blockierung der elektronischen Patientenakte durch niedergelassene Ärzte und Ärztefunktionäre.
Cybersicherheit	Zunehmend sind Unternehmen und so auch Krankenhäuser von Hackerangriffen betroffen (z. B. im Kontext von erpresserischen Geldforderungen). Die erforderliche Datensicherheit wird damit in Frage gestellt und außer Kraft gesetzt.
Zielvereinbarungen in Chefarztverträgen	Fehlende gesetzliche Regelungen, die es Krankenhäusern untersagen, fragwürdige, rein profitorientierte Zielvereinbarungen zu Fallzahlsteigerungen abzuschließen (die häufig zu unnötigen Operationen führen).
Über- und Unterversorgung	Fehlen klarer Regularien für die Verhinderung einer Überversorgung (vor allem bei Privatpatienten) und einer Unterversorgung vor allem in ländlichen Regionen.
Arzneimittelsicherheit	Engpässe in der Versorgung mit Arzneimitteln im Kontext der Profitmaximierung von Pharmaunternehmen und fehlende Eindämmung des Einflusses von Lobbyisten auf politische Entscheidungen in der Gesundheitsversorgung. Kontraproduktiv wirkt hier vor allem die Akzeptanz der Produktion von Wirkstoffen für Standardpräparate durch Billiganbieter (z. B. aus China oder Indien). Mehr Transparenz und Kooperation in der Arzneimittelversorgung, auch auf europäischer Ebene, wird aber inzwischen eingefordert.
Medizinprodukte	Fehlen von nachhaltigen gesetzlichen Regeln für die Sicherheit von Medizinprodukten wie Brust- und Hüftimplantaten. Berücksichtigt werden sollte auch ein erhöhter Anspruch an die Qualität von Medizinprodukten auf der Grundlage eindeutiger gesetzlicher Regelungen für die Ahndung von Verstößen.
Leitlinien	Fehlendes Einschreiten des Gesetzgebers bei Interessenkonflikten in den zuständigen Gremien. Aktuell sind viele Gremien ein Spielfeld für sehr unterschiedliche Akteure mit interessenspezifischer Ausrichtung.
Verzahnung der Sektoren	Fehlendes Bemühen, Integrierte Versorgung als Regelversorgung zu etablieren und damit vor allem für ältere und multimorbide Patienten eine Versorgung ohne Brüche sicherzustellen.

11.2   Weitere Risiken

Entsprechenden Entwicklungen sollte vorgebeugt werden, denn sie sind kontraproduktiv für ein Gesundheitssystem, das zu den besten der Welt gehört!

Heilpraktiker
Zu überdenken wäre die Rolle von Heilpraktikern, denen eine fundierte medizinische Ausbildung fehlt. Einzelne politische Kreise erwägen, auch in Verbindung mit Todesfällen, diesen Berufsstand ganz auszuschalten. Allerdings müsste dazu der Nachweis erfolgen, dass die Qualität der Versorgung durch die genannte Berufsgruppe dauerhaft beeinträchtigt wird. Ein wesentlicher Schritt, um in dieem Bereich für mehr Patientensicherheit zu sorgen, wäre sicherlich eine qualifizierte Ausbildung mit umfassenden medizinischen Inhalten und staatlichen Prüfungen. Beides ist bisher nicht gegeben. Heilpraktiker ohne fundierte, medizinisch orientierte Ausbildung kann in Deutschland jeder werden!

Fragwürdige Qualitäts-Rankings
Nicht zu vernachlässigen in der Diskussion um Patientensicherheit sind Rankings von Zeitschriftenverlagen zur Qualität von Ärzten. Die Auswahl erfolgt teilweise nach fragwürdigen Kriterien, von unqualifizierten Personen (so kam es bereits zu falschen Zuordnungen zu Fachgebieten) und mit dem Anreiz, dass für die ausgewählten Ärzte Urkunden ausgestellt werden. Besorgniserregend ist, dass Patienten dadurch auf falsche Fährten geführt werden können, weil sie annehmen, der genannte „Experte" sei tatsächlich Spezialist auf dem jeweiligen Gebiet. Der Qualität unseres Gesundheitswesens und damit der Patientensicherheit sind solche Strategien sicher abträglich!

Forderungen freier Ärzte-Vereinigungen
Im Auge behalten werden sollten auch ärztliche Vereinigungen, die Systemveränderungen propagieren, wie zum Beispiel der Verein Freie Ärzte e. V. Gefordert werden »nicht mehr normierte« Patienten und eine Arzt-Patient-Beziehung ohne externe Einflussnahme. Neue Entwicklungen in Richtung Digitalisierung werden abgelehnt und offensichtlich auch behindert. Vision des Vereins ist eine Arzt-Patient-Beziehung, die weitgehend frei ist von exogenen Einflüssen. Dies gilt ebenfalls für Forderungen nach Autarkie bei Honorarfragen.

11.3   Thesen für nachhaltige Patientensicherheit

Patientensicherheit

- bedarf eines Paradigmenwechsels in Bezug auf die Krankenversicherung. Die Bürgerversicherung wäre als solidarische Versicherung ein gutes Instrument zur Sicherstellung von „gleicher Patientensicherheit für alle" und könnte verhindern, dass GKV-Patienten höheren Risiken ausgesetzt sind und schlechter behandelt werden als Privatpatienten.

- muss einem ganzheitlichen Ansatz folgen, der PS als Ergebnis einer zielgerichteten Bündelung der Aktivitäten von QM, RM und QS in den Versorgungseinrichtungen, aber auch im Sinne deren besserer Unterstützung durch die Gesundheitspolitik und externe Institutionen (Ärztekammern, Krankenversicherungen, Deutsche Krankenhausgesellschaft, Krankenkassen etc.) begreift.
- muss bei der Transformation vom „Gesundheitswesen" zum „Gesundheitsmarkt" sicherstellen, dass diese sich primär an den Belangen der Patienten und nicht an finanziellen Vorstellungen von Gesundheitsunternehmen orientiert.
- muss eine ausufernde Privatisierung im stationären Bereich zugunsten privater Klinikkettenbetreiber einschränken, aber auch einer entsprechenden Entwicklung im ambulanten Bereich durch die Übernahme von Medizinischen Versorgungszentren (MVZ) durch private Investoren vorbeugen, gegen die sich Kassenärztliche Vereinigungen und Bundesärztekammer bereits nachdrücklich ausgesprochen haben.
- muss auch ethische Grundsätze der Medizin ausreichend berücksichtigen.
- ist nur sicherzustellen, wenn den Bestrebungen von Krankenkassen und privaten Klinikkettenbetreibern zur Strukturbereinigung des Krankenhausmarktes mit Auslöschung kleiner Krankenhäuser Einhalt geboten wird.
- muss umfassend am demografischen Wandel orientiert sein und damit auch die besonderen Risiken für alte Patienten berücksichtigen (z. B. Altersanästhesie).
- muss beinhalten, dass jeder Patient an jedem Standort eine qualitativ hochwertige Versorgung erhält (insoweit sind kleine Krankenhäuser vor allem im ländlichen Bereich zu erhalten).
- muss sich, wenn man schon das Wort „Patientensicherheitskultur" verwenden will, auf ein konsentiertes Patientensicherheitskonzept (PSK) im Kontext enger Zusammenarbeit des Bundes und der Länder unter Einschluss ambulanter und stationärer Versorgungseinrichtungen gründen können.
- bedarf einer fundierten finanziellen Basis im Kontext eines notwendigen innovativen Konzepts für die finanzielle Sicherung von Krankenhäusern und ambulanten Leistungserbringern, auch im Hinblick auf die Bereitstellung von Investitionsmitteln und ein notwendiges (die Fallpauschalen ablösendes) System, das in angemessener Weise den Erfordernissen ambulanter und stationärer Leistungserbringer gerecht wird, besonders in Bezug auf Integrierte Versorgungsvorhaben.
- muss zukünftig mehr prospektiv in Verbindung mit der Entwicklung von Szenarien und Business Continuity Management (siehe auch Kap. 13) ausgerichtet sein, um die Bestandssicherung von Versorgungseinrichtungen (auch im Rahmen schwerer Krisen und Katastrophen) sicherstellen zu können.
- muss Prävention in massivem Umfang berücksichtigen.
- kann umfassend nur sichergestellt werden, wenn eine Neuausrichtung zu relevanten Entscheidungen für Gesundheit eine gesetzliche Basis erhält (z. B. Patientensicherheitsbeauftragte).

„Konsensentscheidungen" gemäß G-BA mit Dominanz der Krankenkassen sind hier ein unzureichender Weg. Dies zeigt auch die immer noch nicht gelöste Frage, was Qualität eigentlich sein soll und welche Qualitätskategorien Gültigkeit haben.

11.4   Schlussbetrachtung

Systemimmanente Risiken sind für die Versorger ein großes Problem. Gute Arbeit im Krankenhaus wird häufig durch entsprechende Risiken konterkariert. Beispiel: Der Operateur einer Hüfte kann noch so gute Arbeit leisten – „bricht" die Hüftprothese aufgrund schneller Materialermüdung, ist der Patient der Dumme. Dies ist nur ein Beispiel. Systemimmanente Risiken sind breit gefächert, und sie beziehen sich auch auf organisatorische Fragen wie z. B. Honoraraspekte, Digitalisierung, Cyberkriminalität und vieles mehr.

Einzuordnen sind hier auch Entwicklungen, die systemimmanenten Charakter erhalten könnten, wenn die Politik nicht einschreitet, wie z. B. Risiken im Kontext von Verschwörungstheorien (Corona-Pandemie), Risiken aus einem zu laschen Umgang mit Berufen ohne wirkliche medizinische Kompetenz (Heilpraktiker) oder auch aus fragwürdigen Konzepten für zukünftige Wege im Gesundheitswesen (Freie Ärzte e. V.). Hier gibt es für die Politik viel zu tun.

Beängstigend sind zunehmend auch die Patientensicherheit bedrohende Verhaltensweisen von Ärzten, wie die Ausstellung von falschen Rezepten, gefälschten Impfnachweisen oder Befreiung der Patienten von Corona-Auflagen. Eine neue Variante ist dieser aktuelle Fall: Ein Arzt will nicht mehr impfen, mit der Begründung, die Menschen kämen nur unter Druck zum Impfen und Impfungen gegen Corona seien Körperverletzung.

Solange die genannten Defizite nicht beseitigt sind, kann von einer „Patientensicherheitskultur" in Deutschland keine Rede sein!

11.5   Kontrollfragen

1. Was verstehen Sie unter dem Begriff „systemimmanente Risiken"?
2. Nennen Sie Beispiele mit Begründung für die Gefährlichkeit, z. B. auch im Hinblick auf Interventionen in der orthopädischen Chirurgie.
3. Warum muss die Gesundheitspolitik hier einschreiten?
4. Nennen Sie Defizite in der aktuellen Versorgung mit Arzneimitteln.

Literatur

Düllings, J. (2021). Ambulantisierung! Näher am Patienten. *KU Gesundheitsmanagement, 9*, 38–41.

Engartner, T. (01. April 2020). Krankes Gesundheitssystem. Ökonomisierung. Weg von der Bedarfs- hin zur Gewinnorientierung lautet seit langem die Devise für Kliniken. Die Corona-Krise zeigt, wie fatal das ist. *Der Freitag*. https://www.freitag.de/autoren/der-freitag/krankes-gesundheitssystem. Zugegriffen am 19.04.2021.

Engartner, T. (2021). *Staat im Ausverkauf – ein Weckruf. Privatisierung in Deutschland.* Campus.

Hellmann, W. (2020). Neue Risiken für Krankenhäuser und Lösungen zur Bewältigung. In W. Hellmann, F. Meyer, K. Ehrenbaum & I. Kutschka (Hrsg.), *Betriebswirtschaftliches Risikomanagement im Krankenhaus. Ein integrierter Bestandteil des Qualitätsmanagements* (S. 45–70). Kohlhammer.

Hellmann, W. (2021). Schwachstelle systemimmanente Risiken. In W. Hellmann (Hrsg.), *Kooperative Versorgungsformen – Chance für den ländlichen Raum* (S. 346–348). Mediengrupppe Oberfranken.

Strodtmann, L. (2021). Rechtssichere Einweisung in Medizinprodukte. *Niedersächsischess Ärzteblatt, 10*, 34.

Risiken für Patientensicherheit aufgrund von Strukturschwächen des Krankenhauses und Abhilfemaßnahmen

12

Wolfgang Hellmann

Inhaltsverzeichnis

Zusammenfassung

Es wird ein Überblick über die Risiken gegeben, die sich aus strukturellen Schwächen und Defiziten im Management von Krankenhäusern ergeben. Umfassende Vorschläge für ein Mehr an Sicherheit durch Verbesserungen der Struktur, des Managements, der Kommunikation und der Zusammenarbeit werden vorgelegt. Risiken im Kontext medizinischer Aufklärung und Therapie werden nur am Rande berücksichtigt.

W. Hellmann (✉)
Hemmingen, Deutschland
E-Mail: hellmann-w@t-online.de

© Der/die Autor(en), exklusiv lizenziert an Springer Fachmedien Wiesbaden
GmbH, ein Teil von Springer Nature 2022
W. Hellmann (Hrsg.), *Patientensicherheit*,
https://doi.org/10.1007/978-3-658-37143-2_12

12.1 Rollenverständnis

In Krankenhäusern ist häufig noch ein recht traditionelles Rollenverständnis anzutreffen. Festzustellen ist jedoch, dass der „Halbgott in Weiß" heute nicht mehr gefragt und auch ein hierarchischer Umgang mit Mitarbeitern wenig zeitgemäß ist. Begründbar ist dies durch neue Patienten- und Mitarbeiterklientele mit neuen Ansprüchen an Dialog und Zusammenarbeit. Optionen für einen Wandel des ärztlichen Rollenverständnisses werden vorgestellt, ebenso die Notwendigkeit eines Wandels der Rolle von Geschäftsführungen.

Die entsprechende Modifikation ist ein entscheidender Beitrag zu mehr Patientensicherheit im Krankenhaus. Die Zusammenarbeit wird optimiert, Abläufe können effizienter geplant und umgesetzt und neue Medizinstrategien für eine Optimierung der Patientenversorgung entwickelt werden. Wesentlich ist: Die Rolle der Entscheider kann nicht statisch betrachtet werden. Wie bei Führung und anderen Managementfunktionen bedarf es einer „additiven Anpassung" an die jeweils neuen Rahmenbedingungen.

12.1.1 Rolle des behandelnden Arztes

Der behandelnde Arzt (auch Chefarzt) wird zunehmend als „Partner für Gesundheit auf Augenhöhe" gesehen (Hellmann, 2017, 2021). Gut informierte und mit ihrer Krankheit vertraute Patienten erwarten eine offene und partnerschaftliche Gesprächsführung, z. B. im Hinblick auf eine gemeinsame (partizipative) Entscheidungsfindung zur Auswahl einer Therapie.

Ähnliches gilt für die junge Mitarbeitergeneration. Ihre Rollenerwartung ist eine andere als die der älteren Generationen. Sie fordert den Verzicht auf autoritäre Führung und erwartet kollegiale Zusammenarbeit mit Teamorientierung und Transparenz. Offene Karrierewege werden als selbstverständlich angesehen, ebenso der Zugang zu aktuellen Technologien wie Digitalisierung und Künstlicher Intelligenz.

Handlungsoptionen für den Chefarzt
Reflexion der eigenen Rolle: Ihre medizinische Sozialisierung prägt möglicherweise noch immer Ihr Führungsverhalten und den Umgang mit Patienten. Reflektieren Sie die möglichen Folgen der Beibehaltung einer streng hierarchischen Haltung! Sie werden zu dem Ergebnis kommen, dass ein Festhalten „an alten Zöpfen" zu Folgendem führen könnte: Ihre Patienten und Mitarbeiter werden Sie nicht ausreichend als Partner wahrnehmen, Mitarbeiter der jungen Generation Sie nicht wertschätzen. Damit ist geringe Patienten- und Mitarbeiterzufriedenheit vorprogrammiert. Sie selbst werden ebenfalls nicht zufrieden sein, wenn Ihnen Patienten und Mitarbeiter „die Gefolgschaft verweigern". Empfehlungen von Patienten werden ausbleiben, ärztlicher Nachwuchs (Medizinstudierende für das Praktische Jahr

und junge Ärzte für die Weiterbildung) wird sich nicht mehr bewerben. Dadurch werden Sie keine ausreichende Zahl von Fachärzten mehr sicherstellen können. Letztendlich wird damit die Zukunft Ihrer Abteilung in Frage gestellt.

Austausch mit Patienten und Mitarbeitern: Thematisieren Sie Ihre Sicht von Zusammenarbeit mit Patienten und Mitarbeitern. Bei Patienten bieten sich zahlreiche Gelegenheiten dazu, im Hinblick auf die Mitarbeiter können Sie die ohnehin anfallenden Mitarbeiterbesprechungen nutzen. Hier können Sie erfahren, was Ihre Gesprächspartner möchten oder auch nicht möchten und warum. Diese wiederum können von Ihnen Informationen dazu erhalten, wie eine Zusammenarbeit aus Ihrer Sicht aussehen sollte, wie Sie Führung interpretieren und welchen Zwängen zur Beibehaltung bestimmter Vorgehensweisen Sie unterliegen. Insgesamt können alle Beteiligten zu mehr Verständnis für das Gegenüber gelangen. Dies ist eine wichtige Grundlage für gute Zusammenarbeit.

Fallbeispiel – Innovationsdefizit des Chefarztes

Chefarzt A. war und ist ein Einzelkämpfer. Seine Abteilung ist sein „Ein und Alles". Er regiert hier uneingeschränkt. Kooperation ist für ihn eher ein Fremdwort. Den Vorschlag der Geschäftsführung, das Vorhaben eines interdisziplinären geriatrischen Zentrums mit gleichgestellten Chefärzten verschiedener Abteilungen anzugehen, lehnt er ab. Er argumentiert, dass seine Abteilung geriatrische Patienten gut versorgen kann und die Einrichtung eines Behandlungszentrums nicht zielführend sei. Diese Innovationsverweigerung kommt das Krankenhaus teuer zu stehen. Deutlich wird dies, als einer der Wettbewerber ein modernes Interdisziplinäres Zentrum einrichtet, was sich in der Region schnell herumspricht. Das neue Zentrum wird stark frequentiert, in der Abteilung von Chefarzt A. bleiben hingegen die Patienten aus. Damit einher geht eine Erlösminderung für die Fachabteilung bzw. für das Krankenhaus. Es entfällt ebenfalls die Möglichkeit, für die Patienten ein innovatives Konzept einer „Versorgung ohne Brüche" sicherzustellen. Der Patientensicherheit ist dies abträglich. ◄

Innovationsfähigkeit muss ebenfalls Merkmal eines modifizierten ärztlichen Rollenverständnisses sein. Ist sie nicht vorhanden, gefährdet dies nicht nur die Zukunft des Krankenhauses, sondern auch die Patientensicherheit.

12.1.2 Rolle der Geschäftsführung

Optimierungspotenzial besteht auch bei den Geschäftsführungen – bisher ein Tabuthema! Vor allem Chefärzte erwarten von der Geschäftführung eine gute Zusammenarbeit und Verständnis für das Problem, hohe Versorgungsqualität mit Wirtschaftlichkeit kompatibel machen zu müssen, statt dem Vorantreiben vorrangig ökonomischer Ziele.

Handlungsoptionen für die Geschäftsführung

Mitarbeiterzufriedenheit fördern: Berücksichtigen Sie, dass Unterstützung durch Chefärzte mit hoher medizinischer Expertise ein Pfund ist, mit dem Sie wuchern können. Kommunizieren Sie gute Zusammenarbeit mit den Chefärzten intern und extern. Dies nützt dem Ansehen des von Ihnen geführten Krankenhauses allgemein, ist aber auch eine Basis für die erfolgreiche Rekrutierung und Bindung junger Mitarbeiter der Generation Y. Für diese ist gute Zusammenarbeit ein wichtiges Merkmal für die Auswahl eines Krankenhauses.

Gespräche zur Optimierung der Zusammenarbeit nutzen: Nutzen Sie jede Möglichkeit, das Verhältnis zu den Fachabteilungen zu stärken. Regelmäßige Besuche in den Fachabteilungen sind geeignet, Ihre Rolle als „Kümmerer" für das gesamte Krankenhaus zu festigen und die Zusammenarbeit mit den Fachabteilungen zu stärken.

Fallbeispiel – Anspruch des Geschäftsführers auf Marktführerschaft

Der Geschäftsführer einer privaten Klinik ist neu. Er hat umfassende Managementerfahrungen in der Automobilindustrie gesammelt, der medizinische Bereich ist ihm nicht vertraut. Die Denkweise der Chefärzte, vor allem zur Problematik des Zwiespalts zwischen ethisch-ärztlichem Anspruch und zunehmender Profitorientierung im Krankenhaus, ist ihm somit fremd. Ihm geht es vor allem um Marktführerschaft. Eine seiner ersten Maßnahmen ist die Verfügung, dass Verträge für zukünftige Chefärzte eine Zielvereinbarung zu Fallzahlsteigerungen im Bereich Orthopädische Chirurgie enthalten. Da die Vergütung in der Klinik exorbitant hoch und somit attraktiv für Chefärzte ist, wird mehr operiert als zwingend notwendig, auch zum Nachteil von Patienten. ◀

In diesem Beispiel wird das Primat der Patientensicherheit in fahrlässiger Weise verletzt. Langfristig gesehen ist der Tunnelblick auf Profit für die nachhaltige Zukunftssicherung des Krankenhauses jedoch nicht zielführend, denn der Anspruch der Patienten an die Behandlungsqualität ist massiv gestiegen. Wirklich punkten kann ein Krankenhaus nur mit guter Behandlungsqualität und hoher Patientensicherheit.

Die Rückbesinnung von Geschäftsführung und Chefärzten auf die jeweils vorhandenen einschlägigen Kernkompetenzen erleichtert die notwendige partnerschaftliche Zusammenarbeit:

- Geschäftsführungen müssen ihrer originären Aufgabe, nämlich die Zusammenarbeit zu organisieren, angemessen nachkommen.
- Chefärzte müssen zwingend die gesamtwirtschaftliche Verantwortung mittragen.

Eine enge Zusammenarbeit muss ihren Niederschlag in gemeinsamen Strategien finden (z. B. Einrichtung Interdisziplinärer Behandlungszentren oder die Entwicklung neuer medizinischer Geschäftsfelder). Bedenken einzelner Chefärzte, die erweiterten Aufgaben zur Unterstützung der Geschäftsführung seien bei zunehmender Arbeitsdichte nicht zu realisieren, können durch kluge Modelle der Abteilungsführung abgefedert werden, z. B. durch die Delegation von Aufgaben des Managements der Fachabteilung an einen betriebswirtschaftlichen Abteilungsmanager und weitere Mitarbeiter (Hellmann, 2017).

12.2   Managementkompetenzen

Leitende und nachgeordnete Ärzte beherrschen in der Regel ihr Geschäft im Sinne hoher medizinischer Expertise. Häufig mangelt es jedoch an der Fähigkeit zu einem zielorientierten Management. Dies erscheint wenig zielführend, zumal es keine neue Weisheit ist, dass gutes Management der PS dienlich ist (Schilling et al., 2009; West, 2001).

Es empfiehlt sich deshalb, dass Ärzte Managementkenntnisse erwerben und diese, auch im Hinblick auf sich verändernde Rahmenbedingungen, kontinuierlich weiterentwickeln. Dies kann „statusorientiert" im Rahmen eines Fortbildungsstufenkonzepts erfolgen.

12.2.1 Was Managementkompetenzen mit Patientensicherheit zu tun haben

Der Zusammenhang zwischen Patientensicherheit und Managementkompetenzen mag auf den ersten Blick nicht direkt ersichtlich sein. Kompetenz im Management hat aber Einfluss auf die Behandlungsqualität und damit auf das Ergebnis Patientensicherheit. Zu betrachten ist hier vor allem die Fachabteilung, die eine hohe Behandlungs- und Servicequalität sichern muss (Schilling et al., 2009; West, 2001). Ein effizientes Abteilungsmanagement, vor allem des Chefarztes, ist dafür eine gute Grundlage. Es kommt darauf an, die Patienten zum jeweils richtigen Zeitpunkt angemessen aufzuklären und zu therapieren. Erfolgt dies nicht, ist die PS in Frage gestellt (z. B. durch einen verspäteten OP-Termin bei einer schweren Krebserkrankung oder eine nicht fristgerechte notwendige Anschlussbehandlung im ambulanten Bereich).

12.2.2 Definition und Vorhandensein von Managementkompetenzen

Der Begriff „Managementkompetenzen" ist nicht konsentiert und wird unterschiedlich definiert. Konsens ist, dass Managementkompetenzen ein Qualifikationsprofil beschreiben, das sich etwa durch folgende Eigenschaften und Fähigkeiten definieren lässt (Hellmann, 2017a, b, 2020):

- kommunikative und soziale Kompetenz,
- Kooperationsfähigkeit,
- Führungsqualitäten,
- grundlegendes betriebswirtschaftliches Wissen,
- Rechtssicherheit,
- Charisma mit der besonderen Eigenschaft, Mitarbeiter zu begeistern,
- Fähigkeit zu visionärem und kreativem Denken.

Grundlegende betriebswirtschaftliche Kenntnisse für alle ärztlichen Statusgruppen unterhalb der Chefarztebene

Ärzte sollten, unabhängig von ihrem Ausbildungsstand, folgende grundlegenden Kenntnisse und Fähigkeiten aufweisen:

- Grundlagen und Grundbegriffe der Allgemeinen Betriebswirtschaftslehre,
- Überblick über Art und Aufgaben der einzelnen Funktionsbereiche der Einrichtung (Beschaffung, Logistik, Produktion von Dienstleistungen, Marketing etc.),
- Grundlagen der Führung,
- Fähigkeit zur Arbeit im Team, z. B. bei interdisziplinären Projekten,
- Herstellung des Zusammenhangs zwischen Wirtschaftlichkeit, Wirtschaftlichkeitsgebot und zu erbringenden Leistungen in der Patientenversorgung.

Wünschenswert wäre dies auch für Medizinstudierende im Praktischen Jahr, insbesondere im Hinblick auf die Zusammenarbeit im Team.

Erweiterte betriebswirtschaftliche Kenntnisse für Geschäftsführung, Chefärzte und sonstige Führungskräfte

Umfassende managementorientierte und betriebswirtschaftliche Kenntnisse einschließlich umfassender Rechtssicherheit sind für die Geschäftsführung unverzichtbar. Dies ergibt sich vor allem aus der Steuerungsfunktion (Beushausen & Hüsemann, 2016).

Umfangreiche betriebswirtschaftliche Kenntnisse sind auch von den Chefärzten im Krankenhaus, den Leitern der ambulanten Einrichtungen in Versorgungsnetzen, den Controllern und den Abteilungsmanagern einzufordern. Bei Chefärzten und Leitern ambulanter Einrichtungen geht es vor allem um die Fähigkeit, rechtssicher agieren zu können, auch in ihrer Rolle als Vorgesetzte der Mitarbeiter und im Kontext von Compliance. Fundierte betriebswirtschaftliche Kenntnisse zur Steuerung der Fachabteilung (mit Unterstützung des Controllings) sind zwingend, sofern nicht ein eigenständiger Klinikmanager (Schilling, 2020) mit Steuerungsaufgaben betreut ist.

▶ **Praxistipp Managementwissen** Reflektieren Sie regelmäßig den Grad Ihres Managementwissens, auch im Kontext der Organisation Ihrer Fachabteilung. Oberstes Ziel muss sein, hohe Behandlungsqualität zu sichern und die Patienten zum richtigen Zeitpunkt mit dem Notwendigen zu versorgen (z. B. Untersuchung und Operation zum richtigen Zeitpunkt, effizienter Einsatz von Ärzten und der Pflege in der Abteilung). Erkennen Sie hier Defizite, überlegen Sie, ob Sie das Abteilungsmanagement optimieren können, beispielsweise durch eine bessere Organisation der Operationen (Einsatz der Oberärzte). Sie müssen nicht alles selbst machen! Delegieren Sie, wo es sinnvoll und notwendig ist. Bei zunehmend hoher Arbeitsdichte in der akuten Patientenversorgung wäre auch zu überlegen, ob ein ärztlicher Klinikmanager eingesetzt werden kann (Schilling, 2020). Dieser kann Sie bei Verwaltungs- und Planungsaufgaben massiv entlasten. Dies gilt besonders in schwierigen Zeiten (wie angesichts der Corona-Pandemie) mit möglicherweise notwendig werdenden strukturellen Veränderungen in Ihrer Fachabteilung.

Fallbeispiel zu fehlenden Managementkompetenzen

Im Rahmen zunehmenden Mangels an Leitenden Ärzten ist die Forderung nach Managementkenntnissen eher in den Hintergrund getreten; im Mittelpunkt steht ausschließlich die medizinische Expertise. Im Gespräch mit einem sich bewerbenden Oberarzt wird die Frage nach Managementqualifikationen nicht gestellt. Der Bewerber ist darüber nicht unglücklich, da er keine Managementfortbildungen absolviert hat. Als der zuständige Chefarzt aufgrund einer schweren Erkrankung für Monate ausfällt, wird der Leitende Oberarzt (kraft Amtes Vertreter des Chefarztes) neben der anspruchsvollen und umfassenden operativen Tätigkeit mit vielfältigen Managementaufgaben konfrontiert. Insbesondere kommt auf ihn die Aufgabe zu, die zunehmende Personalfluktuation von Pflegekräften aus der Abteilung zu stoppen. Diese Aufgabe kann er nicht erfüllen. Ihm fehlen grundlegende Kenntnisse zu Möglichkeiten der Mitarbeiterbindung bzw. einem flexiblen Mitarbeitereinsatz. Resultat ist, dass weitere Mitarbeiter die Abteilung verlassen. Die Patientenversorgung gelangt damit in den roten Bereich und die Patientensicherheit ist gefährdet. ◄

12.3   Kommunikation

Gute Kommunikation ist neben effizienter Führung entscheidend für die Gewährleistung hoher Patientensicherheit. Sie ist nur erzielbar als Gemeinschaftsaufgabe aller Mitarbeitenden im Krankenhaus. Erfolgt keine Abstimmung zwischen Ärzten und Pflegenden für die Arbeit am Patienten, kann dies fatale Folgen haben. Gute Versorgung für den Patienten kann ausbleiben, der behandelnde Arzt haftungsrechtlich belangt werden und das gesamte Krankenhaus einem Imageschaden ausgesetzt sein, soweit Defizite in der Versorgung an die Öffentlichkeit gelangen.

▶   Gute Kommunikation ist zentrale Grundlage für Patientenzufriedenheit!

Das Thema Kommunikation und seine Grundlagen wurden vom Autor schon mehrfach umfassend dargestellt (Hellmann, 2021). Nachfolgend werden deshalb nur einige Aspekte mit besonderer Relevanz für die Patientensicherheit berücksichtigt.

Kommunikative Kompetenz

Zielführende Kommunikation ist die Grundlage für gute Zusammenarbeit zwischen den Berufsgruppen und mit Patienten. Ihre Umsetzung in einem Gesundheitsunternehmen ist jedoch ein schwieriges Unterfangen. Voraussetzung dafür ist die kommunikative Kompetenz aller Beteiligten, also die Fähigkeit, mit Mitarbeitern und Partnern innerhalb und außerhalb des Krankenhauses sachbezogen und respektvoll zu kommunizieren.

Sind die genannten Voraussetzungen gegeben, kann sich dies in einem auf Vertrauen und Transparenz basierenden Umgang aller Beteiligten niederschlagen. In diesem Fall kann von einer Dialogkultur gesprochen werden (Abschn. 12.4).

Kommunikative Kompetenz ist nicht angeboren, aber erlernbar. Bei Bedarf sollten entsprechende Fortbildungen zum Erwerb kommunikativer Kompetenzen angeboten werden. Die Geschäftsführung ist gehalten, diese zu organisieren, um die Mitarbeiter zu befähigen, mit den Kunden des Krankenhauses adressatenspezifisch verbal zu kommunizieren und auch neuen Erfordernissen Rechnung zu tragen. Fortbildungen können dazu einen guten Beitrag leisten. Die Durchführung berufsgruppenübergreifender Schulungen ist empfehlenswert. Sie können einen Beitrag zu einer nachhaltigen Dialogkultur und damit für eine bessere Zusammenarbeit leisten.

Beispiel für mangelhafte Kommunikation

Ein Patient der Chirurgie hat sehr hohen Blutdruck und wird immer ängstlicher. Wie sich später herausstellt, ist die Ursache dafür ein kontinuierlich verabreichtes Medikament. Doch erst, als der Patient dem behandelnden Arzt gegenüber äußert, sein Zimmernachbar habe ihm geraten, den Kardiologen im Haus zur Einstellung des Blutdrucks aufzusuchen, klärt er den Patienten über den Zusammenhang auf. Wäre das bereits vorab erfolgt, hätte dieser sich nicht massiv ängstigen müssen.

Kommentar: Vollständige Information zum richtigen Zeitpunkt schafft Patientensicherheit! ◄

Kommunikative Kompetenz hat besondere Bedeutung für die Arbeit Leitender Ärzte

Gleiches gilt für die Fachabteilungen. Kommunikative Kompetenz ist in besonderer Weise von Leitenden Ärzten einzufordern. Dies gilt für den Umgang mit Patienten, Mitarbeitern und Kooperationspartnern gleichermaßen. Nur wenn diese Fähigkeit verankert ist, können notwendige Ziele zur Sicherung der dauerhaften Existenzfähigkeit eines Versorgers erreicht werden.

Kommunikative Kompetenz muss insbesondere auch bei allen in der Patientenversorgung Tätigen vorhanden sein. Im Mittelpunkt steht der Patient. Mit ihm muss in einer für ihn verständlichen Weise gesprochen werden. Neue Patientenklientele, wie „mündige", alte oder demente Patienten, machen dies zunehmend schwieriger. Gefragt ist in besonderer Weise die Fähigkeit zu „situativer Kommunikation".

Mündige Patienten stellen besondere Anforderungen an den behandelnden Arzt. Patienten mit guten Kenntnissen zu ihrer Erkrankung erwarten vom Arzt einen Dialog auf Augenhöhe mit Einbindung in die Entscheidung für die Auswahl einer bestimmten Therapie.

Ähnliches gilt für Mitarbeiter im Hinblick auf Entscheidungen in der Fachabteilung. Vor allem Mitarbeiter der Generation Y stellen besondere Anforderungen an Kommunikation und Führung. Außerdem: Fachkräfte aus anderen Kulturkreisen bestimmen aufgrund des Personalmangels zunehmend das Bild. Ihren Bedürfnissen und Wünschen muss Rechnung getragen werden.

▶ **Praxistipp – Fortbildungsangebote nutzen** Nutzen Sie die vielfältigen Möglichkeiten von Fortbildungsangeboten, zumal diese zunehmend keine längere Präsenz außerhalb Ihres unmittelbaren Wirkungsortes erfordern, sondern weitgehend am Dienstort als Online-Fortbildung absolviert werden können.

Worauf es im Einzelnen ankommt:

- Konstruktiver Dialog mit den Leitungen der anderen Fachabteilungen und der Verwaltung, z. B. bezüglich effizienter betriebswirtschaftlicher Steuerung der eigenen Abteilung.
- Adressatenspezifische Kommunikation und Kooperation mit den verschiedenen Mitarbeitergruppen, besonders mit Mitarbeitern aus anderen Kulturkreisen (u. a. Einführungsgespräche, Zielvereinbarungen, Kritik und Feedback, Konfliktbewältigung).
- Zielorientierte Verhandlungen mit dem Controlling, dem QM, den Kostenträgern und dem MDK zu Fragen von Organisation und betriebswirtschaftlicher Steuerung der Fachabteilung.
- Situativer Dialog mit unterschiedlich strukturierten Patientengruppen.

Beispiel für mangelhaften Dialog zwischen Chefarzt und Mitarbeiter

Die Kommunikation in der Fachabteilung ist schlecht. Dies macht sich an der Person des Chefarztes fest. Gespräche mit Mitarbeitern sind auf das Notwendigste beschränkt und werden häufiger auf dem Gang geführt. Dies gilt vor allem im Hinblick auf den Dialog mit Assistenzärzten. Konkreter Fall: Wie üblich, eilt der Chefarzt auf dem Weg in sein Büro voraus, der Assistenzarzt folgt im gebührlichen Abstand und wenig konzentriert. Die Anweisungen des Chefs nimmt er somit nur unvollständig wahr. Leidtragender ist ein Patient mit Herzrhythmusstörungen, denn er bekommt vom Assistenzarzt nicht das Medikament, das der Chefarzt angewiesen hatte. Dadurch wird seine Sicherheit als Patient massiv gefährdet. ◀

Kommunikation ist mehr als verbaler Informationsaustausch – digitale Transformation als Chance

Aus technischer Sicht beinhaltet Kommunikation den Erhalt von Daten durch einen Empfänger. Dieser erzeugt aus den Daten Informationen, aus denen Wissen generierbar ist. Dieses Wissen ist Grundlage für gezielte Handlungen. Es kann vom Menschen und (zukünftig) von Algorithmen erzeugt werden. Steigende Datenmengen eröffnen umfassende Chancen für die Gesundheitsversorgung, sind aber nicht einfach zu handhaben. Es bedarf einer spezifischen Aufbereitung, um daraus entscheidungsrelevante Informationen zu generieren. Insgesamt betrachtet sind nicht nur die Datenvolumina und die Zahl der Datenquellen massiv gestiegen, sondern auch die Zahl der Akteure. Folge ist, dass der Einsatz von Künstlicher Intelligenz zukünftig unverzichtbar sein wird, denn der Mensch alleine kann die neuen Herausforderungen nicht bewältigen (Kottmair et al., 2020).

Es kann jedoch keine spezifisch „digital orientierte" Kommunikation identifiziert und eingefordert werden. Vielmehr gelten die bekannten grundlegenden Konzepte der Kommunikation (Hoefert & Hellmann, 2008), ergänzt um Erfordernisse, die sich aus dem demografischen Wandel und neuen Patienten- und Mitarbeiterklientelen ergeben, nunmehr auch im Kontext der Digitalisierung. Sofern Sie dies umsetzen können, haben Sie dem Konzept des „**Additiven Managements**" Rechnung getragen.

Allerdings können von Führungskräften digitaler Unternehmen (zusätzliche) Qualifikationen eingefordert werden (Bellof, 2020), wenn es auch durchaus Überschneidungen zu bisher notwendigen Anforderungen gibt, z. B.:

- Komplexe Inhalte zur Unternehmensentwicklung so aufbereiten und darstellen zu können, dass sie auch von eher fachfremden Mitarbeitern verstanden werden, denn der Change erfordert, dass alle Mitarbeiter diesen mittragen.
- Kontinuierliches Kommunizieren des gemeinsamen Tuns und seiner Sinnhaftigkeit, auch zur Verdeutlichung des eigenen Handelns der Mitarbeiter und im Sinne der Motivationsförderung.
- Aneignung von Techniken (z. B. Moderationstechniken) mit Fokus auf nachhaltigen Informationsfluss für die Mitarbeiter. Dies erleichtert die Orientierung auf gemeinsame Ziele.

Patientensicherheit beginnt bereits im Empfangsbereich

Wie heißt es doch so schön: „Der erste Eindruck zählt". Dies gilt auch für den Eingangsbereich einer Klinik, einer Praxis oder eines Krankenhauses. Aufmerksames und freundliches Personal macht nicht nur einen guten Eindruck, sondern sorgt auch für hohe Patientensicherheit. Hier bestehen häufig Defizite. Schlecht ausgebildetes Personal mit Hang zum Dialog untereinander erhöht die Wartezeit für die Patienten und damit auch die Risiken (Hellmann, 2021).

Eine gute organisatorische Struktur im Empfangsbereich ist somit zwingend notwendig, ebenso wie kompetentes Personal mit kommunikativer Kompetenz und guter Dialogfähigkeit.

Die Qualität der Kommunikation beeinflusst den Therapieerfolg und damit die Patientensicherheit

Die Erwartungen des Patienten können eine Behandlung massiv beeinflussen (Frischmann, 2021). Auch bei wirksamen Medikamenten gibt es einen „Placebo-Effekt". So können positive Erwartungen den Erfolg einer Therapie verstärken. Dies kann zum Beispiel der Fall sein, wenn ein Freund des Patienten mit dem Medikament sehr gute Erfahrungen gemacht hat, dies an den Patienten euphorisch weitergibt („Nimm das Medikament, das hilft phantastisch") und damit beim Patienten eine positive Erwartungshaltung induziert.

Umgekehrt ist es beim „Nocebo-Effekt", wenn beispielsweise ein Bekannter mit Nachdruck seine schlechten Erfahrungen mit einem Medikament beschreibt. Das Resultat kann sein, dass der Patient dies verinnerlicht und negative körperliche Veränderungen das Ergebnis sind.

Analoge Effekte können bei der Kommunikation zwischen Arzt und Patient auftreten.

12.4 Dialogkultur

„Dialogkultur" ist vielerorts noch ein Fremdwort (Hellmann, 2019). Doch was lässt sich unter diesem Begriff konkret verstehen?

Dialogkultur ist mehr als gute Kommunikation. Sie zeichnet sich aus durch ein Bewusstsein für eine berufsgruppenübergreifende Gesprächs- und Begegnungskultur, die auf kommunikativer Kompetenz aller Mitarbeiter im Krankenhaus beruht.

Grundlegende Bedeutung einer Dialogkultur

Die dauerhafte Bestandssicherung von Einrichtungen der Gesundheitsversorgung ist ohne Dialogkultur nicht erreichbar. Dieser Grundsatz wurde bereits mehrfach artikuliert und beinhaltet eine auf Vertrauen und Transparenz basierende Grundstimmung der Mitarbeiter im Krankenhaus, die sich in einem empathischen und vertrauensvollen Umgang der Mitarbeiter untereinander und im Umgang mit Patienten niederschlägt (Hellmann, 2019, 2021).

Eine nachhaltige Dialogkultur ist essenziell für die Sicherung von Qualität im Krankenhaus. Die erfolgreiche Umsetzung setzt ein modifiziertes Führungs- und Rollenverständnis von Geschäftsführung und Chefärzten voraus (Abschn. 12.1). Sofern sie nachhaltig implementiert ist, besteht die Möglichkeit, sie im „Leitbild des Krankenhauses" und einer nachhaltigen „Corporate Identity" zu verankern. Besondere Bedeutung hat sie auch für das „Change Management" und eine erfolgreiche und nachhaltige Fehlerkultur (Hellmann, 2021).

Wertschätzung und Freundlichkeit von Seiten des Arztes und des Pflegepersonals bei Aufnahme, Visite und Therapie in Kombination mit einer fachlich einfachen Sprache (ohne spezifische und schwer verständliche Fachtermini) fördern das Wohlbefinden des Patienten und tragen damit zur Verbesserung seines Gesundungsprozesses bei. Analoges gilt für die Zusammenarbeit der Mitarbeiter untereinander.

Dialogkultur als Voraussetzung für erfolgreiches Change Management

In Zeiten von Finanzmangel, Personalmangel und scharfem Wettbewerb gilt es mehr denn je, Organisationsstrukturen kontinuierlich zu optimieren oder ganz neu zu gestalten. Ohne nachhaltige Dialogkultur ist ein erfolgreiches **Change Management** nicht umsetzbar, denn Veränderungen lassen sich nur umsetzen, wenn alle Beteiligten mitgenommen werden können und aus eigener Überzeugung hinter dem Wandel stehen.

▶ **Praxistipp zum Change Management** Für den Erfolg von Veränderungen genügt es nicht, die Mitarbeiter über Ziele, Folgen und Veränderungen zu informieren. Um alle dazu zu motivieren, sich aktiv am Change zu beteiligen (z. B. bei der Zusammenlegung von Abteilungen oder dem Aufbau neuer Strukturen), müssen im Sinne der Dialogkultur die Bedürfnisse, Vorstellungen und Befürchtungen der Mitarbeiter berücksichtigt und einbezogen werden. Konkret bedeutet dies, dass Sie Transparenz im Hinblick auf wichtige Entscheidungen herstellen, zuhören, Ängste ausräumen und kreative Freiräume schaffen, in denen die Einzelnen sich einbringen können!

Dialogkultur als Grundlage für eine positive Fehlerkultur

Eine nachhaltige Fehlerkultur ist Merkmal eines umfassenden Risikomanagements (URM). Sie ist definiert als angemessener Umgang mit Fehlern. Im Mittelpunkt stehen die Vermeidung und ein angstfreier Umgang mit Fehlern.

Eine nachhaltige Fehlerkultur ist, wie ein Change, nur auf der Grundlage einer Dialogkultur erfolgreich realisierbar. Sie schafft die Voraussetzungen für eine angstfreie und ergebnisorientierte Kommunikation innerhalb der gesamten Belegschaft des Unternehmens und ist zentrale Voraussetzung für den Risikodialog (Hellmann & Ehrenbaum, 2020).

Bitte berücksichtigen Sie: Eine nachhaltige Dialogkultur ist der Schlüssel zur Identifizierung von Fehlern und damit zu mehr PS! Gefördert werden kann eine Fehlerkultur durch die Anwendung definierter Instrumente wie „Anonyme Fehlermeldesysteme (z. B. CIRS)".

Gute Kommunikation und Dialogkultur sind nicht voneinander zu trennen

Gute Kommunikation ist die Voraussetzung für eine nachhaltige Dialogkultur, die Dialogkultur ist Grundlage für die Gewährleistung einer guten Fehlerkultur, und diese ist wiederum die Basis für eine dauerhafte Bestandssicherung einer Versorgungseinrichtung. Sie erfordert kommunikative Kompetenz der Mitarbeiter und die damit verbundene Bereitschaft zur übergreifenden Zusammenarbeit.

Neben der verbalen Kommunikation wird die technische Kommunikation immer mehr an Bedeutung gewinnen. Die Geschäftsführungen müssen dies in ihre Überlegungen zur Etablierung einer nachhaltigen Dialogkultur einbeziehen. Letztendlich muss diese beinhalten, dass jeder versteht, was der Andere meint. Dies ist Voraussetzung für konsentiertes und kooperatives Handeln bei unterschiedlichen Aufgaben in der Patientenversorgung.

12.5 Führung und Mitarbeitermotivation

Über Führung wird viel und endlos diskutiert. Dies ist verständlich. Effiziente Führung, auch im Kontext neuer Mitarbeiterklientele (Generation Y) und Rahmenbedingungen (aktuell der Corona-Pandemie), ist in Versorgungseinrichtungen leider nur eingeschränkt anzutreffen.

Der Hype um Führung ist dennoch wenig zielführend. „Alter Wein in neuen Schläuchen" dient oft mehr den Beratungsunternehmen als den Patienten. Nachfolgend geht es um grundlegende Anforderungen an Führung im Kontext neuer Rahmenbedingungen.

Definition von Führung

Führung beinhaltet die Gesamtheit der Aktivitäten zu einem effizienten Mitarbeitereinsatz im Unternehmen und zur Steuerung von Kooperationen, z. B. in Gesundheitsnetzen mit Leistungserbringern aus unterschiedlichen Versorgungsbereichen. Herausragende fachliche Expertise und Managementkompetenzen mit Fähigkeit zur Mitarbeitermotivation sind wesentliche Grundlagen erfolgreicher Führung. Die Ansprüche an Führung sind höher geworden; Führung muss allerdings nicht völlig neu justiert, sondern je nach Rahmenbedingungen angepasst werden.

Führungseffizienz ist grundlegendes Merkmal für gute Führung!

Es wäre nicht weitsichtig, Führungseffizienz nur mit einer einzelnen handelnden Person zu verbinden (z. B. Chefarzt). Sie kann vielmehr maßgeblich durch Konzepte getragen werden, die erfolgreiche Führung fördern (z. B. Chefarzt als Manager, Oberärzte für das operative medizinische Geschäft, Abteilungsmanager für das betriebswirtschaftliche Management).

Führung bedeutet also auch die Fähigkeit, diese organisatorisch gestalten zu können, z. B. im Kontext der Delegation von ärztlich orientierten Aufgaben an die Pflege.

Beispiel für mangelnde Teamorientierung

Teamorientierung ist für den Chefarzt eher ein Fremdwort. Insoweit ist er bei seinen beiden Ärzten aus der Generation Y nicht sonderlich beliebt. Dennoch regt er ein Projekt „Behandlungspfade" an. Bei der Planung fällt einem der jungen Ärzte auf, dass dem notwendigen Aspekt der Rechtssicherheit nicht Rechnung getragen wird. Seinen Einwand fegt der Chefarzt mit den Worten vom Tisch: „Wir als Chirurgen wissen auch, was rechtlich richtig ist". Diese Aussage, wenn sie denn praktische Relevanz hätte, ist nicht zielführend. Wäre nicht ein erfahrener Kollege den Bedenken des jungen Arztes gefolgt, hätte ein Pfad entstehen können, der der Notwendigkeit von Patientensicherheit nicht ausreichend Rechnung getragen hätte. ◄

Mitarbeitermotivation ist Grundlage guter Führung

Nachhaltige Mitarbeitermotivation ist grundlegend und unverzichtbar für erfolgreiche Führung und für die Bestandssicherung des Krankenhauses. Nur fähige und gesunde Mitarbeiter können hohe Patientensicherheit dauerhaft gewährleisten (Strametz, 2021). In einer Zeit knapper personeller und finanzieller Ressourcen und Krisen wie Corona ist effektive und nachhaltige Mitarbeitermotivation ein komplexes und schwieriges Unterfangen. Neuen Ansprüchen muss Rechnung getragen werden, auch im Kontext der Digitalisierung. Das „Wie" der Mitarbeitermotivation in schwierigen Zeiten wurde an anderer Stelle bereits umfassend beschrieben (Hellmann, 2021).

Patientenorientierte Mitarbeiterauswahl

Über die Einstellungspraxis in Krankenhäusern kann man sich an manchen Stellen nur wundern. Dies gilt vor allem für Nachwuchskräfte aus der Generation Y. Bei allem Verständnis dafür, dass das Angebot begrenzt ist, genügt eine rein formale Orientierung auf ein gutes Zeugnis und ein sicheres Auftreten nicht. Hinterfragt werden sollte vor allem die Orientierung auf den Patienten im ärztlichen Alltag, konkret auch das Selbstmanagement. Kann davon ausgegangen werden, dass der Ich-Bezug beim Bewerber überproportioniert verankert ist, dürfte dieser für die Patientenversorgung eher nicht die richtige Wahl sein.

Grundsätzlich neuer Führung bedarf es nicht

Die grundlegenden Qualifikationen, die für die Führung traditioneller Gesundheitseinrichtungen galten, gelten noch immer (Beushausen & Hüsemann, 2014, 2016).

So ist die Forderung nach **Führung auf Distanz** nicht grundsätzlich neu. Sie wird schon länger umgesetzt, z. B. in Kooperationen oder Verbünden. Entscheidend ist ein geeignetes organisatorisches Prinzip mit der Möglichkeit zu Video- und Telefonkonferenzen und schneller Erreichbarkeit der Mitarbeiter und der Projektgruppen, damit Mitarbeitersteuerung aus der Ferne möglich wird. Führung auf Distanz wird allerdings auch zukünftig in Versorgungseinrichtungen eher die Ausnahme als die Regel sein können, zumindest in der angewandten Patientenversorgung.

Interessant sind Vorschläge, die **Führung auf Sicht** propagieren. Dieses Konzept fokussiert auf eine schnelle Anpassungsstrategie, die sich aus nicht überschaubaren, wechselnden Veränderungen für ein Unternehmen ergeben.

Ebenfalls ist bei zunehmenden Risiken Wert auf eine **Kultur der Achtsamkeit** zu legen, die die Fähigkeit von Führungskräften zu situativem Handeln erfordert, vor allem im Kontext von unerwarteten Krisen (Krahe & Kirstein, 2020).

Die geforderte Anpassung an neue Arbeitsformen und Kommunikationserfordernisse, auch im Zusammenhang mit der Digitalisierung in Einrichtungen des Gesundheitswesens (vor allem in Gesundheitsnetzen), hat eher sekundären Charakter. Insofern bedarf es keines „neuen Typs" von Führung (Gronau, 2020), wie sie für die Digitalisierung eingefordert wird, sondern einer „additiven Führung" als Teil eines „additiven Managements" (Hellmann, 2021).

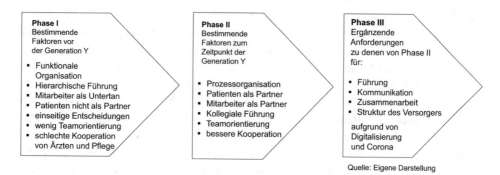

Quelle: Eigene Darstellung

Abb. 12.1 Additive Führung – Veränderte Rahmenbedingungen implizieren neue Strategien

Führung muss ebenfalls einschließen, sich um die Gesundheit der Mitarbeiter zu kümmern und diese zu fördern. Bei zunehmender Arbeitsdichte, Fachkräftemangel und massivem ökonomischem Druck nimmt der Stress für Mitarbeitende zu, Erkrankungen und Arbeitsausfälle sind die Folge. Diesem ist seitens der Führungskräfte vorzubeugen (Hellmann, 2008, 2021; Strametz, 2021; siehe auch Abschn. 12.7). Additive Führung ist hier Gebot der Stunde (Abb. 12.1).

12.6   Zusammenarbeit

Gute Zusammenarbeit aller Mitarbeiter im Krankenhaus ist unverzichtbar für ein gutes Ergebnis in Bezug auf Patientensicherheit. Basis dafür ist eine nachhaltige Dialogkultur mit Dialogfähigkeit aller Beteiligten. Fehlt eine gute Dialogkultur, ist effiziente Zusammenarbeit nicht möglich.

Für die Gewährleistung von Patientensicherheit und die Bestandssicherung des Krankenhauses sind vor allem drei Ebenen der Zusammenarbeit von Bedeutung, die nachfolgend kurz umrissen werden.

Zusammenarbeit zwischen Geschäftsführung und Leitenden Ärzten
Basierend auf einem neuen Rollenverständnis (Abschn. 12.1), muss die Zusammenarbeit die Rückbesinnung auf die jeweiligen Kernkompetenzen einschließen. Für die Geschäftsführung ist hier vor allem die Verantwortlichkeit für die Organisation der Zusammenarbeit von Bedeutung, für die Leitenden Ärzte die Übernahme betriebswirtschaftlicher Mitverantwortung. Neue Strategien für Kooperationen und neue Medizinstrategien (z. B. Einrichtung von Behandlungszentren, Integrierte Versorgung), auch im Kontext des zweiten Gesundheitsmarktes, sind gemeinsam zu entwickeln (siehe auch Hellmann, 2014).

Zusammenarbeit zwischen Ärzten und Pflege
Die Pflege klagt nach wie vor über mangelnde Wertschätzung und Anerkennung. Zweifellos ist hier einiges zu tun. Worten müssen Taten folgen. Es kann nicht sein, dass sich die

Politik auf warme Statements zurückzieht und die Situation, insbesondere von Pflegenden in stationären Einrichtungen und in der Altenpflege, nicht einem angemessenen Niveau zugeführt wird. Beinhalten muss dies mehr Kompetenzen für die Pflege.

Zur Wahrheit gehört aber auch, dass Pflege selbst nur wenig tut, um die Situation zu verbessern. Einzelne Pflegefunktionäre erhalten die „Opferrolle der Pflege" und tragen selbst wenig zu einer Optimierung der Bedingungen für die Pflege bei. Beispielhaft sei dies belegt durch die Unfähigkeit von Pflegekammern, sinnvolle Regelungen für ihre Mitglieder anzustreben. Die Kammern in Niedersachsen und Schleswig-Holstein mussten aufgrund von Mangelverwaltung geschlossen werden. Hang zur Selbstüberschätzung und exzessiver Selbstdarstellung der vor Ort agierenden Funktionäre dürften dafür den Ausschlag gegeben haben. Damit bleiben das Insistieren auf einer Zusammenarbeit „auf Augenhöhe" mit Ärzten und Forderungen wie „Ärzte müssen abgeben lernen" auch weiterhin nicht mehr als eine berufspolitische Komödie. Ganz zu schweigen vom Insistieren auf weitere unreflektierte Akademisierung ohne Nutzen für eine Optimierung aktiver Pflege am Krankenbett (Abschn. 2.5).

Der Begriff „Kundenorientierung" wird von Krankenhausärzten nicht gerne gehört, denn sie sind der Ansicht: „Der Patient ist kein Kunde"! Das ist er natürlich doch, zumindest dann, wenn man den Servicegedanken berücksichtigt. Und das sollte jede Versorgungseinrichtung tun. Unbekannt ist in Kliniken meist das „Prinzip Interner Kunde", d. h., jeder Mitarbeiter ist Kunde eines anderen Mitarbeiters. Dies gilt auch für die Beziehung zwischen Geschäftsführung und Chefarzt. Eine schlechte Zusammenarbeit zwischen den genannten Entscheidern verhindert konsentierte Konzepte für Projekte zur Integrierten Versorgung, damit eine Optimierung der Versorgung für ältere und multimorbide Patienten und auch die Gewährleistung hoher Sicherheit für Patienten.

Beispiel für gute Zusammenarbeit

Dass eine gute Zusammenarbeit von Ärzten und Pflegenden mit dem Fokus auf Patientensicherheit möglich ist, zeigt zum Beispiel das Konzept KoPM® – Kooperatives Prozessmanagement. Es ist gekennzeichnet durch eine enge Zusammenarbeit von Ärzten und Pflegenden im „therapeutischen Team". Der Zusammenhalt wird dadurch gefördert, die Behandlung optimiert und Kosten können eingespart werden (Düsenberg, 2016; Stratmeyer et al., 2019). ◄

Im Übrigen: Zusammenarbeit kann man lernen (Höppner & Büscher, 2011; Körner & Becker, 2018; Mette, 2018).

Zusammenarbeit zwischen Beauftragten für Patientensicherheit und Patienten

Patienten können wichtige Beiträge zur Optimierung von Zusammenarbeit mit Fokus auf PS leisten. Das müssen sie aber wollen. Ziele und Aufgaben müssen ihnen verständlich gemacht werden und die Betreuer müssen einschlägig geschult sein.

Gute Zusammenarbeit in einer Versorgungseinrichtung ist zentrales Fundament für PS. Sie muss basieren vor allem auf einem guten Miteinander der Führungskräfte mit den Mitarbeitenden, aber auch zwischen den verschiedenen Berufsgruppen auf Grundlage einer nachhaltigen Dialogkultur. Respekt für das jeweilige Gegenüber und Offenheit gegenüber den jeweiligen Anliegen des Anderen ist ein zielorientierter Schrittmacher.

Gute Zusammenarbeit muss auch von den Patienten eingefordert werden. Ihre Anliegen können am besten umgesetzt werden, wenn sie sich selbst einbringen und Ärzte und Pflege unterstützen, z. B. durch die Bereitschaft, gesundheitsbildendes Wissen zu erwerben und in die Diskussion einzubringen.

12.7   Mitarbeitergesundheit

Kein Zweifel dürfte daran bestehen, dass Chefärzte an der Gesundheit ihrer Mitarbeiter interessiert sind. Vielerorts wird ein Engagement jedoch abgelehnt, meist mit der Begründung, dass die Geschäftsführung dafür zuständig sei. Dies ist jedoch nicht ganz richtig. Gesunde Mitarbeiter sollten ein „gemeinsames Projekt" von Geschäftsführung und Abteilungen sein. Denn der Chefarzt „vor Ort" kennt seine Mitarbeiter genau, er weiß, wo der Schuh drückt, und kann z. B. bei Überforderung durch Stress Maßnahmen zum Gesundheitsschutz der Mitarbeiter einleiten. Unterstützt er hier nicht, ist dies eine Unterlassung. Sie kann zum Schaden von Patienten sein, denn nur gesunde Mitarbeiter können Patienten mit hoher Qualität versorgen.

Es gibt durchaus Krankenhäuser und Fachabteilungen, die zentral auf Mitarbeitergesundheit fokussieren. Sieht man von den Mitgliedern des DNGfK (Deutsches Netz Gesundheitsfördernder Krankenhäuser) ab, ist dies aber eher die Ausnahme. Insbesondere Fachabteilungen tragen der Notwendigkeit der Förderung von Mitarbeitergesundheit häufig wenig Rechnung, zwangsläufig verschärft in Krisen wie der Corona-Pandemie. Oft wird die Zuständigkeit dafür bei der Geschäftsführung gesehen, es handelt sich jedoch um eine Gemeinschaftsaufgabe. Die Leitung der Fachabteilungen darf sich bei diesem Thema nicht der Verantwortung entziehen, eine enge Zusammenarbeit mit der Geschäftsführung ist zwingend einzufordern.

Mitarbeitergesundheit bedarf höchster Aufmerksamkeit

Es ist erfreulich, dass Mitarbeitergesundheit, insbesondere im Kontext von Stress mit nachfolgenden Erkrankungen, aktuell wieder umfassend thematisiert wird (Strametz, 2021). Ursache dafür ist die massive Zunahme von Erkrankungen von Mitarbeitern durch immer schlechter werdende Arbeitsbedingungen im Kontext von Fachkräftemangel und steigender Arbeitsdichte. Anders ausgedrückt: Immer weniger vorhandene Arbeitskräfte müssen immer mehr leisten.

Das Problem Gesundheitsförderung für Mitarbeiter ist allerdings nicht neu. Gesunde und leistungsfähige Mitarbeiter sind ein entscheidender Erfolgsfaktor für ein Unternehmen; sie sind wichtig für den Weg zu mehr Qualität und damit auch zu mehr Patientensicherheit (Hellmann, 2007a, b, 2021; Moock & Bahr, 2014). Obwohl dies seit nahezu zwei Jahrzehnten bekannt ist, hat sich wenig zugunsten der Mitarbeiter verändert.

Die Geschäftsführung ist übergreifend für Gesundheitsvorsorge und Gesundheitsförderung der Mitarbeiter verantwortlich

Die Geschäftsführung ist gehalten, Konzepte zur Gesundheitsförderung zu entwickeln und im Unternehmen zu implementieren. Dies ist nicht notwendigerweise breiter zu begründen.

Die Fachabteilungen müssen ergänzend unterstützen. Denn nur in den Fachabteilungen kann zielgerichtet identifiziert werden, welche Mitarbeiter massivem Stress oder anderen gesundheitlichen Gefahren ausgesetzt und damit für Burnout und Erkrankungen disponiert sind. In Übereinstimmung mit den Betroffenen muss die Geschäftsführung Maßnahmen zum Schutz einleiten, die in den Fachabteilungen umgesetzt werden müssen. Eine mögliche Vorgehensweise:

- Identifizierung gesundheitlicher Erfahrungen am Arbeitsplatz,
- Erstellung eines Maßnahmenkataloges zur Reduzierung von Gesundheitsgefahren,
- Erarbeitung von Vorschlägen zur Gesundheitsförderung und Begleitung der Umsetzung,
- Evaluation und Weiterentwicklung im Sinne eines kontinuierlichen Verbesserungsprozesses (KVP)
- Unterstützung des Gesundheitsverhaltens.

▶ **Praxistipp zur Mitarbeitergesundheit** Sofern ein übergreifendes Konzept zur Mitarbeitergesundheit in Ihrer Einrichtung nicht existiert, sollten Sie als Geschäftsführung ein solches (gemeinsam mit den Fachabteilungen) entwickeln und implementieren. Machen Sie den Fachabteilungen Vorschläge, wie ggf. Unterstützung für Betroffene (bei Berücksichtigung der einschlägigen Patientenrechte und des Datenschutzes) aussehen kann. Berücksichtigen Sie dabei: Das Marketing eines Konzepts für MItarbeitergesundheit könnte sich positiv auf die Bemühungen um ärztlichen Nachwuchs auswirken, vor allem, wenn Stellen für Medizinstudierende im PJ besetzt werden sollen (siehe Hellmann, 2021).

Mitarbeitergesundheit ist ein entscheidender Faktor für ein gutes Ergebnis Patientensicherheit. Nur gesunde und motivierte Mitarbeiter werden Patienten gut versorgen und auch zielorientiert Ärzte zum Wohl des Patienten unterstützen, z. B. im Kontext notwendiger Abläufe im OP-Bereich. Es empfiehlt sich deshalb die Entwicklung eines Konzepts für Mitarbeitergesundheit, initiiert von der Geschäftsführung und umgesetzt in enger Zusammenarbeit mit den Fachabteilungen.

12.8   Bauen, Umwelt, Energie

Risiken für Patienten ergeben sich auch aus schlechten baulichen Gegebenheiten, Umweltdefiziten und Energieproblemen.

Freundliche und gut begehbare Patientenzimmer stärken die Befindlichkeit von Patienten. Dabei spielt die optische Wahrnehmung eine wichtige Rolle (Dohrmann, 2021). Gute Befindlichkeit ist auch eine Basis für mehr Patientensicherheit.

Ähnliches gilt für eine **ausreichende Energieversorgung** (Habel, 2021). Energieausfälle mit Einschränkungen wie Ausfall von TV-Geräten vermindern das Befinden von Patienten. Sie bedrohen bei längerer Dauer auch direkt die Sicherheit von Patienten, z. B. in der Intensivmedizin.

Darüber hinaus muss über Maßnahmen nachgedacht werden, die dem **Klimaschutz** dienen (Kölking, 2021). Klimaschutzmaßnahmen nutzen nicht nur der Umwelt allgemein, sondern können auch einen Beitrag zu mehr Wohlgefühl der Patienten leisten. Gedacht sei hier z. B. an Begrünungen von Balkonen etc., die auch für eine „freundliche Umgebung" sorgen.

Insgesamt zeigt sich die Notwendigkeit grundlegend neuer Wege in Sachen Bauen, Umwelt und Energie. Dies würde nicht nur der Allgemeinheit, sondern auch der Akquisition und Bindung von Patienten dienen. Bekanntlich beurteilen Patienten die Qualität eines Krankenhauses vor allem anhand von Rahmenbedingungen und Servicefunktionen, da sie die Qualität der Behandlung in der Regel nicht beurteilen können.

12.9   Schlussbetrachtung

Wichtige Managementfunktionen bedürfen der ständigen Überprüfung und Optimierung im Sinne eines Kontiniuerlichen Verbesserungsprozesses (KVP). „Additives Management" ist hier das Instrument der Wahl. In der Regel heißt dies nicht, Bewährtes einfach zu ersetzen, sondern das Bewährte zu erhalten und innovativ zu ergänzen.

12.10   Kontrollfragen

1. Was haben Managementkompetenzen mit Patientensicherheit zu tun?
2. Warum nimmt die Bedeutung von „situativer Führung" zu?
3. Welche Bedeutung hat ein modifiziertes Rollenverständnis von Ärzten im Kontext veränderter Rahmenbedingungen mit neuen Mitarbeiter- und Patientenklientelen?
4. Warum ist gute Kommunikation besonders wichtig in Bezug auf die Zusammenarbeit in kooperativen Versorgungsstrukturen?

5. Begründen Sie die Aussage: „Transparenz im Hinblick auf Entscheidungen des Chefarztes ist zentral bedeutsam für die Mitwirkung von Mitarbeitern an Veränderungs-
projekten".
6. Kann man Zusammenarbeit lernen, und wenn ja, wie?
7. „Gesunde Mitarbeiter sind ein Erfolgsfaktor." Was bedeutet dies bezüglich der Mitarbeiter im Krankenhaus?
8. Warum ist die Fachabteilung für die Förderung der Gesundheit ihrer Mitarbeiter von
besonderer Bedeutung?
9. Viel diskutiert wird über die Bedeutung von zielorientierten Einrichtungskonzepten für
die Patientenunterbringung. Warum ist das wichtig?

Literatur

Rollenverständnis

Hellmann, W. (2017). *Kooperative Kundenorientierung im Krankenhaus.* Kohlhammer.
Hellmann, W. (2021). *Kooperative Versorgungsformen – Chance für den ländlichen Raum. Praxisbeispiele, Konzepte, Wissensvermittlung.* Mediengruppe Oberfranken.

Managementkompetenzen

Beushausen, T., & Hüsemann, S. (2016). Führung als Ergebnisorientierung. In W. Hellmann,
T. Beushausen & J. Hasebrook (Hrsg.), *Krankenhäuser zukunftssicher managen. Aufgaben defi-
nieren, Fachabteilungen stärken, Prozesse organisieren* (S. 50–60). Kohlhammer.
Hellmann, W. (2017a). Die Fachabteilung – Protagonist für die Umsetzung einer neuen Sicht von
Kundenorientierung und Qualitätsmanagement. In W. Hellmann (Hrsg.), *Kooperative Kunden-
orientierung im Krankenhaus. Ein wegweisendes Konzept zu mehr Qualität im Krankenhaus*
(S. 91–119). Kohlhammer.
Hellmann, W. (2017b). Erwerb von Managementkompetenzen – ein Muss für Ärzte, Pflege, Ge-
schäftsführung und fortgeschrittene Medizinstudierende. In W. Hellmann (Hrsg.), *Kooperative
Kundenorientierung im Krankenhaus. Ein wegweisendes Konzept zu mehr Qualität im Kranken-
haus* (S. 143–157). Kohlhammer.
Hellmann, W. (2020). Effiziente Fort- und Weiterbildung als Grundlage für die Bestandsicherung
des Krankenhauses. In W. Hellmann, F. Meyer, G. Ohm & J. Schäfer (Hrsg.), *Karriereplanung
für Mediziner. Der Weg in Führungspositionen ist weit, aber er lohnt sich* (S. 266–286).
Kohlhammer.
Schilling, T. (2020). Ärztlicher Klinikmanager – Management der Fachabteilung mit dem und für
den Chefarzt. In W. Hellmann, F. Meyer, G. Ohm & J. Schäfer (Hrsg.), *Karriereplanung für
Mediziner. Der Weg in Führungspositionen ist weit, aber er lohnt sich* (S. 221–232). Kohlhammer.
Schilling, T., Jäger, C., & Haverich, A. (2009). Perspektiven zur Optimierung der Qualität in der
Herzchirurgie. *Deutsche Medizinische Wochenschrift, 134,* 5230–5231.
West, E. (2001). Management matters: the link between hospital organization and quality of patient
care. *Quality in Health Care, 10,* 10–48.

Kommunikation

Bellof, A. (2020). Die Kunst gemeinsamen Denkens – Dialogzentrierte Kommunikation. https://www.bvmw.de/region-wetterau/news/1888/die-kunst-gemeinsamen-denkens-dialogzentrierte-kommunikation/. Zugegriffen am 08.10.2021.

Frischmann, B. (2021). Ängste spiegeln die Lebenssituation. *Gesundheit und Gesellschaft, 24*(3), 44.

Hellmann, W. (Hrsg.) (2021). *Kooperative Versorgungsformen – Chance für den ländlichen Raum. Praxisbeispiele, Konzepte, Wissensvermittlung.* Mediengruppe Oberfranken.

Hoefert, H.-W., & Hellmann, W. (2008). *Kommunikation als Erfolgsfaktor im Krankenhaus.* Economica.

Kottmair, S., Bernstetter, F., & Erdmann, L. (2020). Patientenzentrierte Kommunikation als Wettbewerbsfaktor. In W. Hellmann, J. Schäfer, G. Ohm, K. Rippmann & U. Rohrschneider (Hrsg.), *SOS Krankenhaus. Strategien zur Zukunftssicherung* (S. 48–68). Kohlhammer.

Dialogkultur

Hellmann, W. (2019). Dialogkultur und Zusammenarbeit. In W. Hellmann (Hrsg.), *Medical Hospital Manager Junior kompakt. Managementwissen für Studierende im Praktischen Jahr und Neueinsteiger im Krankenhaus* (S. 41–44). Kohlhammer.

Hellmann, W. (Hrsg.) (2021). *Kooperative Versorgungsformen – Chance für den ländlichen Raum. Praxisbeispiele, Konzepte, Wissensvermittlung.* Mediengruppe Oberfranken.

Hellmann, W., & Ehrenbaum, K. (2020). Der Risikodialog im Krankenhaus – Bedeutung, Anforderungen und kritische Reflexion der Umsetzung unter den derzeitigen Rahmenbedingungen. In W. Hellmann, F. Meyer, K. Ehrenbaum & I. Kutschka (Hrsg.), *Betriebswirtschaftliches Risikomanagement im Krankenhaus. Ein integrativer Bestandteil des Qualitätsmanagements* (S. 170–175). Kohlhammer.

Führung und Mitarbeitermotivation

Beushausen, T., & Hüsemann, S. (2014). Der ärztliche Geschäftsführer – Zukunftssichere Postionierung und Steuerung des Krankenhauses. In W. Hellmann, A. Beivers, C. Radtke & D. Wichelhaus (Hrsg.), *Krankenhausmanagement für Leitende Ärzte* (2. Aufl., S. 493–516). medhochzwei Verlag.

Beushausen, T., & Hüsemann, S.. (2016). Führung als Ergebnisorientierung. In W. Hellmann, T. Beushausen & J. Hasebrook (Hrsg.). *Krankenhäuser zukunftssicher managen. Aufgaben definieren, Fachabteilungen stärken, Prozesse organisieren* (S. 50–60). Kohlhammer.

Gronau, A. (2020). Gesund führen in der Arbeitswelt 4.0: Herausforderungen, Kompetenzen und Fähigkeiten für eine gesundheitsgerechte Führung in der Arbeitswelt 4.0. *KU Gesundheitsmanagement, 2,* 71–73.

Hellmann, W. (2008). *Gesunde Mitarbeiter als Erfolgsfaktor. Ein neuer Weg zu mehr Qualität im Krankenhaus.* Economica.

Hellmann, W. (Hrsg.) (2021). *Kooperative Versorgungsformen – Chance für den ländlichen Raum. Praxisbeispiele, Konzepte, Wissensvermittlung.* Mediengruppe Oberfranken.

Krahe, S., & Kirstein, B. (2020). Führen in Zeiten von Corona und Co. Plädoyer für ein ressourenorientiertes Führungsverständnis. *KU Gesundheitsmanagement, 8,* 18–19.

Strametz, R. (2021). *Mitarbeitersicherheit ist Patientensicherheit – Psychosoziale Unterstützung von Behandelnden im Krankenhaus.* Kohlhammer.

Zusammenarbeit

Düsenberg, A. (2016). Das Expert Care Concept – Interprofessionelle Zusammenarbeit zwischen Ärzten und Pflegeberufen. In W. Hellmann (Hrsg.), *Herausforderung Krankenhausmanagement. Studienprogramm absolvieren – Klinisches Management erfolgreich gestalten* (S. 367–376). Hogrefe.

Hellmann, W. (2014). Kooperation von Chefärzten und Geschäftsführung. In W. Hellmann, A. Beivers, C. Radtke & D. Wichelhaus (Hrsg.), *Krankenhausmanagement für Leitende Ärzte* (2. Aufl., S. 389–401). medhochzwei Verlag.

Höppner, H., & Büscher, A. (2011). Wie lehrt und lernt man Kooperation? In Robert Bosch-Stiftung (Hrsg.), *Memorandum Kooperation der Gesundheitsberufe. Qualität und Sicherstellung der Gesundheitsversorgung* (S. 15–18). Robert Bosch-Stiftung.

Körner, M., & Becker, S. (2018). Zusammen das Ziel erreichen. Teamcoaching zur Verbesserung der interprofessionellen Zusammenarbeit. *KU Gesundheitsmanagement, 5*, 15–17.

Mette, M. (2018). Interprofessionelles Lernen lernen und Zusammenarbeit üben. MIA – die Monnheimer Interprofessionelle Ausbildungsstation: Ein Beispiel aus dem klinischen Kontext. *KU Gesundheitsmanagement, 5*, 24–26.

Stratmeyer, P., Dahlgaard, K., Kopke, K., & Sörensen, K. (2019). Kooperatives Prozessmanagement in Zeiten des Fachkräftemangels – die Quadratur des Kreises? In W. Hellmann, J. Schäfer, G. Ohm, K. Rippmann & U. Rohrschneider (Hrsg.), *SOS Krankenhaus. Strategien zur Zukunftssicherung* (S. 34–47). Kohlhammer.

Mitarbeitergesundheit

Hellmann, W. (2007a). *Gesunde Mitarbeiter als Erfolgsfaktor. Ein neuer Weg zu mehr Qualität im Krankenhaus*. Economica.

Hellmann, W. (2007b). Betriebliches Gesundheitsmanagement – viele Wege führen zum Ziel. In W. Hellmann (Hrsg.), *Gesunde Mitarbeiter als Erfolgsfaktor*. Economica.

Hellmann, W. (2021). *Die Chirurgie hat Zukunft. Innovative Aus- und Weiterbildung als Erfolgsfaktor*. Springer Gabler

Moock, J., & Bahr, K. (2014). Abteilungsorientierte Gesundheitsförderung für Mitarbeiter – was Führungskräfte tun können und sollten. In W. Hellmann, A. Beivers, C. Radtke & D. Wichelhaus (Hrsg.), *Krankenhausmanagement für Leitende Ärzte* (2. Aufl., S. 439–465). medhochzwei Verlag.

Strametz, R. (2021). *Mitarbeitersicherheit ist Patientensicherheit – Psychosoziale Unterstützung von Behandelnden im Krankenhaus*. Kohlhammer.

Bauen, Umwelt, Energie

Dohrmann, H. J. (2021). Komfortbringende Einrichtungskonzepte. Wie sich die Raumgestaltung in Krankenhäusern auf Patienten auswirkt. *KU special Planen & Bauen, 2021*, 25–27.

Habel, B. (2021). Energieeffizienz steigern, Umweltbelastung senken. Erfolg durch ganzheitliche Lösungskonzepte. *KU special Planen & Bauen, 2021*, 5–7.

Kölking, H. (2021). Krankenhaus und Klimaschutz. Anforderungen, Verantwortlichkeit, Perspektiven für das Krankenhausmanagement. *KU special Planen & Bauen, 2021*, 75–77.

Teil IV

Einsatz bewährter Werkzeuge und Akteure für Patientensicherheit

Die vorgestellten Werkzeuge sind nicht neu, haben bisher aber kaum den Blick explizit auf Patientensicherheit gerichtet. Dies gilt für Business Continuity Management (BCM), Compliance, Digitalisierung, Teamtraining und kooperatives Prozessmanagement. Es wird deshalb auf die Bedeutung dieser Instrumente für Patientensicherheit eingegangen. Anwaltliche Expertise mit praktischen Tipps für die Patientensicherheit sind darüber hinaus genauso wichtig wie die Vorstellungen des ärztlichen Nachwuchses zur Optimierung von Patientensicherheit im Krankenhaus.

Business Continuity Management – Bewältigung plötzlich eintretender Schadensereignisse als Garant für Patientensicherheit

13

Matthias Rosenberg

Inhaltsverzeichnis

Zusammenfassung

Business Continuity Management (BCM) als Disziplin beschäftigt sich mit dem Ausfall essenzieller Ressourcen, ohne die ein Unternehmen nicht in der Lage ist, die gewohnten Services oder Produkte zu erzeugen. Durch präventive Maßnahmen soll erreicht werden, dass das Unternehmen nach einem kritischen Vorfall möglichst schnell und ohne lange Unterbrechung die zeitkritischsten Services und Produkte wieder liefern kann. Dabei hat sich BCM zunächst bei Banken und Versicherungen etabliert, da es hier bereits früh aufsichtsrechtliche Anforderungen für eine Notfallplanung – wie das BCM auch genannt wird – gab. Mittlerweile hat sich BCM aber auch in vielen anderen Branchen etabliert und ist zum Teil auch in den Krankenhäusern angekommen.

M. Rosenberg (✉)
Controllit AG, Hamburg, Deutschland
E-Mail: mrosenberg@controll-it.de

© Der/die Autor(en), exklusiv lizenziert an Springer Fachmedien Wiesbaden GmbH, ein Teil von Springer Nature 2022
W. Hellmann (Hrsg.), *Patientensicherheit*,
https://doi.org/10.1007/978-3-658-37143-2_13

Insbesondere für Krankenhäuser, die zur kritischen Infrastruktur zählen, gibt es nun auch rechtliche Anforderungen in Bezug auf das Thema BCM. Der Aufbau eines BCM im Krankenhaus kann einen wichtigen Aspekt für die Patientensicherheit darstellen. Damit verbunden sind allerdings auch Herausforderungen, die nicht nur den Aufbau, sondern auch den Betrieb eines Business-Continuity-Management-Systems (BCMS) betreffen.

13.1 Ursprung und Aufbau von Business Continuity Management

Business Continuity Management (BCM) entwickelte sich aus der sehr technischen Vorsorge für Ausfälle von IT-Systemen in den späten 1980er-Jahren zu einem umfangreichen Managementsystem, das sich nicht nur mit IT-Systemen und deren Absicherung beschäftigt, sondern auch mit allen wesentlichen Ressourcen, die für das Überleben des Unternehmens in einem Notfall notwendig sind. Im Laufe der Zeit haben sich einige Prinzipien und Verfahren etabliert, die im Folgenden erklärt werden.

Beim Aufbau eines Business-Continuity-Management-Systems (BCMS) wird das sogenannte Worst-Case-Konzept angewandt. Hierbei wird nicht im Hinblick auf die Ursache für den Ausfall von Ressourcen geplant, sondern auf das Ergebnis, nämlich den **Verlust von Gebäuden**, **Personal** in zeitkritischen Prozessen, **IT**, **Dienstleistungen/Lieferungen** und **Produktionsanlagen**. Die Ursache für einen möglichen Verlust steht dabei nicht im Mittelpunkt der Betrachtungen.

13.2 BCM im Krankenhaus

Da das BCM eine universelle Methode ist und auf alle Branchen und Bereiche angewendet werden kann, lässt sich diese Betrachtung auch für den Betrieb eines Krankenhauses einsetzen. Ein Gebäudeverlust kann zum Beispiel das gesamte Krankenhaus betreffen oder nur besonders sensible Bereiche. Für dieses Szenario gibt es in den meisten Krankenhäusern bereits eine Notfallplanung, die auf Landesebene in den jeweiligen Krankenhausgesetzen sowie den Katastrophen- und Brandschutzgesetzen vorgeschrieben ist. Der Gesetzgeber sieht hier nicht nur Regelungen für eine Notfallplanung für den Fall eines Ausfalls eines Krankenhauses vor. Vielmehr müssen auch andere Notsituationen, wie z. B. der Massenanfall von Verletzten, durch die Notfallplanung der Krankenhäuser vorbereitet sein.

Es liegt also nahe, dass man sich auch mit anderen wesentlichen Ressourcen im Sinne einer Notfallvorsorge beschäftigen sollte. Die Wesentlichkeit ergibt sich im BCM aus der zeitlichen Priorisierung von Ressourcen und Prozessen. Auf Krankenhäuser bezogen gilt es also zu analysieren, wie schnell der Ausfall von Ressourcen und damit auch Prozessen kritisch wird.

13.3 Der BCM-Lifecycle

Das im Folgenden dargestellte BCM-Vorgehen basiert auf dem BCM-Modell des Business Continuity Institute (2018) und war die Basis für die Entwicklung des ISO-Standards für BCM (ISO 22301). Dieses Vorgehensmodell besteht aus sechs Phasen, zwei Management- und vier Umsetzungsphasen, und ist pragmatischer als das in der ISO-Norm oder der deutschen Norm (200-4) beschriebene Vorgehen. Die Managementphasen beinhalten die Hauptaufgaben für die BCM-Verantwortlichen. Die Umsetzungsphasen werden in Zusammenarbeit mit den verschiedenen Unternehmensteilen erarbeitet (Abb. 13.1).

13.3.1 Managementphase 1: Policy und Programm-Management

In der ersten Phase des BCM-Lifecycles wird die BCM-Policy des Unternehmens bzw. der Organisation entsprechend den BC-Anforderungen festgelegt. Dieses Dokument sollte dabei möglichst schlank gehalten werden (10 bis 15 Seiten) und die Motivation, Ziele, Verantwortlichkeiten sowie die gewählte Umsetzung grob beschreiben. Es wird vom Top-Management unterzeichnet und an alle Beschäftigten kommuniziert. Damit hat man sozusagen das Fundament für die Implementierung des Business-Continuity-Programms geschaffen.

Im nächsten Schritt werden die in der BCM-Policy dargestellten Rahmenbedingungen durch den BCM-Verantwortlichen in Form von Prozessbeschreibungen (Ablauf- und Auf-

Abb. 13.1 Die sechs Phasen des BCM-Lifecycle (in Anlehnung an The Business Continuity Institute, 2018)

gabenbeschreibungen) verfeinert. Basierend auf diesen Prozessen werden dann die benötigten Werkzeuge und Templates entwickelt. Das Programm-Management basiert somit
auf der BC-Policy und setzt diese in dem Unternehmen/der Organisation um.

13.3.2 Managementphase 2: Verankerung

Die Verankerungsphase hat zwei wesentliche Aufgaben:

- Entwicklung eines begleitenden Schulungs- und Awareness-Programms für alle, die an
  dem BC-Managementsystem mitarbeiten, und
- Verankerung der Prinzipien des BCM in möglichst vielen etablierten Prozessen der
  Organisation (z. B. Integration von BCM schon in den Onboarding-Prozess neuer Mitarbeiter, Aufnahme von Aspekten in Checklisten für Großprojekte etc.).

Das Ziel dieser Phase ist die rollierende Ausbildung der Verantwortlichen und die Schaffung eines Bewusstseins für das Thema BCM in der gesamten Organisation. Zudem soll
durch die Integration von Aspekten des BCM in Geschäftsprozesse die Widerstandsfähig-
keit der Organisation erhöht werden.

13.3.3 Umsetzungsphase 1: Analyse

In der ersten Umsetzungsphase, der Analyse, sind zwei sehr wichtige Arbeitspakete für ein
erfolgreiches und angemessenes Business Continuity Management durchzuführen. Um
den richtigen Umfang für das BCM festzulegen, wird zunächst analysiert, welche Geschäftsprozesse für das Unternehmen (Krankenhaus) unabdingbar sind. Diese Analyse
nennt sich Business-Impact-Analyse und versucht die Auswirkungen eines Ausfalls der
Geschäftsprozesse im Zeitverlauf festzustellen. Dabei können die unterschiedlichsten
Auswirkungsarten betrachtet werden (z. B. finanzielle Auswirkungen, regulatorische Auswirkungen, operative Auswirkungen etc.). Als Ergebnis erhält man eine Liste der priori-
sierten, zeitkritischen Geschäftsprozesse. Darüber hinaus werden im Rahmen der
Business-Impact-Analyse auch die benötigten Ressourcen für einen Notbetrieb ermittelt.
   Als zweites Arbeitspaket in dieser Phase werden die Bedrohungen in Form eines sogenannten Risk Assessments analysiert. Dabei geht es nicht um die x-te Erhebung von Risiken, sondern um die Analyse, welche Bedrohungen z. B. zum Ausfall eines Standorts führen
könnten. Die Ergebnisse werden dann dazu verwendet, mögliche identifizierte Schwachstellen zu eliminieren. Ferner werden diese Ergebnisse in der nächsten Phase dazu verwendet, mögliche alternative Ressourcen zu finden, die nicht den gleichen Bedrohungen
unterliegen. Sollten solche standortbezogenen Analysen (inkl. Standortbegehung) z. B. durch
einen Versicherer oder einen anderen Unternehmensbereich regelmäßig durchgeführt werden, dann werden diese Ergebnisse für die weiteren Phasen im BCM-Lifecycle genutzt.

13.3.4 Umsetzungsphase 2: Design

Nachdem in der Analysephase die zeitkritischen Geschäftsprozesse identifiziert, deren Abhängigkeiten ermittelt und die Auswirkungen bei verschiedenen Schadensszenarien festgestellt wurden, werden in der Design-Phase Lösungsoptionen für die Szenarien Gebäudeausfall, Personalausfall, IT-Ausfall und Lieferanten-/Dienstleisterausfall identifiziert, quantifiziert und durch das Management ausgewählt. Bei den Lösungsoptionen handelt es sich um organisatorische und technische Maßnahmen, die im Schadensereignis greifen und so die entstehenden Existenzrisiken abfedern. Das bedeutet im Umkehrschluss, dass die Maßnahmen zwar präventiv/proaktiv erdacht und implementiert, jedoch vor allem reaktiv eingesetzt werden, um das Ausmaß des entstandenen Schadens zu begrenzen und die Entwicklung hin zu einer existenziellen Bedrohung des Unternehmens zu verhindern.

In dieser Phase müssen die möglichen Lösungsoptionen in einem Konzept pro Standort zusammengefasst und als Entscheidungsvorlage für das Management inklusive Kosten/Nutzen aufbereitet werden.

13.3.5 Umsetzungsphase 3: Implementierung

In der Implementierungsphase werden die Business-Continuity-Pläne (BCPs) auf Basis der gewählten Lösungen entwickelt. Dabei ist es von der Größe und Komplexität des Unternehmens abhängig, ob ein Plan für alle Szenarien oder separate Pläne für die einzelnen Szenarien entwickelt werden. Diese Pläne dienen bei Eintritt eines kritischen Vorfalls als Orientierungshilfe für die einzelnen zeitkritischen Bereiche. Ziel ist ein möglichst schneller Wiederanlauf innerhalb der in der Analysephase festgelegten Wiederanlaufzeiten.

BCPs beinhalten detaillierte Informationen über Prioritäten, Vorgehensweisen, Verantwortlichkeiten und Ressourcen, die notwendig sind, um eine Gefahrenlage zu managen und eine schnelle Rückführung in den Normalbetrieb zu ermöglichen. Ferner wird in dieser Phase die Organisation (Reaktionsstruktur) für den Krisenfall festgelegt, bestehend aus einem Krisenstab, einem Assistenz- und Serviceteam (AST) und den operativen Reaktionsteams.

13.3.6 Umsetzungsphase 4: Validierung

Die letzte Phase des BCM-Lifecycles, die Validierung, wird in drei Bereiche unterteilt:

1. Testen und Üben
2. Pflege
3. Überprüfung

Beim **Testen und Üben** werden die entwickelten Pläne für die Reaktionsstruktur auf allen Ebenen jährlich in realitätsnahen Tests und Übungen überprüft. Jeder bei diesen Tests und Übungen gefundene Fehler ist positiv zu bewerten, da dadurch die entwickelten Lösungen und Pläne verbessert werden können.

Bei der **Pflege** geht es um die Organisation der regelmäßigen Überprüfung und „Wartung" der entwickelten Dokumente – hierbei werden zum Beispiel die Kontaktdaten aktualisiert.

Die **Überprüfung** dient der Qualitätssicherung. Dabei kommen unterschiedliche Überprüfungsarten zum Einsatz:

- *Self-Assessments* – Selbsteinschätzung der Organisation basierend auf einem Fragebogen,
- *Audits* – interne oder externe Audits zur Überprüfung der Umsetzung,
- *Qualitätssicherung* – stichprobenartige Kontrolle der gelieferten Ergebnisse der einzelnen Phasen durch den BC-Manager,
- *Lieferanten-/Dienstleisterprüfung* – Überprüfung des BCM von kritischen Lieferanten und Dienstleistern,
- *Management-Review* – jährliche Überprüfung des implementierten BCM durch das Management basierend auf dem Reporting durch den BC-Manager.

13.4 Aufbau und Betrieb eines BCM

Das oben dargestellte Modell ist komplex und die Umsetzung in ein funktionsfähiges System mit nicht unerheblichem personellem Aufwand verbunden. Es ist allerdings zwischen dem Aufbau und dem Betrieb eines BCMS zu unterscheiden. Beim Aufbau sollte man erfahrene Experten zu Rate ziehen, sofern man keine eigenen Mitarbeiter mit entsprechendem Know-how im Unternehmen hat. Dies reduziert den Aufwand für das Unternehmen erheblich. Für den Betrieb des BCMS sollte man bei mittelgroßen Unternehmen (1000 Mitarbeiter an einem Standort) eine Vollzeitstelle (BC-Manager) kalkulieren. Bei kleineren Standorten kann auch eine halbe Stelle ausreichen.

Für ein Einführungsprojekt sollte man sich ein Jahr Zeit nehmen, um den BCM-Lifecycle durchzuführen. Das verhindert eine Überlastung der Organisation und passt optimal zum BCM-Lifecycle.

13.5 BCM und Schnittstellen zu anderen Disziplinen

Nicht alles, was sich BCM nennt, ist auch wirklich BCM. Es herrscht oftmals ein falsches Verständnis vom Aufgabengebiet von BCM. Es gibt unter anderem folgende Abgrenzungen:

Das **IT Service Continuity Management (ITSCM)** wird als Teilbereich des BCM verstanden, welches ebenfalls proaktiv eingesetzt wird, um die Risiken eines IT-Ausfalls abzusichern.

Auch wenn das ITSCM heute einen Teilbereich des BCM darstellt, so ist es in gewisser Weise älter. Die Ursprünge gehen auf Entwicklungen von sogenannten Disaster-Recovery-Konzepten in den 1980er-Jahren zurück. Die Entwicklung und Aufrechterhaltung eines ITSCM-Systems erfolgt ähnlich wie beim BCM über den sogenannten ITSCM-Lifecycle, der beinahe deckungsgleich mit dem BCM-Lifecycle ist. Das ITSCM fokussiert sich auf wenige, technische Ausfallszenarien: Ausfall eines Rechenzentrums, Nichterreichbarkeit eines Rechenzentrums und Ausfall der Netzwerkverbindungen.

Das ITSCM baut auf Ergebnissen der Business-Impact-Analyse des BCM auf. Das wichtigste Kriterium ist dabei die geforderte Wiederanlaufzeit eines IT-Services. Auf dieser Grundlage werden Lösungskonzepte erdacht, die in den folgenden Schritten des ITSCM-Lifecycles weiterverarbeitet werden.

Die größte gemeinsame Schnittstelle zwischen dem BCM und dem **Information Security Management (ISM)** ergibt sich aus dem Teilbereich des BCM bezüglich der IT Services (ITSCM). Das Hauptaugenmerk der Informationssicherheit liegt auf der Einhaltung der festgelegten Sicherheitsziele für die Unternehmensdaten. Die bekanntesten Sicherheitsziele sind die Einhaltung von Vertraulichkeit (Confidentiality), Integrität (Integrity), Verfügbarkeit (Continuity) und Authentizität (Authenticity) von Informationen.

Beim Aufbau eines ISM-Systems wird eine Analyse des Schutzbedarfs durchgeführt, die wiederum Ergebnisse für die Gap-Analyse (Lückenanalyse) für das ITSCM liefert.

Da sich das ITSCM nicht mit Szenarien wie Hackerangriffen beschäftigt, ist es wichtig, mit dem ISM zu klären, wer diese Szenarien plant. Aus BCM-Sicht bedeutet der IT-Ausfall, dass man manuelle Workarounds oder alternative technische Verfahren entwickelt. Ist ein Angriff aber erfolgreich, müssen Pläne existieren, die beschreiben, wie nach einem solchen Angriff durch die Organisation reagiert werden soll.

13.6   BCM und Krisenmanagement

Das Krisenmanagement (CM für Crisis Management) setzt oftmals da an, wo das BCM an seine Grenzen stößt, und behandelt die entstandene Krise, die nicht zuvor durch entsprechende BCM-Maßnahmen vermieden werden konnte. Genau das ist der Fall, wenn sich eine aufgetretene Störung oder ein kritischer Vorfall aufgrund der Nichtverfügbarkeit notwendiger Ressourcen oder der Überschreitung des vorher festgelegten Zeitrahmens, in dem die Störung hätte behoben sein sollen, zu einer Krise entwickelt. Da die im BCM behandelten Szenarien (Ausfall von Gebäuden, Personal, IT und kritischen Dienstleitern/ Lieferanten) oftmals auch kritische Vorfälle sind, ist die frühestmögliche Einschaltung der Krisenorganisation sinnvoll.

Der organisatorische Aufbau der Krisenorganisation unterteilt sich in die Bereiche **strategisch** (Krisenstab), **taktisch** (Assistenz und Serviceteam, ggf. auch Lagezentrum) und **operativ** (Reaktionsteams der Fachbereiche). Das Krisenmanagement stellt in einer Krise die strategische Führung und taktische Koordination sicher. BCM sorgt mit der Vorbereitung für das Vorhandensein von Business-Continuity-Plänen, die in einem Krisenfall durch den Krisenstab aktiviert werden. Für das BCM und das Krisenmanagement ist eine gute Kommunikation nach innen und nach außen entscheidend und sollte daher bei der Konzeption Berücksichtigung finden.

Das BCM ist ein sehr stark präventiv ausgerichtetes Managementsystem, das für die Reaktion im Krisenfall Business-Continuity-Pläne bereitstellt und die operativen Teams durch Übungen auf solche Situationen vorbereitet. Der Krisenstab übernimmt auf strategischer Ebene, wenn die BC-Pläne nicht mehr ausreichen, Situationen eintreten, die durch das BCM nicht abgedeckt werden, oder wenn Notfallressourcen nicht funktionieren.

13.7 Schlussbetrachtung – BCM und der Beitrag zur Patientensicherheit

Die Beschäftigung mit Worst-Case-Szenarien ist keine Schwarzmalerei oder übertriebene Risikoaversion, sondern in einer Zeit mit steigenden Risiken (Klimawandel, IT-Risiken, Infrastrukturprobleme etc.) Ausdruck einer verantwortungsvollen Unternehmensführung. Die Vorbereitung auf solche Szenarien schützt beispielsweise vor Versorgungsengpässen durch Störungen in der Lieferkette oder den Stillstand des Betriebs durch den Ausfall der IT. Business Continuity Management ist keine ultimative Abwehr gegen jegliche Gefahren, sondern befähigt das Krankenhaus, bei richtiger Implementierung mit den Auswirkungen so umzugehen, dass der Schaden möglichst gering gehalten wird und die Auswirkungen für die Patienten minimiert werden.

In Krankenhäusern geht es um die wertvollsten Ressourcen eines Landes – die Menschen. Das hat der Gesetzgeber durch eine Reihe von Vorschriften, Gesetzen und Anforderungen insbesondere für die Krankenhäuser, die zur kritischen Infrastruktur gehören, deutlich gemacht. Problematisch bei den bisherigen Regelungen ist allerdings oftmals die Finanzierung dieser Schutzmaßnahmen – sei es BCM, ISM oder ITSCM. Diese Managementsysteme binden Ressourcen und kosten Geld. Dabei geht es nicht nur um die Implementierung, sondern auch um die laufenden Kosten, die mit dem Betrieb eines Business-Continuity-Management-Systems verbunden sind. So sind für ein BCMS in der Regel Investitionen in Ausweichressourcen notwendig. Zudem müssen die Mitarbeiter geschult, Notfallpläne getestet und Fachbereiche einschließlich des Managements sensibilisiert werden, und das nicht einmalig, sondern jedes Jahr aufs Neue. Da diese Vorbereitung im Krankenhaus in einem Krisenfall aber Leben retten kann, sollte die Implementierung nicht an der Finanzierung einer solchen Präventionsmaßnahme scheitern.

13.8 Kontrollfragen

1. Nennen Sie die sechs Phasen des BCM-Lifecycle.
2. Beschreiben Sie das „Worst-Case"- Konzept im Business Continuity Management (BCM).
3. Beschreiben Sie den Unterschied zwischen BCM und ITSCM.
4. Was verstehen Sie im BCM unter Managementphasen und Umsetzungsphasen?
5. Was passiert in der Implementierungsphase?
6. Welche Aspekte werden in der Validierungsphase des BCM betrachtet?

Literatur

DIN Deutsches Institut für Normung e. V. (2017). Informationstechnik – Sicherheitsverfahren – Informationssicherheitsmanagementsysteme – Anforderungen. https://www.din.de/de/mit-wirken/normenausschuesse/nia/veroeffentlichungen/wdc-beuth:din21:269670716. Zugegriffen am 08.10.2021.

The British Standards Institution. (2019). Security and resilience – Business continuity management systems – Requirements. https://www.bsigroup.com/de-DE/Betriebliche-Kontinuita-et-nach-ISO-22301-BCM/?creative=429917918392&keyword=iso%2022301&matchty-pe=p&network=g&device=c&gclid=Cj0KCQiA_JWOBhDRARIsANymNObt06v_prkAv-TQEdeeOz7eKJJkXuqx3xG4M5uJCzs3w0S_nZEToWikaAgjsEALw_wcB. Zugegriffen am 08.10.2021.

The Business Continuity Institute. (2018). The BCI good practice guidelines (GPG). https://www.thebci.org/training-qualifications/good-practice-guidelines.html?gclid=Cj0KCQiAk4aOBhCTA RIsAFWFP9HZS9eZoG1djuD7pFnSEWCbnOonsXay-kMXnny08En4RUyZm4x1d28 aAivLEALw_wcB. Zugegriffen am 08.10.2021.

Die Rolle von Compliance bei der Patientensicherheit

Katharina Schomm und Tobias Thielmann

Inhaltsverzeichnis

Zusammenfassung

Dieser Beitrag setzt sich mit der Bedeutung von Compliance für die Patientensicherheit auseinander. Nach einer Definition der Begrifflichkeiten wird erklärt, wie ein effektives, patientenschützendes Compliance-Management-System erarbeitet und implementiert werden kann. Anschließend werden einzelne Regelungsbereiche von Compli-

K. Schomm (✉)
Wessing & Partner Rechtsanwälte mbB, Düsseldorf, Deutschland
E-Mail: schomm@strafrecht.de

T. Thielmann
Wessing & Partner Rechtsanwälte mbB, Düsseldorf, Deutschland
E-Mail: thielmann@strafrecht.de

© Der/die Autor(en), exklusiv lizenziert an Springer Fachmedien Wiesbaden
GmbH, ein Teil von Springer Nature 2022
W. Hellmann (Hrsg.), *Patientensicherheit*,
https://doi.org/10.1007/978-3-658-37143-2_14

ance-Management-Systemen anhand von konkreten Fallbeispielen, in denen sich Non-Compliance zum Nachteil von Patienten ausgewirkt hat, dargestellt.

14.1 Einleitung

Der Gesetzgeber hat den Krankenhausalltag in weiten Teilen normativ durchdrungen. Viele Gesetze und Verordnungen wurden mit dem Ziel erlassen, Patientenrechte zu schützen. Die Einhaltung dieser Vorgaben zählt zu den Grundprinzipien der Patientensicherheit. Dabei stellt die Implementierung eines effektiven Compliance-Management-Systems im Krankenhaus ein zentrales Instrument dar, um den normativen Patientenschutz zu gewährleisten.

14.2 Definition von Compliance, Compliance-Management-System und Patientensicherheit

Der Begriff „Compliance" steht für die Einhaltung von gesetzlichen Bestimmungen und unternehmensinternen Regelungen. Dabei werden im konkreten Fall alle für das Unternehmen jeweils geltenden, rechtlich relevanten Bereiche in den Blick genommen. Es spielen unter anderem straf-, kartell-, wettbewerbs-, umwelt- und datenschutzrechtliche Gesichtspunkte eine Rolle. **Im Krankenhausbereich ist der Aspekt der Patientensicherheit somit ein Teilaspekt der Compliance.** Er überschneidet sich mit der gesetzlichen Verpflichtung zur Einführung und Weiterentwicklung von Qualitäts- und Risikomanagementsystemen (§§ 135a, 137 SGB V). Während letztere aber im Wesentlichen auf die Qualität der medizinischen Leistungen und die Qualitätssicherung abzielen, geht Compliance darüber hinaus. Durch den risikoorientierten Ansatz werden sämtliche Risiken miteinbezogen, die sich für die Rechtsgüter eines Patienten im Zusammenhang mit einem Krankenhausaufenthalt ergeben können, z. B. im Bereich Privatabrechnung oder Datenschutz. Auch Korruption kann sich auf die Patientensicherheit auswirken.

Im Rahmen von Compliance empfiehlt sich daher ein weites Verständnis des Begriffs Patientensicherheit. Er kann zum einen als „Abwesenheit von unerwünschten Ereignissen in medizinischen Behandlungsprozessen" verstanden werden, wobei unerwünschte Vorkommnisse als „schädliche Vorkommnisse, die eher auf der Behandlung denn auf der Erkrankung beruhen" zu verstehen sind (Pütter, 2018). Darüber hinaus kann – nach hiesiger Ansicht – auch der Nichteintritt negativer Konsequenzen, d. h. Schäden an den rechtlich geschützten Interessen des Patienten, abseits des medizinischen Behandlungsprozesses im Zusammenhang mit dem Krankenhausaufenthalt darunterfallen.

▶   Zur Umsetzung und Überprüfung der gesetzlichen Anforderungen dienen Compliance-Management-Systeme (kurz: CMS). Damit wird ein Bündel aus betriebsinternen Vorgaben und Weisungen der Krankenhausleitung beschrieben, durch die die Regeltreue der Mitarbeiter sichergestellt werden soll.

14.3   Bedeutung von Compliance für Krankenhäuser

Es existiert keine Gesetzesvorschrift, die Krankenhäuser ausdrücklich zur Implementierung eines CMS verpflichtet, wenngleich es ein Bündel an Vorschriften gibt, die zumindest stellenweise bestimmte Elemente aus dem Risikomanagement vorsehen (Beschwerdemanagement, § 135a Abs. 2 Nr. 2 SGB V, Richtlinie des BGA zur Qualitätssicherung in Krankenhäusern – QSKH-RL, §§ 136 Abs. 1 SGB V i. V. m. § 135a SGB V, Qualitätsbericht, § 137a Abs. 2 Nr. 4 SGB V). Von diesen schriftlich normierten Pflichten abgesehen, hat Compliance eine immer größer werdende Bedeutung für Krankenhäuser, die aus zwei Perspektiven betrachtet werden muss:

- Zum einen zum **Schutz der Patienten** in ihrer körperlichen Unversehrtheit sowie ihren darüber hinausgehenden rechtlich geschützten Interessen, die durch den Krankenhausaufenthalt tangiert sind (z. B. das Vermögen oder das allgemeine Persönlichkeitsrecht). Der Patient soll nicht kränker, ärmer, unzufriedener und beeinträchtigter aus dem Krankenhaus kommen, als er hineingelangt ist.
- Zum anderen gilt dies zum Schutz des Krankenhauses selbst: Rechtsverstöße, die zu Patientenschäden führen, können unmittelbar zu langwierigen und kostenintensiven zivil- und strafrechtlichen Auseinandersetzungen gegen die beteiligten Mitarbeiter führen. Das Krankenhaus als Arbeitgeber können insoweit arbeitsrechtliche (Fürsorge-) Pflichten treffen, von der Kündigung der Mitarbeiter bis hin zur Übernahme der Kosten der Rechtsverteidigung. Hinzu kommt, dass Mängel im Bereich der Compliance zu zivilrechtlichen Schadensersatzprozessen unmittelbar gegen das Krankenhaus und seine Leitungspersonen führen können (Landgericht München, Urteil vom 10.12.2013 – 5 HK O 1387/10 = BeckRS 2014, 1998). Zudem können sie bei der Bemessung von Geldbußen gegen das Unternehmen berücksichtigt werden (Bundesgerichtshof, Urteil vom 09.05.2017 – 1 StR 265/16 (LG München I) = NZWiSt 2018, 379). Bei Bekanntwerden der Mängel in der Presse droht ein Reputationsschaden.

Im Blick zu behalten ist zudem das Thema **Unternehmensstrafrecht.** Gemeint ist damit, dass es möglich sein soll, strafrechtliche Sanktionen unmittelbar gegen juristische Personen – wie z. B. Krankenhäuser – zu verhängen. Ein erster Versuch war das „Gesetz zur Stärkung der Integrität in der Wirtschaft" vom 16. Juni 2020. Darin dienten vor allem Mängel in der Compliance als Anknüpfungspunkt für einen strafrechtlichen Vorwurf. Der Regierungsentwurf wurde in der 19. Legislaturperiode nicht umgesetzt. Es dürfte jedoch nur eine Frage der Zeit sein, wann dies geschehen wird.

14.4   Vorgehensweise im Hinblick auf die Erstellung und Implementierung eines Compliance-Management-Systems

Die Verantwortlichkeit für die Erstellung, Implementierung und Überwachung von CMS liegt bei der Krankenhausleitung. Es handelt sich um eine Aufgabe, die in zeitlicher und personeller Hinsicht mit einem nicht zu unterschätzenden Aufwand verbunden ist, der jedoch in Anbetracht des Risikopotenzials für die Patienten – und die damit verbundene potenzielle Haftung des Krankenhauses bei Patientenschäden – nicht nur gerechtfertigt, sondern zwingend erforderlich ist.

14.4.1   Delegation

Die Krankenhausleitung kann ihre Verpflichtung delegieren. Als Adressat der Delegation kommt beispielsweise die Rechtsabteilung in Frage. In der Regel sollte eine Trennung zwischen Rechtsabteilung und Compliance-Abteilung angestrebt werden. Bei größeren Häusern ist daher an die Schaffung einer vollen Stelle für einen Compliance-Beauftragten zu denken. Die Delegation muss unmissverständlich, also hinreichend präzise erfolgen. Dies geschieht durch eine schriftliche Ernennung des für die Compliance Verantwortlichen. Das Papier sollte dessen Aufgaben, Rechte und Pflichten näher konkretisieren. Bei konkreten Einzelfragen, die für das Krankenhaus von großer Bedeutung sind, kann zusätzlich auf die Unterstützung externer Berater – insbesondere Rechtsanwälte mit dem Schwerpunkt Medizinrecht oder Medizinstrafrecht – zurückgegriffen werden.

14.4.2   Bedarfs- und Risikoanalyse

Die Erstellung eines CMS setzt in einem ersten Schritt voraus, dass der Compliance-Bedarf in den einzelnen Arbeitsbereichen analysiert wird und die dort bestehenden Risiken identifiziert, quantifiziert und priorisiert werden.

Dabei geht es nicht darum, jede noch so unwahrscheinliche Sachverhaltskonstellation zu erfassen. Es muss vielmehr den vorhersehbaren und kalkulierbaren Risiken begegnet werden.

Es bietet sich an, die Risiken anhand einer Compliance-Checkliste zu erfassen. Diese sollte nach konkreten Risikobereichen gegliedert sein, wobei einer dieser Risikobereiche auch das Thema „Patientenmanagement und Patientensicherheit" abbilden sollte. Hier können spezifische Fragen formuliert werden, die ausschließlich die Patientensicherheit betreffen.

Zwar gibt es viele Überschneidungen zu anderen Risikobereichen, z. B. der Einhaltung der Arbeitszeit des medizinischen Personals. Kernfragen lassen sich jedoch bilden und abarbeiten. Es sollten dabei auch Fragen in die Checkliste aufgenommen werden, deren positive Beantwortung sich auf den ersten Blick aufdrängt. Auch vermeintlich

Tab. 14.1 Compliance-Checkliste mit beispielhaften Fragen

Patientenmanagement und Patientensicherheit	Ja	Nein	Anmerkung
Ist sichergestellt, dass die Aufklärung des Patienten vor medizinischen Eingriffen mindestens 24 Stunden vorher erfolgt?	☐	☐	
Wird vor dem medizinischen Eingriff das Vorliegen der Aufklärungsdokumentation noch einmal überprüft?	☐	☐	
Existiert eine Aufklärungsrichtlinie in Ihrem Krankenhaus?	☐	☐	
Wie wird sichergestellt, dass Patienten ausländische Ärzte, insbesondere bei der medizinischen Aufklärung, verstehen können?			
Existiert ein festes Prozedere, sofern der Patient in einer anderen Sprache aufgeklärt werden muss?	☐	☐	
(…)			

funktionierende und eingespielte Abläufe sollten regelmäßig hinterfragt werden. Tab. 14.1 zeigt am Beispiel der Aufklärung, wie so eine Checkliste aussehen könnte (nicht abschließend).

Da Aspekte der Patientensicherheit je nach Fachabteilung divergieren können, sollten die Besonderheiten der jeweiligen Arbeitsbereiche bei der Erfassung potenzieller Risiken stets im Blick behalten werden. Mit Fachabteilungen sind die räumlich und personell abgegrenzten Abteilungen eines Krankenhauses als Unterorganisation gemeint, in denen – nach Fachgebieten geordnet – Patienten stationär behandelt werden. Sie werden von Ärzten mit entsprechender Schwerpunktbezeichnung geleitet (z. B. Abteilung für Orthopädie und Unfallchirurgie, Abteilung für Innere Medizin, Radiologie). So ergeben sich Unterschiede bereits daraus, ob die Abteilung bettenführend oder diagnostisch tätig ist. Seitens der Compliance-Verantwortlichen sollten in den jeweiligen Fachabteilungen Gespräche mit Mitarbeitern verschiedener Hierarchie-Level geführt werden, um sich einen Überblick über die Abläufe zu verschaffen. Das gilt auch für administrative Bereiche, z. B. Kodierung und Abrechnung. Nur auf diese Weise kann die Checkliste sorgsam ausgefüllt werden.

Ergebnisse und Schlussfolgerungen sowie erforderliche Konsequenzen müssen mit der Geschäftsführung und den Beteiligten aus der jeweiligen (Fach-)abteilung diskutiert und umgesetzt werden.

14.4.3   Verhaltenskodex, Checklisten, Richtlinien und Handlungsempfehlungen bzw. Handlungsanweisungen

Nachdem die Risiken identifiziert worden sind, müssen entsprechende präventive Regelungen getroffen werden, durch die den Risiken begegnet werden kann. Neben der Implementierung von spezifischen Checklisten (z. B. für eine OP) gehört dazu insbesondere die Erstellung eines klinikweiten **Verhaltenskodex.** In dem Verhaltenskodex sind die zentralen Gebote und Verbote darzustellen, mit denen die Einhaltung der normativen Vorgaben erreicht werden soll.

Zu Beginn bietet es sich an, Ziele von Compliance zu definieren. Im Krankenhausalltag sollten dies das Wohl des Patienten und eine medizinische Versorgung auf hohem Niveau sein. Es sollte betont werden, dass im Vordergrund die Beachtung der Wahlmöglichkeiten der Patienten und die Patientenrechte, nicht dagegen die wirtschaftlichen Interessen stehen. In dem Verhaltenskodex sollte weiter insbesondere der Adressatenkreis genau bezeichnet sein. Darüber hinaus ist auf die Möglichkeit hinzuweisen, Verdachtsfälle intern anonym an einen Ombudsmann oder den Compliance-Beauftragten zu melden. Zudem sollte den Mitarbeitern verdeutlicht werden, in welcher Form Compliance-Verstöße geahndet werden (Dann, 2020) – in der Regel wird es sich um arbeitsrechtliche Maßnahmen wie eine Umsetzung, Abmahnung oder Kündigung handeln.

Die im Krankenhausalltag wichtigen Themen sollten zudem in separaten **Richtlinien** und **Handlungsempfehlungen** bzw. Handlungsanweisungen spezifiziert werden. Richtlinien bilden das in ihnen behandelte Thema dabei übergeordnet ab, während Handlungsempfehlungen detailliert auf einzelne Verhaltensoptionen eingehen.

Das Aktionsbündnis Patientensicherheit e. V. hat z. B. im Bereich der Patientenbehandlung als Handlungsempfehlung die APS-SEVer-Liste veröffentlicht („Schwerwiegende Ereignisse, die wir sicher verhindern wollen"), an der man sich orientieren kann. In dieser Handlungsempfehlung wird das **Klinische Risikomanagement** auf gravierende, prinzipiell verhinderbare Patientensicherheitsprobleme fokussiert. Es handelt sich um eine Liste mit Ereignissen, die durch systemische Sicherheitsbarrieren sicher verhindert werden sollen. Diese stehen im Zusammenhang mit operativen Prozeduren, mit Arzneimittel-, Hämotherapie und Transplantation sowie mit dem Behandlungsprozess. Aufgelistet werden auch technische oder organisatorische Fehler. Eine weitere Handlungsempfehlung sollte im Bereich **Medizinprodukte** angesiedelt sein, da die Vollständigkeit und Qualität von Einweisungen in Medizinprodukte wesentlich für die Patientensicherheit ist. Auch zu diesem Thema hat das Aktionsbündnis Patientensicherheit e. V. ein Papier veröffentlicht („Umsetzung der Einweisungsverpflichtung für Medizinprodukte"). Weitere Handlungsanweisungen betreffen den Bereich der **Hygiene**.

Im Rahmen der Patientensicherheit ist – neben Compliance-Dokumenten, die inhaltlich auf die Vermeidung von negativen Ereignissen im medizinischen Behandlungsprozess und darauf basierenden gesundheitlichen Beeinträchtigungen fokussieren – noch an weitere Bereiche zu denken, die abgedeckt werden sollten. So sollte z. B. eine Richtlinie zur Aufklärung von Patienten, eine Antikorruptionsrichtlinie und eine Richtlinie, die auf die Vermeidung von Abrechnungsbetrug zielt, verabschiedet werden. Hinzu kommen Vorgaben aus dem Personalbereich.

14.4.4 Schulungen

Um das theoretische Wissen in die Praxis und den Alltag zu transportieren und eine Compliance-Kultur zu schaffen, sollten die zentralen Aspekte des Verhaltenskodex regelmäßig in Schulungen vermittelt werden (Dann, 2020). Ohne regelmäßige Schulungen kann nicht erwartet werden, dass die Vorgaben tatsächlich umgesetzt werden.

14.4.5 Überwachung

Die Effektivität der Compliance-Maßnahmen sollte einmal im Jahr durch ein sogenanntes **Compliance-Audit** sowie zusätzlich durch unangekündigte Stichproben überprüft werden (Dann, 2020). Das Ergebnis der Überprüfungen ist in einem jährlichen Compliance-Bericht zusammenzufassen.

14.4.6 Einbindung des Patienten

Um den bestmöglichen Schutz von Patienten zu gewährleisten, sollten die Patienten stets aktiv in den Gesamtprozess, der mit ihrem Krankenhausaufenthalt zusammenhängt, einbezogen werden.

Patienten sind eine gute Informationsquelle, um außerhalb des klassischen Risikomanagements potenzielle Fehler zu erkennen. Patienten können häufig Abweichungen zu bisherigen Informationen, Behandlungsabläufen und Medikamentengaben erkennen. Sie müssen ermuntert werden, bereits bei der Vorbereitung des Krankenhausaufenthalts mitzuwirken, z. B. sämtliche Informationen zur Verfügung zu stellen. Was die Behandlung als solche angeht, sollte es selbstverständlich sein, dass bei Unsicherheiten Fragen formuliert oder bei vermeintlichen kommunikativen Abweichungen entsprechende Anmerkungen gemacht werden. Den Ansatz, den Patienten im Rahmen der Patientensicherheit aktiv miteinzubeziehen, verfolgt beispielsweise auch der Patientenaufklärungsfilm „Der sichere Klinikaufenthalt" der Thieme Compliance GmbH.

14.4.7 Zusammenspiel zwischen Compliance und Qualitätsmanagement

Im Krankenhaus existieren neben der Compliance-Funktion weitere Kontrollorgane, wie etwa das gesetzlich in §§ 135a ff. SGB V vorgeschriebene **Qualitätsmanagement** (QM). Hierunter versteht man die Einführung von Prozessen zur kontinuierlichen Qualitätsverbesserung, beispielsweise durch Risikomanagement (RM), deren Etablierung normativ vorgegeben ist (vgl. dazu die am 16.11.2016 in Kraft getretene „Qualitätsmanagement-Richtlinie" des G-BA gem. §§ 92, 136 Abs. 1 SGB V).

Ebenfalls gesetzlich vorgesehen ist die **Qualitätssicherung** (QS). Darunter fallen Verfahren zum Vergleich, zur Bewertung und zur Kontrolle der Behandlungen, der Behandlungsergebnisse und der organisatorischen Abläufe. Genutzt werden hierfür qualitative und quantitative Parameter. Vieles erinnert hier an den P-D-C-A-Zyklus

(Plan-Do-Check-Act) aus dem Compliance-Bereich: Nur für operationalisierte Ziele (Plan) kann festgestellt werden (Check), ob das beabsichtigte Ziel erreicht wurde oder ob Abweichungen bestehen, die eine Analyse und verändertes Handeln (Act) erfordern (KBV, 2018). Insofern gibt es viele Schnittstellen zu Compliance. QM-Verantwortliche richten ihren Fokus jedoch nur auf bestimmte Bereiche. Ihr Ziel sind Aussagen zu Struktur-, Prozess- oder Ergebnisqualität im Krankenhaus, d. h. die Identifizierung operativer Risiken und eine stetige Verbesserung der Behandlungsqualität.

Die verschiedenen übergreifenden Themen, die zur Patientensicherheit beitragen, können jedoch nur durch eine zentrale Informations- und Kompetenzschnittstelle, nämlich die Compliance-Abteilung, gebündelt werden. Durch klassische Vorgaben von Compliance-Anforderungen im Rahmen des medizinischen Leistungsprozesses schafft Compliance den generellen Rahmen für ein konformes Verhalten. Neben der Einhaltung gesetzlicher und berufsständischer Vorschriften, Standards und Richtlinien gehört hierzu auch der konsequente Einsatz der Instrumente des Qualitäts- und Risikomanagements und die Verankerung der Patientensicherheit mittels hoher Sicherheits- und Qualitätsstandards (Busse, 2017). Der Compliance-Beauftragte sollte einen regelmäßigen Austausch mit dem QM suchen. Fallen bei der Auswertung der Kennzahlen Abweichungen auf, sollte er sich hierüber informieren lassen und diese auf compliance-relevante Sachverhalte überprüfen.

14.4.8 Zusammenspiel zwischen Compliance und den Fachabteilungen

Erforderlich ist darüber hinaus eine Verzahnung zwischen der Compliance-Funktion und den medizinischen Fachabteilungen.

Fragt man Klinikärzte nach ihren Berührungspunkten mit der Compliance-Funktion, kommt im besten Falle als Antwort, es hätten in der Vergangenheit „Schulungen" stattgefunden. Man dürfe z. B. keine Geschenke annehmen. Ein Bewusstsein für die konkrete Tätigkeit der Compliance-Abteilung existiert häufig nur eingeschränkt. Tatsache ist aber, dass die Fachabteilungen für erfolgreiche Compliance im Krankenhaus eine wesentliche Schlüsselrolle spielen, da dort – was Compliance angeht – die Musik spielt. Hierbei geht es zum einen darum, die ärztlichen Mitarbeiter und das Pflegepersonal sowie alle weiteren Mitarbeiter der Fachabteilung zu einem regelkonformen Verhalten im Hinblick auf Qualität und Patientensicherheit anzuleiten. Dies sollte die Fachabteilung in Bezug auf die konkrete Patientenversorgung ausführen. Es ist von Vorteil, wenn das CMS dabei die spezifischen Eigenheiten der jeweiligen medizinischen Fachabteilung berücksichtigt. So sollte z. B. darauf geachtet werden, welche Eingriffe dort durchgeführt werden, welche medizinischen Geräte zum Einsatz kommen und ob es Besonderheiten in den Abläufen auf der Station gibt. Ein spezifisches Detailwissen kann dem Compliance-Beauftragten zwar nicht abverlangt werden. Er kann jedoch dafür sorgen, dass beispielsweise Schulungen bedarfsgerecht auf die Adressaten zugeschnitten werden, gegebenenfalls auch unter Einbindung externer Stellen. Zum anderen geht es darum, die Mitarbeiter der Fachabteilungen nicht nur als bloße Konsumenten von Compliance-Schulungen und Handlungsempfehlungen bzw. Anweisungen zu begreifen, sondern sie aktiv bei der Gestaltung der Compliance-Funktion einzubeziehen. Die Einbindung muss aufwandorientiert erfolgen, denn die Belastung mit der eigentlichen Aufgabe – der Patientenbehandlung – ist insbesondere in Pandemiezeiten erheblich. Hinzu kommen administrative Tätigkeiten. Denkbar wäre, dass beispielsweise ein bestimmter Mitarbeiter der Fachabteilung als konkreter Ansprechpartner für den Compliance-Beauftragten benannt wird, ohne dass jedoch eine Compliance-Verantwortung auf ihn delegiert ist. Dieser könnte sich in regelmäßigen Abständen mit dem Compliance-Beauftragten zu spezifischen Themen, die seine Fachabteilung betreffen, austauschen. Hierdurch hätte der Compliance-Beauftragte einen besseren Zugang zur Fachabteilung und könnte seinen Ansprechpartner gleichzeitig als Multiplikator in der Fachabteilung nutzen. Denkbar wären auch gebündelte Gesprächsrunden mit mehreren Fachabteilungs-Compliance-Ansprechpartnern gleichzeitig. Diese Vorgehensweise ist angelehnt an die Struktur eines Compliance-Komitees, bei dem regelmäßig der Compliance-Beauftragte mit Vertretern aus den „Stabsabteilungen" zusammenkommt. Ein entsprechender Austausch könnte auch mit den Ansprechpartnern aus den Fachabteilungen etabliert werden (Busse, 2017).

14.5   Inhalte von Compliance-Management-Systemen zur Gewährleistung von Patientensicherheit

Im Folgenden wird auf einzelne Regelungsbereiche eingegangen, deren Beachtung für die Gewährleistung einer effektiven Patientensicherheit wichtig ist.

14.5.1   Erforderliche Institutionen

Institutionell muss ein **patientenorientiertes Beschwerdemanagement** existieren (§ 135a Abs. 2 Nr. 2 SGB V). Hierbei ist insbesondere wichtig, dass eine zügige und transparente Bearbeitung der Beschwerden durch das Krankenhaus erfolgt. Jeder Patient und auch seine Angehörigen müssen die Möglichkeit erhalten, ihr Anliegen weitergeben zu können, z. B. direkt, per Post, per E-Mail oder auf einem extra hierfür eingerichteten Kontaktformular auf der Homepage. Es empfiehlt sich, ein festes Prozedere für den Umgang mit Beschwerden vorzusehen und ein **System zur Umsetzung von Verbesserungsmaßnahmen** in das Beschwerdemanagement zu implementieren. Es sollte auch die Wirksamkeit dieser Maßnahmen gemessen werden. Nicht alle dieser Beschwerden werden aus Compliance-Sicht relevant sein. Das Beschwerdemanagement sollte jedoch insbesondere als Chance verstanden werden, compliance-relevante Verstöße zu erkennen und gegen diese vorzugehen. Darüber hinaus muss ein Meldesystem für kritische Ereignisse – ein sogenanntes Critical Incident Reporting System – geschaffen werden. Die Mindeststandards dafür werden durch den Gemeinsamen Bundesausschuss festgelegt (§§ 135a Abs. 2 Nr. 1, 3, 136a Abs. 3 SGB V).

In naher Zukunft wird – sofern nicht bereits im konkreten Fall vorhanden – auf Krankenhäuser zudem die Einrichtung eines **internen Hinweisgebersystems** zukommen, über das die Mitarbeiter als sogenannte **Whistleblower** anonym Verstöße melden können. Dies wird grundsätzlich alle juristischen Personen mit mehr als 50 Mitarbeitern und alle juristischen Personen des öffentlichen Sektors betreffen. Grundlage hierfür ist die EU-Hinweisgeberrichtlinie vom 23.10.2019. Die Frist zur Umsetzung der Richtlinie in den Mitgliedsstaaten läuft am 17.12.2021 ab. Krankenhäuser müssen sich darauf einstellen, Meldekanäle einzurichten, die Vertraulichkeit gewährleisten. Sie müssen auch eine fest vorgeschriebene Bearbeitungszeit wahren. So muss dem Whistleblower innerhalb eines angemessenen zeitlichen Rahmens Rückmeldung über die ergriffenen Maßnahmen und den weiteren Umgang mit dem Sachverhalt gegeben werden. Die Richtlinie sieht hierfür eine Frist von drei Monaten vor.

Des Weiteren müssen in einem Krankenhaus Beauftragte ernannt werden, die gesetzlich vorgeschrieben sind. Bestimmte Positionen gelten hierbei branchenübergreifend, wie z. B. der Datenschutzbeauftragte, der Ausbildungsbeauftragte oder die Fachkraft für Arbeitssicherheit. Im Krankenhausumfeld sind zusätzlich fachspezifische Beauftragungen erforderlich. So muss beispielsweise gemäß § 6 Medizinproduktebetreiberverordnung (MPBetreibV) seit dem 01.01.2017 ein **Beauftragter für Medizinproduktesicherheit** benannt werden. Weitere Beauftragte sind etwa der **Hygienebeauftragte** und der **Strahlenschutzbeauftragte**. Es empfiehlt sich, eine Checkliste für die Beauftragung und die Beauftragten im Krankenhaus zu führen.

14.5.2 Behandlungs- und personalbezogene Aspekte

Die ordnungsgemäße Organisation der Behandlungsprozesse und der damit in Zusammenhang stehenden Arbeitsabläufe zählt zu den wesentlichen Grundpfeilern der Patientensicherheit. Sie ist Teil einer jeden Risikoanalyse. Sollten dabei Mängel augenscheinlich werden, müssen entsprechende Verfahrensanweisungen durch die Krankenhausleitung getroffen werden. Eine ausschöpfende Darstellung sämtlicher Aspekte ist im Rahmen dieses Beitrages nicht möglich. Im Folgenden kann nur auf ausgewählte Aspekte eingegangen werden, um ein Problembewusstsein zu schaffen. Im Übrigen wird auf die gelungenen Fallsammlungen in der Literatur verwiesen (Gross & Kucharz, 2018; Hart, 2019; Katzenmeier, 2021).

Personalauswahl und Fortbildung
Krankenhäuser müssen zu jeder Zeit eine dem **Facharztstandard** entsprechende ärztliche Versorgung garantieren (§ 630 Abs. 2 BGB). Dies wird insbesondere durch die Personalauswahl und die Personalplanung gewährleistet. Bei der Einstellung von neuem Personal ist auf die hinreichende fachliche Qualifikation zu achten. Zudem

muss sichergestellt sein, dass sich die Mitarbeiter regelmäßig fortbilden. Nur so kann sichergestellt werden, dass eine Medizin angeboten wird, die sich auf dem aktuellsten Stand befindet. Für Fachärzte ergibt sich die Fortbildungspflicht aus § 136b Abs. 1 Nr. 1 SGB V in Verbindung mit den Regelungen zur Fortbildung im Krankenhaus/ FKH-R des Gemeinsamen Bundesausschusses. Sie müssen innerhalb von fünf Jahren 250 Fortbildungspunkte sammeln. Die Einhaltung dieser Pflicht ist durch den Krankenhausträger zu überprüfen.

Ausreichende Personalplanung, auch zur Nachtzeit, an Wochenenden und Feiertagen

Darüber hinaus müssen alle Abteilungen des Krankenhauses technisch und personell so ausgestattet sein, dass aufgenommene Patienten rechtzeitig versorgt werden können (BGH, Urteil vom 21.01.2014 – VI ZR 78/13 = NJW-RR 2014, 1051). Das gilt unabhängig von der Tages- und Nachtzeit sowie an den Wochenenden und Feiertagen (OLG Düsseldorf, Urteil vom 02.10.1985 – 8 U 100/83).

BGH, Urteil vom 21.01.2014 – VI ZR 78/13 = NJW-RR 2014, 1051

Bei einer Patientin trat abends eine Thrombose der inneren Hirnnerven auf. Sie wurde von dem ärztlichen Notdienst in eine Klinik überwiesen, die erst kürzlich eine Schlaganfalleinheit eingerichtet hatte. Dort wurde sie von einem Konsiliararzt untersucht, der hinzugezogen wurde, weil die angestellten Ärzte des Krankenhauses, die in der Nacht tätig waren, nicht in der Lage waren, ein CT fachkundig zu befunden. Der Konsiliararzt erkannte die Thrombose nicht. Die Patientin erlitt infolge der Hirnvenenthrombose starke körperliche und geistigen Schädigungen. ◀

Die vorstehenden Ausführungen gelten auch für Notfälle. Es muss gewährleistet sein, dass ärztliche Maßnahmen rechtzeitig ergriffen werden können (OLG Braunschweig, Urteil vom 18.12.1997 – 1 U 30/97 = BeckRS 1997, 12621).

Krankheitsbedingte Ausfälle von Mitarbeitern dürfen keinen Einfluss haben

Die Einsatzpläne und die Vertretungsregelungen jeder Abteilung müssen lückenlos aufgestellt sein. Dies beinhaltet auch die Einteilung zum Ruf- und Bereitschaftsdienst unter Berücksichtigung der Urlaubspläne (Kern & Rehborn, 2019). Die Personalplanung muss so erfolgen, dass trotz eines unerwarteten krankheitsbedingten Ausfalls von Mitarbeitern der Facharztstandard gewährleistet wird.

BGH, Urteil vom 18.06.1985 – VI ZR 234/83 = NJW 1985, 2189

Die Anästhesieabteilung eines Klinikums war personell stark unterbesetzt. Von den ausgewiesenen Stellen waren sechs nicht besetzt. Die Klinikleitung wurde über Jahre auf die personellen Engpässe hingewiesen. Der Operationsbetrieb konnte von Seiten der Anästhesie nur durch die Ableistung zahlreicher Überstunden der Ärzte aufrecht-

erhalten werden. Da ein Arzt bereits zu der Überwachung von drei Operationstischen eingeteilt war und eine weitere Ärztin sich krankmeldete, führte ein Assistenzarzt, der seit zwei Monaten approbiert war und erst an 55 Narkoseeinleitungen mitgewirkt hatte, die Überwachung einer Narkose alleine durch. Im Verlauf der Narkose kam es zu einer Beatmungsblockade, die der Assistenzarzt nicht auflösen konnte. Aufgrund der langen Unterbrechung der Sauerstoffzufuhr erlitt die Patientin einen schweren Hirnschaden. ◄

Beachtung der Zeitarbeitsgesetze

Es muss sichergestellt sein, dass „die behandelnden Ärzte körperlich und geistig in der Lage sind, mit der im Einzelfall erforderlichen Konzentration und Sorgfalt zu operieren" (BGH, Urteil vom 29.10.2985 – VI ZR 85/84 = NJW 1986,776). Auf die Einhaltung der Zeitarbeitsgesetze ist strikt zu achten (Büchner & Stöhr, 2012).

AG Köln, Urteil vom 16.05.2012 – 613 Ls 3/12 = FD-StrafR 2012, 340829

Eine Assistenzärztin transfundierte einem 63-jährigen Patienten eine Blutkonserve der Blutgruppe A Rh+. Der Patient hatte die Blutgruppe 0 Rh+. Der Patient verstarb infolge der Bluttransfusion. Diese Blutkonserve war vom Labor für eine andere Patientin bereitgestellt worden. Zu der Verwechslung war es gekommen, weil der Assistenzärztin durch das Labor gleichzeitig zwei Blutkonserven für zwei verschiedene Patienten ausgehändigt wurden. Die Blutgruppe ergab sich allein aus dem Begleitdokument und nicht aus der Konserve selbst. Die Assistenzärztin hatte zum Zeitpunkt der Transfusion eine 63-Stunden-Woche mit anschließendem 12-stündigen Notdienst hinter sich. Während der Transfusion musste sie mehrere Maßnahmen für verschiedene Patienten gleichzeitig überwachen. Die Verwechslung der Blutkonserven entging ihr infolge eines stressbedingten Konzentrationsfehlers. ◄

Überwachung unerfahrener Assistenzärzte

Ein Assistenzarzt, der noch nicht über ausreichende Erfahrungen für bestimmte Maßnahmen verfügt, darf diese nicht ohne die Aufsicht eines Facharztes durchführen.

BGH, Urteil vom 27.09.1983 – VI ZR 230/81 = NJW 1984, 655 = Operation

Der diensthabende Oberarzt teilte einen Assistenzarzt zu einer Exstirpation eines am Hals befindlichen Lymphknotens ein. Der Assistenzarzt hatte diese Operation noch nie durchgeführt. Der Oberarzt zeigte dem Assistenzarzt, wo er die Injektion für die lokale Anästhesie zu setzen und wo er den Schnitt zu führen habe. Der Assistenzarzt führte die Operation anschließend ohne Aufsicht des Oberarztes aus. Nach einem 2 ½ cm breiten Schnitt löste er den Lymphknoten stumpf mit dem Finger aus. Dabei schädigte er den Nervus accessorius. ◄

Nichtärztliches Personal

Bei der Pflege der Patienten muss der Pflegestandard eingehalten werden. Im Wesentlichen gelten hier die vorstehenden Maßstäbe. Pflegeschüler müssen angeleitet und überwacht werden. Die Durchführung der ärztlicherseits angeordneten pflegerischen Maßnahmen ist von den Ärzten zu überwachen. Zudem darf dem Pflegepersonal keine Tätigkeit übertragen werden, die zum Kernbereich der ärztlichen Tätigkeit zählt (Katzenmeier, 2021).

BGH, Urteil vom 16.04.1996 – VI ZR 190/95 = NJW 1996, 2429

Eine mit Zwillingen schwangere Patientin wurde gegen 11:30 Uhr auf der gynäkologischen Belegstation eines Krankenhauses aufgenommen, nachdem eine Untersuchung vorzeitige Wehen ergeben hatte. Sie wurde mittels Tokolyse-Tropfs behandelt. Zeitweise fanden CTG-Aufzeichnungen statt. Während der folgenden Nacht waren weder ein Arzt noch eine Hebamme auf der Station anwesend. Sie hatten lediglich Rufdienst. Die nächtlichen CTG-Beurteilungen erfolgten ausschließlich durch die Nachtschwester, die fachlich nicht in der Lage war, eine ordnungsgemäße Auswertung des CTG vorzunehmen. Sie konnte daher auch nicht erkennen, wann eine Situation kritisch wurde und eines unmittelbaren ärztlichen Einschreitens bedurfte. Ungeachtet dessen galt die Absprache, dass sie den Rufdienst erst verständigen sollte, wenn sie, Auffälligkeiten im CTG festgestellt zu haben. In der Nacht befundete die Nachtschwester die CTG-Ergebnisse der Patientin falsch. Die Nachtschwester kontaktierte zwei Mal in der Nacht wegen Erbrechens und anschließend gemeldeter Wehen der Patientin den zuständigen Belegarzt, der jedoch nicht kam. Um 5:49 Uhr kontaktierte sie die Beleghebamme und auf deren Veranlassung hin um 5:51 Uhr erneut den Belegarzt, der um 6:00 Uhr eintraf. Die Geburt der Zwillinge erfolgte um 6:50 Uhr und 6:53 Uhr. Bei dem Zweitgeborenen kam es in Folge einer Hirnblutung zur Ausbildung eines Wasserkopfs und anschließend zum Tod durch Hirnversagen. ◄

14.5.3 Apparative und medikamentöse Ausstattung

Die **Pflicht zur ordnungsgemäßen Organisation** umfasst auch das Vorhalten einer gebotenen apparativen und medikamentösen Ausstattung (Kudlich & Neelmeier, 2021).

BGH, Urteil vom 11.12.1990 – VI ZR 151/90 = NJW 1991, 1543

Ein Patient, der dauerhaft mit Marcumar behandelt wurde, musste aufgrund eines komplizierten Bruchs des linken Handgelenks operiert werden. Zur Normalisierung der Blutgerinnung wurde ein Prothrombinkomplex-Präparat (PPSB) eingesetzt, das mit dem hohen Risiko einer Hepatitis-Infektion für den Patienten behaftet war. Infolge der Anwendung erlitt der Patient tatsächlich eine Hepatitis-Non-A-Non-B-Infektion. Das Infektionsrisiko hätte durch die Verwendung des kaltsterilisierten Präparates „PPSB Hepatitis-sicher" signifikant verringert werden können. Dieses Präparat hatte die Klinik nicht rechtzeitig vor der Operation zur Verfügung gestellt. ◄

14.5.4 Ausschluss von Patientenverwechslungen

Zur Vermeidung von Patientenverwechslungen haben sich mittlerweile bestimmte Standards bewährt. Bereits 2005 hat das Aktionsbündnis Patientensicherheit e. V. „Empfehlungen zur Vermeidung von Patientenverwechslungen" erarbeitet, die seitdem fortgeschrieben werden. Ausgehend von einem geplanten Eingriff bietet sich das folgende Prozedere an, welches durch eine OP-Sicherheitscheckliste durchgängig protokolliert sein muss.

Es muss ein präoperativer Identifikationsprozess erfolgen. Der Patient, der bereits bei Aufnahme ein robustes Patienteninformationsarmband mit Barcode, Vor- und Nachname, Geburtsdatum und Fallnummer erhalten hat, wird von der Stationspflege vor dem Eingriff kontrollmäßig nach seinem Namen gefragt. Dies wird in der OP-Sicherheitscheckliste protokolliert. Die Pflege prüft auch, ob die schriftliche Einwilligung in den Eingriff existiert und die chirurgische und anästhesiologische Aufklärung erfolgt ist. Der Patient wird zudem vorab – durch einen Arzt – markiert, d. h. es wird z. B. ein Kreuz auf der entsprechenden Körperseite in unmittelbarerer Nähe zur Eingriffsstelle mit einem Marker auf die Haut gezeichnet. Auch dies überprüft und protokolliert die Stationspflege vor dem Eingriff. Wichtig: Der Patient sollte, solange dies möglich ist, an diesem Identifizierungsprozess aktiv beteiligt werden. Mehrmalige Fragen nach seinem Namen sollten ihm stets kommunikativ erläutert werden. Im Rahmen der Einleitung wird der Patient sodann zumeist in einen dem OP-Saal zugewiesenen Vorraum gefahren, in dem ihm regelmäßig die Anästhesie verabreicht wird. Die korrekte Saalzugehörigkeit muss hier festgestellt werden. Im OP-Raum hat sich ein sogenanntes Team-Time-Out bewährt. Dabei erläutert der führende Operateur vor Beginn der Operation – nach erneuter Feststellung der Identität des Patienten durch Abgleich mit dem Armband – den vorzunehmenden Eingriff vor dem Operationsteam. Das Team-Time-Out hat den Zweck, Planungsfehler letztmalig zu erkennen. Wichtig ist, dass diese „Besprechung" nicht zu hastig durchgeführt wird und alle konzentriert bleiben. Nur zu häufig gibt es noch interdisziplinären Austauschbedarf zwischen einzelnen Mitarbeitern, sodass Hintergrundgespräche entstehen können. Sofern keine Markierung am Patienten vorhanden ist, muss die OP zwingend abgesetzt werden. Der Patient wird dann ohne Ausnahme nicht operiert. Nach dem Eingriff sollte die OP-Sicherheitscheckliste auch auf postoperative Aspekte eingehen. Sie ist daher auch nach dem Eingriff ein ständiger Begleiter, der der Patientenakte vorgeheftet ist.

14.5.5 Hygiene

Gemäß § 2 der **Krankenhaushygieneverordnung** NRW ist der Träger des Krankenhauses verpflichtet, die betrieblich-organisatorischen und baulich-funktionellen Voraussetzungen für die Einhaltung der Grundsätze der Hygiene im Krankenhaus sicherzustellen und für die Durchführung der notwendigen hygienischen Maßnahmen zu sorgen. Entsprechende Regelungen finden sich in allen Hygieneverordnungen der Länder, z. B. § 2 Bayerische Medizinhygieneverordnung oder § 2 der Verordnung zur Regelung der Hygiene in medizinischen Einrichtungen Berlin. Das Robert Koch-Institut gibt regelmäßig aktualisierte Leitlinien heraus, die von der Kommission für Krankenhaushygiene und Infektionsprävention beim Robert Koch-Institut (KRINKO) entwickelt werden und als verbindliche Grundlage und Standard für die erforderlichen Präventionsmaßnahmen dienen. Dazu gehören insbesondere die Bildung einer Hygienekommission, die Beratung durch einen Krankenhaushygieniker im Sinne der Empfehlung der Kommission für Krankenhaushygiene und Infektionsprävention, die Beschäftigung von Hygienefachkräften und die Bestellung eines Hygienebeauftragten.

14.5.6 Aufklärung

Die ordnungsgemäße **Aufklärung von Patienten** ist ein sehr wichtiger Bestandteil ärztlicher Tätigkeit. Aus der Sphäre des Patienten betrachtet, gewährleistet sie, dass dieser eine selbstbestimmte Behandlungsentscheidung treffen und an der Behandlung mitarbeiten kann. Eine Verletzung von Aufklärungspflichten führt zur Unwirksamkeit der Einwilligung des Patienten. Dies kann die Geltendmachung von Schadensersatz- und Schmerzensgeldansprüchen gegen das Krankenhaus nach sich ziehen. Zudem können Aufklärungsfehler unter Umständen als (strafrechtlich relevante) fahrlässige oder vorsätzliche Körperverletzung interpretiert und Ermittlungsverfahren gegen das verantwortliche Personal eingeleitet werden. Ein gut funktionierendes CMS sollte daher eine Richtlinie über den Ablauf einer ordnungsgemäßen Aufklärung vorsehen, die dem aufklärenden Personal elektronisch oder in Papierform an die Hand gegeben wird.

Inhaltlich sollte die Richtlinie kompakt auf die Informations- und Aufklärungspflichten eingehen, die sich nach §§ 630c, 630e BGB richten. Im Fokus steht dabei die Risikoaufklärung. Insbesondere muss dem Patienten ein zutreffender Eindruck über mögliche dauernde oder vorübergehende Nebenfolgen des ärztlichen Eingriffs gegeben werden. Es sollte auch geregelt sein, wer aufklärt, wie und wann. Eine Delegation der Aufklärung an Assistenzärzte ist unter bestimmten Voraussetzungen zulässig. Die Aufklärung erfolgt in einem persönlichen Gespräch in einer laiengerechten Sprache. Die Aushändigung eines schriftlichen standardisierten Aufklärungsbogens oder sonstiger Materialien zum Eigenstudium für den Patienten kann das Aufklärungsgespräch nicht ersetzen. Was den Zeitpunkt angeht, muss die Aufklärung so rechtzeitig erfolgen, dass der Patient seine Entscheidung über die Einwilligung wohlüberlegt treffen kann, d. h. mindestens 24 Stunden vor dem Eingriff.

Hinsichtlich der Aufklärungsadressaten gibt es einige Besonderheiten bei nicht einwilligungsfähigen volljährigen Patienten (z. B. bei Altersdemenz oder psychischer Krankheit). Hier ist der Betreuer bzw. – bei Vorliegen einer Vorsorgevollmacht – der Bevollmächtigte einzubeziehen.

Bei minderjährigen Kindern gilt die Einwilligung der Erziehungsberechtigten, wobei in der Regel die Einwilligung des mit dem Kind zur Behandlung erschienenen Elternteils reicht. Der Arzt darf bei alltäglichen Routinefällen darauf vertrauen, dass dieses Elternteil von dem nicht anwesenden Elternteil zur Entscheidung ermächtigt wurde, solange ihm keine entgegenstehenden Umstände bekannt sind. Anders ist das bei riskanten Behandlungen mit besonderer Tragweite oder wenn die Anzeichen dafür sprechen, dass die Elternteile sich uneinig sind. Einwilligungsfähige Minderjährige, also solche, die in der Lage sind, das Wesen, die Bedeutung und die Tragweite des Eingriffs zu erfassen, sollen entsprechend ihrer Verstandesreife in die Aufklärung einbezogen werden. Hierbei handelt es sich um eine Einzelfallentscheidung. Feste Altersgrenzen existieren nicht (ausführlich zur Einwilligungsfähigkeit Minderjähriger: Thielmann, 2020).

Bei fremdsprachigen Patienten muss der aufklärende Arzt sicherstellen, dass dem Patienten durch eine sprachkundige Person oder Dolmetscher der Inhalt des Aufklärungsgespräches übermittelt wird. Es empfiehlt sich, im Krankenhaus eine Liste aller für die Übersetzung geeigneten Mitarbeiter anderer Nationalitäten vorzuhalten, die nach den jeweiligen Sprachen geordnet ist. Für diejenigen Sprachen, die im Krankenhausalltag erfahrungsgemäß häufig vorkommen, sollten standardisierte fremdsprachige Aufklärungsbögen bewährter Anbieter genutzt werden.

14.5.7 Dokumentation

Eine ordnungsgemäße schriftliche Dokumentation zählt zu den wesentlichen Grundlagen des Patientenschutzes. Durch sie werden die nachbehandelnden Ärzte und Pflegekräfte über den aktuellen Gesundheitszustand der Patienten und den bisherigen Behandlungsverlauf informiert, wodurch insbesondere kontraindizierte Behandlungen vermieden werden können. Die Dokumentation kann im Rahmen eines CMS in Form einer Verfahrensanweisung an alle ärztlich und pflegerisch tätigen Mitarbeiter aufgegriffen werden. Darin ist vorzugeben, dass die Dokumentation ausführlich, sorgfältig, wahrheitsgemäß, vollständig und zeitnah erfolgen muss, sodass sie für jeden fachkundigen Dritten nachvollziehbar ist. Jede Eintragung ist mit dem genauen Datum, der Uhrzeit und dem jedem Mitarbeiter persönlich zugewiesenen Handzeichen zu versehen. Nachträgliche Änderungen der Dokumentation müssen als solche gekennzeichnet werden. Die ordnungsgemäße Durchführung der Dokumentation ist regelmäßig stichprobenartig zu überprüfen. Die Dokumentation der Aufklärung und Einwilligung des Patienten vor einem medizinischen Eingriff kann in der vorstehend erwähnten Aufklärungsrichtlinie aufgenommen werden.

14.5.8 Korruptionsprävention

Darüber hinaus ist auch die **Korruptionsprävention** ein Mechanismus, der mittelbar zum Patientenschutz beiträgt. Denn grob sachwidrige, auf Bestechung beruhende Auswahl- oder Empfehlungsentscheidungen des behandelnden Arztes können Auswirkungen auf die Patientensicherheit haben. Beispielsweise kann es einen Unterschied machen, ob der behandelnde Arzt im Hinblick auf die Nachversorgung nur ein bestimmtes Sanitätshaus oder das Hilfsmittel nur eines bestimmten Herstellers empfiehlt, weil er eine wirtschaftliche Beteiligung an dem Sanitätshaus oder dem Hersteller hält. Vielleicht hätte eine andere Wahl aus medizinischen Aspekten dem Patienten noch besser gedient. Nicht immer wird es so sein, dass die finanziell geleitete Entscheidung tatsächlich zu einem Schaden des Patienten führt. Der Patient hat aber ein Recht auf eine beruflich integre, von handfesten Interessenkonflikten freie heilberufliche Entscheidung. Entscheidend sind medizinische Erwägungen und nicht pekuniäre. Es muss bereits der böse Schein einer medizinisch nicht integren Entscheidung ausgeschlossen sein. Um dies zu gewährleisten, empfiehlt es sich, im Rahmen des CMS eine Antikorruptionsrichtlinie zu veröffentlichen, in der das Trennungs-, Transparenz-, Äquivalenz- und Dokumentationsprinzip verankert wird. Das Personal muss dafür sensibilisiert werden, in welchen Konstellationen bereits der Anschein eines unzulässigen Verhaltens erweckt wird. Es muss der Umgang mit Geschenken und anderen Sachzuwendungen, Bewirtungen oder Einladungen zu Veranstaltungen bzw. Vortragstätigkeiten durch Dritte oder Sponsoring explizit geregelt werden. Das gilt auch für Empfehlungen durch Ärzte (Einzelheiten siehe z. B. Scholz, 2018).

14.5.9 Vermeidung von Abrechnungsfehlern bzw. Abrechnungsbetrug

Legt man das weite Verständnis des Begriffs der Patientensicherheit zugrunde, in dem auch das Vermögen des Patienten berücksichtigt wird, kommt man nicht umhin, die Privatabrechnung als relevant für die Patientensicherheit zu betrachten. Eine Begrenzung auf Privatpatienten wird an dieser Stelle deswegen vorgenommen, da nur diesen die Entgelte für die medizinische Leistungserbringung und damit in Zusammenhang stehende Ausgaben unmittelbar in Rechnung gestellt werden. Sie können daher grundsätzlich Geschädigte im Sinne von § 263 StGB sein, und zwar in Form des Abrechnungsbetruges. Bei gesetzlich versicherten Patienten dagegen ist – im Falle der nicht ordnungsgemäßen Abrechnung – die zuständige Kassenärztliche Vereinigung die Geschädigte, da ihr die von den Krankenkassen übergeleiteten Gesamtvergütungen als eigene zugewiesen sind (BGH NJW 2021, 90).

Die Konstellationen, in denen eine fehlerhafte (vorsätzliche) Abrechnung erfolgen kann, sind vielfältig: Denkbar ist beispielsweise die unrichtige höherwertige Kodierung von Krankenhausleistungen (sog. Upcoding). Entsprechendes gilt, wenn der Chefarzt im Rahmen einer Wahlleistungsvereinbarung Leistungen unzulässigerweise delegiert und entgegen § 4 Abs. 2 GOÄ dennoch abrechnet. Dies gilt auch bei der Delegation von Hilfsmittelleistungen unter Verstoß gegen § 128 SGB V (Hefendehl, 2018). Selbst bei bloßen Abrechnungsfehlern, die nicht vorsätzlich begangen wurden, ist der Patient finanziell beeinträchtigt. In einer Richtlinie zur Vermeidung von Abrechnungsfehlern sollte das Krankenhaus daher Stellung beziehen zum Umgang mit Abrechnungsfehlern und Abrechnungsbetrug. Zudem sollten in der Richtlinie präventive Maßnahmen zur Verhinderung beschrieben und sodann auch implementiert werden (z. B. Einsatz von qualifiziertem Abrechnungs- und Controllingpersonal, Schulungen, Fallbesprechungen, stichprobenartige interne Kontrollen). Es sollte in der Richtlinie auch beschrieben werden, wie im Falle aufgedeckter Verstöße vorgegangen wird (z. B. Beweissicherung, arbeitsrechtliche Maßnahmen, Einbindung von Strafverfolgungsbehörden).

14.5.10 Datenschutz

Das allgemeine Persönlichkeitsrecht garantiert jedem Patienten das Recht, selbstbestimmt zu entscheiden, ob und wenn ja, in welchem Umfang ein bestimmter Personenkreis Informationen erhält. Eine Krankenhausbehandlung ist ohne die Verarbeitung von personenbezogenen und medizinischen Daten der Patienten nicht denkbar. Das beginnt bereits bei der Anlage des Patienten-Stammblatts im Krankenhausinformationssystem (KIS) und zieht sich sodann durch die gesamte Behandlung des Patienten bis hin zum Versenden des Entlassbriefes an den weiterbehandelnden Arzt. Sämtliche Schritte müssen von der Einwilligung des Patienten gedeckt sein. Andererseits sollte der Datenschutz nicht dazu führen, dass die Behandlung der Patienten unnötig erschwert wird. Auf die Krankenhäuser kommen in diesem Bereich gegenwärtig große Herausforderungen zu: Mit Inkrafttreten des Gesetzes für eine bessere Versorgung durch Digitalisierung und Innovation (Digitale-Versorgung-Gesetz – DVG) am 19.12.2019 und des Patientendaten-Schutz-Gesetzes (PDSG) am 20.10.2020 wurde ein verpflichtendes digitales Netzwerk für den Gesundheitsbereich eingeführt. Bis spätestens 31.12.2021 soll jedes Krankenhaus in Deutschland an die Telematikinfrastruktur angeschlossen und für die elektronische Patientenakte (ePA) gerüstet sein. Hier wird darauf zu achten sein, dass der Datenschutz der Patientendaten an dieser Schnittstelle gewahrt wird (Regelungsüberblick siehe Kircher, 2021).

Und auch krankenhausintern lauern diverse Risiken für die Daten des Patienten, die an dieser Stelle nur umrissen werden können. So stellt sich z. B. die Frage nach der Zugriffsberechtigung nicht involvierter Abteilungen. Diese ist grundsätzlich zu verneinen, es sei denn, es handelt sich um einen Notfall. Ein gut durchdachtes Zugriffsrechte-Management sollte bereits in dem genutzten System auf Software-Ebene implementiert sein. Das gilt auch für den Fall, dass das Krankenhaus Träger eines MVZ ist.

Für den Patienten können Datenschutzverstöße eklatante Konsequenzen haben, wenn seine Daten schlecht oder unvollständig geführt oder aus Versehen einem nicht dafür bestimmten Personenkreis zugänglich gemacht werden. Bei Unvollständigkeit kann die Behandlung des Patienten und damit seine Gesundheit beeinträchtigt sein. Erfahren Dritte, wie der Arbeitgeber, Versicherungskonzerne oder Banken, von der Krankengeschichte eines Patienten, birgt dies das Risiko einer Diskriminierung, z. B. in der Form, dass ein Kredit nicht erteilt wird oder der Patient psychisch unter der Veröffentlichung leidet. Für das Krankenhaus und seine Mitarbeiter können sich Verstöße in diesem Bereich nachteilig auswirken: Bei einem Großteil der Daten, die in Zusammenhang mit einem Krankenhausaufenthalt erhoben werden, wird es sich um Gesundheitsdaten handeln. Diesen kommt in der Datenschutzgrundverordnung (DSGVO) im Vergleich zu „normalen" personenbezogenen Daten ein besonderer Schutz zu. Datenschutzverstöße mit Bezug zu Gesundheitsdaten können gemäß § 83 Abs. 5 DSGVO mit einer höheren Geldbuße belegt werden als Verstöße mit Bezug zu sonstigen personenbezogenen Daten.

Geldbuße i. H. v. 105.000 EUR gegen ein Krankenhaus

Am 03.12.2019 verhängte der Landesbeauftragte für den Datenschutz und die Informationsfreiheit Rheinland-Pfalz gegenüber einem Krankenhaus eine Geldbuße in Höhe von 105.000 Euro. Diese beruhte auf mehreren Verstößen gegen die DSGVO im Zusammenhang mit einer Patientenverwechslung bei der Aufnahme des Patienten. Die Patientenverwechslung hatte eine falsche Rechnungsstellung zur Folge und offenbarte strukturelle technische und organisatorische Defizite des Krankenhauses beim Patientenmanagement. Dem Krankenhaus kam bei der Bemessung der Geldbuße zugute, dass es bereits im Verfahren belastbare Bemühungen nachweisen konnte, die Fortentwicklung und Verbesserung des Datenschutzmanagements nachhaltig voranzutreiben. ◀

In § 42 BDSG existiert ein datenschutzbezogener Straftatbestand, wonach z. B. die unberechtigte Übermittlung nicht allgemein zugänglicher personenbezogener Daten (wie es Gesundheitsdaten sind) einer großen Zahl von Personen an einen Dritten strafrechtlich sanktioniert wird. Gesundheitsdaten unterliegen zudem dem Arztgeheimnis. Leitet z. B. ein Klinikarzt den Arztbrief ohne schriftliche oder zumindest mündliche Einwilligung des Patienten vorsätzlich an dessen Hausarzt weiter, kann eine Strafbarkeit nach § 203 StGB in Frage kommen.

14.6 Schlussbetrachtung

Patientensicherheit ist im Krankenhausalltag ein wichtiger Teilaspekt von Compliance. Für den bestmöglichen Schutz des Patienten empfiehlt sich, ein weites Verständnis von Patientensicherheit anzulegen und nicht nur die Vermeidung von Behandlungsfehlern, sondern aller darüber hinausgehenden negativen Konsequenzen für Patientenrechte zu erfassen, die mit dem Krankenhausaufenthalt zusammenhängen können. Ausgehend von dieser Definition wird deutlich, dass ein CMS im Krankenhaus zum einen die körperliche Integrität des Patienten und die Vermeidung von Behandlungsfehlern im Blick haben muss. Zum anderen sollte das CMS aber durchaus auch mittelbar mit der Behandlung stehende Aspekte wie Abrechnung, Antikorruption und Datenschutz umfassen. Denn diese Themen bergen ebenfalls das potenzielle Risiko, den Patienten zu beeinträchtigen.

14.7 Kontrollfragen

1. Wer ist für die Erstellung eines CMS zuständig?
2. Mit welcher Methode können Risiken aus dem Bereich Patientensicherheit erhoben und bewertet werden?
3. Wie können die Umsetzung und Einhaltung des CMS sichergestellt werden?
4. Was muss bei Behandlungen durch Assistenzärzte stets berücksichtigt werden?
5. Sollte die OP durchgeführt werden, wenn die Markierung auf der Haut des Patienten fehlt, der operierende Arzt sich aber sicher ist, welche Körperseite von der OP betroffen ist?
6. Inwiefern kann die Existenz einer Antikorruptionsrichtlinie vorteilhaft für die Patientensicherheit sein?
7. Dürfen alle medizinischen Abteilungen auf die Patientenakte einer Patientin zugreifen, die auf der Geburtshilfestation entbunden hat?

Literatur

Büchner, B., & Stöhr, A. (2012). Arbeitszeit in Krankenhäusern – Ein haftungsrechtliches Risiko? *NJW, 2012*, 487.

Busse, T. (2017). Compliance im Krankenhaus. *GuP, 4*, 150.

Dann, M. (2020). Strafrechtliche Compliance in Krankenhaus und MVZ. In *Wenzel, Handbuch des Fachanwalts: Medizinrecht* (4. Aufl., S. 1933–1952). Wolters Kluwer.

Gross, B., & Kucharz, N. (2018). Organisationsverschulden in Krankenhäusern: Systematisierung von Pflichten der sorgfältigen Organisation. *MedR, 36*, 143–155.

Hart, D. (2019). Patientensicherheit im Medizin- und Gesundheitsrecht. *MedR, 37*, 509–518.

Hefendehl, R. (2018). § 263 Betrug. In *Münchener Kommentar zum StGB* (3. Aufl., Bd. 5). Beck.

Katzenmeier, C. (2021). Arztfehler und Haftpflicht (Kap. X). In *Laufs/Katzenmeier/Lipp, Arztrecht* (8. Aufl.). Beck.

KBV. (2018). QM-Ratgeber: Qualitätsindikatoren und Kennzahlen. *Deutsches Ärzteblatt, 115*(41), A-1832.

Kern, B.-R., & Rehborn, M. (2019). § 100 – Organisationspflichten. In *Laufs/Kern/Rehborn, Handbuch des Arztrechts* (5. Aufl.). Beck.

Kircher, P. (2021). Das Patientendaten-Schutz-Gesetz (PDSG) und die elektronische Patientenakte (ePA) – Regelungsüberblick und Vereinbarkeit mit der DS-GVO. *GuP*, Heft 1.

Kudlich, H., & Neelmeier, T. (2021). Organisationsverschulden im Arztrecht. *NJW, 2021*, 1185.

Pütter, N. (2018). § 153a Richtlinien des Gemeinsamen Bundesausschusses zur Qualitätssicherung in ausgewählten Bereichen. In *Dettling/Gerlach, Krankenhausrecht* (2. Aufl.). Beck.

Scholz, K. (2018). § 31 MBO-Ä Unerlaubte Zuweisung. In *Spickhoff, Medizinrecht* (3. Aufl.). Beck.

Thielmann, T. (2020). *Zwangsmedikation in der Kinder- und Jugendpsychiatrie*. Peter-Lang.

Digitalisierung und eine neue Perspektive der Patientensicherheit

15

Stefan Kottmair und Franziska Hörner

Inhaltsverzeichnis

Zusammenfassung

In gängigen Definitionen zielt Patientensicherheit primär auf die Vermeidung von Schäden durch medizinische Behandlungen ab. In diesem Beitrag wird eine Erweiterung des Begriffs im Hinblick auf den individuellen Patientennutzen beschrieben. Dies geht mit der Einführung einer salutogenetischen Perspektive sowie mit Konzepten einer patientenzentrierten Medizin wie Personalisierung und Partizipation einher. In anderen Wirtschaftsbereichen hat ein ähnlicher Wandel hin zu einem kundenzentrierten Vorgehen die Basis für disruptive digitale Geschäftsmodelle geschaffen. Das Thema

S. Kottmair (✉)
Ebenhausen, Deutschland
E-Mail: sk@drkottmair.de

F. Hörner
Bayreuth, Deutschland

© Der/die Autor(en), exklusiv lizenziert an Springer Fachmedien Wiesbaden GmbH, ein Teil von Springer Nature 2022
W. Hellmann (Hrsg.), *Patientensicherheit*,
https://doi.org/10.1007/978-3-658-37143-2_15

Patientensicherheit in erweiterter Form erfordert ein neues Verständnis eines integrierten Qualitätsmanagements über die gesamte Behandlungskette hinweg. Hieraus ergeben sich Chancen für die Entwicklung neuer digitaler Angebote, die sich sowohl an Patienten als auch an Behandler richten können. Dies wird anhand eines fiktiven Anwendungsbeispiels veranschaulicht.

15.1   Definition der Patientensicherheit

Für den Begriff „Patientensicherheit" (PS) finden unterschiedliche Definitionen Anwendung. Das Aktionsbündnis Patientensicherheit (APS) definiert diese als eine „Abwesenheit unerwünschter Ereignisse". Dabei stellt ein unerwünschtes Ereignis ein „schädliches Vorkommnis [dar], das eher auf der Behandlung denn auf der Erkrankung beruht". Verbreitet ist hierbei die Unterscheidung in vermeidbare und unvermeidbare unerwünschte Ereignisse (ÄZQ, 2021).

Die Häufigkeit von (vermeidbaren) unerwünschten Ereignissen ist Gegenstand einer Vielzahl internationaler Studien. Schätzungen zufolge entwickeln in Deutschlands Krankenhäusern 5–10 % der Behandlungsfälle unerwünschte Ereignisse. Von diesen sind 2–4 % vermeidbar (Geraedts, 2014, S. 7). Um den Schäden entgegenzuwirken, werden zahlreiche Maßnahmen zur Erhöhung der PS entwickelt bzw. umgesetzt. Erfolge zeigen sich bspw. bei der Verwendung von Checklisten im OP-Bereich. Bei konsequenter Anwendung können insbesondere die perioperative Mortalität sowie die Komplikationsrate reduziert werden (Conen, 2011, S. 173).

15.2   Von der Pathogenese zur Salutogenese

Die geschilderte „klassische" Definition von Patientensicherheit orientiert sich stark an einem pathogenetischen Verständnis von Gesundheit und Krankheit. Im Mittelpunkt steht hier das schädliche Vorkommnis („unerwünschtes Ereignis"). Nach dem pathogenetischen Modell führen Risikofaktoren zu einem von der Gesundheit abweichenden Zustand, der Krankheit. Das Ziel von Interventionen muss daher die Vermeidung von Krankheitsfaktoren sein. Nur so kann der Normalzustand, die Gesundheit, aufrechterhalten werden.

Der Begriff der Patientensicherheit soll in diesem Beitrag jedoch um eine salutogenetische Sichtweise erweitert werden. Im salutogenetischen Modell wird angenommen, dass sich der Mensch auf einem Kontinuum zwischen vollständiger Gesundheit und vollständiger Krankheit bewegt (siehe Abb. 15.1). Die Ausprägung verschiedener Faktoren ist für die Lokalisation auf dem Kontinuum verantwortlich.

Es geht damit nicht mehr allein um die Vermeidung von krankmachenden Einflüssen. Zentral ist vielmehr die Frage, wie Gesundheit erhalten bzw. verbessert werden kann. Der

Abb. 15.1 Gesundheits-
kontinuum und Einfluss-
faktoren im salutogeneti-
schen Modell

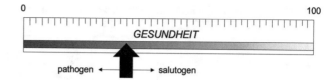

Fokus der Betrachtung hat sich damit von der Krankheitsvermeidung zur Gesundheitserhaltung verschoben (Franke, 2018, S. 878 ff.).

Die Notwendigkeit einer solchen Erweiterung wird am folgenden Beispiel ersichtlich:
Eine ältere Patientin klagt über anhaltende Rückenschmerzen im Bereich der Lendenwirbelsäule. Ihre Beweglichkeit ist stark eingeschränkt, so dass sie bei wesentlichen All-
tagtätigkeiten und sozialen Aktivitäten stark beeinträchtigt ist. Sie leidet insbesondere
darunter, dass sie mit ihren Enkelkindern nicht mehr unbeschwert spielen kann. Ihr Hausarzt überweist sie daher zu einem Wirbelsäulenspezialisten. Aufgrund der ausgeprägten
pathologischen Veränderungen an der Wirbelsäule, die sich bei der bildgebenden Diagnostik zeigen, und der von der Patientin geschilderten Symptomatik rät der Arzt zur Operation. Er klärt die Patientin über mögliche Komplikationen des Eingriffs, wie Blutungen,
Infektionen, Nervenlähmungen etc. auf. Eine gemeinsame Abwägung der möglichen Vor-
und Nachteile unter Berücksichtigung von Begleiterkrankungen und der individuellen
Lebenssituation findet allerdings nicht statt.

Nach dem pathogenetischen Verständnis von Patientensicherheit ist die Operation dann
als „sicher" für die Patientin einzustufen, wenn diese komplikationslos verlaufen ist.
Nervenschädigungen sind bspw. bei der Operation ausgeblieben. Die Frage nach einem
Gesundheitsvorteil durch die Operation wurde aber außer Acht gelassen. Es ist denkbar,
dass es der Patientin trotz komplikationsfrei durchgeführter Operation anschließend nicht
besser geht. Die Schmerzen bestehen möglicherweise weiter, die Beweglichkeit hat sich
sogar verschlechtert, oder sie kann nach wie vor nicht den Tätigkeiten nachgehen, die ihr
wichtig sind.

Patientensicherheit ist nach dem erweiterten salutogenetischen Verständnis nur dann
erreicht, wenn die medizinische Maßnahme der Patientin einen Zusatznutzen bietet (siehe
Tab. 15.1). Dieser kann sich bspw. in einer verbesserten Lebensqualität äußern: Die Patientin ist nach der Operation wieder in der Lage, ihren Hobbies nachzugehen und am
sozialen Leben teilzuhaben (z. B. mit ihren Enkeln Ball zu spielen). Sofern dieser Gesundheitsvorteil nicht erzeugt wird, ist die Intervention trotz eines ggf. komplikationslosen
Verlaufs als „unsicher" einzustufen. Die Patientin wurde einer unnötigen und belastenden
Prozedur ausgesetzt.

Klinische Erfahrungen der Nachbehandelnden (Hausärzte, Fachärzte für Rehabilitationsmedizin, Physiotherapeuten) belegen ebenso wie unterschiedliche Studien,
dass diese Überlegungen nicht nur theoretischer Natur sind. So zeigen systematische und
langjährige **Auswertungen des Zweitmeinungsangebots** der Techniker Krankenkasse
(TK, 2021) an mehr als 6000 Patienten, die sich in einem Schmerzzentrum zur Zweit-

Tab. 15.1 Patientensicherheit: klassische und erweiterte Sicht

Konzept	Pathogenese	Salutogenese
Ziel	Unerwünschtes Ereignis vermeiden	Gesundheitsvorteil erzeugen
Metrik	Rate an Komplikationen	Nutzen, z. B. im Sinne verbesserter Lebensqualität
Beispiel	Nervenschädigung mit dauerhafter Lähmung der unteren Extremitäten	Patientin kann wieder ihren Hobbies nachgehen und am sozialen Leben teilhaben

meinung vor einer Operation vorgestellt haben, dass ein Großteil (im untersuchten Kollektiv ca. 80 %) der Operationen vermeidbar ist.

Stattdessen wäre auch eine konservative Behandlung (z. B. Physiotherapie, Schmerztherapie etc.) möglich. Wer Studien der Kostenträger in diesem Zusammenhang nicht vertraut, sei auf **internationale Variationsstudien** verwiesen, die sogenannte „unwarranted regional variations" (ungerechtfertigte regionale Abweichungen) bei Operationsraten untersuchen. Dabei geht es um die Frage, inwieweit die Wahrscheinlichkeit für eine Operationsentscheidung, bei sonst gleichen Bedingungen, allein von der geografischen Region innerhalb eines Gesundheitssystems abhängt.

Würde die Entscheidung ausschließlich rationalen Gesichtspunkten mit dem Ziel des optimalen Ergebnisses für den Patienten folgen, dürften sich die statistisch gemittelten und adjustierten Raten über die Regionen hinweg nicht signifikant unterscheiden. Die Studien weisen allerdings dramatische Abweichungen in den Raten aus. In einer US-amerikanischen Untersuchung (Birkmeyer et al., 2013) unterscheidet sich die Wahrscheinlichkeit, am Rücken operiert zu werden, zwischen den Regionen mit der höchsten und niedrigsten Operationsrate um einen Faktor 6,4! In dieser Studie, an der auch John Wennberg, der Pionier dieses Forschungszweigs, beteiligt war, werden darüber hinaus mögliche Ursachen untersucht und diskutiert. Die Autoren kommen zu dem Schluss, dass die Variation der OP-Raten sich hauptsächlich durch zwei Faktoren erklärt: 1) unterschiedliche klinische Ansichten und Meinungen der behandelnden Ärzte und 2) das Ausmaß, in dem Patientenpräferenzen in Behandlungsentscheidungen einbezogen werden. Der zweite Punkt verdeutlicht die Bedeutung einer patientenzentrierten partizipativen Medizin, die sich an den Outcomes aus Sicht des Patienten orientiert (siehe auch Patient-Reported Outcome (PRO), Abschn. 15.6).

15.3 Erweiterung der Prozesssicht

Ein umfassenderes Konzept der Patientensicherheit erfordert neben der Berücksichtigung der Patientenbedürfnisse und -präferenzen eine Erweiterung der Prozesssicht auf die gesamte Behandlungskette. Der **klassische Fokus** liegt auf dem stationären Aufenthalt und im engeren Sinne auf dem Eingriff selbst. Im Beispiel oben bedeutet dies die Anwendung von OP-Checklisten oder – allgemeinen – Maßnahmen des Qualitätsmanagements während des Krankenhausaufenthalts.

Im **salutogenetisch erweiterten Modell** ist diese eingeschränkte Prozesssicht nicht ausreichend. Sowohl der Zeitraum vor als auch nach dem Eingriff bzw. Krankenhausaufenthalt ist zu berücksichtigen, um eine adäquate Abbildung des Gesamtprozesses zu gewährleisten. So müssen bereits im Vorfeld Maßnahmen ergriffen werden, welche dem Patienten zu einer informierten bestmöglichen Entscheidung verhelfen. Zu diesen zählt neben der Information und Aufklärung des Patienten über Risiken und Nutzen der Intervention auch die Abfrage der persönlichen Präferenzen mit einem anschließenden Nutzen-/Risikoabgleich (partizipatives Vorgehen).

Bei einer uninformierten Entscheidung für eine Operation, die für den Patienten keinen Nutzen bzgl. seiner Präferenzen erwarten lässt, wird die Patientensicherheit kompromittiert. Zudem gilt es, die Zeit nach dem Eingriff bzw. den Aufenthalt im Rahmen einer gezielten und individuellen Nachsorge zu berücksichtigen, um den patientenindividuellen Nutzen im Alltag zu verstetigen. Die ganzheitliche Sichtweise folgt somit einem partizipativen und patientenzentrierten Ansatz.

► **Die Bedeutung einer die gesamte Behandlungskette einbeziehenden Herangehensweise kann nicht ausdrücklich genug betont werden.**

Bereits heute sind viele der in diesem Beitrag genannten Instrumente (z. B. patientenorientierte Erfolgsmessung, siehe auch PRO, Abschn. 15.6) auf einzelnen, isolierten Stufen des Behandlungsprozesses im Einsatz.

So finden bspw. im Bereich der Rehabilitationsmedizin standardisierte Dokumentationen und Auswertungen des Behandlungsergebnisses auch im Hinblick auf Lebensqualität und Alltagsfunktionalitäten statt. Diese werden aber weder mit der Ausgangslage zu Beginn (vor Entscheidung zur OP) noch mit den langfristigen Ergebnissen im Alltag (nach Abschluss aller Behandlungsschritte) in Beziehung gesetzt. Dadurch ist es möglich, dass in Summe ein ungünstiges Behandlungsergebnis entsteht, obwohl jede einzelne Behandlungsinstitution isoliert bestmögliche Behandlungsqualität liefert. Diese Problematik kann nur durch eine durchgängige integrierte Qualitätssicht über alle Behandlungsschritte und -beteiligten hinweg aufgelöst werden. Dies setzt integrierte Datenerfassungen und -auswertungen ebenso voraus wie nahtlose Prozessschnittstellen und Informationsflüsse zwischen den Akteuren.

15.4 Digitalisierung und Patientensicherheit

Die Transformation von der klassischen zur erweiterten Sicht auf die PS findet in anderen Wirtschaftsbereichen ihre Analogie in der Disruption durch neue digitale Geschäftsmodelle (siehe Tab. 15.2). Bei der digitalen Transformation wird dort zwischen dem Inside-Out- und dem Outside-In-Ansatz unterschieden.

Unternehmen, welche bei der Etablierung eines neuen Angebots dem **Inside-Out-Ansatz** folgen, fokussieren sich auf die Stärken und Fähigkeiten der eigenen Organisation.

Tab. 15.2 Analogien aus anderen Wirtschaftsbereichen

Betrachtungsweise	Klassisch	Erweitert
Konzept	Pathogenese	Salutogenese
Analogie Wirtschaft	Inside-out	Outside-in
Mittelpunkt	Anbieter	Kunde
Gegenstand	Optimierung bestehender interner Prozesse	Neue disruptive Angebote mit zusätzlichem Kundennutzen
Beispiel	Effizienzsteigerung durch Prozessoptimierung	Umsatzsteigerung durch Kundenzufriedenheit

Der Anbieter selbst steht demnach im Mittelpunkt und es werden bestehende interne Prozesse optimiert. Denkbar wäre z. B. das Lean Management von Logistikprozessen. Aus der Prozessoptimierung resultiert primär eine Effizienzsteigerung bestehender Geschäftsmodelle.

Der **Outside-In-Ansatz** stellt dagegen die Kunden und ihre Bedürfnisse in den Vordergrund, mit dem Ziel, völlig neue Angebote mit einem vorher nicht dagewesenen Kundenerlebnis zu generieren. Bekannte Beispiele für solche disruptiven Geschäftsmodelle sind Airbnb, Uber und Delivery Hero (Kottmair, 2020, S. 131 ff.).

Diese Ansätze aus der Wirtschaft können analog auf das Thema Patientensicherheit angewendet werden. Die klassische **pathogenetische Herangehensweise** führt zu digitalen Lösungen des **Inside-Out-Ansatzes**. Die bestehenden Behandlungsabläufe stehen bei der Optimierung (hier Reduktion von Prozessrisiken) im Mittelpunkt, und digitale Lösungen können hierzu in mannigfaltiger Weise beitragen.

Ein Eindruck von der Vielzahl möglicher Anwendungen und Systeme, welche das Potenzial haben, die Patientensicherheit zu erhöhen, lässt sich im Krankenhausreport 2019 („Das digitale Krankenhaus") gewinnen (Sellge & Hagenmeyer, 2019, S. 129 ff.). Die Digitalanwendungen gemäß des pathogenetischen Verständnisses sind allerdings nicht Schwerpunkt dieses Beitrags. Exemplarisch kann das **Projekt eGENA,** die elektronische Gedächtnis- und Entscheidungshilfe für Notfälle, angeführt werden. Die für Anästhesisten entwickelte Projektlösung belegte im Jahr 2020 den dritten Platz beim Deutschen Preis für Patientensicherheit (APS, 2020).

Die **salutogenetische Perspektive** bietet dagegen die Chance zu innovativen und disruptiven Ansätzen, welche dem **Outside-In-Ansatz** folgen. Der Patient wird hier in den Mittelpunkt gestellt und die Prozesskette über den eigentlichen Eingriff hinaus verlängert. Die digitalen Lösungen sollen also insbesondere den Nutzen bzw. die Gesundheit für den einzelnen Patienten steigern.

Als Beispiel kann hier die **elektronische Patientenakte** angeführt werden. Durch diese Akte ist nicht nur die Informations-, sondern auch die Behandlungskontinuität für den Patienten sichergestellt. Des Weiteren sind an dieser Stelle elektronische Systeme des Entlassmanagements denkbar (Sellge & Hagenmeyer, 2019, S. 138). Das vom Innovationsfonds geförderte Projekt **„TOP – Transsektorale Optimierung der Patientensicherheit"** setzt hier an und verknüpft dieses u. a. mit einer elektronischen Arzneimitteltherapie-sicherheits-Prüfung sowie Absprachen mit Hausärzten. Entlassenen Patienten wird zudem der Bundeseinheitliche Medikationsplan als App zur Verfügung gestellt (Innovationsausschuss beim Gemeinsamen Bundesausschuss, 2021).

Dies sind erste Beispiele für eine Erweiterung der Prozesssicht über den Krankenhausaufenthalt hinaus. Die Berücksichtigung der Patientenbedürfnisse und eine damit verbundene konsequente Patientenzentrierung eröffnen eine Vielzahl weiterer Anwendungsmöglichkeiten, wie im Fallbeispiel in Abschn. 15.6 gezeigt werden soll.

15.5 Die Rolle des Krankenhauszukunftsgesetzes

Digitalisierung rund um PS passt in diesem Sinne ausgezeichnet in den Rahmen, den das im Oktober 2020 in Kraft getretene Krankenhauszukunftsgesetz aufspannt. Insgesamt stehen mehr als vier Milliarden Euro Fördermittel von Bund und Ländern für die Krankenhäuser zum Abruf bereit, mit dem Ziel, in Notfallkapazitäten, Digitalisierung und IT-Sicherheit zu investieren (BMG, 2021). Der Gesetzgeber benennt hierzu explizit Fördertatbestände. Einige fallen in den klassischen Bereich der PS (z. B. strukturierte Pflege- und Behandlungsdokumentation, vollautomatisierte klinische Entscheidungsunterstützungssysteme, digitale Systeme zur internen Leistungsanforderung), andere können als Steilvorlagen zur Umsetzung der hier geschilderten patientenzentrierten Ansätze gesehen werden. Zu diesen zählen die Einrichtung von **Patientenportalen für ein digitales Aufnahme- und Entlassmanagement** (Verlängerung der Prozesskette über den stationären Aufenthalt hinaus) sowie ein **digitales Medikationsmanagement** (KHZG, 2020, § 19 Abs. 1).

15.6 Die Messung patientenzentrierter Ergebnisse

Informierte Entscheidungen setzen eine ausreichende Wissensbasis voraus. Mit sogenannten **Patient-Reported Outcome Measures** (PROMs) verfügt die Medizin und Wissenschaft über Messinstrumente zur Erfassung patientenzentrierter Ergebnisse (Johnston et al., 2021). Ein „**Patient-Reported Outcome**" (PRO) stellt dabei „jeder Bericht über den Gesundheitszustand eines Patienten [dar], der direkt vom Patienten stammt, ohne Interpretation der Antwort des Patienten durch einen Arzt oder eine andere Person" (FDA, 2009, S. 2). Mithilfe dieser Messinstrumente, welche meist die Form von Fragebögen haben, kann somit das persönliche Empfinden des Patienten von diesem selbst festgehalten werden (Johnston et al., 2021). Als Beispiele für messbare Konstrukte können Symptome, Funktionsfähigkeiten, gesundheitsbezogene Lebensqualitäten oder die allgemeine Gesundheitswahrnehmung angeführt werden (Valderas & Alonso, 2008, S. 1129).

PROs leisten einen wichtigen Beitrag zur Steigerung der Patientenzentrierung in der Gesundheitsversorgung. Durch die Eigenberichterstattung steht der Patient im Mittelpunkt

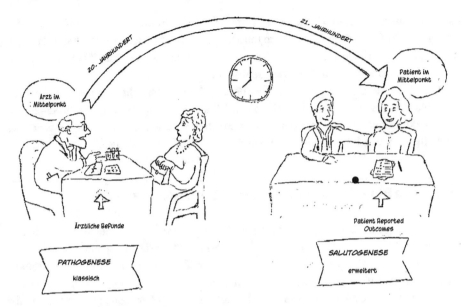

Abb. 15.2 Die Transformation des Gesundheitsbegriffs und veränderte Arzt-Patienten-Beziehungen gehen Hand in Hand

der Outcomemessung, im Gegensatz zu Parametern wie bspw. physiologischen Messungen, die vom behandelnden Arzt zu beurteilen sind. PROs tragen somit zu einem Wandel vom arztzentrierten **Fürsorgemodell**, welches im 20. Jahrhundert vorherrschte, zum **„Shared Decision Making"-Modell** des 21. Jahrhunderts bei. In diesem Modell wird der Patient als gleichberechtigter „Partner" an Fragen beteiligt, welche nicht nur die Wahl der geeigneten Intervention, sondern auch den Erfolg der durchgeführten Behandlung betreffen können (IQTIG, 2015, S. 2 f.). Damit zeigt sich auch hier die Weiterentwicklung der Sichtweise von der Pathogenese zur Salutogenese (siehe Abb. 15.2).

Auf internationaler Ebene besteht ein großes Interesse an PROs. Der Umfang der PRO-Datennutzung/-erfassung variiert jedoch stark von Land zu Land. So verfolgt bspw. England eine nationale Strategie zur Implementierung der patientenzentrierten Messinstrumente, indem das Gesundheitsministerium eine obligatorische Messung im Bereich Hüft- und Kniegelenksersatz eingeführt hat. In Deutschland dagegen beruht der Einsatz auf einmaligen Initiativen ohne jegliche Integration im Gesundheitssystem (Bertelsmann Stiftung, 2021, S. 8 f., 38).

Forschungsprojekt Pro B

Als Beispiel für eine solche Initiative kann das vom Innovationsfonds geförderte Forschungsprojekt „Pro B" der Charité Universitätsmedizin Berlin genannt werden. Ziel des Projekts ist es, eine neue Versorgungsform für Patientinnen mit metastasierendem Brustkrebs aufzubauen. Die betroffenen Frauen sollen hier via App regelmäßig über ihren Gesundheitszustand berichten. Lassen sich Verschlechterungen beobachten, wird ein Interventionsalarm ausgelöst, und das behandelnde Brustkrebszentrum kontaktiert die Patientin. Durch die engmaschige Betreuung sollen insbesondere die Lebensqualität und das Überleben der Patientinnen verbessert sowie Krankenhaus- und Notaufnahmeaufenthalte verringert werden (PRO B Studienzentrale, 2021). ◄

Fallbeispiel (Patient Journey)

Wie könnte eine digitale Umsetzung der geschilderten patientenzentrierten Konzepte nun konkret aussehen? Ausgehend von dem eingangs angedeuteten Beispiel einer Patientin, die darüber nachdenkt, sich einer Rückenoperation zu unterziehen, soll nachfolgende Fallbeschreibung der Veranschaulichung dienen.

Eine 70-jährige Patientin leidet an starken Rückenschmerzen und erheblichen Bewegungseinschränkungen. Sie verfügt über eine gute mentale Fitness und ein ausgeprägtes soziales Netzwerk. Durch die Schmerzen fühlt sich die Patientin allerdings zunehmend in ihrem alltäglichen Leben beeinträchtigt. So kann sie ihren Garten nicht mehr pflegen oder mit ihren Enkelkindern Ball spielen. Nach der Konsultation ihres Hausarztes wird die Patientin an einen Orthopäden überwiesen, der eine fortgeschrittene Degeneration der Lendenwirbelsäule diagnostiziert und die Option einer Wirbelsäulenoperation vorschlägt. Im Rahmen des fachärztlichen Gesprächs wird sie auf die App „Back-2-Life" aufmerksam gemacht. Diese wird von einer Krankenhauskette angeboten, die verschiedene Einrichtungen im regionalen Umfeld betreibt.

Die App verfügt über diverse Funktionen, die das Potenzial haben, die PS zu steigern. Sie fungiert als Wegbegleiter durch die Versorgung und wird nicht nur im Krankenhaus selbst, sondern bereits prä- und poststationär eingesetzt.

Vor dem stationären Aufenthalt helfen bspw. kurze Informationsfilme zu den verschiedenen Behandlungsmöglichkeiten, die jeweiligen Verfahren mit ihren Chancen und Risiken zu verstehen. Um die bestmögliche Behandlungsentscheidung treffen zu können, ist neben dem Grundverständnis der Patientin auch ein Abgleich mit den individuell verfolgten Zielen notwendig.

Schmerzfreiheit, Teilnahme am sozialen Leben o. Ä. werden mit einem ersten digitalen Anamnesebogen über PRO-Messinstrumente via App erfasst und dem möglichen Operateur übermittelt. Auf dieser Grundlage kann mit den Methoden des Shared Decision Making erörtert werden, welche Ziele mit welchen therapeutischen Maßnahmen erreichbar sind. Durch einen Abgleich der individuellen Situation und der Ziele der Patientin mit den systematisch erhobenen poststationären PROs vergleichbarer Patienten (entnommen aus einer Versorgungsdatenbank – siehe auch weiter unten im Beispiel) errechnet das System eine hohe Wahrscheinlichkeit, dass sich die Ziele zu mindestens 80 % durch eine OP erfüllen lassen. Die Patientin entscheidet sich daraufhin für die Operation.

In einem nächsten Schritt hilft ihr „Back-2-Life", sich optimal auf den stationären Aufenthalt vorzubereiten. Die Patientin kann z. B. auf verschiedene Checklisten zur Krankenhausaufnahme („Was muss ich alles einpacken? Welche Unterlagen muss ich mitbringen? Was kann ich schon vorab ausfüllen und hochladen?") oder das Aufklärungsmaterial zur OP und Anästhesie zugreifen. Auch ein virtueller Rundgang durch die Klinik trägt zur Vorbereitung bei. Daneben können auch zunächst banal klingende Alltagsthemen für die Patientin von wesentlicher Bedeutung sein, wie z. B. die Frage „Wer kümmert sich während des Klinikaufenthalts um den Hund und um die Wohnung?". Hier könnte die Verlinkung zu seriösen Spezialdienstleistern und Assistance-Unternehmen eine Hilfestellung bieten und sicherstellen, dass die Patientin den Krankenhausaufenthalt entspannt und sorgenfrei antritt. Dies wiederum kann einen positiven Einfluss auf das OP-Ergebnis haben.

Bei der stationären Aufnahme werden die Daten aus der elektronischen Patientenakte via App für das Krankenhausinformationssystem und die krankenhausinternen Dokumentationssysteme freigegeben. Die Einbindung der Daten in klinische Entscheidungsunterstützungssysteme ist denkbar, um z. B. die Auswahl des optimalen OP-Verfahrens zu unterstützen. Der Abgleich mit großen Versorgungsdatenbanken mittels statistischer Verfahren und ggf. Methoden der Künstlichen Intelligenz ermöglicht die Vorhersage des individuellen Risikos für Komplikationen während bzw. nach dem Eingriff und damit verbunden die Anwendung spezifischer Vorsichtsmaßnahmen.

Um zu gewährleisten, dass ihre Tochter über jeden Behandlungsschritt informiert ist, schaltet die Patientin die App für sie frei. Dies gilt nicht nur für den Aufenthalt im Krankenhaus, sondern auch in der Rehabilitationseinrichtung. Die kontinuierliche und stressfreie Einbindung der Angehörigen sorgt bei den Beteiligten für Entspannung und leistet einen wichtigen Beitrag zum gesamten Genesungsprozess.

Eine fortlaufende Dokumentation des Fortschritts und das Einspielen von Übungsvideos für zuhause (z. B. zur Muskelstärkung) hilft der Patientin über den stationären Aufenthalt hinaus, ihre Ziele zu erreichen. Für einen langfristigen Therapieerfolg wird die Patientin auch via Push-Nachrichten an die Medikamenteneinnahme oder Nachsorgeuntersuchungen erinnert. Sechs Monate nach der Operation füllt sie wieder einen digitalen PRO-Fragebogen aus. Dieser dient neben der Erfolgsmessung bzgl. der ursprünglich gesetzten Ziele auch dem Ausbau der Versorgungsdatenbank. Dadurch können auch künftigen Patienten bessere Entscheidungen ermöglicht werden.

Das Beispiel zeigt insbesondere, dass

- sich Themen der klassischen Patientensicherheit mit salutogenetischen Ansätzen verknüpfen lassen,
- die Prozesssicht zwingend über den stationären Aufenthalt hinaus ausgedehnt werden muss,
- sich Anknüpfungspunkte an eine Vielzahl sinnvoller Mehrwertdienste finden lassen,
- PROs einen hohen Stellenwert im künftigen Versorgungsprozess einnehmen,
- Versorgungsdatenbanken und fortgeschrittene statistische Verfahren eine wichtige Rolle spielen und
- die Einbindung der Angehörigen nicht vergessen werden darf.

Die genannten Anwendungen sind nur ein erster Einstieg in digital vermittelte patientenzentrierte Services, welche auf die Patientensicherheit im erweiterten Sinne einzahlen, und mögen als Anregung für weitere sinnvolle Funktionen dienen. Krankenhäusern eröffnet sich damit ein Spielfeld für eine wettbewerbliche Differenzierung im Markt. Vielleicht ist in Zukunft der erste Schritt zu einer geplanten Operation das Herunterladen einer App des jeweiligen Krankenhauses.

15.7 Schlussbetrachtung

Patientensicherheit mit dem Fokus auf der Vermeidung von Behandlungsfehlern und unerwünschten Ereignissen hat in der Vergangenheit bereits zu einer erheblichen Verbesserung standardisierter Abläufe geführt, insbesondere auf jeder einzelnen Stufe einer Behandlungskette. Digitalisierung trägt dazu bei, dass dieser Trend fortgeführt werden kann, und zwar mit höherer Effizienz, Effektivität und tieferer Durchdringung der Behandlungsabläufe. Das Krankenhauszukunftsgesetz wird mit entsprechenden Themen wie Pflege- und Behandlungsdokumentation, klinischer Entscheidungsunterstützung, Medikationsmanagement etc. dieser Entwicklung einen Schub verleihen, ebenso wie andere Digitalisierungsoffensiven im Gesundheitswesen, wie z. B. die Einführung einer elektronischen Patientenakte.

Die Erweiterung der Patientensicherheit um salutogenetische Aspekte eröffnet darüber hinaus die Chance, neue patientenzentrierte Konzepte der Partizipation und Personalisierung in Entscheidungsprozesse und Behandlungsabläufe einfließen zu lassen. Neben die Vermeidung von Komplikationen tritt die Frage: Welche Behandlung bietet für einen spezifischen Patienten welchen konkreten individuellen Nutzen?

Dieses Vorgehen erfordert ein neues, über die gesamte Behandlungskette integriertes Verständnis von Qualitätsmanagement. Dies setzt u. a. die Integration von Daten und Informationen über die gesamte Behandlungskette hinweg voraus.

Aus diesem neuen Blickwinkel ergeben sich nahezu zwangsläufig Ideen für digitale Anwendungen, welche den Patienten unmittelbar einbeziehen und weit über die eigentliche Behandlungsepisode hinausreichen. Analog zu kundenzentrierten disruptiven Angeboten in anderen Branchen bieten sich damit für die Leistungserbringer im Gesundheitswesen Möglichkeiten, ihre Geschäftsmodelle zu erweitern und die eigene Position in einem dynamischen Marktumfeld zu stärken.

15.8 Kontrollfragen

1. Wann gilt die Patientensicherheit nach der erweiterten salutogenetischen Sichtweise als erreicht?
2. Nennen Sie Beispiele für digitale Lösungen, welche die Patientensicherheit aus der pathogenetischen und salutogenetischen Perspektive erhöhen, und grenzen Sie diese voneinander ab.
3. Erläutern Sie, inwiefern Patient Reported Outcomes einen Beitrag zur Patientenzentrierung leisten.
4. Überlegen Sie sich, welche weiteren Funktionen eine App aufweisen sollte, um die Patientensicherheit über die Behandlungsepisode hinaus zu steigern.

Literatur

APS – Aktionsbündnis Patientensicherheit. (2020). *Die Preisträger*innen des Deutschen Preises für Patientensicherheit 2020.* https://www.aps-ev.de/Preistraeger/dpfp2020/. Zugegriffen am 20.07.2021.

ÄZQ – Ärztliches Zentrum für Qualität in der Medizin. (2021). *Definitionen und Klassifikation zur Patientensicherheit.* https://www.aezq.de/patientensicherheit/definition-ps/#. Zugegriffen am 20.07.2021.

Bertelsmann Stiftung. (2021). *Patient-Reported Outcome Measures (PROMs): ein internationaler Vergleich. Herausforderungen und Erfolgsstrategien für die Umsetzung von PROMs in Deutschland.* Bertelsmann.

Birkmeyer, J. D., Reames, B. N., McCulloch, P., Carr, A. J., Campbell, W. B., & Wennberg, J. E. (2013). Understanding of regional variation in the use of surgery. *The Lancet, 382*(9898), 1121–1129.

BMG – Bundesministerium für Gesundheit. (2021). *Krankenhauszukunftsgesetz für die Digitalisierung von Krankenhäusern.* https://www.bundesgesundheitsministerium.de/krankenhauszukunftsgesetz.html. Zugegriffen am 20.07.2021.

Conen, D. (2011). Maßnahmen zur Verbesserung der Patientensicherheit. Bedeutung einer Wirksamkeitsevaluation. *Bundesgesundheitsblatt, 54,* 171–175.

FDA – Food and Drug Administration. (2009). *Guidance for industry. Patient-reported outcome measures: Use in medical product development to support labeling claims.* U.S. Department of Health and Human Services. https://www.fda.gov/media/77832/download. Zugegriffen am 27.08.2021.

Franke, A. (2018). Salutogenetische Perspektive. In *Bundeszentrale für gesundheitliche Aufklärung (BzgA), Leitbegriffe der Gesundheitsförderung und Prävention. Glossar zu Konzepten, Strategien und Methoden.* https://doi.org/10.17623/BZGA:224-E-Bbook-2018.

Geraedts, M. (2014). Das Krankenhaus als Risikofaktor. In J. Klauber, M. Geraedts, J. Friedrich & J. Wasem (Hrsg.), *Krankenhaus-Report 2014. Schwerpunkt: Patientensicherheit* (S. 3–11). Schattauer.

Innovationsausschuss beim Gemeinsamen Bundesausschuss. (2021). *TOP – Transsektorale Optimierung der Patientensicherheit.* https://innovationsfonds.g-ba.de/projekte/neue-versorgungsformen/top-transsektorale-optimierung-der-patientensicherheit.367. Zugegriffen am 20.07.2021.

IQTIG – Institut für Qualität und Transparenz im Gesundheitswesen. (2015). Patient Reported Outcomes in der Qualitätssicherung. 7. Qualitätssicherungskonferenz des Gemeinsamen Bundesausschuss. Berlin, 01. Oktober 2015.

Johnston, B. C., Patrick, D. L., Devji, T., Maxwell, L. J., Bingham, C. O., III, Beaton, D., Boers, M., Briel, M., Busse, J. W., Carrasco-Labra, A., Christensen, R., da Costa, B. R., El Dib, R., Lyddiatt, A., Ostelo, R. W., Shea, B., Singh, J., Terwee, C. B., Williamson, P. R., et al. (2021). Patient-reported outcomes. In J. P. T. Higgins, J. Thomas, J. Chandler, M. Cumpston, T. Li, M. J. Page & V. A. Welch (Hrsg.), *Cochrane handbook for systematic reviews of interventions, version 6.2* (updated February 2021). Cochrane. https://training.cochrane.org/handbook/current/chapter-18. Zugegriffen am 27.08.2021.

KHZG – Gesetz für ein Zukunftsprogramm Krankenhäuser (Krankenhauszukunftsgesetz). (2020). Bundesgesetzblatt Jahrgang 2020 Teil I Nr. 48, ausgegeben zu Bonn am 28. Oktober 2020.

Kottmair, S. (2020). Innovative Strategiekonzepte und neue Geschäftsfelder zur Wettbewerbssicherung im Krankenhausmarkt. In W. Hellmann, F. Meyer, G. Ohm & J. Schäfer (Hrsg.), *Karriereplanung für Mediziner. Der Weg in Führungspositionen ist weit, aber er lohnt sich* (S. 131–142). Kohlhammer.

PRO B Studienzentrale. (2021). *PRO B Neue Brustkrebsversorgung.* https://pro-b-projekt.de/. Zugegriffen am 27.08.2021.

Sellge, E., & Hagenmeyer, E. G. (2019). Digitalisierung und Patientensicherheit. In J. Klauber, M. Geraedts, J. Friedrich & J. Wasem (Hrsg.), *Krankenhaus-Report 2019. Das digitale Krankenhaus* (S. 129–144). Springer.

TK –Techniker Krankenkasse. (2021). *Operation oder Turn-Matte – Mit ärztlicher Zweitmeinung OP vermeiden.* https://www.tk.de/presse/themen/medizinische-versorgung/krankenhausversorgung/mit-aerztlicher-zweitmeinung-operationen-vermeiden-2098948?tkcm=aaus. Zugegriffen am 23.10.2021.

Valderas, J. M., & Alonso, J. (2008). Patient reported outcome measures: A model-based classification system for research and clinical practice. *Quality of Life Research, 17,* 1125–1135.

Teamtraining für mehr Patientensicherheit

16

Marcus Rall und Laura Tosberg

Inhaltsverzeichnis

Zusammenfassung

Moderne Teamtrainings mit dem Fokus auf Human Factors und Crew Resource Management (CRM) erhöhen die Patientensicherheit wie kaum eine andere Intervention. Trotzdem sind sie noch nicht weit verbreitet oder vorgeschrieben. Es wurde nachgewiesen, dass solche CRM-Teamtrainings neben der Patientensicherheit auch die Mitarbeiterzufriedenheit erhöhen und so zu einer Abnahme der Personalfluktuation beitragen. Dieser Aspekt könnte helfen, solche Trainings dauerhaft und regelmäßig zu finanzieren. In diesem Kapitel wird beschrieben, wie moderne Teamtrainings durchgeführt werden sollten und welche positiven Effekte dadurch erwartet werden können.

M. Rall (✉) · L. Tosberg
InPASS Institut für Patientensicherheit & Teamtraining GmbH, Reutlingen, Deutschland
E-Mail: marcus.rall@inpass.de; laura.tosberg@inpass.de

© Der/die Autor(en), exklusiv lizenziert an Springer Fachmedien Wiesbaden
GmbH, ein Teil von Springer Nature 2022
W. Hellmann (Hrsg.), *Patientensicherheit*,
https://doi.org/10.1007/978-3-658-37143-2_16

16.1   Einleitung

In Hochrisikobereichen wie der Luftfahrt, Kernkraft, Feuerwehr, Großchemie usw. ist seit Jahrzehnten selbstverständlich, dass es für das Personal notwendig ist, kritische Situationen zu trainieren. Das Verhalten Einzelner und des Teams kann in diesen Bereichen über Leben und Tod entscheiden. In der Medizin war man lange der Meinung, dass dies nicht nötig sei, und dementsprechend wurden dafür keine Ressourcen eingeplant. Kritische Ereignisse und Notfälle wurden zum ersten Mal am lebenden Patienten erlebt, das Management solcher Situationen vorher nicht geprobt. Warum es so lange „normal" war, auf Kosten der Patienten den Umgang mit schwierigen Ereignissen nicht zu trainieren, ist nicht nachvollziehbar und vermutlich historisch erklärbar. Heute weiß man, dass nur durch regelmäßiges Training von typischen und daher zu erwartenden kritischen Ereignissen und Zwischenfällen eine adäquate und damit sichere Behandlung für den Patienten gewährleistet werden kann (Draycott et al., 2006; Hunt et al., 2007; Weinstock & Halamek, 2008; Neily et al., 2010; Haerkens et al., 2015). Trotzdem sind Trainings immer noch optional und werden bei weitem nicht in allen Krankenhäusern systematisch durchgeführt, verbreiten sich aber zunehmend.

16.2   Simulations-Teamtrainings

Ideal trainiert werden kann mit sogenannten Simulations-Teamtrainings (Rall & Gaba, 2009b). Dabei bearbeiten klinische Teams gemeinsam ein Fallszenario an einem Patientensimulator (Simulationsphantom) oder einem Schauspielpatienten. Dies wird auf Video aufgezeichnet und direkt im Anschluss mit allen Kursteilnehmern durch speziell ausgebildete Instruktoren videogestützt nachbesprochen. Neu dazu kommen zunehmend auch alternative Konzepte im virtuellen Raum mit Avataren.

In Simulations-Teamtrainings (Abb. 16.1) sollten die Aspekte trainiert werden, die im Alltag die meisten Schwierigkeiten machen bzw. die häufigsten und größten Patientengefährdungen nach sich ziehen. Deshalb ist es sinnvoll, zunächst nicht die seltensten, außergewöhnlichsten oder schwerwiegendsten Komplikationen zu trainieren, die ohnehin nur selten von den klinischen Teams erlebt werden, sondern vor allem die „common killers", d. h. die Fälle, die im Alltag häufiger vorkommen und am ehesten zum vermeidbaren Patientenschaden führen. Man erhöht die Patientensicherheit also dadurch, dass vorrangig Fälle trainiert werden, die recht häufig vorkommen. Daneben ist es sinnvoll, Situationen zu trainieren, die im Team bereits zu Komplikationen geführt haben oder regelmäßig Schwierigkeiten machen.

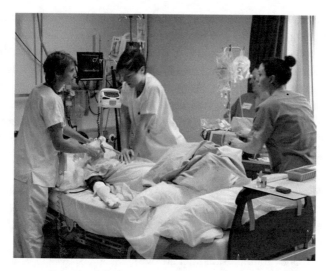

Abb. 16.1 Teamtraining auf der Überwachungsstation. Ärzte und Pflegekräfte trainieren zusammen in Bezug auf kritische Ereignisse in ihrer echten Umgebung

16.3 Human Factors und Crew Resource Management

Moderne Simulationskonzepte legen den Schwerpunkt auf die sogenannten menschlichen Faktoren (Human Factors) und vermitteln Konzepte des Crew Resource Managements (CRM) (Rall & Gaba, 2009a; Rall & Lackner, 2010; Rall, 2013a; Rall et al., 2020). Human Factors sind alle Faktoren, die sich auf die Zusammenarbeit auswirken, aber sich nicht auf das medizinische Fachwissen oder technische Gegebenheiten beziehen.

Gefährdungen der Patientensicherheit durch Defizite im Bereich Human Factors sind besonders tragisch, da sie meist vermeidbar sind (Reason, 1990). In vielen Fällen ist das Wissen, das zur Vermeidung des Patientenschadens notwendig ist, verfügbar, erreicht den Patienten aber nicht (Kohn et al., 1999; Rall & Gaba, 2009a).

▶ CRM ist „die Fähigkeit, das Wissen, was getan werden muss, auch unter den ungünstigen und unübersichtlichen Bedingungen der Realität eines medizinischen Notfalls in effektive Maßnahmen im Team umzusetzen" (Gaba et al., 1998).

Dabei geht es um effektive Zusammenarbeit, situative Aufmerksamkeit, Führungsverhalten, Entscheidungsfindung sowie sichere Kommunikation und das Ansprechen von Sicherheitsbedenken („Speak-Up Culture") im Team. Dazu kommen Strategien zur konstruktiven Kritik und eine Kultur der Nachbesprechung (Debriefing), inklusive dem kontinuierlichen Lernen auch aus sehr guten Ergebnissen (Safety-2 nach Hollnagel, 2014).

Elemente zur Erhöhung der Resilienz komplettieren solche Kurskonzepte. Man geht davon aus, dass etwa 70 % der Zwischenfälle in der Medizin ihre Ursachen im Bereich der Human Factors haben (Cooper et al., 1978; Reason, 1995), deshalb ist es zur Vermeidung von Zwischenfällen, die dem Patienten schaden könnten, von entscheidender Bedeutung, die CRM-Prinzipien anzuwenden. Anhand realitätsnaher Fallbeispiele erleben die Teams in der Simulation Human Factors und deren positive oder negative Auswirkungen, erkennen so ihren Lernbedarf und können neue Techniken zur Vermeidung von Fehlern (CRM-Prinzipien) in der Simulation üben und anwenden. Hilfreich dafür sind die seit über 10 Jahren bewährten und weitverbreitet in Teamtrainings genutzten 15 CRM-Leitsätze (Rall & Gaba, 2009a; Rall & Lackner, 2010) (vgl. Abb. 16.2).

Diese Karten wurden bereits über 50.000 Mal an Kursteilnehmer und Interessierte ausgegeben. Sie können kostenlos bei InPASS bestellt werden (institut@inpass.de).

Es wird angenommen, dass bei konsequenter Umsetzung der CRM-Leitsätze die überwiegende Zahl der Fehler oder Zwischenfälle, deren Ursachen im Bereich Human Factors liegen, vermieden oder zumindest in ihrer Auswirkung abgeschwächt werden könnte.

Abb. 16.2 Die 15 CRM-Leitsätze nach Rall und Gaba (2009a)

CRM-Leitsätze

InPASS PATIENTENSICHERHEIT

Nach Rall & Gaba in Miller's Anesthesia 8th edition

1. Kenne Deine Arbeitsumgebung.
2. Antizipiere und plane voraus.
3. Fordere Hilfe an – lieber früh als spät.
4. Übernimm die Führungsrolle oder sei ein gutes Teammitglied mit Beharrlichkeit.
5. Verteile die Arbeitsbelastung. *(10-für-10-Prinzip)*
6. Mobilisiere alle verfügbaren Ressourcen. *(Personen und Technik)*
7. Kommuniziere sicher und effektiv – sag, was Dich bewegt.
8. Beachte und verwende alle vorhandenen Informationen.
9. Verhindere und erkenne Fixierungsfehler.
10. Habe Zweifel und überprüfe genau. *(Double check! Nie etwas annehmen!)*
11. Verwende Merkhilfen und schlage nach.
12. Re-evaluiere die Situation immer wieder. *(10-für-10-Prinzip)*
13. Achte auf gute Teamarbeit – andere unterstützen und sich koordinieren.
14. Lenke eine Aufmerksamkeit bewusst.
15. Setze Prioritäten dynamisch.

www.inpass.de

16.4 Durchführung von Trainings

Wenn eine ganze Abteilung eines Krankenhauses innerhalb kurzer Zeit Teamtrainings durchführt, sind die Effekte in der Praxis größer und länger anhaltend, als wenn nur ein kleiner Teil der Abteilung die Trainings durchführt. Deshalb ist es empfehlenswert, Simulationstrainings in möglichst kurzer Zeit möglichst vielen Mitarbeitern zu ermöglichen („en bloc") (Rall & Gaba, 2009b). Wenn im Arbeitsalltag trainierte auf nicht-trainierte Teammitglieder treffen, lassen sich die neuen Kenntnisse nicht umsetzen. Zum Erhalt der neu gelernten Verhaltensweisen sind regelmäßige Trainings (mindestens 1–2x/Jahr), die idealerweise allen Mitarbeitern einer Abteilung angeboten werden, unerlässlich. Wichtig für die Patientensicherheit ist daher, dass regelmäßige Simulations-Teamtrainings mit mindestens 70–80 % des Personals einer Abteilung durchgeführt werden.

Es gibt verschiedene Möglichkeiten, an welchem Ort ein Simulations-Teamtraining stattfinden kann (Rall & Gaba, 2009b). „In-Situ"-Trainings im regulären Arbeitsumfeld bieten den Vorteil, dass die Teams direkt vor Ort die etablierten Strukturen, Verfahren und Prozesse überprüfen können (Weinstock et al., 2005). Viele Kliniken haben mittlerweile hochmoderne Simulationszentren, in denen effektiv und viel trainiert werden kann. Gerade kleinere Kliniken entscheiden sich für die „In-Situ"-Variante oder besuchen ein Simulationszentrum einer anderen Klinik, da sich der Bau eines großen Zentrums nicht finanzieren lässt. Bei allen Trainings ist entscheidend, dass sie möglichst realitätsnah und vor allem in der Teamkonstellation wie im Arbeitsalltag durchgeführt werden sollten: „Train together who works together."

Bei aller technischen Ausstattung ist allerdings zu beachten, dass die Qualität und der Effekt der Teamtrainings vor allem von der Qualität des Simulations-Instruktors abhängen. Der wichtigste Erfolgsfaktor von effektiven Simulations-Teamtrainings sind daher gut geschulte Simulations-Instruktoren (Rall & Gaba, 2009b; Rall, 2010; Rall, 2013b; Rall et al., 2018). Weil neben medizinischem Fachwissen insbesondere Kenntnisse im Bereich Human Factors und CRM nötig sind, aber auch fundierte didaktische Konzepte zum Erzielen tiefer anhaltender Lerneffekte bei professionellen Teams und Gesprächstechniken für erfolgreiche Nachbesprechungen beherrscht werden müssen, ist die Qualifizierung von Instruktoren essenziell. Das Debriefing, also die interaktive Nachbesprechung eines Simulationsszenarios, ist der wichtigste Teil eines modernen Simulationstrainings. Hier wird den Teilnehmern klar, was warum gut oder schlecht funktioniert hat, und sie lernen gemeinsam, wie man in Zukunft systematisch besser arbeiten kann, um die Patientensicherheit zu erhöhen. Dabei ist es wichtig, das „Warum" zu klären und zu reflektieren, wieso es zu welcher Handlung kam. Diese moderierte Selbstreflexion kann zu tiefgreifenden Lerneffekten führen.

Schlecht qualifizierte Instruktoren können nicht nur den Lerneffekt reduzieren, sondern auch zu negativen Trainingserlebnissen bei Teilnehmern und somit zu Problemen für den weiteren Arbeitsalltag führen. Aus diesem Grund setzt sich die Deutsche Gesellschaft zur

Förderung der Simulation in der Medizin e. V. (DGSiM) für Mindestanforderungen und die Zertifizierung von Simulations-Instruktoren ein.[1]

16.5   CRM-Seminare zur Vertiefung

Neben Simulations-Teamtrainings sollten auch begleitend Seminare zu CRM durchgeführt werden. Die Bedeutung der Human Factors ist so hoch und die Maßnahmen sind so vielfältig, dass alleinige Simulationstrainings nicht voll wirksam sind (Haerkens et al., 2018). Es gilt, die Anwendung der CRM-Grundsätze in der Realität der Teams zu betonen und zu üben. Interaktive Seminare können vor Ort oder als Webinar-Serien durchgeführt werden. Der Autor und sein Team haben ein vollumfängliches CRM-Ausbildungsprogramm aufgelegt, was es in dieser Form im deutschsprachigen Raum bisher nicht gab.[2] In den CRM-Seminaren geht es um die konkrete Umsetzung der CRM-Leitsätze im Alltag der Teilnehmer, das Management von Barrieren und Widerständen und das Etablieren von systematischen CRM-Methoden, wie die Nutzung von Merkhilfen, Checklisten, regelmäßigen Nachbesprechungen („Debriefing-Kultur") und die Optimierung der Informationsvermittlung (Kommunikation, Übergaben etc.) auch unter ungünstigen Bedingungen. Dabei geht es beim CRM-Konzept um zwei wichtige Säulen, die Teamaspekte und die individuellen kognitiven Elemente (Abb. 16.3).

Für die nachhaltige Etablierung von CRM in Teams ist die Unterstützung der Führungsebene notwendig. Idealerweise gehen die Führungskräfte dabei auch mit gutem Beispiel voran.

Individuelle, kognitive Elemente

▷ Limitationen der *Human Factors*[1]

▷ Dynamische Entscheidungsfindung

▷ Planung und Antizipation

▷ Ausnutzen aller verfügbaren Informationen

▷ Fixierungsfehler

Team-Management und Kommunikation

▷ Führung und aktive Teammitglieder

▷ Beharrlichkeit (Assertiveness)

▷ Effektive Kommunikation (!)

▷ Verteilung der Arbeitsbelastung

▷ Frühzeitig Hilfe holen

▷ Ausnutzen aller verfügbaren Ressourcen

[1] keine Fähigkeit zum Multitasking, aktive Lenkung der Aufmerksamkeit, Gedächtnisstützen, Verwendung von Checklisten

---

Abb. 16.3 Die Tragfähigkeit des CRM-Konzepts beruht auf 2 Säulen: Teamaspekten und individuellen kognitiven Aspekten

---

[1] DGSiM-Mindestanforderungen für Simulations-Teamtrainings: https://dgsim.de/download/a4264ku5ad3rblbak0to20lq8nn/dgsim-mindestanforderungen-teamtraining-version-1.pdf.

[2] CRM-Ausbildungsprogramm: https://www.inpass.de/crm-kurse/crm-ausbildungsprogramm/.

Abb. 16.4 Blick aus dem Simulationssteuerungsraum: Teamtraining im Simulationszentrum der Akademie der Kreiskliniken Reutlingen

Ärzte und Pflegekräfte trainieren im Setting Zentrale Notaufnahme (Abb. 16.4). Eine Videoaufzeichnung optimiert die Nachbesprechung (Debriefing).

16.6   Effekte von Teamtrainings

Durch Simulations-Teamtrainings mit Fokus auf CRM und Human Factors lässt sich die Zusammenarbeit und Kommunikation im Team deutlich optimieren. Neben der Verbesserung der Sicherheitskultur und der Reduktion von Schadens- oder Haftpflichtfällen am Patienten führen Teamtrainings zu weiteren positiven Effekten, wie z. B. Erhöhung der Mitarbeiterzufriedenheit. Der Arbeitsplatz kann attraktiver werden, es kommt zu weniger Personalfluktuation und niedrigerem Krankenstand (El Khamali et al., 2018). Dies kann dem aktuellen Personalmangel entgegenwirken, der viele Teams in den Kliniken zunehmend belastet. Durch eine Reduzierung der Stressbelastung und eine Erhöhung der Resilienz erreicht man wiederum, dass klinische Teams sicherer miteinander arbeiten können. Dies hat auch eine positive Wirkung auf die Patientensicherheit.

Moderne CRM-Teamtrainings führen zu folgenden Effekten (El Khamali et al., 2018):

- Sie reduzieren das Ausmaß von verlorengegangenen Informationen und falsch ausgeführten Anordnungen durch geschlossene Kommunikation („closed loop").
- Sie vermeiden folgenreiche Missverständnisse im Team und reduzieren Verwechslungen und fehlerhafte Entscheidungen.
- Sie verringern die Anzahl vergessener oder doppelt ausgeführter Maßnahmen und wirken unklaren Zuständigkeiten entgegen.
- Sie verbessern die Sicherheitskultur und erhöhen die Patientensicherheit.
- Sie reduzieren Schadens- und Haftpflichtfälle und führen somit zu Kosteneinsparungen.

- Sie erhöhen die Mitarbeiterzufriedenheit, verbessern das Betriebsklima und machen den Arbeitsplatz „Klinik" attraktiver.
- Sie führen zu weniger Krankmeldungen und weniger Personalfluktuation im Team.

16.7 Schlussbetrachtung

Simulations-Teamtrainings können zur Erhöhung der Patientensicherheit beitragen, wenn folgende Bedingungen erfüllt sind:

- Die Trainings werden von gut qualifizierten Simulations-Instruktoren mit CRM-Ausbildung durchgeführt.
- Die Trainings werden initial in möglichst kurzer Zeit für eine kritische Masse an Teammitgliedern (mindestens 70 %) durchgeführt, um die Wirksamkeitsschwelle zu erreichen. Denn wenn die Trainings für zu wenige Mitglieder oder zu langsam eingeführt werden, treffen Trainierte auf Untrainierte und können dann die neu gelernten Methoden nur eingeschränkt anwenden.
- Die Trainings werden von der Leitungsebene unterstützt und die Führungskräfte gehen bei der Umsetzung von CRM im Alltag als Vorbild voran.
- Die Trainings werden mindestens nach den Anforderungen der DGSiM durchgeführt (www.dgsim.de). Diese beziehen sich auf inhaltliche sowie technische Aspekte und die Qualität der Ausbildung von Simulations-Instruktoren.
- Die Trainings werden idealerweise flankiert von zusätzlichen CRM-Seminaren.
- Die Erkenntnisse aus den Trainings und Seminaren werden konsequent im Alltag umgesetzt, neue Verhaltensweisen eingeführt und im Team diskutiert.
- Die Trainings finden auch für neue Mitarbeiter statt und werden regelmäßig mit allen Teammitgliedern durchgeführt.
- Die Evaluation der Trainings selbst und die Bewertung ihrer Effekte findet regelmäßig statt, idealerweise auch unter Einbezug der indirekten Effekte, wie z. B. der Personalfluktuation.

Professionelle Leistungen auf höchstem Niveau können nur von Teams erwartet werden, die regelmäßig kritische Situationen im Team trainieren. Menschliche Höchstleistungen kommen, egal in welchem Feld, von jahrelangem intensivem Training. Die besten unter den Experten sind die, die immer wieder das trainieren, was im Alltag am schlechtesten funktioniert. Deshalb sollten Simulations-Teamtrainings in allen Kliniken verpflichtend werden. Sicherlich bleibt jede einzelne Maßnahme zur Erhöhung der Patientensicherheit relativ wirkungslos, wenn nicht parallel durch verschiedene Schritte die Sicherheitskultur insgesamt verbessert wird. Simulations-Teamtraining mit Fokus auf Human Factors und CRM kann dabei einen großen Beitrag zur Patientensicherheit leisten.

16.8 Kontrollfragen

1. Wie viel Prozent der Fehler im Krankenhaus sind auf menschliche Faktoren (Human Factors) zurückzuführen?
2. Was ist entscheidendes Kriterium für den Erfolg eines Simulations-Teamtrainings?
3. Wie lässt sich das CRM-Konzept in einem Satz charakterisieren?
4. Was sind wichtige Aspekte für Simulations-Teamtrainings?

Literatur

Cooper, J. B., Newborner, R. S., Long, C. D., & Philip, J. H. (1978). Preventable anesthesia mishaps: A study of human factors. *Anesthesiology, 49*, 399–406.

Draycott, T., Sibanda, T., Owen, L., Akande, V., Winter, C., Reading, S., & Whitelaw, A. (2006). Does training in obstetric emergencies improve neonatal outcome? *BJOG, 113*(2), 177–182.

El Khamali, R., Mouaci, A., Valera, S., Cano-Chervel, M., Pinglis, C., Sanz, C., Allal, A., Attard, V., Malardier, J., Delfino, M., D'Anna, F., Rostini, P., Aguilard, S., Berthias, K., Cresta, B., Iride, F., Reynaud, V., Suard, J., Syja, W., et al. (2018). Effects of a multimodal program including simulation on job strain among nurses working in intensive care units: A randomized clinical trial. *JAMA, 320*(19), 1988–1997.

Gaba, D. M., Fish, K. J., & Howard, S. K. (1998). *Zwischenfälle in der Anästhesie: Prävention und Management*. Gustav Fischer Verlag.

Haerkens, M., Kox, M., Noe, P. M., Van Der Hoeven, J. G., & Pickkers, P. (2018). Crew resource management in the trauma room: A prospective 3-year cohort study. *European Journal of Emergency Medicine, 25*(4), 281–287.

Haerkens, M. H., Kox, M., Lemson, J., Houterman, S., van der Hoeven, J. G., & Pickkers, P. (2015). Crew resource management in the intensive care unit: A prospective 3-year cohort study. *Acta Anaesthesiologica Scandinavica, 59*(10), 1319–1329.

Hollnagel, E. (2014). *Safety-1 and safety-2: The past and future of safety management*. Ashgate Publishing Group.

Hunt, E. A., Heine, M., Hohenhaus, S. M., Luo, X., & Frush, K. S. (2007). Simulated pediatric trauma team management: Assessment of an educational intervention. *Pediatric Emergency Care, 23*(11), 796–804.

Kohn, L. T., Corrigan, J. M., & Donaldson, M. S. (1999). *To err is human – Building a safer health system*. National Academy Press.

Neily, J., Mills, P. D., Young-Xu, Y., Carney, B. T., West, P., Berger, D. H., Mazzia, L. M., Paull, D. E., & Bagian, J. P. (2010). Association between implementation of a medical team training program and surgical mortality. *JAMA, 304*(15), 1693–1700.

Rall, M. (2010). Notfallsimulation für die Praxis. *Notfallmedizin Up2date, 5*, 1–24.

Rall, M. (2013a). Human Factors und CRM: Eine Einführung. In M. St. Pierre & G. Breuer (Hrsg.), *Simulation in der Medizin: Grundlegende Konzepte – Klinische Anwendung* (S. 135–153). Springer.

Rall, M. (2013b). Mobile „in-situ"-Simulation – „Train where you work". In M. St. Pierre & G. Breuer (Hrsg.), *Simulation in der Medizin: Grundlegende Konzepte – Klinische Anwendung* (S. 193–209). Springer.

Rall, M., & Gaba, D. M. (2009a). Human performance and patient safety. In R. D. Miller (Hrsg.), *Miller's Anesthesia* (7. Aufl., S. 93–150). Elsevier/Churchill Livingstone.

Rall, M., & Gaba, D. M. (2009b). Patient simulation. In R. D. Miller (Hrsg.), *Miller's Anesthesia* (7. Aufl., S. 151–192). Elsevier/Churchill Livingstone.

Rall, M., & Lackner, C. K. (2010). Crisis Resource Management (CRM) – Der Faktor Mensch in der Akutmedizin. *Notfall Rettungsmed, 13*, 249–256.

Rall, M., Op Hey, F., & Langewand, S. (2018). Die Rolle von Simulationstrainings für Notfall-sanitäter – jetzt und in Zukunft. *retten!, 7*(5), 380–385.

Rall, M., Schmid, K., Langewand, S., & Op Hey, F. (2020). *Crew Resource Management (CRM) für die Notaufnahme – Strategien zur Fehlervermeidung und Optimierung der Teamarbeit.* Kohlhammer.

Reason, J. (1995). Understanding adverse events: Human factors. *Quality in Health Care, 4*(2), 80–89.

Reason, J. T. (1990). *Human error.* Cambridge University Press.

Weinstock, P., & Halamek, L. P. (2008). Teamwork during resuscitation. *Pediatric Clinics of North America, 55*(4), 1011–1024, xi–xii.

Weinstock, P. H., Kappus, L. J., Kleinman, M. E., Grenier, B., Hickey, P., & Burns, J. P. (2005). Toward a new paradigm in hospital-based pediatric education: The development of an onsite si-mulator program. *Pediatric Critical Care Medicine, 6*(6), 635–641.

Kooperatives Prozessmanagement (KoPM®)

17

Peter Stratmeyer

Inhaltsverzeichnis

Zusammenfassung

Patientensicherheit steht in einem engen Verhältnis zur Krankenhausorganisation. Die konventionelle Organisation, die die Leistungsprozesse in das Korsett der gewachsenen Krankenhausstrukturen zwängt, erweist sich dabei tendenziell als Sicherheitsrisiko. Erforderlich ist eine Prozessorganisation, die gleichermaßen hohe Standards bei Routinehandlungen gewährleistet als auch flexibel auf kaum oder gar nicht vorhersehbare Patientenverläufe orientiert ist. Das KoPM®-Modell stellt ein solches sicherheitsgenerierendes kooperatives Organisationsmodell dar. Beschrieben werden die fallbezogenen Anforderungen kooperativen Handelns in differenzierten patientenorientierten Teammodellen, die Bedeutung des Vertrauens als Sicherheitsfaktor in der

P. Stratmeyer (✉)
Hochschule für Angewandte Wissenschaften Hamburg, KoPM®-Zentrum,
Hamburg, Deutschland
E-Mail: peter.stratmeyer@haw-hamburg.de

interaktiven Begegnung zwischen den Hauptakteuren Ärzte und Pflegende auf der einen Seite und Patienten bzw. Angehörige auf der anderen Seite und eine darauf basierende patientenbezogene Prozessorganisation.

17.1 Bedeutung der Fallkomplexität für die Versorgungssicherheit

Patientensicherheit wird definiert als die „Abwesenheit von unerwünschten Ereignissen" in der Patientenversorgung (Leupold, 2019). Vermeidbare unerwünschte Ereignisse sind auf Fehler zurückzuführen, die durch eine Handlung oder deren Unterlassung, auf Planabweichung, falschen Plan oder auf das Fehlen eines Plans zurückzuführen sind (Leupold, 2019).

Als Risikofaktoren der Sicherheitsarchitektur gelten komplexe Kontexte, die durch vielfältige Rahmenbedingungen und Anforderungen der Behandlung gekennzeichnet sind. Hierzu zählen auch komplexe Interventionen, die sich insbesondere bei der Behandlung von Patienten mit Mehrfacherkrankungen oder mit risikoreichen Therapien ergeben.

Als weitere Risikobausteine gelten die beteiligten Akteure (Patienten, Professionals) sowie System- und Organisationsfaktoren (Leupold, 2019). Der Gemeinsame Bundesausschuss (G-BA) hat in der „Richtlinie über grundsätzliche Anforderungen an ein einrichtungsinternes Qualitätsmanagement …" sechs Grundelemente des Qualitätsmanagements in Bezug zur Patientensicherheit genannt. Hierunter fallen drei Elemente, die in diesem Beitrag nähere Berücksichtigung finden sollen: Patientenorientierung, Prozessorientierung, Kommunikation/Kooperation (Gemeinsamer Bundesausschuss, 2016). Die **Relevanz der Prozessorientierung für die Patientensicherheit** wird augenscheinlich, wenn man bedenkt, dass bei einem Prozess mit 50 Teilschritten, bei dem jeder Teilschritt mit 99 %iger Sicherheit korrekt ausgeführt wird, die Auftretenswahrscheinlichkeit eines Fehlers bei 39 % liegt (Leupold, 2019).

Es wird hier der Frage nachgegangen, inwieweit das Modell **Kooperatives Prozessmanagement** (KoPM®) einen wirksamen Beitrag zur Patientensicherheit leisten kann. KoPM® ist ein Versorgungsmodell, das ungünstige, einander bedingende Effekte von Systementwicklungen im Gesundheitssystem, nämlich **zunehmende Komplexität** und **Ausdifferenzierung**, durch funktionelle Organisation zu lösen sucht.

Gesellschaftliche Systeme antworten auf Komplexitätszuwächse mit Mechanismen, die helfen, die Komplexität zu reduzieren, indem sie sich differenzieren. Die medizinischen Fachgebiete teilen sich in immer mehr – zumindest für Laien kaum überschaubare – Subdisziplinen. Diagnostische Abteilungen werden aufgespalten zu weiteren und neuen Funktionsabteilungen und Laboren. Entsprechend differenzieren sich die einzelnen Berufsgruppen auf, die spezialisierte Teilfunktionen übernehmen. Vielen Patienten kommt diese Arbeitsteilung zum Spezialistentum zugute, da sie darauf vertrauen können, mit ihren Beschwerden zielgerichtet in eine gute, wenn nicht gar die beste zurzeit verfügbare evidenzbasierte Versorgung einzumünden.

Zunahme der Komplexität entsteht durch evolutionär ansteigenden Informationsgewinn immer genauerer, umfänglicherer und letztlich auch verbesserter diagnostischer und therapeutischer Möglichkeiten, deren Umfang von einzelnen Menschen nicht mehr zu erfassen ist. Der demografische und epidemiologische Wandel einer immer älter werdenden Gesellschaft bedingt gleichsam einen durch Multimorbidität verursachten Komplexitätszuwachs, wobei sich diverse Krankheitssymptome und -verläufe wechselseitig durchkreuzen und eindeutige, sichere Diagnosestellung und Therapiepläne in vielen Fällen erschweren oder gar limitieren.

Problematisch wird es, wenn der **Versorgungspfad** nicht vorgezeichnet werden kann, weil der Patient ein nicht eindeutiges Symptom- und Beschwerdebild aufweist, wenn sich diverse Erkrankungen gegenseitig bedingen oder verstärken, wenn therapeutische Bemühungen in Bezug auf eine Erkrankung zu negativen Effekten bei einer anderen führen oder erwartete Therapieeffekte ausbleiben.

Es ist aber nicht nur die fachliche Expertise zu berücksichtigen, die über das diagnostische und therapeutische Vorgehen entscheidet, sondern auch die individuelle lebensweltlich geprägte Fallsituation, die es zu verstehen gilt (Höhmann & Dunger, 2021).

„Patienten sind hierbei immer als ‚ganze Personen' zu betrachten: Aus ihrer Perspektive bedarf nicht die Krankheit medizinischer Behandlung, sondern die Person als Biographieträger benötigt medizinische Hilfe, denn schließlich wird sie – als Person – geheilt oder erliegt der Erkrankung. Inwieweit jedoch Ärzten eine biografische Perspektive auf die erkrankte Person abverlangt werden kann, bleibt vor dem Hintergrund einer stetig steigenden fachlichen Spezialisierung einerseits und zunehmender Bürokratisierung andererseits fraglich. Ein Dilemma also, das in der Begegnung von Arzt und Patient nicht aufzulösen ist, dort aber zum Tragen kommt" (Seltrecht, 2013). Eine gute medizinische oder pflegerische Lösung, die nicht mit der individuellen Lebenswelt und Bedürfnissituation des Patienten ausbalanciert ist, wird auch in ihren Wirkungen limitiert bleiben.

Der Versorgungsprozess ist damit durch eine doppelte Komplexität gekennzeichnet: Auf der Input-Seite durch eine hohe Informationsvielfalt und auf der Output-Seite durch eine Vielfalt von Handlungsoptionen. Das Therapieregime ähnelt dann weniger der Orientierung an einer Leitlinie als dem Prinzip „trial and error" – einer Suchbewegung in einem nur in Grenzen überschaubaren Feld (Höhmann & Dunger, 2021). Unsicherheit wird damit zu einer konstituierenden Bedingung des Handelns (vgl. Abb. 17.1).

Je unübersichtlicher sich die Patientensituation darstellt, je selektiver die gewonnenen Informationen sind, desto größer ist das Risiko von Fehl(be)handlungen. Ausdifferenzierte Strukturen mit ausgeprägtem Spezialistentum, jegliche Form der Arbeitsteilung und personale Diskontinuitäten erweisen sich in diesen Fällen als Gefahr, wechselseitige Zusammenhänge (Interdependenzen) nicht zu deuten, Wichtiges zu übersehen und Fehlentscheidungen zu treffen.

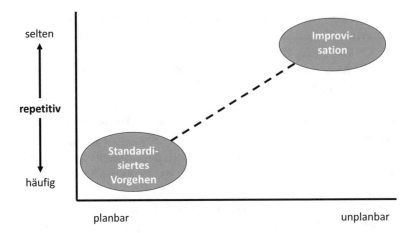

Abb. 17.1 Professionelles Handeln zwischen Standardisierung und Improvisation

Da niemand weiß, was er nicht weiß, hängt es mitunter von Zufällen ab, ob Gefahren und Risiken übersehen werden, Fehleinschätzungen oder Fehlentscheidungen getroffen werden.

Patientensicherheit hat immer eine objektive und eine subjektive Seite. Aus der Perspektive der beruflichen Akteure kann sich jemand subjektiv sehr sicher in seinem Handeln wähnen und dennoch objektiv das Falsche tun. So wird die Lösung zum Problem: Einerseits ermöglichen Spezialistentum und Arbeitsteilung den erforderlichen Umgang mit einer immer komplexeren Umwelt, andererseits befördern sie selber organisationale Komplexität, da, um den Blick für Gesamtzusammenhänge nicht zu verlieren, ein erhöhter Bedarf an patientenbezogener Integration der jeweiligen diagnostischen, therapeutischen und pflegerischen Leistungsbeiträge besteht.

Es bedarf somit einer funktionellen Krankenhausorganisation, die die Risiken der Interdependenzen komplexer Versorgungsbedingungen minimiert. Die selektiven Perspektiven ausdifferenzierter Spezialisten müssen durch Strukturen ergänzt werden, die den Blick auf den gesamten Versorgungsbedarf der Patienten richten. Das KoPM®-Modell nutzt hierfür zwei miteinander eng verschränkte Mechanismen:

- kooperative Arbeitsteilung,
- Prozessorganisation/Prozessmanagement.

17.2 Kooperative Arbeitsteilung

Im Memorandum zur Kooperation der Gesundheitsberufe bezeichnet Kuhlmey in Orientierung auf den Wirtschaftswissenschaftler Stephan Zelewski Kooperation als „eine enge und harmonische Interaktion zwischen gleichberechtigten Organisationseinheiten mit gemeinsamen Zielvorstellungen" (Kuhlmey, 2011). Bei genauerer Betrachtung stellt sich

Kooperation jedoch als deutlich vielschichtiger dar, als die Definition vermuten lässt. Insbesondere unter der Prämisse der Patientensicherheit sollten Art und Intensität der Kooperationsbeziehungen vom Charakter und der Komplexität der Aufgaben- und Problemstellung abhängen.

So sollte nicht pauschal eine Forderung nach mehr Kooperation gestellt werden, sondern nach einer produktiven, auf die Versorgungsbedarfe ausgerichteten Kooperation.

Unterscheiden lassen sich drei Kooperationstypen:

- Bei der „**formalisierten Kooperation**" wirken die Akteure in einem grundlegend abgestimmten Arbeitskonzept zusammen. Da jede und jeder weiß, was zu tun ist, sind Absprachen nur vergleichsweise selten und nehmen wenig Zeit in Anspruch. Grundlage des arbeitsteiligen Handelns sind vielmehr eingeschliffene Routinen und berufsgruppenübergreifende Formalisierungen: Behandlungspfade (Clinical bzw. Critical Pathways, Patientenpfade) sowie Qualitäts- oder Verfahrensstandards, die auf Grundlage von Leitlinien und Evidence-Based Medicine/Nursing entwickelt werden. Insbesondere in den Fällen, in denen eine kritische Menge an Versorgungsfällen erreicht wird, profitieren die Patienten von einer sicheren Diagnostik, Therapie und Pflege. Allerdings gilt dies nur für Patientenfälle mit überschaubaren Symptomlagen und vergleichsweise geringer Anzahl von Entscheidungs- und Handlungsoptionen.
- Eine „**vertikale Kooperation**" findet in den Fällen statt, bei denen eine Integration der einzelnen Leistungsbeiträge der Akteure nicht über Formalisierungen erreicht werden kann, weil das Vorgehen einzelfallbezogen abgestimmt werden muss. Die Einzelbeiträge müssen individuell sinnvoll aufeinander bezogen zu einem integrierten Behandlungskonzept verschmolzen werden. Eine Standardlösung ist nicht verfügbar. In diesen komplexeren Patientenfällen stellen die Ärzte die Leitdisziplin dar, die über das arbeitsteilige und gemeinsame Vorgehen unter Berücksichtigung der beteiligten Akteure verantwortlich entscheidet. Eine Konsensbildung mit den anderen beteiligten Berufsangehörigen wird angestrebt, stellt aber keine notwendige Voraussetzung dar. Da eingeschliffene Routinen und Standards nur eingeschränkt Orientierung geben, bedarf es unter Berücksichtigung von Präferenzen der Patienten und Angehörigen umfänglicher Ab- und Rücksprachen zwischen Ärzten (z. T. auch unterschiedlicher Fachrichtungen), Therapeuten und Pflegenden.
- Die dritte Kooperationsform, die „**horizontale Kooperation**", unterscheidet sich von der vertikalen dadurch, dass die Leitungsfunktion deutlich zugunsten einer gemeinsamen Entscheidungsfunktion zurückgenommen wird. Hier wird stärker – analog zur Kooperationsdefinition von Zelewski – vom Verständnis einer gleichberechtigten Beteiligung der Partner ausgegangen. Das Ziel ist ein gemeinsam getragenes, arbeitsteiliges Behandlungskonzept. Von dieser Kooperation profitieren jene Patienten, bei denen die Leitdisziplin Medizin nicht eindeutig den relevantesten Handlungsbeitrag leistet, da andere Versorgungsaspekte, wie bspw. ein stabiles pflegerisches Versorgungarrangement, im Zentrum stehen.

An der Differenzierung soll deutlich werden, dass die **Gestaltung der Kooperationsbeziehungen sich dem Primat des Versorgungsprozesses unterzuordnen hat.** Entscheidendes Kriterium ist dabei die Komplexität des individuellen patientenbezogenen
Versorgungsbedarfs oder, kurz gesagt, der individuelle Patientennutzen.

Mit den Kooperationsbeziehungen korrespondiert der Charakter der Teamarbeit. Die
formalisierte Kooperation ist durch „Multiprofessionalität" gekennzeichnet, in der alle
Akteure (Ärzte, Therapeuten, Pflegende) um ihre Beiträge wissen und sie additiv in das
gemeinsame Behandlungskonzept einbringen. Überschneidungen und ungeklärte Zuständigkeiten zwischen den Akteuren treten in der Regel nicht auf. Ergebnis ist eine harmonische Komposition.

Immer dann, wenn die Patientensituation ein streng arbeitsteiliges Vorgehen nicht ermöglicht, weil Zuständigkeiten untereinander abgesprochen werden müssen, sollte vom
Verständnis eines „interprofessionellen Teams" ausgegangen werden. Zwar haben alle beteiligten Professionen ihre jeweiligen Kernkompetenzen, es bleibt aber ein Feld gemeinsamer Kompetenz (Poolkompetenz), das je nach Prozesserfordernis von unterschiedlichen Professionen eingebracht werden kann. Hierzu zählen bspw. Aufgaben der
Patientenedukation oder auch eine ganze Reihe diagnostischer und therapeutischer
Maßnahmen.

Von einem **„transprofessionellen Team"** ist auszugehen, wenn sich die Arbeitsteilung
kaum noch an den Professionen ausrichtet, sondern überwiegend an der Funktionalität des
Prozesses. In Ansätzen findet sich das, wenn bspw. Ärzte, Psychologen und Pflegende in der
psychiatrischen Versorgung gleichberechtigt Therapieangebote unterhalten (vgl. Abb. 17.2).

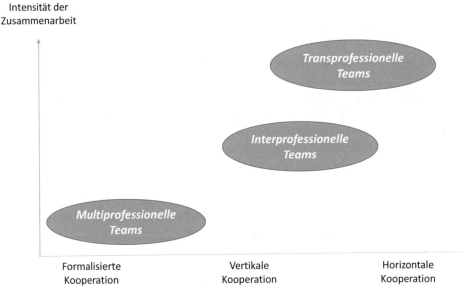

Abb. 17.2 Zusammenhang von Kooperationsformen und Intensität der Zusammenarbeit

17.3 Die Sicherheitsarchitektur von Prozessorganisation und Prozessmanagement

Deutlich geworden ist bereits, dass Kooperationsbeziehungen der Beteiligten im engen Zusammenhang mit Prozessorganisation und Prozessmanagement stehen. Prozessorganisation kann als eine kritische Revision der typischen betrieblichen Organisation angesehen werden, die sich an der Aufbaustruktur des Unternehmens orientiert (Dahlgaard & Stratmeyer, 2006).

„Die Aufbauorganisation regelt die Aufgabenbeziehungen (Stellen), die Leitungsbeziehungen (Hierarchie) und die kommunikativen Verknüpfungen zwischen den Stellen auf den unterschiedlichen Hierarchieebenen" (Dahlgaard & Stratmeyer, 2006). Kurz gesagt, richtet sich die Kritik in diesem Zusammenhang darauf, dass sich die Abläufe im engen Korsett der Aufbaustruktur organisieren müssen, was insbesondere dann Probleme bereitet, wenn Abläufe die Grenzen der Berufsgruppen und Abteilungen überschreiten, was konstituierend für das Krankenhaus gilt. Die kritischen Momente stellen somit die Schnittstellen dar, die sich drei Ebenen zuordnen lassen:

- **personelle Schnittstellen** innerhalb einer Berufsgruppe, zwischen verschiedenen Berufsgruppen und zwischen Angehörigen verschiedener Fachdisziplinen;
- **organisationale Schnittstellen** zwischen Abteilungen und damit zusammenhängenden inter- und intraprofessionellen Hierarchien;
- **institutionelle Schnittstellen** zwischen vor- und nachgelagerten Gesundheitseinrichtungen.

Die „funktions- und hierarchiebezogene Zerlegung (von Prozessen) in eine Vielzahl von Arbeitsschritten führt zu Steuerungsproblemen und zieht einen erheblichen Koordinations- und Regelungsbedarf nach sich. [Es] entstehen Dysfunktionalitäten, die nicht wertschöpfend sind" (Vahs, 2012). Aus dem Versorgungsprozess eines Krankenhauses sind beispielsweise folgende sicherheitsrelevante Dysfunktionalitäten und Risiken an den Schnittstellen bekannt:

- Leerstellen, für dich sich niemand verantwortlich fühlt,
- ungeklärte Zuständigkeiten,
- Doppelarbeiten,
- Informationslücken,
- redundante Informationen,
- Fehler,
- Leerläufe und Wartezeiten.

In der Prozessorganisation wird daher nicht die Frage gestellt, wie man Abläufe in die vorhandenen Strukturen integrieren kann, sondern wie Strukturen gestaltet werden sollten, um möglichst reibungslose Abläufe zu gewährleisten (Primat der Ablauforganisation).

Leitmaxime kontinuierlicher Prozessoptimierung stellt dabei die sogenannte Kundenorientierung dar. In diesem Verständnis sind die Nutzer des Krankenhauses gleichermaßen wie die Mitarbeiter relevante Kundengruppen. Bei Letzteren wird von internen Kunden-Lieferanten-Beziehungen gesprochen, was signalisiert, dass jeder Prozessmitarbeiter darauf trachtet, den Prozess so gut vorzubereiten, dass die nachgelagerten Mitarbeiter störungsfrei tätig werden können (Dahlgaard & Stratmeyer, 2014).

Um zielgerichtet im Sinne der Steuerung Einfluss auf die Prozesse nehmen zu können, bedarf es des Prozessmanagements. Es besteht aus den Grundfunktionen Ziele setzen, Planen, Realisieren und Kontrollieren und stellt eine Grundbedingung der Prozessorganisation dar. Dabei handelt es sich um ein typisches Regelkreismodell, das u. a. bereits seit den 80er-Jahren Anwendung im Pflegeprozess gefunden hat und auch im Qualitätsmanagement als PDCA-Zyklus bekannt ist (vgl. Abb. 17.3).

Die Aufgabe des Prozessmanagements ist keine prozessferne Satellitenfunktion, sondern setzt einen authentischen Einblick in sowie eine persönliche Beteiligung am Prozess voraus. In diesem Zusammenhang übernimmt die Rolle der **Prozessverantwortung** eine entscheidende Funktion. Sie lässt sich auch in der Krankenhausversorgung unterschiedlichen Personen zuordnen.

Der **Prozesseigner** (Chefarzt) trägt die Gesamtverantwortung für den Prozess der Patientenversorgung in seiner Abteilung, er ist Garant für die Erreichung der strategischen Ziele und ist mit entsprechenden Befugnissen ausgestattet.

Der **Prozessmanager** trägt Verantwortung für die operative Umsetzung des Prozesses im Rahmen der strategischen Ziele. Im **KoPM®-Modell** handelt es sich um die entscheidende die Patientenversorgung koordinierende Instanz, die sich primär für alle Belange des Patienten über den gesamten Aufenthalt zuständig erklärt. Sie wirkt für den Patienten faktisch als Gesicht des Krankenhauses. Sie ist in alle relevanten Informationsprozesse einbezogen und ist mit (begrenzten) Befugnissen ausgestattet, die ihr ein aus-

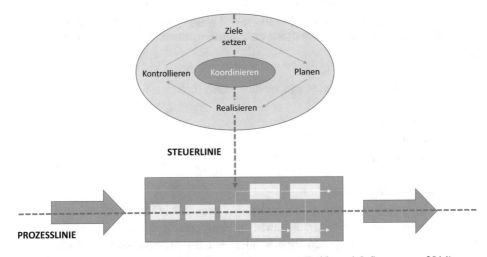

Abb. 17.3 Prozess- und Steuerlinie im Prozessmanagement (Dahlgaard & Stratmeyer, 2014)

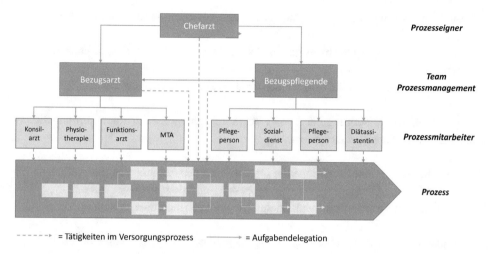

-------→ = Tätigkeiten im Versorgungsprozess   ———→ = Aufgabendelegation

Abb. 17.4 Akteure im KoPM®-Team

reichendes Maß an Verbindlichkeit gegenüber Patienten und weiteren Prozessmitarbeitern gewährleistet. Im Rahmen ihrer Befugnisse kann sie patienten- und zeitnah Aufgaben an andere Prozessmitarbeiter delegieren. Aufgrund ihrer besonderen patientenbezogenen Stellung wird diese Rolle als **Bezugsfunktion** bezeichnet. Da die Krankenhausversorgung im Wesentlichen die integrative Verknüpfung der Kernprozesse Medizin und Pflege erfordert, wird die Prozessmanagementfunktion gemeinsam dem für den individuellen Patienten zuständigen Arzt und der zuständigen Pflegeperson übertragen. Jeder entscheidet im eigenen Handlungsfeld, kooperativ entscheiden sie als interprofessionelles Team für übergreifende Belange (vgl. Abb. 17.4).

17.4 Sicherheitsempfinden der Patienten und Bezugsfunktion

Unter dem Gesichtspunkt der Patientensicherheit kommt der den individuellen patientenbezogenen Versorgungsprozess managenden Bezugsfunktion eine zentrale Bedeutung zu. Patientensicherheit hat eine objektive, auf beobachtbare Sicherheitsaspekte abzielende Seite und eine subjektive, die Sicherheitswahrnehmung betreffende Seite. Die Wahrnehmung von Sicherheit wird zwar durch die objektive Sicherheitsarbeit beeinflusst, nicht aber von ihr determiniert. Patienten fühlen sich sicher aufgehoben, wenn (Prinzen, 2008):

- sie Vertrauen in die fachliche Expertise der Behandelnden haben;
- mit ihnen achtungsvoll umgegangen wird;
- sie ungeteilte persönliche Zuwendung erfahren, die nicht durch Zeitdruck und Fokussierung auf technische Verrichtungen gestört wird;
- sie personelle Kontinuität durch die Betreuungspersonen erfahren;

- sie keine Brüche in der Versorgung auch beim Übergang in die Anschlussbehandlung erleben;
- das Krankenhausmanagement für sie transparent ist und die Abläufe reibungslos funktionieren;
- ihre individuellen Bedürfnisse bei den Abläufen berücksichtigt werden.

Die Krankenhausversorgung hat somit zwei Anforderungen zu erfüllen, um das Sicherheitsgefühl der Patienten zu stärken:

- Gewährleistung einer funktionellen Organisation der Abläufe von der Aufnahme bis zur Entlassung/Überleitung i. S. von Prozessorganisation/-management und
- Aufbau einer vertrauensvollen Beziehung zu den behandelnden Akteuren.

Vertrauen spielt in der Gesundheitsversorgung eine herausragende Rolle, da sie die Inanspruchnahme medizinischer oder pflegerischer Leistungen der Patienten modelliert. Nach entwicklungspsychologischer Auffassung von Erikson (1971) baut sich Vertrauen und Misstrauen bereits in der frühkindlichen Entwicklung im Erleben der Bindung zur Mutter auf (Oerter & Montada, 1998). Es kann damit als ein mehr oder weniger stabiles Persönlichkeitsmerkmal angesehen werden. Das Unvermögen von Patienten, ihre Symptome angemessen zu deuten und ihre Beschwerden selbst zu behandeln, veranlasst sie, medizinische Hilfe in Anspruch zu nehmen. Die gesellschaftliche Stellung des Arztes (Reputation, Ausbildung, Erfahrung, Uneigennützigkeit als Handlungsprinzip) befördern bei Patienten einen Vertrauensvorschuss in seine Kompetenz. „Gerade die Komplexität des Systems macht das Vertrauen in dasselbe quasi unerlässlich. Denn Vertrauen hilft uns – trotz der Unkenntnis über Systemzusammenhänge – zu agieren. Das Vertrauen reduziert die soziale Komplexität. Es ist entscheidend dafür, dass der Einzelne trotz seiner Unkenntnis nicht in Verunsicherung und Ängsten verharrt. Innerhalb des Gesundheitssystems ist Vertrauen auch auf personeller Ebene relevant: Patienten vertrauen auf die Kompetenzen von Ärzten, Krankenschwestern und anderen Gesundheitsberufen und darauf, dass diese bei ihrer Genesung unterstützen" (Grünberg, 2014).

Dieses Vertrauen ist aber fragil, es kann durch (wiederholt) negative Erfahrungen (z. B. falsche Diagnosen), negative Presse oder Berichte aus dem sozialen Umfeld der Patienten erschüttert werden (Grünberg, 2014). Vertrauensbildend wirken indes Merkmale des Interaktionsprozesses. „Explizite Erwartungen äußern die Patienten hinsichtlich der Freundlichkeit, der Aufmerksamkeit und der Zuwendung des Arztes. Dieses soziale Verhalten wird als mindestens genauso wichtig bewertet wie das kommunikative Verhalten. Die Patienten legen großen Wert auf Aufklärung und Information über ihre Erkrankung und mögliche Ursachen. Sie möchten zudem über die Therapieoptionen und -entscheidungen in Kenntnis gesetzt werden und sich einbezogen fühlen. Neben dem sozialen und kommunikativen Verhalten wird aber auch der zwischenmenschliche Faktor Sympathie als ausschlaggebend für das Vertrauen in den Arzt benannt" (Grünberg, 2014).

Patienten gewähren Vertrauen in das Krankenhaus nicht pauschal. „So wird zwischen Stationen, Bereichen, (Chef-)Ärzten oder Pflegepersonal sowie auch Tätigkeiten unterschieden. Beispielsweise kann Vertrauen in bestimmte Aktivitäten eines Krankenhauses vorhanden sein (z. B. Routineoperationen), in andere jedoch weniger (z. B. Krebsbehandlungen)" (Grünberg, 2014). Die zentralen Vertrauenspersonen stellen dabei zweifelsfrei die Ärzte dar, während das Pflegepersonal „eher für Zufriedenheit und Wohlfühlgefühl" zuständig ist (Grünberg, 2014).

Vertrauen ist reziprok, auch Ärzte müssen darauf vertrauen, dass Patienten ihnen wahrheitsgemäß gegenübertreten und nicht aus Scham oder Selbstschutz relevante Informationen zu Symptomen, Beschwerden, Compliance oder Lebensstil vorenthalten oder beschönigen. Oevermann (2013) bezeichnet Compliance als „bindende Verpflichtung des Patienten zur Beteiligung am Arbeitsbündnis" mit dem Arzt. Compliance basiert „auf einer gelungenen Kooperation zwischen Arzt und Patient, die auf einer vertrauensvollen Beziehung beruht" (Petermann, 1997). Eine stabile, auf gegenseitiges Vertrauen stützende Interaktion zwischen Patienten und Professionals stellt damit eine wesentliche Voraussetzung für die Sicherung des therapeutischen Erfolgs dar.

17.5 Anwendung des Prozessmanagements in der Bezugsfunktion

Vertrauen ist eine Grundbedingung für das Sicherheitsempfinden der Krankenhauspatienten. Es wird genährt durch einen Vertrauensvorschuss und positive Erfahrungen mit den handelnden Akteuren und den funktionellen Abläufen. Wesentliche Voraussetzungen für den Aufbau vertrauensvoller Beziehungen sind „vor allem Zeit und personale Kontinuität" (Czakert et al., 2020).

Ausgehend vom **interprofessionellen Teammodell** werden Prozessmanagement- und Bezugsfunktion zuständigen Ärzten und Pflegenden zugewiesen, die die Patienten (im Idealfall) von der Aufnahme bis zur Entlassung/Überleitung hauptverantwortlich betreuen. Sie gestalten und überwachen den gesamten Prozess mit Planung, operativer Steuerung und Anpassung des Behandlungsverlaufs. Sie beziehen den Patienten unmittelbar ein und vermitteln durch ihre Präsenz dem Patienten gegenüber eine für ihn transparente Kontinuität der Versorgung. Sie koordinieren die Integration weiterer Mitglieder des Behandlungsteams, planen und gestalten die Informations- und Kommunikationsprozesse. Während die Bezugsärzte im Schwerpunkt die medizinischen Aufgaben der Diagnostik und Therapie übernehmen, kommen den Bezugspflegenden neben dem Pflegeprozess schwerpunktmäßig fallsteuernde Aufgaben (**Primary-Case-Managementfunktion**) zu:

- Sie gestalten und überwachen gemeinsam mit den Bezugsärzten den gesamten Prozess mit Planung, operativer Steuerung und Anpassung des Behandlungsverlaufes;
- Sie haben eine vermittelnde Funktion im gesamten Prozess;

- Sie sind verantwortlich für die Koordination von Teilprozessen und sorgen damit für einen reibungslosen, möglichst störfaktorarmen Ablauf der geplanten Maßnahmen;
- Sie koordinieren und planen Aufnahmen und Entlassungen und
- überprüfen und überwachen Tagesabläufe, Anordnungen, Befundeingänge und Dokumentation.

Die Anforderungen an die Bezugsfunktion und an das Prozessmanagement unterscheiden sich im Hinblick auf die fallbezogene Versorgungskomplexität. Patienten, bei denen ein standardisiertes Vorgehen indiziert ist, benötigen in erster Linie einen funktionellen Ablauf. Der Bedarf an interdisziplinärer und interprofessioneller Abstimmung sowie der psychosozialen Zuwendung zum Patienten unter Berücksichtigung seiner lebensweltlichen Bedingungen ist zumeist gering. Sicherheit generieren hier in erster Linie hohe Standards, eingeschliffene Routinen sowie eine abgestimmte und funktionelle Arbeitsteilung. Die Handlungen orientieren sich in erster Linie an den Prozesserfordernissen des ‚Medizinischen Hauptarbeitsgangs‘. Das Aufgabenfeld der Bezugspflegenden verschiebt sich damit in Richtung ‚Prozessmanagementfunktion‘.

Patienten, deren Verläufe in geringem Maße prognostiziert werden können, deren Diagnostik, Therapie und Pflege immer wieder aufs Neue justiert werden müssen und bei denen Therapie- und Pflegeregimes in Einklang mit ihrer Lebenswelt gebracht werden müssen, bedürfen indes einer sehr viel intensiveren psychosozialen Betreuung und der integrativen Verknüpfung von Medizin und Pflegeprozess. Bei ihnen steht die Bedeutung der Bezugsfunktion im Zentrum der Versorgung. Diese Patienten drohen immer wieder durch das Sicherheitsnetz der Versorgung zu fallen, weil auf die Gesamtheit der individuellen Versorgungsprobleme zu wenig Rücksicht genommen wird und in der Routine unterzugehen droht. Die gemeinsame Visite stellt hier das entscheidende sicherheitsgenerierende Kommunikationsgremium dar, in dem nach Möglichkeit unter Einbezug des Patienten alle diagnostischen, therapeutischen und pflegerischen Entscheidungen verhandelt und getroffen werden. Bei sehr komplexen Fällen werden je nach Bedarf weitere Kommunikationsgremien wie Fallbesprechungen oder Ethikkonferenzen einbezogen.

Angesichts der unterschiedlichen Fallkomplexität und der damit verbundenen Prozesserfordernisse sieht das KoPM®-Modell eine differenzierte Gewichtung von Prozessmanagement- und Bezugsfunktion vor (vgl. Abb. 17.5).

Die für den Patienten sichtbare und vertrauensfördernde Instanz stellt somit die gemeinsam (interprofessionell) von Bezugsarzt und Bezugspflegenden zu gestaltende Visite dar. Sie signalisiert den Patienten eine kontinuierliche Versorgung, indem sich den Patienten das Bild einer Versorgung aus einer Hand vermittelt.

Das **Bezugsteammodell** stellt eine ideale Organisationsform der patientenorientierten Versorgung dar, die jedoch nur schwer mit arbeitsorganisatorischen Belangen in Einklang zu bringen ist. Der Pflegedienst muss im Schichtdienst „24/7" sichergestellt werden. Ärzte übernehmen Nacht- oder Bereitschaftsdienste oder werden für die Notaufnahme benötigt.

Daher müssen Organisationslösungen gefunden werden, die ein höheres Maß an Versorgungskontinuität gewährleisten und dabei die Arbeitszeitnachteile begrenzen. Zu ver-

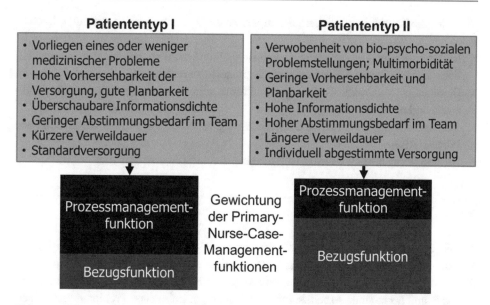

Abb. 17.5 Patientenindividuelle Gewichtung von Prozessmanagement- und Bezugsfunktion

meiden ist unter allen Umständen, dass ein Patient während seines Aufenthalts von sieben oder zehn Tagen mehrfach von unterschiedlichen Stationsärzten betreut wird, betreuende Pflegekräfte häufig wechseln und sich dabei keine der Pflegekräfte für den Patienten für „rundum" zuständig erklärt. Realistisch zu organisieren ist eine kontinuierliche Anwesenheit von Bezugsarzt und Bezugspflegender/m (Bezugsteam) über einen Zeitraum von einer Woche. Zwar wird dann ein großer Teil der Patienten während des Aufenthalts zwei unterschiedlich besetzte Bezugsteams erleben, was bei überlappender Besetzung, guter Dokumentation und persönlicher Übergabe aber zu tolerieren ist.

17.6   Schlussbetrachtung

Patienten, die zu Routinebehandlungen ins Krankenhaus kommen, profitieren insbesondere von geklärten Zuständigkeiten, hochwertigen Prozessstandards, guter Information und Aufklärung sowie reibungslosen Abläufen.

Patienten mit komplexen Versorgungsbedarfen benötigen hingegen betreuende Bezugspersonen, die ihre interdependenten Problemlagen zu verstehen und passende differenzierte Lösungen zu entwickeln suchen.

Beiden Gruppen ist gemein, dass sie in der Regel ein mehr oder weniger ausgeprägtes Grundvertrauen in die Krankenhausversorgung mitbringen. Dieses Vertrauen ist notwendig, damit sich Patienten sicher fühlen und sich auf die Versorgung einlassen.

Das Sicherheitsempfinden der Patienten ist neben der Sicherheitsarchitektur des Krankenhauses ein zentraler Faktor in der Patientenversorgung, der Patientenzufriedenheit fördert und vermutlich auch positive Effekte auf die Behandlungsergebnisse hat.

Patientensicherheit und Sicherheitsempfinden der Patienten werden gefördert durch:

- Reduzierung der Arbeitsteilung, soweit sinnvoll und möglich, um integrierte, ganzheitliche und schnittstellenreduzierte Arbeitsprozesse zu realisieren;
- Etablierung von patientenbezogener Prozessverantwortung im Sinne einer Allzuständigkeit;
- Standardisierung von Prozessen zur Entlastung von Routinen und zur Vermeidung von Prozessrisiken;
- Ausgestaltung einer vertrauensvollen Bezugsfunktion.

17.7 Kontrollfragen

1. Die Prognose von Patientenverläufen steht mit der Fallkomplexität im engen Zusammenhang. Welche (Input- und Output-)Faktoren lösen diese Fallkomplexität aus?
2. Organisationen lösen die Zunahme von Komplexität durch Binnendifferenzierung (vertikale und horizontale Arbeitsteilung). Welche organisationalen Probleme und Sicherheitsrisiken ergeben sich aus dieser Ausdifferenzierung?
3. Patienten lassen sich tendenziell zwei Gruppen zuordnen. Die eine Gruppe folgt regelgeleitet vorgegebenen Standards, die andere Gruppe zeichnet sich durch eine höhere Fallkomplexität aus, die der Planbarkeit enge Grenzen setzt. Wie sollten funktionelle Kooperationsbeziehungen zwischen den Berufsgruppen für diese beiden Patiententypen ausgestaltet werden?
4. Aus welchen Gründen stellen Schnittstellen im Versorgungsprozess der Patienten ein relevantes Sicherheitsrisiko dar?
5. Welche wesentlichen Aufgaben werden im Prozessmanagement übernommen?
6. Von welchen Faktoren wird das Sicherheitsempfinden der Patienten beeinflusst und welche Rolle spielt dabei „Vertrauen"?
7. Was sind die wesentlichen Aufgaben und Zuständigkeiten von Bezugsärzten und -pflegenden im Sinne des Bezugsteams im KoPM®-Modell?
8. Die Etablierung von Bezugsteams stößt an Grenzen der Arbeitszeitorganisation von Ärzten und Pflegenden. Wie könnte ein Kompromiss organisiert werden, der den Patienten noch ein ausreichendes Maß an personeller Kontinuität gewährleistet?

Literatur

Czakert, J., Schaepe, C., & Ewers, M. (2020). Vertrauensvolle und sicherheitsgenerierende Beziehungsgestaltung in der häuslichen Intensivpflege – eine qualitative Sekundäranalyse. *Pflege & Gesellschaft, 25*(1), 34–49.
Dahlgaard, K., & Stratmeyer, P. (2006). *Kooperatives Prozessmanagement im Krankenhaus, Band 2: Prozessorganisation*. Wolters Kluwer.

Dahlgaard, K., & Stratmeyer, P. (2014). Prozessorientierung im Krankenhaus. In W. Hellmann, A. Beivers, C. Radtke & D. P. Wichelhaus (Hrsg.), *Krankenhausmanagement für Leitende Ärzte* (S. 121–149). medhochzwei.

Gemeinsamer Bundesausschuss. (2016). Beschluss des Gemeinsamen Bundesausschusses über eine Qualitätsmanagement-Richtlinie, BAnz AT 15.11.2016 B2.

Grünberg, P. (2014). *Vertrauen in das Gesundheitssystem. Wie unterschiedliche Erfahrungen unsere Erwartungen prägen.* Springer Fachmedien.

Höhmann, U., & Dunger, C. (2021). Sicherheitskonstruktionen in der Pflege und Bewältigung von Unsicherheit – zwischen Regehaftigkeit und individuellem Handeln. *Pflege & Gesellschaft, 26*(1), 3–18.

Kuhlmey, A. (2011). Die Idee des Memorandums „Kooperation der Gesundheitsberufe" – Einleitung. In Robert Bosch Stiftung (Hrsg.), *Memorandum Kooperation der Gesundheitsberufe. Qualität und Sicherstellung der Gesundheitsversorgung.* Robert Bosch Stiftung.

Leupold, F. (2019). Evaluation der Handlungsempfehlungen des Aktionsbündnis Patientensicherheit. Schriftenreihe des APS, Nr. 03. Aktionsbündnis Patientensicherheit e. V.

Oerter, R., & Montada, L. (1998). *Entwicklungspsychologie.* PVU.

Oevermann, U. (2013). „Compliance" und die Strukturlogik des Arbeitsbündnisses zwischen Arzt und Patient. In D. Nittel & A. Seltrecht (Hrsg.), *Krankheit: Lernen im Ausnahmezustand? Brustkrebs und Herzinfarkte aus interdisziplinärer Perspektive* (S. 501–522). Springer.

Petermann, F. (1997). Grundlagen und Möglichkeiten der Compliance-Verbesserung. In F. Petermann (Hrsg.), *Compliance und Selbstmanagement* (S. 73–102). Hogrefe.

Prinzen, L. (2008). *Bewältigungsarbeit chronisch erkrankter Menschen beim Übergang vom Krankenhaus in die Häuslichkeit.* Institut für Pflegewissenschaft, Universität Bielefeld.

Seltrecht, A. (2013). Vertrauen und Hoffnung: Zur Relevanz dieser Untersuchungskategorie für die Aufdeckung von Lernprozessen. In D. Nittel & A. Seltrecht (Hrsg.), *Krankheit: Lernen im Ausnahmezustand? Brustkrebs und Herzinfarkte aus interdisziplinärer Perspektive* (S. 306–315). Springer.

Vahs, D. (2012). *Organisation. Ein Lehr- und Managementbuch.* Schäffer-Poeschel.

Anwaltliche Expertise mit praktischen Tipps für Patienten

18

Irem Scholz

Inhaltsverzeichnis

Zusammenfassung

Fehlerquellen zu erkennen bedeutet, Fehler zu vermeiden. Patientensicherheit hat zum Ziel, den Patienten vor Schäden und Fehlern zu bewahren; sie wird definiert als „Abwesenheit unerwünschter Ereignisse". Ziel des Patientenrechtegesetzes, welches am 26.02.2013 in Kraft trat und Einzug in das Bürgerliche Gesetzbuch (BGB) fand, ist es, die Rechte der Patienten zu stärken und die bereits durch die Rechtsprechung des Bundesgerichtshofes gelebte Rechtswirklichkeit zu kodifizieren. Dieser Beitrag soll dem Patienten eine Hilfestellung dabei geben, durch die Vermittlung von arzthaftungsrechtlichen Grundlagen und Tipps aus der Passivität in eine aktive Mitgestaltung der

I. Scholz (✉)
Anwaltsbüro Quirmbach & Partner mbB, Montabaur, Deutschland
E-Mail: scholz@ihr-anwalt.com

© Der/die Autor(en), exklusiv lizenziert an Springer Fachmedien Wiesbaden
GmbH, ein Teil von Springer Nature 2022
W. Hellmann (Hrsg.), *Patientensicherheit*,
https://doi.org/10.1007/978-3-658-37143-2_18

eigenen Behandlung zu wechseln. Es hat sich gezeigt, dass ein vorinformierter, kritisch fragender und aufmerksamer Patient eher davor gefeit ist, vom Patienten zum Geschädigten zu werden.

18.1   Einleitung

Fehler passieren, auch in der Medizin. Bei ca. 20 Millionen Arzt-Patienten-Kontakten alleine im vergangenen Jahr[1] verwundert dies nicht. Eine exakte Behandlungsfehlerstatistik sucht man jedoch vergeblich. Nur aus den Daten der Bundesärztekammer (BÄK) sowie der Medizinischen Dienste der Krankenversicherer (MDK) kann man erahnen, wie viele Fehler im Zusammenhang mit medizinischen Behandlungen im Jahr in Deutschland tatsächlich passieren. Bei der Bundesärztekammer[2] wurden 2020 9483 Anträge zur Überprüfung von Behandlungsfehlern gestellt, wobei in 2178 Fällen Fehler festgestellt wurden; in nur 1741 Fällen wurde zusätzlich der Nachweis eines dadurch verursachten Gesundheitsschadens bejaht (vgl. Abb. 18.1). Die MDK-Behandlungsfehler-Statistik für 2020[3] ergibt 14.042 fachärztliche Gutachten, wobei in 2826 Fällen ein Fehler bestätigt wurde (Abb. 18.1).

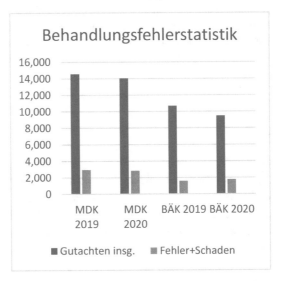

Abb. 18.1   Behandlungsfehlerstatistik für 2019 und 2020 auf Basis der Daten von MDK und BÄK

---

[1] www.bundesaerztekammer.de/patienten/gutachterkommissionen-schlichtungsstellen/behandlungsfehler-statistik/, zugegriffen am 03.10.2021.

[2] www.bundesaerztekammer.de/fileadmin/user_upload/downloads/pdf-Ordner/Behandlungsfehler/Statistische_Erhebung_2020.pdf.

[3] www.mds-ev.de/statistik/behandlungsfehlergutachten.html, zugegriffen am 15.10.2021.

Eine Erfassung der gerichtlichen Arzthaftungsfälle existiert ebenfalls nicht. Die Dunkelziffer der Behandlungs- und Aufklärungsfehler ist weitaus höher.

Zu unterscheiden ist im Hinblick auf die Fehlerverteilung zwischen den beiden Versorgungsstufen, einmal dem niedergelassenen und zum anderen dem Krankenhaus-Bereich. Während sich im Praxisbereich die meisten Fehler in der Diagnostik und Bildgebung ereignen, liegt der Schwerpunkt der Fehler im Krankenhaus bei den operativen Therapien. Die nachfolgende Grafik (Abb. 18.2) verdeutlicht, wo – nach Versorgungsbereichen aufgeteilt –, die jeweiligen Fehler geschehen, und gibt dem Patienten einen Hinweis, in welchen Fällen er besondere eigene Sorgfalt an den Tag legen sollte, weil hier erhöhte Gefahren lauern.

Fehlerquellen zu erkennen bedeutet, Fehler zu vermeiden. Patientensicherheit hat zum Ziel, den Patienten vor Schäden und Fehlern zu bewahren; sie wird definiert als „Abwesenheit unerwünschter Ereignisse". Ziel des Patientenrechtegesetzes, welches am 26.02.2013 in Kraft trat und Einzug in das Bürgerliche Gesetzbuch (BGB) fand, ist es, die Rechte der Patienten zu stärken und die bereits durch die Rechtsprechung des Bundesgerichtshofes gelebte Rechtswirklichkeit zu kodifizieren.

Dieser Beitrag soll dem Patienten eine Hilfestellung dabei geben, durch die Vermittlung von arzthaftungsrechtlichen Grundlagen und Tipps aus der Passivität in eine aktive Mitge-

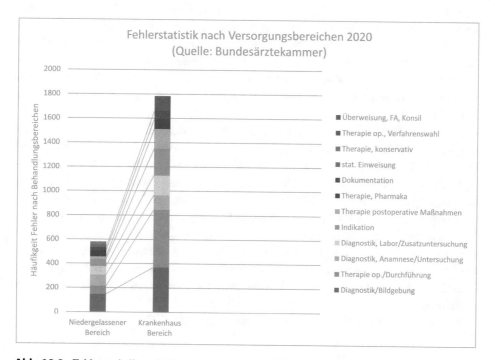

Abb. 18.2 Fehlerstatistik nach Versorgungsbereichen 2020 (basierend auf Daten der Bundesärztekammer (https://www.bundesaerztekammer.de/fileadmin/user_upload/downloads/pdf-Ordner/Behandlungsfehler/Statistische_Erhebung_2020_neu.pdf))

staltung der eigenen Behandlung zu wechseln. Denn es hat sich gezeigt, dass ein vorinformierter, kritisch fragender und aufmerksamer Patient eher davor gefeit ist, vom Patienten zum Geschädigten zu werden.

18.2   Wann ist ein Fehler ein Fehler?

In den seltensten Fällen ist der nach einer medizinischen Behandlung eintretende Gesundheitsschaden Folge eines Fehlers. Ohne eine eingehende medizinisch-juristische Prüfung
ist die Unterscheidung, ob ein Fehler vorliegt oder „nur" der mit der Behandlung gewünschte Erfolg ausblieb, für den Patienten oft kaum möglich.

Der Arzt schuldet seinem Patienten keinen „Erfolg" im Rahmen der Behandlung, wie
beispielsweise eine Heilung seiner Leiden, das Anschlagen einer Therapie oder das Gelingen einer Operation – auf das Wesentliche heruntergebrochen heißt dies: Der Behandler
schuldet einen „Dienst", keinen „Erfolg", und der Patient schuldet die vereinbarte Vergütung (§ 630a Abs. 1 BGB). Dabei hat die versprochene Behandlung gemäß dem „medizinischen Standard" zu erfolgen. Ein Verstoß begründet den „Fehler".

Was unter dem sog. medizinischen Standard zu verstehen ist, hat der Bundesgerichtshof [Urteil vom 15.04.2014, Az.: VI ZR 382/12] mangels einer gesetzlichen Definition
sehr lebensnah wie folgt erklärt: „[...] *Der Standard gibt Auskunft darüber, welches
Verhalten von einem gewissenhaften und aufmerksamen Arzt in der konkreten Be-
handlungssituation aus der berufsfachlichen Sicht seines Fachbereichs im Zeitpunkt der
Behandlung erwartet werden kann. Er repräsentiert den jeweiligen Stand der natur-
wissenschaftlichen Erkenntnisse und der ärztlichen Erfahrung, der zur Erreichung des
ärztlichen Behandlungsziels erforderlich ist und sich in der Erprobung bewährt
hat. [...].*"

Um einen möglichst einheitlichen Standard zu erreichen, gilt ein objektiver Maßstab
(objektiver zivilrechtlicher Sorgfaltsbegriff, i. S. v. § 276 Abs. 1 S. 2 BGB), an dem das
Tun des Arztes sich messen muss. Auf höchstpersönliches Unvermögen, Wissensdefizite
oder auf eine apparativ schlechte oder fehlende Ausstattung kann sich der Arzt als Ent-
schuldigungsgrund für eine fehlerhafte Behandlung nicht zurückziehen. Der Bundesgerichtshof hat hervorgehoben, dass von einem Fehler eines Arztes auch dann auszugehen
ist, wenn dieser „*aus seiner persönlichen Lage heraus subjektiv als entschuldbar erscheinen mag. [...] etwa, weil er sich im gegebenen Behandlungsgeschehen als überfordert erwies und daher mit medizinisch falschen Mitteln helfen wollte.*" (Urteil vom
13.02.2011, Az.: VI ZR 34/00). Auf die subjektiven Fähigkeiten des Behandlers kommt es
somit nicht an.

Man unterscheidet Aufklärungs- und Behandlungsfehler (Tab. 18.1).

Tab. 18.1 Verstoß gegen medizinischen Standard

Aufklärungsfehler	Behandlungsfehler
• gem. §§ 280, 630d, 630e, 630h Abs. 2 und 3, 823 ff. BGB • Aufklärung „im Großen und Ganzen" • Aufklärung über Alternativen • Mündlichkeit der Aufklärung • Rechtzeitigkeit der Aufklärung • Verständlichkeit der Aufklärung • Aushändigen von Aufklärungsunterlagen	• gem. §§ 280, 630a ff., 630c, 630h, 823 ff. BGB • Informationspflichtverletzung/ Sicherungsaufklärungspflichtverletzung • Übernahmeverschulden • Diagnosefehler • Therapiefehler • Befunderhebungsfehler • Schnittstellenfehler/Koordinationsfehler • Organisationsfehler • Fehler aus dem Bereich des voll beherrschbaren Risikobereichs

18.3 Verstoß gegen Aufklärungspflichten

Eine medizinische Maßnahme, wie ein operativer Eingriff, darf nicht ohne die Einwilligung des Patienten vorgenommen werden (§ 630d BGB). Die Wirksamkeit der Einwilligung setzt voraus, dass der Patient gem. § 630e BGB aufgeklärt wurde. Die Aufklärungspflichten sind Folge des Selbstbestimmungsrechts des Patienten. Wird die medizinische Maßnahme ohne Einwilligung vorgenommen bzw. ist die Aufklärung unzureichend und in deren Folge die Einwilligung unwirksam, liegt ein rechtswidriger Eingriff vor (vgl. Frahm & Walter, 2020, Rn. 3).

Die Aufklärung erfordert ein persönliches Arzt-Patienten-Gespräch, in dem der über die notwendige Ausbildung verfügende Arzt über die wesentlichen Umstände informiert, somit den Patienten „im Großen und Ganzen" gemäß § 630e Abs. 1 BGB aufklärt.

Der Patient hat auch Anspruch darauf, über gleichwertige Alternativen informiert zu werden, so zum Beispiel, wenn statt einer Operation eine konservative Therapie möglich ist, wie beispielsweise, wenn eine Physiotherapie oder Medikamente zur Verfügung stehen.

Der Patient sollte im Gespräch stets von sich aus fragen, ob es Alternativen zu der vorgeschlagenen Behandlung gibt, auch wenn der Arzt sich hierzu nicht äußert, denn möglicherweise wählt der Patient gleichwohl diese nicht gleichwertige Methode aus persönlichen Gründen. Letztlich muss der Patient, eine ausführliche Aufklärung vorausgesetzt, die Entscheidung treffen, ob er dem Eingriff zustimmt. Es gilt zwar die sogenannte Therapiefreiheit des Arztes, bei welcher der Behandler grundsätzlich die freie Wahl bei der Behandlungsmethode hat (bei gleichwertigen Methoden), die Entscheidung, *ob* eine Behandlung überhaupt durchgeführt wird, trifft allerdings nur der Patient. Dies wird zuweilen vergessen.

Der aufklärende Arzt muss gerade in einem arbeitsteilig arbeitenden System nicht zwingend der Behandler sein. Vor allem aus dem Krankenhaus ist dies bekannt. Allerdings muss der Arzt aus demselben Fachbereich wie der Operateur stammen. So kann der Chirurg nicht über eine gynäkologische Operation aufklären, selbst wenn er sich eine solche Aufklärung zutraut.

Die Anforderungen an das Gespräch und die Qualifikation des aufklärenden Arztes steigen, je komplikationsträchtiger der Eingriff ist und je mehr Spezialisierung er erfordert. Werden für den Eingriff spezielle Fähigkeiten und Kenntnisse benötigt, kann sich sogar die Pflicht des Operateurs zur Aufklärung ergeben.

Je weniger zwingend ein Eingriff ist (sog. relative Indikation), desto ausführlicher hat das Aufklärungsgespräch zu sein (insbesondere bei Wahleingriffen, kosmetischen Operationen etc.). Umgekehrt heißt dies, je dringlicher der Eingriff ist, wie in einer Notfallsituation, desto kürzer darf die Aufklärung ausfallen. Die wesentlichen Dinge der (Not-) Maßnahme sind dem Patienten dann kurz und bündig, dabei in aller Deutlichkeit, zu erklären („Sie könnten sterben!").

Einen hohen Aufklärungsaufwand schuldet der Arzt seinem Patienten bei einer (noch) nicht allgemein anerkannten medizinischen Behandlungsmethode, der sog. Neulandmethode (vgl. BGH, Urteil vom 18.05.2021, Az.: VI ZR 401/19). Der BGH fasste die Anforderungen an den Arzt wie folgt zusammen: *„Eine Neulandmethode darf nur dann am Patienten angewandt werden, wenn diesem zuvor unmissverständlich verdeutlicht wurde, dass die neue Methode die Möglichkeit unbekannter Risiken birgt."*

Die Pflicht zur mündlichen Aufklärung wird nicht selten übergangen. Zuweilen wird dem Patienten ein Vordruck eines Aufklärungsbogens zum „Selbststudium" gegeben, mit der Bitte, ihn anschließend ausgefüllt und unterschrieben abzugeben. Das „Gespräch" mit dem Arzt erschöpft sich nicht selten in der Frage, ob der Patient alles verstanden bzw. irgendwelche Fragen habe. Ein vorgedruckter Aufklärungsbogen ersetzt jedoch kein Gespräch, er kann allenfalls ergänzend bei der Aufklärung helfen. Der Bogen kann dem Patienten im Vorfeld die späteren Erläuterungen des Arztes verstehen helfen und ihn in die Lage versetzen, Fragen zu stellen, um die für ihn wichtigen Informationen zum besseren Verstehen des Gesprächsinhalts zu erlangen. Um sich auf das Aufklärungsgespräch mit dem Arzt vorbereiten zu können, sollte der Patient den Aufklärungsbogen vorab erhalten, um den Bogen in Ruhe vollständig durchlesen sowie sich gegebenenfalls Fragen notieren zu können. Im Idealfall geht der Arzt mit dem Patienten den Bogen gemeinsam durch.

Ein Patient hat Anspruch auf Abschriften der Unterlagen, die er im Zusammenhang mit der Aufklärung oder Einwilligung unterzeichnet hat (§ 630e Abs. 2 S. 2 BGB). Manche Patienten verzichten hierauf; davon ist abzuraten. Denn auch nach einem Gespräch kann dieses anhand des Bogens noch einmal nachvollzogen werden, oder es ergeben sich Fragen. Die einmal erteilte Einwilligung kann vor dem Eingriff jederzeit widerrufen oder abgeändert werden.

Im Gespräch sollten auch Besonderheiten des Patienten zur Sprache kommen (Beruf, Hobby, Vorerkrankungen etc.), auf die sich die Behandlung besonders auswirken könnte. **Ein Patient sollte sich nie scheuen, die für ihn wichtigen Fragen zu klären.** Dazu gehört es auch, den Patientenfragebogen mit Vorerkrankungen, Medikamenten und weiteren wichtigen Informationen sorgfältig auszufüllen und mit dem Arzt gemeinsam zu besprechen. Denn solche Informationen können im Ernstfall den Unterschied machen zwischen einer erfolgreichen und einer misslungenen Behandlung.

Der beste Schutz vor Fehlern ist, sich vorab über die geplante Behandlung zu informieren, sei es in einem Vorgespräch mit dem Behandler oder im Rahmen eines **Zweitmeinungsgespräches**. Dabei ist von „Recherchen" bei „Dr. Google" abzuraten. Selbst auf seriösen Seiten kann der Einzelfall mit allen Besonderheiten nie berücksichtigt werden, so dass der Patient fehlinformiert wird.

Jedem Patienten ist zu raten, sich nicht zu scheuen, nach der Erfahrung des Arztes im Hinblick auf die geplante Behandlung zu fragen, nach der Häufigkeit der selbst durchgeführten Eingriffe, den eingetretenen Komplikationen und danach, ob Sicherungsmaßnahmen bestehen, um Komplikationen frühzeitig zu erkennen und zu beherrschen. Auch sollte der Patient erfragen, auf welche Anzeichen er bzw. seine Begleitperson zu achten haben, um unerwünschte Folgen früh zu erkennen und einer raschen Behandlung zuzuführen.

Zur Patientensicherheit gehört es auch, sich an die Hinweise des Arztes zum Gelingen des gewünschten Behandlungserfolges zu halten. Dies klingt so selbstverständlich wie simpel, wird jedoch zuweilen nicht eingehalten.

Aber auch abseits von Operationen darf ein Patient kritisch Fragen zur Behandlung und den Alternativen, Risiken und Folgen stellen. Er darf auch bei medikamentösen oder apparativen Behandlungen ein Aufklärungsgespräch erwarten. So kann es hilfreich sein, sich bei einer medikamentösen Behandlung (z. B. Chemotherapie) die exakten Namen und Dosierungen der Medikation geben zu lassen, um das verordnete Medikament zu prüfen, unmittelbar bevor es verabreicht wird. Auch die Frage nach Wechselwirkungen mit anderen verordneten Medikamenten kann Schaden abwenden. Durch diese Vorsichtsmaßnahme kann möglicherweise verhindert werden, dass das falsche Medikament zum Einsatz kommt bzw. unerwünschte Wirkungen des Medikaments eintreten.

Bei komplikationsbehafteten Eingriffen kann es ratsam sein, eine sogenannte ärztliche „Zweitmeinung" einzuholen. Einen Anspruch hat der gesetzlich Krankenversicherte bei bestimmten planbaren Operationen gemäß Sozialgesetzbuch (§ 27b SGB V). Der Patient kann von seinem Behandler zudem verlangen, dass ihm auf Wunsch alle Befunde zusammengestellt werden, die der Zweitmeiner benötigt.

18.4 Behandlungsfehler – das Falsche tun, das Richtige unterlassen

Behandlungsfehler können sowohl in einem fehlerhaften Tun, beispielsweise einer fehlerhaft durchgeführten Operation bestehen, als auch in einem Unterlassen liegen, wenn der Behandler beispielsweise versäumt, Untersuchungen durchzuführen oder die erhobenen Befunde zu sichern.

18.4.1 Verletzung von Informationspflichten

Unterlässt der Behandler die auch im Verlauf oder am Ende der Behandlung erforderlichen Informations- bzw. Sicherungsaufklärungspflichten gemäß § 630c BGB (Einhaltung von Verhaltensmaßregeln, Abklärung bedrohlicher Befunde, Wiedervorstellung bei Verschlechterung etc.), um den sog. „Behandlungserfolg" zu sichern, stellt auch dies einen Behandlungsfehler dar. Der Patient hat einen Anspruch darauf, stets über seine Situation informiert zu werden.

18.4.2 Komplikationen nach einem ambulanten Eingriff

Ambulante Eingriffe nehmen zahlenmäßig zu. Es sind oft kleine Operationen, bei denen der Patient nach einer Beobachtungszeit aus dem Krankenhaus oder der Praxis nach Hause entlassen werden kann. Doch auch „kleine" Eingriffe können „große" Komplikationen nach sich ziehen. Es sollte mit dem Arzt besprochen werden, wie sich der Patient verhalten soll, wenn unerwünschte Komplikationen, wie bspw. unerwartet starke Nachblutungen oder Schmerzen, eintreten. Im Vorfeld sollte geklärt werden, welches Krankenhaus aufzusuchen ist, wenn der Behandler nicht mehr erreichbar sein sollte (z. B. Praxis). Sinnvoll ist es, dass die Begleitperson, die den Patienten nach dem Eingriff abholt und zu Hause betreut, mit eingebunden wird. Die wesentlichen Behandlungsunterlagen sollte der Patient sich nach der ambulanten Operation aushändigen lassen, um den Nachbehandler schnellstmöglich ins Bild setzen zu können.

18.4.3 Unterlassene Befunderhebung

Nicht selten kommt es zu Fehlern, wenn Untersuchungen oder Kontrollen unterlassen werden (sog. Befunderhebungsfehler). Befunde sind zur Findung einer Diagnose, aber auch im Verlauf der Behandlung erforderlich, um den Stand der Behandlung, den Zustand des Patienten oder die nächsten Maßnahmen zu klären bzw. zu planen. Der Patient selbst sollte darauf hinwirken, dass geplante Untersuchungen zeitgerecht erfolgen bzw. bereits erhobene Befunde kontrolliert werden. Bei Unsicherheiten sollten offene Fragen angesprochen werden, um Gesundheitsschäden zu vermeiden.

18.4.4 Fehler bei arbeitsteiliger Behandlung

Arbeitsteiliges (Be-)Handeln ist im medizinischen Alltag die Regel. Zu Fehlern kommt es sowohl innerhalb eines Systems (Praxis, Krankenhaus, MVZ) als auch bei der Zusammenarbeit zweier Systeme (z. B. Praxis und Krankenhaus). Diese Schnittstellen sind vor allem im Bereich der Informationsweitergabe sehr fehleranfällig. Man unterscheidet zwischen der horizontalen und der vertikalen Arbeitsteilung (vgl. Martis & Winkhart, 2018, Rn. A 250 ff. m. w. N.).

Von Ersterem geht man aus, wenn die Überweisung des Patienten an einen Arzt eines anderen Fachbereichs (Gynäkologe – Urologe, Chirurg – Anästhesist) oder derselben Fachrichtung erfolgt (Gynäkologe Praxis – Gynäkologe Krankenhaus). Zwischen den Ärzten gilt ein Vertrauensgrundsatz, so dass keine Kontrollpflicht besteht, es sei denn, es gibt Grund zu Zweifeln bzw. ein Fehler des Anderen drängt sich auf. Den hinzugezogenen Arzt trifft die Pflicht, im Rahmen seines Fachgebiets selbst zu prüfen, ob der Auftrag in seinen Fachbereich fällt, die Indikation standardgerecht gestellt wurde, wie er die Leistung zu erbringen hat und ob weitere Maßnahmen erforderlich sind. Erkennt er Lücken im Auftrag, so hat er auf deren Schließung hinzuwirken bzw. Vorschläge hinsichtlich weiterer Untersuchungen zu unterbreiten.

Dem Patienten ist wiederum bei arbeitsteiligem Vorgehen dazu zu raten, auf die korrekte Weitergabe der Informationen zu achten und sich Durchschriften der Arztbriefe aushändigen zu lassen.

Nicht selten fehlen dem einen Arzt Unterlagen des anderen, so dass die mitgebrachten Unterlagen des Patienten zur lückenlosen Weiterbehandlung hilfreich sind. Ratsam ist es auch, sich von beiden Ärzten das geplante Vorgehen sowie die weiteren Schritte erläutern zu lassen. Kommen dem Patienten bei der Behandlung des einen Arztes Zweifel, sollte er dies offen mit dem anderen Arzt ansprechen oder gegebenenfalls um eine neue Zuweisung bitten.

Aber auch bei der vertikalen Arbeitsteilung, die man vor allem im Krankenhaus vorfindet (Oberarzt – Assistenzarzt, Arzt – Pflegekraft), kommt es zu Abstimmungs- und Organisationsfehlern.

Zu einem Fehler kommt es bspw. bei einer unterlassenen Umsetzung ärztlicher Anweisungen durch das Pflegepersonal, so dass Untersuchungsergebnisse nicht rechtzeitig vorliegen.

Hierdurch kann es zu einer Verzögerung in der Behandlung und in deren Folge auch zu einem Gesundheitsschaden beim Patienten kommen. Es kann allerdings auch dann zu Fehlern kommen, wenn bspw. der zuständige Stationsarzt auf die Hinweise der Pflegekraft betreffend den Zustand des Patienten nicht eingeht und der Patient nicht die gebotene Behandlung erhält.

18.4.5 Fehlerhafter Anfängereingriff

Der medizinische Standard orientiert sich an dem Arzt, der seine Facharztausbildung absolviert hat. Der Patient hat somit Anspruch auf die Behandlung durch den Facharzt des Gebietes, in dem die Behandlung stattfinden soll. Doch gerade in Ausbildungskrankenhäusern kommt es regelmäßig zu Behandlungen, die von „Anfängern" bzw. Ärzten in der Weiterbildung zum Facharzt auch alleine durchgeführt werden. Die Übertragung auf einen solchen nicht ausreichend qualifizierten Arzt kann je nach Fallgestaltung bereits einen sogenannten Organisationsfehler begründen (Frahm & Walter, 2020, S. 194 ff. m. w. N.).

Der Patient hat auch bei den sog. Anfängereingriffen Anspruch auf die Einhaltung des Facharztstandards. Ob der „Anfänger" bereits den Ausbildungsstand erfüllt, den es benötigt, bedarf einer Prüfung im Einzelfall (Frahm & Walter, 2020, Rn. 195). Ist dies noch nicht der Fall, müssen flankierende Maßnahmen seitens der Verantwortlichen ergriffen werden. Dies wird bspw. bei Operationen dadurch gewährleistet, dass ein Facharzt anwesend ist („Supervision") und sowohl eingriffsbereit als auch eingriffsfähig ist. Kommt es beim Anfängereingriff zu einer Gesundheitsschädigung des Patienten, wird gem. § 630h Abs. 4 BGB zunächst vermutet, dass die mangelnde Befähigung verantwortlich ist.

18.5   Maßnahmen zur Verhinderung von Fehlern

Krankenhäuser haben in den vergangenen Jahrzehnten und insbesondere in den letzten Jahren Maßnahmenkataloge zur Vermeidung von Fehlern und zur Patientensicherheit entwickelt. So gibt es die sogenannten OP-Checklisten, auf die nur bei Bagatelleingriffen verzichtet wird. Hiermit soll Fehlern, die einfach zu vermeiden sind, sogleich der Boden entzogen werden, wie: Patientenverwechslungen, Seitenverwechslungen etc. Dies hat zur Folge, dass bspw. der Patient im Wachzustand nach seinem Namen und dem geplanten Eingriff gefragt wird, ein Namensarmband erhält oder die zu operierende Stelle vorab im Wachzustand des Patienten markiert wird. Auch hier wird deutlich, dass der Patient aktiv zu seiner eigenen Sicherheit einbezogen wird und einen wichtigen Beitrag leisten kann.

18.6   Verhalten bei unerwünschten „Nebenwirkungen" einer Behandlung

Kommt es bei der Behandlung zu einer unerwünschten Folge, sollte der Patient das Gespräch mit dem Arzt suchen. Sollte das Gespräch beim niedergelassenen Arzt keine Lösung bieten, sollte schnellstmöglich, je nach Art der Folge, ein anderer Arzt aufgesucht werden, im Notfall das Krankenhaus. Bei zu klärenden Fragen im Krankenhaus kann auch das Gespräch zum Vorgesetzten helfen.

Mit dem Patientenrechtegesetz wurden die Krankenhäuser verpflichtet, ein sog. **patientenorientiertes Beschwerdemanagement** einzuführen. Dies soll der angemessenen Berücksichtigung der Beschwerde dienen und letztlich dem Qualitätsmanagement des Krankenhauses mit dem Ziel, mehr Patientensicherheit zu erreichen.

Hilft das Gespräch mit dem Arzt nicht weiter, sollte sich der Patient an das Beschwerdemanagement wenden, um von dort Unterstützung für sein Anliegen zu erhalten. Allerdings ist je nach Dringlichkeit und Grund der Beschwerde abzuwägen, inwieweit nicht noch weitere Funktionsträger des Krankenhauses oder Dritte außerhalb zu Rate gezogen werden müssen. Je dringlicher bzw. vital indizierter das Anliegen ist, desto weniger Zeit ist für „bürokratische Abläufe". Der Maßnahmenkatalog des Patienten oder seines Angehörigen ist abhängig vom Einzelfall.

Auch die Krankenversicherer oder der eigene Arzt des Vertrauens aus dem niedergelassenen Bereich können gewinnbringende Ansprechpartner bei unerwünschten „Nebenwirkungen" von Behandlungen sein.

18.7 Verhalten bei Verdacht auf einen Aufklärungs- bzw. Behandlungsfehler

Steht der Verdacht eines Fehlers im Raum, richtet sich die Handlungsabfolge zunächst danach, ob dringend eine weitere medizinische Behandlung erforderlich ist oder nach Abschluss dieser initialen Behandlung rechtliche Hilfe vonnöten ist.

Im ersten Fall kann bspw. eine Verlegung mit Hilfe des niedergelassenen Arztes und der Krankenkasse in ein anderes Krankenhaus in Betracht kommen oder die anderweitige Sicherstellung der Fortführung der Behandlung.

Ist die medizinisch notwendige Behandlung sichergestellt, sollte möglichst früh rechtliche Hilfe in Anspruch genommen werden, es sei denn, es handelt sich um eine Bagatelle, die mithilfe des Beschwerdemanagements gütlich geregelt werden kann. Bei nachhaltigen Gesundheitsschäden oder solchen mit gewisser Tragweite ist jedoch dringend von Gesprächen oder gar Einigungen mit der Behandlerseite ohne anwaltliche Hilfe abzuraten. Einmal getroffene Erklärungen können den Patienten binden und ihm die Möglichkeit nehmen, adäquaten Schadenersatz und Schmerzensgeld zu fordern.

Zur Vorbereitung einer medizinrechtlichen Prüfung sollte der Patient ein detailliertes Gedächtnisprotokoll der Geschehnisse anfertigen und dabei auch Zeugen mit aufnehmen. Zudem sollten relevante Unterlagen zusammengetragen werden. Hilfreiche Informationen bieten auch Krankenkassen, die eigens eingerichtete sog. Regressabteilungen führen. Von eigenen Gutachtenaufträgen ohne fachlich versierte anwaltliche Hilfe sollte allerdings Abstand genommen werden, da Grundlage eines Gutachtens eine eingehende juristische Prüfung unter Beiziehung weiterer relevanter Unterlagen und Informationen ist. Zudem müssen dem Gutachter die aus medizinrechtlicher Sicht entscheidenden Fragen gestellt werden, damit das Gutachten die Antworten liefert, die im jeweiligen Fall erforderlich sind.

An die eingehende medizinisch-juristische Prüfung sollte sich dann ein außergerichtlicher Einigungsversuch anschließen, um die Möglichkeiten einer außergerichtlichen Lösung auszuloten. Gelingt dies nicht, kann gerichtliche Hilfe eingeholt werden.

18.8 Schlussbetrachtung und Ausblick

Die Prävention von Fehlern ist bei der Frage der Patientensicherheit oberstes Gebot. Seitens der Behandler wird hieran seit einigen Jahren bereits maßgeblich gearbeitet, sei es aufgrund von Gesetzen, aus Eigeninitiative, zur Senkung der Haftpflichtprämie oder aus anderen Gründen.

Das von Ärzten eingeführte anonyme Fehlerberichts- und Lernsystem CIRSmedical. de, mit dem Fehler und damit alle kritischen Ereignisse gesammelt werden, ist der richtige Schritt in die richtige Richtung. Es beruht zwar auf Freiwilligkeit, wird jedoch durch finanzielle Anreize unterstützt.

Fehlervermeidung heißt auch, voneinander zu lernen. Auch die in einigen Kliniken durchgeführten Übungen, mit denen der Notfall simuliert werden soll, dienen der Sicherung der Standards, da diese vergegenwärtigt und Abläufe trainiert werden. Auch diese Maßnahmen dienen der Patientensicherheit, um gerade in Notfallsituationen durch „Drills" gelernte Inhalte rasch und sicher abrufen zu können und um Zeitverluste sowie Fehler zu vermeiden.

Der Schlüssel für Patientensicherheit liegt jedoch sicher auch beim Patienten selbst; dies nicht im Sinne einer Verantwortlichkeit bei Fehlgehen einer Behandlung, sondern im Sinne einer Ermutigung, die nicht selten dem medizinischen Betrieb geschuldete Passivität zu verlassen und sich aktiv in die eigene Behandlung einzubringen. Dem liegt der Gedanke zugrunde, den Arzt als fachkundigen Partner bei der Genesung zu „fordern" und durch eine enge Zusammenarbeit mit dem Arzt die Genesung zu „fördern". Hilfreiche „Werkzeuge" hierbei sind in jedem Fall die Kommunikation mit dem Behandler sowie die erforderliche Informationsbeschaffung, um eine möglichst breite und sichere Basis für die eigene Entscheidungsfindung zu haben.

18.9   Kontrollfragen

1. Welche beiden Fehlerkategorien unterscheidet man im Rahmen einer medizinischen Behandlung?
2. Was schuldet der Arzt im Rahmen der Behandlung seinem Patienten bzw. was schuldet er gerade nicht?
3. Wie definiert man einen Fehler?
4. Welcher Maßstab ist bei der Frage des Behandlungsfehlers zu Grunde zu legen?
5. Welche Besonderheiten gelten bei sog. Neulandmethoden?
6. Ist die Behandlung durch sog. Anfänger, also Ärzte, die ihre Facharztausbildung noch nicht abgeschlossen haben, erlaubt?
7. Welche Möglichkeiten hat ein Patient im Krankenhaus, wenn die Behandlung nicht den gewünschten Verlauf nimmt?
8. Was sollte ein Patient, der einen Behandlungsfehler vermutet, auf keinen Fall tun?

Literatur

Frahm, W., & Walter, A. (2020). *Arzthaftungsrecht: Leitfaden für die Praxis* (7. Aufl.). VVW.
Martis, R., & Winkhart, M. (2018). *Arzthaftungsrecht: Fallgruppenkommentar* (5. Aufl.). Otto Schmidt.

„Wenn die Leute wüssten, wer sie behandelt" – Warum Patientensicherheit im Krankenhaus verbessert werden muss

19

Jonah Grütters und Julian Pascal Beier

Inhaltsverzeichnis

Zusammenfassung

Patientensicherheit zu erhöhen ist ein vielschichtiges, teilweise komplexes Projekt. Doch ob nun Hospitalisierungsraten verringert, die Ausbildungsbedingungen für Mediziner verbessert oder die Gesundheitslage von Patienten durch Schutzmaßnahmen beim Personal erhöht werden sollen – Patientensicherheit als oberstes Gut wird in Zukunft viele Abläufe im Krankenhaus verändern. Die mangelnde Fehlerkultur und teils schlechten Arbeitsbedingungen sorgen seit mehreren Jahren für Personalmangel, was wiederum den Druck auf das bestehende Personal im Gesundheitswesen erhöht. Hier ist es notwendig, eine Fehlerkultur zu entwickeln, bei der sich angehende Ärzte sicher fühlen und bewertungsfreie Erfahrungen sammeln können. Für die Zukunft haben tech-

J. Grütters (✉)
OptiMedis AG, Hamburg, Deutschland
E-Mail: jonah.gruetters@gmx.de

J. P. Beier
Universität Heidelberg, Heidelberg, Deutschland
E-Mail: julian.beier@posteo.de

© Der/die Autor(en), exklusiv lizenziert an Springer Fachmedien Wiesbaden
GmbH, ein Teil von Springer Nature 2022
W. Hellmann (Hrsg.), *Patientensicherheit*,
https://doi.org/10.1007/978-3-658-37143-2_19

nische Weiterentwicklungen wie die elektronische Patientenakte oder Clinical Decision Support Systems die Möglichkeit, die Verbesserung der Patientensicherheit zu beschleunigen und zusätzlich das Personal zu entlasten. Dafür muss jedoch die nötige Infrastruktur geschaffen werden und ein entsprechendes Mindset bei Entscheidungsträger*innen vorhanden sein.

19.1 Bedingungen im Krankenhaus

Das Krankenhaus ist ein stressiger Ort. Wer in den letzten Jahren die mediale Berichterstattung rund um die deutschen Kliniken verfolgt hat oder selbst Patient in diesen war, wird wissen, dass überarbeitetes Pflegepersonal, gestresste Ärzte oder wirtschaftlicher Kostendruck keine Seltenheit sind. Der Ort, an dem wir gesund gemacht werden sollen, verkommt zu einem Hamsterrad des Stresses. Dies geht zulasten der mentalen Gesundheit des Personals, aber eben auch zulasten der Sicherheit von Patienten. Die häufig zugrunde liegende Erklärung für Behandlungsfehler, das Vertauschen von Akten oder chaotische Abläufe, ist ebenso trivial wie komplex: Wer gestresst ist, der macht Fehler. Wem es nicht gut geht, der macht ebenso Fehler. Und wer nicht aus seinen Fehlern lernt/lernen kann, macht ebenfalls Fehler.

Die Fehlerhäufigkeit in deutschen Krankenhäusern wurde in einer systematischen Übersichtsarbeit von 151 internationalen Studien des Aktionsbündnisses für Patientensicherheit (APS) deutlich: Nach dieser ergab sich eine Häufigkeit von 0,1 % bis 10 % an vermeidbaren unerwünschten Ereignissen (Conen et al., 2006). Methodische Schwierigkeiten, wie unterschiedliche Erhebungsmethoden und Studiengrößen, sorgten hier für eine derart große Streuung. Durch eine Subgruppenanalyse der Studien geht das APS von einer geschätzten Mortalitätsrate durch vermeidbare unerwünschte Ereignisse bei Krankenhauspatienten in Deutschland von 0,1 % aus. Bei 19,4 Millionen Krankenhauspatienten in Deutschland (Statistisches Bundesamt, 2021) entspräche dies 19.400 Todesfällen pro Jahr. Und um diese Zahl etwas bildlicher einordnen zu können: Dies entspräche 52 voll beladenen Boeing 767, also einem Flugzeugabsturz pro Woche.

Um diese Zahl zu senken, muss sich die **Fehlerkultur** im Krankenhaus ändern. Oft scheint jedoch die hohe Komplexität der Prozesse lähmend für einen nachhaltigen Wandel: Patienten werden oft von verschiedenen Berufsgruppen und Fachkräften gleichzeitig behandelt. Und um die Dienstleistungen 24 Stunden pro Tag anbieten zu können, arbeitet ein Großteil der Arbeitnehmer im Schichtdienst. Zudem sind zahlreiche Kommunikations- und Planungsprozesse Teil der Versorgung. Oft erfolgen diese über viele Professionen und Schnittstellen hinweg. Die hohe Anzahl der Schnittstellen birgt jedoch das Risiko, dass Informationen verloren gehen. Während situative unerwünschte Ereignisse wie das Verwechseln von Patienten, das Verrechnen bei Dosen von Medikamenten oder Verschreiben bzw. Verlesen schwieriger zu verändern sind, ist eine Verbesserung der Kommunikation durch die Reduktion von Schnittstellen oder den aktiven Miteinbezug von Patienten in die Versorgung („Empowerment") realistischer.

Den Satz „aus Fehlern lernt man" kennen viele von uns. Dass sich Fehlertoleranz, praktische Erfahrungen und Leistungsdialoge als Katalysatoren auf Lernerfahrungen auswirken, wurde bereits in Studien in den 70ern nachgewiesen (Perkinson, 1979; Chalmers, 1973). Im klinischen Kontext sind jedoch Fehler ungern gesehen, da sie eine Verschlechterung der Patientengesundheit oder sogar den Tod zur Folge haben können. Im Rahmen des „traditionellen" Umgangs mit Fehlern im Krankenhaus werden Ärzte und Pflegende oft persönlich für Fehler zur Verantwortung gezogen. Was bei der Beschuldigung, Maßregelung oder sogar Bestrafung jedoch außer Acht gelassen wird, ist die Tatsache, dass die Fehlleistungen Einzelner oft durch Sicherheitslücken im System (mit-)verursacht werden und es daher nur eine Frage der Zeit ist, bis einer anderen Person ein ähnlicher Fehler passiert.

Für angehende Ärzte muss eine Umgebung geschaffen werden, in der sie Fehler machen können, ohne die PS zu gefährden. Dafür muss gewährleistet sein, dass die jungen Ärzte und auch Pflegende nicht mit einer Vielzahl von Aufgaben überfrachtet werden. Die Notwendigkeit des Multitasking durch beispielsweise Personalknappheit in Kombination mit wenig oder keiner Berufserfahrung ist hier schlichtweg fahrlässig.

Dabei kann auf Ideen aus anderen Berufszweigen wie zum Beispiel der Schifffahrt zurückgegriffen werden. Um den außenstehenden Kollegen zu signalisieren, dass sie mit einem Lotsen zusammenarbeiten, der noch über wenig Berufserfahrung verfügt, tragen die berufseinsteigenden Lotsen andersfarbige Sicherheitswesten. Etwas Ähnliches wäre bei der Verteilung von Medikamenten oder in den ersten Nachtdiensten denkbar. Änderungen wie diese mögen trivial und klein erscheinen, sie vereinfachen jedoch Abläufe und sorgen häufig für ein konzentriertes, weniger fehlerbehaftetes Arbeitsklima.

Viele Experten für PS sind der Meinung, dass die vollständige Offenlegung unerwünschter Ereignisse ohne Schuldzuweisung zu einer Verringerung der medizinischen Fehler führt (Kohn et al., 2000). Dennoch gibt es in vielen Organisationen eine Kultur der Schuldzuweisung, in der Angehörige der Gesundheitsberufe aus Haftungsgründen oder aus Angst, von Kollegen als inkompetent angesehen zu werden, Fehler nicht melden. Die Folgen sind eine unzureichende Berichterstattung und die Tatsache, dass das erwartete Lernen aus unerwünschten Ereignissen und Beinahe-Fehlern nicht auf breiter Ebene stattfindet (Jensen, 2008).

Die Zerrissenheit des Systems Krankenhaus zwischen einer perfekten, fehlerlosen Welt, in der PS das oberste Gut ist, und der Realität mit teilweise mangelndem Fehlerbewusstsein und der daraus folgenden Ignoranz könnte größer nicht sein.

Die hohe Anspruchshaltung gegenüber Assistenzärzten wird häufig schon im Medizinstudium „antrainiert". Sätze wie „Sie gehören jetzt zur Elite" von einem Dekan in der Einführungsveranstaltung verdeutlichen die krankhaft nach Perfektion strebende Selbsterwartung. Oft fehlt es den Medizinstudierenden an einem gelernten Umgang mit Fehlern beziehungsweise den darauffolgenden Konsequenzen. Didaktisch neue Konzepte wie POL (problemorientiertes Lernen) zeigen hier erstmals eine Entwicklung weg von tradierten Vorlesungen und hin zu reflektierten, kritischen Formaten. Allerdings sind innovative Lehrformate noch nicht breit genug etabliert beziehungsweise die Ausbildung ist oft noch zu verschult. Eine Möglichkeit zur Abhilfe bietet das sogenannte „Peer Review" System, bei dem sich Studierende gegenseitig bewerten. Durch eine flache Hierarchie zwischen prüfender und geprüfter Person verändert sich die Kommunikation und somit auch das Ergebnis von Prüfungen (Tawafak et al., 2019). Somit können Fallkonferenzen schon im Studium durchgespielt werden und Evaluation und konstruktives Feedback schon vor dem Berufseintritt gefestigt werden.

19.2   Arbeitsbelastung

Die Sicherheit von Patienten lässt sich erst dann effektiv steigern, wenn im Gesundheitswesen eine offene Fehlerkultur herrscht. Das Vertuschen begangener Fehler und die Angst, erneut einen Fehler zu begehen, können nicht nur zu einer sekundären Viktimisierung mit möglicherweise dauerhaften psychologischen Folgen bis hin zur Berufsunfähigkeit führen, sondern entziehen dem System auch die Möglichkeit, dazuzulernen und sich so anzupassen, dass die Gefahr des gleichen oder eines ähnlichen Fehlers in Zukunft vermieden werden kann. Ein typisches Beispiel wäre die Anpassung von Verbindungssystemen für Infusionen.

> „Ich habe Medizin studiert, um Menschen zu helfen, und dann dachte ich plötzlich, jetzt hast du vielleicht jemanden umgebracht." Klara S., Ärztin (25 Jahre), WDR-Doku „Wenn der Arzt einen Fehler macht" vom 25.02.2020

Als wichtigen Schritt zur Etablierung einer besseren Fehlerkultur bereits in der medizinischen Ausbildung sehen die Autoren die derzeitige Einführung eines dezidiert studentischen CIRS (Critical Incident Reporting System, ein Berichtssystem zur anonymisierten Meldung von kritischen Ereignissen und Beinahe-Schäden in Einrichtungen des Gesundheitswesens) durch das Institut für medizinische und pharmazeutische Prüfungsfragen (IMPP) mit wissenschaftlicher Unterstützung durch das Ärztliche Zentrum für Qualität in der Medizin (ÄZQ), das Aktionsbündnis Patientensicherheit (APS) und die Bundesvertretung der Medizinstudierenden in Deutschland (bvmd e. V.). Zu plädieren wäre hier für eine höherfrequentierte Nutzung, die bereits durch aktive Aufklärung der Studierenden erreicht werden könnte.

Besondere Gefahren ergeben sich für Patienten aus dem Umstand, dass bereits in der medizinischen Ausbildung eine Kultur des „Sich-krank-Arbeitens" etabliert wird. Dies führt langfristig zu teilweise irreversiblen Schädigungen, insbesondere durch die Zunahme an psychischen Erkrankungen (Depressionen, „Burnout"), was sich auch in entsprechenden Statistiken widerspiegelt (Abb. 19.1).

Verhindert werden könnte dies, indem in den Ausbildungsordnungen flexiblere Regelungen für Fehlzeiten vorgesehen werden, die nicht schon bei wenigen Fehltagen teilweise die Wiederholung von mehrmonatigen Ausbildungsabschnitten notwendig machen.

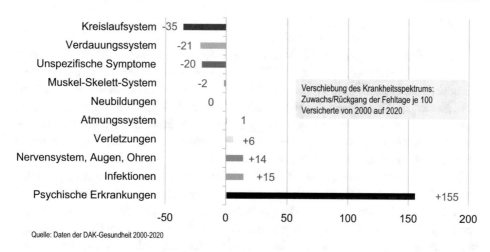

Quelle: Daten der DAK-Gesundheit 2000-2020

Abb. 19.1 Das Krankenstandgeschehen insgesamt: Fehltage 2020 im Vergleich zu 2000 (DAK Gesundheit, 2021)

19.3   Patientensicherheit unter Pandemiebedingungen

Die COVID-19-Pandemie, die Anfang 2020 über die Welt hereinbrach, stellte auch die Patientensicherheit – insbesondere im Hinblick auf die Gefahr nosokomialer Infektionen sowie die Erkrankung von Health Care Workern – vor eine besondere Herausforderung. So ist rückblickend aus Studien bekannt, dass jeder achte hospitalisierte COVID-19-Fall in Großbritannien und Italien sich erst in einer Einrichtung des Gesundheitswesens infiziert hat (Carter et al., 2020).

Frühzeitig reagierten hier sowohl das Robert Koch-Institut wie auch das Aktionsbündnis Patientensicherheit e.V. (APS), indem sie umfangreiche Fachinformationen zur Verfügung stellten. Besonders hervorzuheben ist in diesem Zusammenhang die **COVID-19-CIRS-Plattform** des APS, welche sich explizit auch an Patienten richtet. Eine breitere Nutzung im stationären und ambulanten COVID-19-Setting könnte aus Sicht der Autoren wesentlich zu einer gesteigerten PS beitragen.

Auch aus den Mitgliederbefragungen der Techniker Krankenkasse (Müller et al., 2020), immerhin der größten gesetzlichen Krankenversicherung Deutschlands, lassen sich wichtige Erkenntnisse ziehen, welche Verbesserungen im Gesundheitswesen sich Patienten im Hinblick auf die COVID-19-Pandemie wünschen. So wurde als besonderes Problem beispielsweise die Absage von Behandlungsterminen genannt. Von zahlreichen klinisch tätigen Medizinern, z. B. aus dem Bereich der Onkologie, wird bereits vor einer „zweiten Pandemie" – der Pandemie der Erkrankungen aufgrund ggf. zu lange aufgeschobener Behandlungen – gewarnt. Die Autoren sehen es als zwingend an, dass politisch zukünftig mehr auf die Sicherung medizinischer Behandlungen geachtet wird und entsprechende

Ressourcen zur Verfügung gestellt werden. Maßnahmen wie erneute Schließungen von zahnärztlichen Praxen sind klar abzulehnen.

Einen wichtigen Aspekt beim Schutz von Patienten vor SARS-CoV-2-Infektionen stellen die mittlerweile vorhandenen COVID-19-Impfstoffe dar. Wichtig ist dabei insbesondere, dass Health Care Worker durch eine hohe Impfquote vulnerable Personen aus der „Herde" im Sinne eines Cocooning schützen können. Kritisch anzumerken ist hier, dass am Anfang der Impfkampagne trotz gleichen Risikokontaktes starke Unterschiede zwischen Berufsgruppen und Personen mit unterschiedlichem Ausbildungsstatus gemacht wurden (vgl. Impfaufklärung in Deutschland e.V., 2021).

Nach langer Diskussion entschied sich der Gesetzgeber zur Einführung einer partiellen COVID-19-Impfpflicht für Health Care Worker; die Entscheidung über eine allgemeine COVID-19-Impfpflicht ist derzeit (Januar 2022) noch ausstehend. Insbesondere die Umsetzbarkeit wirft allerdings noch Fragen auf, nachdem die „Reaktanz" in Deutschland ausgeprägter zu sein scheint als in anderen Ländern mit vergleichbaren Regelungen wie Frankreich, Italien oder Griechenland und möglicherweise lokal hohe Ausfälle durch Tätigkeitsverbote für ungeimpftes Personal zu befürchten wären. Den Verfassern scheint weiterhin fraglich, ob die persönliche Entscheidung gegen evidenzbasierte Medizin so weit gehen darf, dass sie (un-)mittelbar zur Schädigung oder gar dem Tod von anvertrauten Personen führen darf.

19.4   Schlussbetrachtung

Ein Game Changer im Bereich der proaktiven Patientensicherheit könnte die Einführung von digitalen Systemen mit Künstlicher Intelligenz (KI) sein. Neben der Vorbefundung von z. B. radiologischen Befunden oder der automatischen Auswertung von digitalen Patientenakten – beispielsweise mit nachfolgendem Warnhinweis auf das mögliche Vorliegen einer Sepsis bei dokumentierten klinischen Anzeichen – sind auch **Clinical Decision Support Systems (CDSS)**, die ungünstige Therapieentscheidungen vermeiden, eine dringend notwendige Unterstützung für eine moderne, evidenzbasierte (und damit datenlastige) Medizin.

Und auch wenn einige der skizzierten Ansätze teilweise etwas utopisch klingen mögen, so ist die Dringlichkeit eines Wandels im Gesundheitssystem höher als je zuvor. Der am Horizont erscheinende Feind in Form von riesigen Tech-Unternehmen wie Google, Facebook oder Amazon ist nur dann fernzuhalten, wenn das eigene Gesundheitssystem stark und vor allem reflektiert ist. Dazu sind einige Umstellungen, vor allem in der Fehlerkultur, aber möglicherweise auch Kooperationen mit anderen Branchen und das Etablieren von innovativen Strukturen notwendig (Abb. 19.2). Fest steht, dass wir das Gesundheitssystem nicht dadurch zum Besseren verändern, dass wir in dem vermeintlich gemütlichen Sessel eines starken Systems sitzen bleiben, während die Rückseite des Möbelstücks immer weiter ausgehöhlt wird.

Autoren: Jonah Grütters
Julian Pascal Beier

NACHHALTIGER WANDEL IM KRANKENHAUS - VIER FELDER

FEHLERMANAGEMENT

In der antiquierten Fehlerkultur im Krankenhaus hört man oft Ermahnungen "besser aufzupassen" oder Egalisierungen wie "es ist doch nichts passiert". Da jedoch aus jedem Fehler gelernt werden kann, muss sich die Fehlerkultur hin zu einer offenen Feedbackkultur mit beispielsweise Teammeetings oder einem CIRS entwickeln. Dazu sind neue Abläufe, aber auch Änderungen im Medizinstudium notwendig.

ARBEITSBELASTUNG

Um die Häufigkeit von Fehlern zu reduzieren muss verhindert werden, dass das bestehende Personal im Gesundheitswesen sich weiterhin "krank arbeitet". Flexiblere Regelungen für Fehlzeiten, eine offenere Fehlerkultur oder Mentoring Programme sind hier Möglichkeiten um die mentale Gesundheit zu erhalten und die Sicherheit von Patient*innen zu erhöhen

COVID-19

Health Care Worker sollten durch eine hohe Impfquote vulnerable Personen im Sinne eines Cocooning schützen können. Es ist nicht hinehmbar, dass Patient*innen sich mit Covid-19 in Einrichtung des Gesundheitswesens anstecken. Es ist unabdingbar, dass in der Zukunft auf die Sicherung medizinischer Behandlungen geachtet wird und entsprechende Ressourcen zur Verfügung gestellt werden.

DIGITALISIERUNG

Neben der Einführung von digitalen Systemen mit Künstlicher Intelligenz (KI) ist auch die Einführung von uch Clinical Decision Support Systems (CDSS) ein wichtiger Schritt, um in Zukunft ungünstige Therapieentscheidungen zu vermeiden. Durch digitale Tools können bspw. radiologische Befunde vorweg ausgewertet oder digitale Patientenakten automatisch auf Auffälligkeiten überprüft werden.

Abb. 19.2 Nachhaltiger Wandel im Krankenhaus

Abschließend lässt sich noch anmerken, dass ein Wandel im Gesundheitssystem nicht nur deshalb erfolgen sollte, weil Großkonzerne drohen, Chefärzten den Job wegzunehmen. Jedoch scheint der bloße Appell, jüngeren Menschen gute Ausbildungsbedingungen zu bieten, Patienten eine bessere Behandlung zu ermöglichen und die Attraktivität der Branche Gesundheit insgesamt zu erhöhen, ähnlich erfolglos wie beim Klimawandel. Es bleibt uns als junger Generation also nichts anderes übrig, als zu kritisieren, zu evaluieren und unbequem zu sein. Denn da die Thematik für alle Bürger relevant ist, wäre ein stillschweigendes Akzeptieren, gefolgt von einem „Wir haben es euch gesagt", in höchstem Maße unbefriedigend.

19.5 Kontrollfragen

1. Welche Faktoren sind für hohe Fehlerquoten in Krankenhäusern verantwortlich?
2. Wie wird in anderen Wirtschaftsbereichen (Schifffahrt/Lotsen) außenstehenden Kollegen signalisiert, dass sie mit jemandem zusammenarbeiten, der noch über wenig Berufserfahrung verfügt?
3. Welches Lehrformat bietet die Chance, im Medizinstudium die Anforderungen an eine konstruktive Fehlerkultur kennenzulernen?
4. Wie könnte die Rate psychischer Erkrankungen, ausgelöst durch hohe Arbeitsdichte und nicht immer gute Arbeitsbedingungen, im medizinischen Bereich gesenkt werden?

Literatur

Carter, B., Collins, J. T., Barlow-Pay, F., Rickard, F., Bruce, E., Verduri, A., Quinn, T. J., Mitchell, E., Price, A., Vilches-Moraga, A., Stechman, M. J., Short, R., Einarsson, A., Braude, P., Moug, S., Myint, P. K., Hewitt, J., & Pearce, M. C. K. (2020). Nosocomial COVID-19 infection: examining the risk of mortality. The COPE-Nosocomial Study (COVID in Older People). *Journal of Hospital Infection, 106*(2), 376–384. https://doi.org/10.1016/j.jhin.2020.07.013.

Chalmers, A. (1973). On learning from our mistakes. *The British Journal for the Philosophy of Science, 24*(2), 164–173.

Conen, D., Gerlach, F., Grandt, D., Hart, D., Jonitz, G., Lauterberg, J., Lessing, C., Loskill, H., Rothmund, M., & Schrappe, M. (2006). *Agenda Patientensicherheit 2006* (S. 17). Aktionsbündnis Patientensicherheit.

DAK Gesundheit. (2021). Psychreport 2021. https://www.dak.de/dak/download/report-2429408.pdf.

Impfaufklärung in Deutschland e.V. (2021). Covid-Impfungen bei Medizinstudierenden. https://impf-dich.org/de/news/pressemitteilung-covid-impfung-medizinstudierende. Zugegriffen am 03.09.2021.

Jensen, C. B. (2008). Sociology, systems and (patient) safety: Knowledge translations in healthcare policy. *Sociology of Health & Illness, 30*(2), 309–324. https://doi.org/10.1111/j.1467-9566.2007.01035.x.

Kohn, L. T., Corrigan, J. M., & Donaldson, M. S. (2000). *To err is human: Building a safer health system.* Institute of Medicine (US) Committee on Quality of Health Care in America. https://doi.org/10.17226/9728.

Müller, H., Müller, B., & Schwappach, D. (2020). Erlebte Patientensicherheit aus Sicht der Be-
    völkerung. Eine bevölkerungsrepräsentative Befragung zum Stand der Sicherheit in der medizi-
    nischen Versorgung. In *TK-Monitor Patientensicherheit* (S. 12). Techniker Krankenkasse.

Perkinson, H. (1979). Learning from our mistakes. *A Review of General Semantics, 36*(1), 37–57.

Statistisches Bundesamt. (2021). *Gesundheit, Grunddaten der Krankenhäuser. In: Fachserie 12,
    Reihe 6.1.1* (S. 7). Statistisches Bundesamt.

Tawafak, R. M., Romli, A. B., & Alsinani, M. (2019). E-learning system of UCOM for improving
    student assessment feedback in Oman higher education. *Education and Information Techno-
    logies, 24*, 1311–1335. https://doi.org/10.1007/s10639-018-9833-0.

WDR Doku. (25.02.2020). Wenn der Arzt einen Fehler macht [Video]. YouTube. https://youtu.be/
    DJ0ai9YQJNQ. Zugegriffen am 03.09.2021.

Teil V

Konzepte für Patientensicherheit

Die Umsetzung von Patientensicherheit im Krankenhaus ist nicht trivial. Dabei kann es nicht nur um Klinisches Risikomanagement gehen, vor allem bei zunehmenden Krisen. Fokussiert werden muss auf eine Bündelung vieler verschiedener Aktivitäten mit Verzahnung unterschiedlicher Strategien in Bezug auf die wichtigen Funktionsbereiche im Krankenhaus. Resultieren muss ein nachhaltig wirksames Gesamtkonzept, wie beispielsweise definiert über das „Fünf-Komponenten-Modell" zur Steigerung der Patientensicherheit in Hochrisiko-Umgebungen mit besonderer Ausrichtung auf die Fachabteilung. Einfache Wege zur Umsetzung von QM und RM in der Fachabteilung als Teil eines ganzheitlichen Ansatzes für Patientensicherheit werden beschrieben. Eckpunkte für ein flexibles Konzept für Patientensicherheit im Krankenhaus, in einem Versorgungsnetz oder als Teil einer Sicherheitskultur sind für die Entwicklung eines Gesamtkonzeptes PS, auch auf Bundesebene, anregend. Das Konzept eines Studienprogramms für PS erleichtert den Zugang auch zu komplexen Fragen der Patientensicherheit.

Das Fünf-Komponenten-Modell zur Steigerung der Patientensicherheit in Hochrisiko-Umgebungen

20

Tobias Schilling und Sudhakar Jayaram

Inhaltsverzeichnis

Zusammenfassung

Neben den bekannten Belastungen im Gesundheitswesen wie limitierten zeitlichen und finanziellen Ressourcen, einer maximalen Arbeitsverdichtung und in Teilen unzureichenden Trainings- und Ausbildungsmöglichkeiten des medizinischen Nachwuchses sind es oft insuffiziente Management- und Führungsstrukturen, die wesentliche Hindernisse für eine optimale Patientenversorgung darstellen. Es sind daher Maßnahmen geboten, die nicht nur zu einer Erhöhung der Patientensicherheit, sondern auch zur Erlösoptimierung und Steigerung der Arbeitgeberqualität der komplexen Organisation Krankenhaus beitragen, damit Krankenhäuser auch in Zukunft noch

T. Schilling (✉)
Department of Cardiothoracic Transplantation and Vascular Surgery, Medizinische Hochschule Hannover, Hannover, Deutschland
E-Mail: schilling.tobias@mh-hannover.de

S. Jayaram
Bengaluru, Indien

© Der/die Autor(en), exklusiv lizenziert an Springer Fachmedien Wiesbaden GmbH, ein Teil von Springer Nature 2022
W. Hellmann (Hrsg.), *Patientensicherheit*,
https://doi.org/10.1007/978-3-658-37143-2_20

optimale Leistungen anbieten können. Um den Patienten/innen eine verbesserte Sicherheit in Diagnose und Behandlung in einer medizinischen Fachabteilung zukommen zu lassen, haben wir mit dem Konzept der „Fünf Komponenten für Patientensicherheit" ein flexibles Gerüst erstellt, innerhalb dessen einzelne Maßnahmen zur Steigerung der Patientensicherheit modular aufgehängt, entwickelt und angepasst werden können. Die fünf Themenfelder „Krankenhausinfrastruktur", „Wissen & Fertigkeiten", „Prozessorganisation", „Unternehmenskultur" und „Mitwirkung der Patienten" stellen dabei in Abhängigkeit der individuellen Anforderungen von Krankenhäusern und deren Abteilungen konkreten Maßnahmen einen strukturierenden Rahmen. Alle fünf Komponenten erfordern unabhängig von den jeweils angesiedelten Maßnahmen eine regelmäßige, flankierende Fortbildung des medizinischen Personals und des Managements. Dieses System soll somit zur individuellen, aber ganzheitlichen Optimierung der Patientensicherheit im Krankenhaus anregen. Nachfolgend finden sich für die fünf Themenfelder exemplarische Impulse zur Steigerung der Patientensicherheit, die sich bereits in der „Hochrisiko-Umgebung Herzchirurgie" bewährt haben.

20.1   Wie sicher ist es im Krankenhaus?

Wenn wir mit einer Krankheit konfrontiert werden, sei es in Form eines akuten oder chronischen Leidens oder eines Traumas, ist die oberste Aufgabe der Menschen in unserer Umgebung, uns in ein nahe gelegenes Krankenhaus zu bringen. Die meisten Menschen können aufatmen und fühlen sich sogar völlig sicher und geborgen, wenn sie den Patienten in ein Krankenhaus einweisen und in die Obhut eines Arztes geben. Die Patienten fühlen sich sicher und geborgen, wenn sie sich in einem Krankenhaus befinden, in dem das Pflegepersonal einfühlsam ist und sich wirklich um den Patienten kümmert. Diese Sicherheit im Krankenhaus wird gerne als Selbstverständlichkeit vorausgesetzt.

Was aber, wenn der Besuch eines Krankenhauses genauso gefährlich, wenn nicht sogar gefährlicher ist als Bungee-Jumping? Statistisch gesehen kommt es beim Bungee-Jumping alle 350–400 Sprünge zu einem unerwünschten Ereignis oder einem Todesfall. In Krankenhäusern tritt etwa bei jeder 300. Intervention ein unerwünschtes Ereignis aufgrund von Diagnostik- oder Behandlungsfehlern ein. Dabei ist die Mortalität in Gesundheitssystemen mit niedriger Qualität in Ländern mit niedrigen oder mittleren Einkommen noch dramatischer als in Staaten mit hohen Einkommen. Kruk et al. (2018) verglichen die Sterblichkeitsrate in 27 Ländern mit hohen und 137 Ländern mit niedrigen und mittleren Einkommen und stellten in letzteren eine Übersterblichkeit von 8,6 Millionen Todesfällen fest. Nun könnte man argumentieren, dass diese Zahlen nicht unbedingt vergleichbar sind, weil die Zahl der Menschen, die eine Gesundheitsversorgung in Anspruch nehmen, und die Zahl derer, die Bungee-Jumping versuchen, in keinem Verhältnis zueinander stehen. Daher scheint ein vergleichender Blick auf andere Branchen sinnvoll, um die Komplikationsrate von Krankenhäusern besser einordnen zu können. Industrien werden in Bezug auf die Sicherheit grundsätzlich in die Kategorien „ultra-sicher", „geregelt" und „gefährlich" eingeteilt. Krankenhäuser sind nach diesem Maßstab weitaus gefährlicher als die Luftfahrt oder der europäische Schienenverkehr. Statistisch gesehen sind Krankenhäuser so riskant wie Bungee-Jumping oder Bergsteigen, mit einer deutlich höheren Sterblichkeitsrate im Vergleich zu anderen Industriezweigen:

1. Weltweit liegt die Wahrscheinlichkeit, bei der Inanspruchnahme von Gesundheitsleistungen zu Schaden zu kommen, bei 1 zu 300, verglichen mit einer Wahrscheinlichkeit von 1 zu 1 Million bei einer Reise mit dem Flugzeug.
2. Die verfügbaren Daten deuten darauf hin, dass es in Ländern mit niedrigen und mittleren Einkommen jährlich 134 Millionen unerwünschte Ereignisse in Krankenhäusern gibt.
3. Die Schädigung von Patienten durch unerwünschte Ereignisse gehört zu den zehn häufigsten Ursachen für Tod und Behinderung auf der ganzen Welt, vergleichbar mit Protozoeninfektionen und Tuberkulose.
4. Außerdem wird geschätzt, dass bei fast 80 % der Menschen im Laufe ihres Lebens eine falsche Diagnose gestellt wird.

20.2   Hindernisse für eine unbedingte Patientensicherheit

Aus den vorhergehenden Überlegungen ergibt sich die Frage, warum Krankenhäuser so gefährlich sind. Neben den bekannten Belastungen im Gesundheitswesen wie limitierten zeitlichen und finanziellen Ressourcen, einer maximalen Arbeitsverdichtung und in Teilen unzureichenden Trainings- und Ausbildungsmöglichkeiten des medizinischen Nachwuchses sind es oft insuffiziente Management- und Führungsstrukturen, die wesentliche Hindernisse für eine optimale Patientenversorgung darstellen. Zielvereinbarungen, Veränderungsmanagement und Strategieentwicklung sowie deren Umsetzung erfreuen sich im Gesundheitswesen nicht immer der höchsten Priorität, Professionalität oder Konsequenz. Darüber hinaus unterliegen Krankenhäuser spezifischen Charakteristika, die gleichsam Risikofaktoren für die sich gegenseitig bedingende medizinische wie unternehmerische Qualität (Schilling et al., 2009) darstellen (siehe Tab. 20.1).

Auf der Ebene einer klinischen Fachabteilung können aus dieser Übersicht Maßnahmen abgeleitet werden, die nicht nur zu einer Erhöhung der Patientensicherheit, sondern auch zur Erlösoptimierung und Steigerung der Arbeitgeberqualität der komplexen Organisation Krankenhaus beitragen.

Tab. 20.1 Charakteristika von Krankenhäusern und Maßnahmen zur Erhöhung der Patienten-sicherheit

	Charakteristikum	Erläuterung	Maßnahme
1	Komplexität	Krankenhäuser sind im Vergleich zu anderen Branchen inhärent komplexere Systeme.	Standards setzen
2	Production and human service enterprise	Krankenhäuser weisen sowohl die Merkmale eines Produktions- als auch die eines Dienstleistungsunternehmens auf.	Smarte Organisation Optimale Infrastruktur
3	Anzahl der Anspruchshalter	Es gibt eine hohe Anzahl von internen und externen Interessengruppen, die einen entscheidenden Einfluss auf die Leistungen im Krankenhaus haben.	Etablierung einer positiven Unternehmenskultur
4	Gegensätzliche Interessen der Anspruchshalter	Die Erwartungen der Interessengruppen sind in der Regel widersprüchlich und die ökonomischen Rahmenbedingungen fügen der Medizin eine weitere Ebene der Komplexität hinzu.	
5	Hohe Ausprägung von Hierarchie	Stark ausgeprägtes hierarchisches Verhalten kann das Risiko von nicht korrigierten Fehlern erhöhen.	
6	Breites Spektrum an notwendigem Wissen und Fähigkeiten	Das notwendige Prozess- und Wissensspektrum für Interventionen in einem Krankenhaus ist sehr breit und erfordert gleichzeitig eine stets individuelle Anpassung an jeden einzelnen Patienten.	Integrierte berufliche Aus-, Fort- und Weiterbildung

20.3 Maßnahmen zur Verbesserung der Patientensicherheit in Hochrisiko-Umgebungen

Die Optimierung von Patientensicherheit ist ein sehr weites Feld, das regelmäßig aus multiplen Perspektiven neu bewertet wird. Um den Patienten jedoch bereits heute konkret und messbar eine verbesserte Sicherheit in Diagnose und Behandlung in einer medizinischen Fachabteilung zukommen zu lassen, haben wir mit dem Konzept der „Fünf Komponenten für Patientensicherheit" ein dynamisches Gerüst erstellt, innerhalb dessen einzelne Maßnahmen zur Steigerung der Patientensicherheit modular aufgehängt, entwickelt und angepasst werden können (siehe Abb. 20.1). Alle fünf Komponenten erfordern unabhängig von den jeweils angesiedelten Maßnahmen eine regelmäßige, flankierende Fortbildung des medizinischen Personals und des Managements. Das Konzept des lebenslangen Lernens (Reddy, 2017) als ein Imperativ für nachhaltigen medizinischen und ökonomischen Erfolg im Krankenhaus umrahmt so als zentrale Leitstruktur dieses Fünf-Komponenten-Konzept.

Abb. 20.1 Fünf
Komponenten für
Patientensicherheit

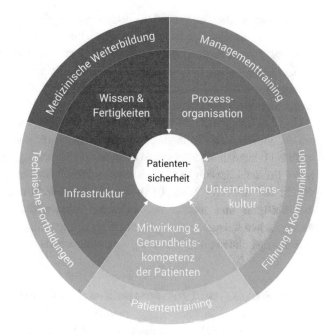

20.3.1 Krankenhausinfrastruktur

Es ist ein Gemeinplatz und unwidersprochen, dass eine optimale bauliche und techno-
logische Infrastruktur die Grundlage für die sichere Erbringung von medizinischen Leistungen darstellt. Wenngleich die Optimierung der Infrastruktur nicht primär auf Ebene der
klinischen Abteilung verantwortet wird, bildet die Infrastruktur doch eine der fünf wichtigen Komponenten für optimale Patientensicherheit im Krankenhaus. Mit der Sicherstellung einer angemessenen baulichen Substanz, der Einrichtung von Technologien nach
dem Stand der Technik und nicht zuletzt der ausreichenden Verfügbarkeit medizinischer
Verbrauchsgüter und Produkte wird die Basis für eine sichere medizinische Versorgung
geschaffen (Snowdon & Tallarigo, 2018; Steffner et al., 2014).

Allein die Verwendung von künstlicher Intelligenz (KI) hat in den vergangenen Jahren
einen enormen Einfluss auf die Verbesserung der Patientensicherheit gehabt (He et al.,
2019). Prominente Anwendungsgebiete für KI und „Deep learning" sind die Unterstützung
bei der Interpretation radiologischer Befunde (Hosny et al., 2018), die Kontrolle des medikamentösen Regimes (Basile et al., 2019), Vorhersagemodelle zur Einschätzung
patientenindividueller Risikoprofile (Hashimoto et al., 2020) oder das Critical Incident
Reporting (CIRS) (Mitchell et al., 2016). Patientendateninformationssysteme und
Krankenhausinformationssysteme können eingesetzt werden, um ein effizienteres Management des Krankenhauses zu ermöglichen (Perry et al., 2020), Big-Data-Lösungen
erlauben die Detektion, Identifikation und Charakterisierung von „Omics" (molekularbio-

logische Daten) (Lau & Wu, 2018). Eine moderne Krankenhausinfrastruktur, die auf die
Maximierung der Patientensicherheit ausgerichtet ist, ist ohne eine vernetzte Informations-
technologie kaum noch vorstellbar. Selbst in einem sehr handwerklich geprägten Fach wie
der Chirurgie haben mit Robotik, Augmented Reality und Anwendungen zur Unterstützung der intra- und perioperativen Entscheidungsfindung IT-Systeme Einzug gehalten,
die zur Sicherheit der Prozeduren beitragen.

Überdies hängt auch die von den Patienten wahrgenommene Sicherheit ebenfalls stark
von der Prozess- und Infrastrukturqualität des Krankenhauses ab (Hefner et al., 2019).
Schließlich können innovative und netzbasierte Technologien dazu beitragen, das medizinische Personal auszubilden, ohne dass in frühen Stadien der Ausbildung Patienten in-
volviert sein müssen (Guze, 2015). Online-Kurse, Webinare, Videotrainings, Virtual Reality, Wet-Labs und mobile Anwendungen können die Aus- und Weiterbildung der
medizinischen Leistungserbringer erheblich beschleunigen, verbessern und vor allen Din-
gen zunächst ohne Patientenbeteiligung ermöglichen (Issenberg et al., 2005).

20.3.2 Prozess- und Wissensspektrum im Gesundheitswesen

In den meisten Branchen sind das erforderliche Prozesswissen und die Anzahl der Prozesse begrenzt. Im Gegensatz dazu gibt es in einem Krankenhaus meist mehrere Prozessabläufe für eine Vielzahl von Verfahren. Einige Patienten benötigen beispielsweise eine
Revaskularisierung von peripheren Arterien, andere einen kardiochirurgischen Eingriff;
dabei sind die Pathogenese, Pathophysiologie sowie die diagnostischen und therapeutischen Protokolle im Allgemeinen gut verstanden. Wieder andere Patienten benötigen vielleicht eine Behandlung bei bösartigen Neubildungen, bei der die Protokolle weniger gut
verstanden oder je nach Zustand des Patienten sogar iterativ und experimentell sind. Darüber hinaus gibt es Patienten mit Erkrankungen, über die nur sehr wenig oder gar nichts
bekannt ist, wie Alzheimer, Lupus oder neuerdings COVID-19. Die Vielzahl an Interventionen, Algorithmen, Protokollen und Innovationen, die beherrscht und koordiniert
werden müssen, um dem Patienten eine ganzheitlich sichere Therapie anbieten zu können,
führen zu einer immensen Komplexität, die in anderen Branchen in dieser Ausprägung
nicht üblich ist. Diese Komplexität birgt die Möglichkeiten von Gefahren und Fehlern, die
nur durch die medizinischen Leistungserbringer selbst erkannt und verhindert werden können.

Der wichtigste Ansatz zur Beherrschung der vielschichtigen Anforderungen an Können
und Wissen im Krankenhaus ist daher die kontinuierliche Aus- und Weiterbildung der Mit-
arbeiter/innen (Aiken et al., 2014). Um eine exzellente medizinische Behandlung zu gewährleisten, sind also die persönlichen Kompetenzen der Leistungserbringer von höchster
Bedeutung. Gleichzeitig gilt es aber auch, eine reibungslose Zusammenarbeit aller am
Behandlungsprozess beteiligten Akteure zu gewährleisten. Und schließlich sollte für diese
Leistungen ein robustes und verbindliches Organisationssystem mit suffizienter Infra-

struktur und effizienten Prozessen zur Verfügung stehen. Es sollten daher die Kranken-
hausmitarbeiter/innen in vier wesentlichen Kategorien aus- und fortgebildet werden:

- medizinisches Wissen und motorische Fertigkeiten,
- Prozessorganisation und Management,
- interdisziplinäre und interprofessionelle Kommunikation,
- Technik und Infrastruktur.

Die Notwendigkeit zur Aktualisierung des medizinischen Wissens aller Ärzte/innen und
Pflegekräfte ist unstrittig und wird in den meisten Krankenhäusern im Rahmen von Fortbildungsveranstaltungen sicher auch hinreichend praktiziert. Trainings zum Erwerb und
Ausbau von (psycho-)motorischen Fähigkeiten sind dagegen weit weniger verbreitet.
Aber gerade in chirurgischen Hochrisikodisziplinen kommt es perioperativ regelhaft zu
herausfordernden, ungeplanten Situationen, die von dem vorgesehenen Lehrbuchver-
fahren abweichen und ein hohes Maß an Improvisation erfordern. In solchen Situationen
ist es unerlässlich, dass sowohl der Operateur als auch die Assistenten die grundlegenden
handwerklichen Fertigkeiten vollständig beherrschen, um sich auf die nun besonderen
Schnitte und Nähte konzentrieren zu können. Wenn der Chirurg sich in einer Notsituation
noch bemühen muss, um einen sauberen Schnitt oder eine sichere Naht zu setzen, werden
nachfolgende Komplikationen immer wahrscheinlicher. Ein intensives und gezieltes Training der voraussichtlich notwendigen Handgriffe ist damit ein Prädiktor für das medizinische Ergebnis der (chirurgischen) Intervention.

Mit gezieltem Simulationstraining lassen sich die chirurgischen Fähigkeiten verbessern
(Bruppacher et al., 2010; Ribeiro et al., 2018). Korte et al. haben ein Trainingsprogramm
(EASE: Early Surgical Exposure and Assessment) entwickelt, das eine frühe chirurgische
Erfahrung und Bewertung der chirurgischen Kompetenzen ermöglicht. Sie untersuchten
die Trainingseffekte von Simulationen in der Koronarchirurgie bei Assistenzärzten mit
unterschiedlicher chirurgischer Erfahrung (Korte et al., 2020). Die Teilnehmer absolvierten
ein Vortraining (bimanuelle Bewegungsaufgaben, z. B. Zauberwürfel) und ein Level-1-
Training unter Verwendung von Mikroinstrumenten, mit denen chirurgische Aufgaben an
einem Blatt Papier oder nicht-biologischen, wenig realitätsnahen Materialien erfüllt werden mussten. Stufe 2 des Trainings umfasste das Anlegen von Nähten an Hühnerbeinen,
während Stufe 3 die Implantation von Klappen und die Anlage von Koronaranastomosen
an Schweine- oder Schafherzen beinhaltete. Die „Eingriffe" wurden in einer eigens entwickelten Trainingsbox vorgenommen, die einen offenen Brustkorb und verschiedene
Koronarpositionen und -tiefen simuliert. Mittels Video-Assessment wurde die Leistung
der Teilnehmer analysiert. Korte et al. (2020) konnten zeigen, dass Assistenzärzte und
Studenten signifikante Verbesserungen ihrer chirurgischen Fähigkeiten durch das EA-
SE-Training erfuhren.

Diese handwerkliche Sicherheit sollte in allen chirurgischen Disziplinen zwingend
vor dem ersten tatsächlichen operativen Einsatz der Fachkräfte erworben werden, da das

manuelle Geschick einen hochgradig bedeutenden Faktor zur Erhöhung der Patientensicherheit darstellt (Mokadam et al., 2017; Fann et al., 2010). Insbesondere unter Studenten stehen die Bedeutung und Verbesserung der Patientensicherheit aber bisher nicht
ausreichend im Fokus (Toennessen et al., 2013), was einmal mehr die Notwendigkeit der
frühen Vermittlung einer entsprechenden Sensibilisierung über Programme wie EASE
belegt.

20.3.3 Prozessorganisation

Die dem Krankenhaus innewohnende Komplexität führt zu einer Nichtlinearität der Abläufe und unvorhersehbaren Ergebnissen aufgrund einer hohen Interdependenz zwischen
den Teilsystemen im Gesundheitswesen. Komponenten wie Krankenhäuser, Ambulanzen,
Bildgebung, Pathologie, Krankenpflege, Rehabilitationseinrichtungen, Apotheke, Medizinprodukte, Behörden, administrative Abteilungen, Familien und Patienten interagieren
nichtlinear auf multiplen Ebenen, was häufig unvorhersehbare Konsequenzen hat.

Die individuelle und kollektive Akzeptanz dieser inhärenten Komplexität und der sich
daraus ergebenden Gefahren durch alle Beteiligten ist der erste Schritt zu einer gemeinsamen Ausrichtung der Perspektive und damit zumindest in Teilen zur Reduktion der
Komplexität. Komplexe und nichtlineare Systeme entwickeln sich nach dem Emergenz-
prinzip. Biologische und natürlich vorkommende komplexe Systeme, wie Ameisen-
kolonien, Bienen und Fischschwärme, die sich selbst zu regeln scheinen, können hier als
Vorbild dienen. Diese Systeme sind nicht immer „von oben nach unten" zu steuern, wie
wir es in den meisten menschlichen Organisationen versuchen. Unser bisheriges Denken
ist geprägt von der Idee, dass zunehmende Systemkomplexität mehr Management, mehr
Regulierung und mehr Governance erfordert. Aber vielleicht ist diese Sichtweise angesichts der zunehmenden Komplexität im Gesundheitswesen nicht mehr zeitgemäß und
vielleicht gibt es Wege, die Selbstregulierung des komplexen Systems Krankenhaus zu
katalysieren? Die Einführung von Emergenz im Gesundheitswesen wäre ein langfristiger
Paradigmenwechsel und würde die Verwaltung und Führung von Krankenhäusern zukünftig grundlegend verändern.

20.3.3.1 Standards setzen: SOP und Checklisten

Aktuell kommen wir jedoch nicht umhin, der Komplexität in der Patientenversorgung mit
Strukturen wie Qualitätsmanagementsystemen und standardisierten Prozessen Rechnung
zu tragen. Die verschiedenen Akteure brauchen eine gemeinsame Richtschnur, um ihre
jeweiligen Teilaufgaben in der Patientenversorgung an einer zielführenden Strategie ausrichten zu können. Insbesondere in Hochrisikodisziplinen wie der Herzchirurgie ist die
Etablierung von Standards in diesem Zusammenhang von essenzieller Bedeutung. In der
Luftfahrt haben die Einführung von Standard Operating Procedures (SOP) und Checklisten die Fehlerquote auf ein Minimum reduziert (Renz et al., 2012). Auch in der Medizin
erlaubt es die Standardisierung den Operateuren, dem OP-Pflegepersonal, den An-

ästhesisten und den beteiligten Technikern, ihre Maßnahmen aufeinander abzustimmen, ohne die Protokolle für jeden Eingriff von Grund auf individuell festlegen zu müssen. Standardarbeitsanweisungen tragen überdies dazu bei, Zeitpläne einzuhalten, und sie verringern das Risiko von Fehlern. Mit der Standardisierung von Abläufen wird also versucht, in komplexen interdisziplinären Systemen ein optimales Maß an Ordnung zu erreichen (Manghani, 2011).

Wenngleich Standards besonders für hochkomplexe chirurgische Eingriffe sinnvoll erscheinen, kann auch die Standardisierung von scheinbar selbstverständlichen, alltäglichen Handgriffen und Routinen zu einer signifikanten Verbesserung der Patientensicherheit beitragen. Graf et al. (2009) konnten z. B. mit der Entwicklung eines einfachen standardisierten Maßnahmenkatalogs zur Hygiene eine Halbierung der Rate von Infektionen der Sternotomiewunden nach herzchirurgischen Operationen erreichen. Die Maßnahmen umfassten simple Empfehlungen wie z. B. präoperatives MRSA-Screening, Haarentfernung durch Schneiden statt durch Rasur (Mikroläsionen der Haut), das Wechseln von Handschuhen innerhalb langwieriger Eingriffe, Verzicht auf den Austausch des primären Verbands für 48 h oder das Verschlossenhalten der OP-Türen während der OP. Schließlich werden durch die Einführung von Standards die medizinischen Ergebnisse reproduzierbar und überprüfbar. Kausalitäten für Abweichungen von der erwarteten Qualität können im Rahmen der Qualitätskontrolle und der Qualitätssicherung durch die Überprüfung der Einhaltung von festgelegten Standards leichter detektiert werden.

Ein Werkzeug, mit dem die Umsetzung von SOP unterstützt und die hohe interprofessionelle Komplexität in der Medizin unter Kontrolle gebracht werden soll, sind **Checklisten**. In Anlehnung an die Erfahrungen der Luftfahrtindustrie hat die World Health Organisation (WHO) eine Checkliste zur Steigerung der chirurgischen Sicherheit herausgegeben (Word Health Organization, 2009). Die wesentlichen Ziele der WHO-Checkliste sind die Verbesserung der Teamarbeit, der Kommunikation und der Konsistenz der Versorgung. Haynes et al. (2009) beobachteten, dass allein durch die Einführung der Checkliste der WHO in acht Krankenhäusern in acht Ländern die Zahl der Komplikationen von 11,0 % auf 7,0 % (P < 0,001) und die Sterblichkeit von 1,5 % auf 0,8 % (P = 0,003) gesenkt werden konnte. Haugen et al. betonen ebenfalls die positiven Auswirkungen der Anwendung von Checklisten auf die Patientensicherheit weltweit: Die Reduzierung der postoperativen Liegezeit, der Rate an Wundinfektionen, von Blutverlusten und nicht zuletzt der Sterblichkeit seien nur einige positive Effekte, die mit einer agilen und der jeweiligen chirurgischen Fachdisziplin angepassten Anwendung von Checklisten erreicht werden können (Haugen et al., 2019; Bock et al., 2016). Ähnlich positive Ergebnisse wurden nach Anwendung des SURPASS (Surgical Patient Safety System) beobachtet (de Vries et al. 2010).

Auf der anderen Seite warnen Raman et al. (2016) vor einer allzu unkritischen Anwendung von Checklisten. In einer Studie zählten sie trotz Anwendung der WHO-Checkliste bei 380 herzchirurgischen Eingriffen in 30 Fällen unerwünschte Ereignisse, die durch die Checkliste eigentlich hätten verhindert werden sollen. Im Wesentlichen handelte es sich hierbei um Missverständnisse zwischen den Mitarbeitern, Medikationsfehler, fehlende Instrumente, fehlende Implantate und unsachgemäße Handhabung von Geräten oder Instrumenten.

Chirurgische Checklisten stellen also eine relativ einfache und vielversprechende Strategie dar, um die chirurgische Patientensicherheit weltweit zu verbessern (Treadwell et al., 2014; Ragusa et al., 2016). Allerdings ist die konsequente Implementierung der Checklisten in die täglichen Routinen mindestens ebenso maßgeblich für die Effektivität dieser Maßnahme verantwortlich (Haugen et al., 2019). Die Beteiligung des Top-Managements, die Anpassung der Checkliste an die spezifischen Anforderungen der jeweiligen chirurgischen Disziplin sowie die Bereitschaft der Mitarbeiter und deren Ausbildung im Umgang mit dem Werkzeug Checkliste sind hierfür wichtige Grundbedingungen.

20.3.3.2 Medizin und Ökonomie effizient balancieren im Sinne der Patientensicherheit

In jedem Unternehmen gibt es zwei Arten von Risiken: geschäftliche und finanzielle Risiken. Krankenhäuser haben, wie jedes andere Unternehmen, ein Geschäftsrisiko und ein finanzielles Risiko. Damit weisen Krankenhäuser die Merkmale eines Produktions- und eines Dienstleistungsunternehmens auf. Ein Produktionsunternehmen hat zum Beispiel ein hohes Geschäftsrisiko, weil die Fixkosten hoch sind. Bei einem Beratungsunternehmen sind die Fixkosten in der Regel niedrig. Krankenhäuser haben jedoch sowohl hohe Fixkosten als auch hohe variable Kosten, was ein sehr hohes unternehmerisches Risiko mit sich bringt. Diese hybride Eigenschaft eines Krankenhauses ist einer der Gründe für die Komplexität und den Druck, der aus dem Spagat zwischen Medizin und Ökonomie entsteht. Verschärft wird der auf den Krankenhäusern lastende Druck durch die bekannten Unzulänglichkeiten der Finanzierung. Im Ergebnis erwirtschaften zahlreiche Abteilungen und Krankenhäuser negative Deckungsbeiträge, die sie durch mannigfaltige Einsparungen auszugleichen suchen. Zu geringe Personalschlüssel, minderwertige Medizinprodukte, veraltete technische Ausstattungen und baufällige Infrastruktur erhöhen aber unzweifelhaft das Risiko für unerwünschte Ereignisse im Krankenhaus.

McHugh et al. (2021) konnten in ihrer Lancet-Studie nachweisen, dass das Verhältnis von Patienten pro Pflegekraft einen signifikanten Einfluss auf die Komplikations- und Rehospitalisierungsrate hat. Sie folgern, dass die Kosten zur Behandlung der unerwünschten Ereignisse die Personalkosten für zusätzliches Pflegepersonal um das Doppelte übersteigen. Die in Deutschland in 2021 eingeführten DRG-unabhängigen Pflegesätze sollen diesem Zusammenhang Rechnung tragen. Weil aktuell (2021) weder die Pflegepauschalen auskömmlich mit den Krankenkassen verhandelt werden noch ausreichend Pflegekräfte zur Verfügung stehen, um die personelle Unterdeckung zu beseitigen, sind alternative Maßnahmen gefragt, um die negativen Auswirkungen auf die Patientenversorgung zu verhindern. Entlang des Patientenpfades im Krankenhaus lassen sich vielseitige kosteneffektive Konzepte implementieren, die die Ärzte und Krankenpfleger entlasten und ihnen damit mehr Kapazitäten zur Fokussierung auf sicherheitsrelevante Tätigkeiten einräumen. Beispielhaft werden im Folgenden ausgewählte Impulse für jede Phase vorgestellt, die sich in der Praxis bewährt haben:

Aufnahme und Planung

Bereits bei der Aufnahme der Patienten sollte das individuelle Risikoprofil ermittelt werden. Die Kombination aus Risikoscores, fallbasiertem Schließen und klinischer Erfahrung erlaubt in vielen Bereichen eine Berechnung der Wahrscheinlichkeit für das Auftreten von Komplikationen und der erwarteten Sterblichkeit (Nilsson et al., 2006). Auch die voraussichtlichen Liegezeiten nach einem operativen Eingriff können unter Berücksichtigung von Risikofaktoren mit statistischen Verfahren eingegrenzt werden (Schilling et al., 2011). Diese prä-interventionelle Charakterisierung der Patienten weist außerdem auf Gefahren hin, die so bereits vor dem stationären Aufenthalt adressiert werden können. Die Auswahl des für den einzelnen Patienten geeigneten, fächerübergreifenden Behandlungsteams, der notwendigen Ressourcen und optimalen Zeitplanung ermöglicht eine gute Vorbereitung auf nun nicht mehr ganz so unvorhergesehene Ereignisse.

Operation/Intervention

Tuckmann konnte bereits 1965 zeigen, dass Teams nach ihrer Zusammenstellung eine Sequenz von mindestens drei sozio-dynamischen Phasen durchmachen, bevor sie das Niveau ihrer höchsten Leistungsfähigkeit erreichen (Tuckmann, 1965). Erst in der „Performing-Phase" hat das Team zusammengefunden, und es besteht die Chance, in den für Höchstleistungen notwendigen Zustand des „Flow" zu gelangen (Kotler, 2014). Bedauerlicherweise werden in Krankenhäusern immer noch – manchmal mehrfach – täglich die OP- oder Interventionsteams neu zusammengestellt. Diese Teams aus Chirurgen, Anästhesisten, Pflegekräften und Technikern haben keine Aussicht darauf, jemals über die „Forming"- und „Norming"-Phasen hinauszukommen. Mitunter kennen sich die Teammitglieder nicht einmal mit Namen. Die negativen Implikationen für die Qualität der Patientenbehandlung liegen auf der Hand. Eine längerfristige Zusammenstellung der interprofessionellen Teams führt dagegen zu reibungsloseren Abläufen, besserer Kommunikation, mehr gegenseitigem Vertrauen der Teammitglieder und schließlich zu höherer Arbeitszufriedenheit aller Beteiligten (Salenger et al., 2020). Die Eingriffszeiten verkürzen sich, die Komplikationsrate sinkt und auftretende Komplikationen werden effizienter gelöst (Ruel et al., 2010).

Intensivstation

Kritische Faktoren, die über die Dauer des Aufenthaltes auf der Intensivstation und die damit vergesellschafteten (kostspieligen) Komplikationen entscheiden, sind unter anderem das schnellstmögliche Entwöhnen der Patienten von der künstlichen Beatmung (Schonhofer et al., 2008) sowie die frühzeitige körperliche Mobilisierung (Kayambu et al., 2013). Die Verpflichtung von speziell ausgebildeten Atemtherapeuten und Physiotherapeuten leistet daher neben der Entlastung der Pflegekräfte und des ärztlichen Personals einen relevanten Beitrag für die beschleunigte Rekonvaleszenz und damit die Verringerung der Komplikationsrate auf den Intensivstationen (Hunter et al., 2020).

Normalstation

Die Versorgung von (chronischen) Wunden spielt besonders auf postoperativen Normal-stationen im Krankenhaus eine wichtige Rolle für das medizinische und ökonomische Ergebnis. Nicht heilende Wunden stellen für die Patienten, die Pflegekräfte und die Ärzte eine besondere Belastung dar. Neben den physischen und psychischen Belastungen bergen durch die protrahierte Wundheilung verlängerte Krankenhausaufenthalte das Risiko für weitere (nosokomiale) Komplikationen und gehen mit zusätzlichen Kosten für das Krankenhaus einher. Wenn dedizierte Wundmanager die oft bei Ärzten und Pflegenden ungeliebte Versorgung der Wunden unterstützen, erhöht sich die Wahrscheinlichkeit einer unterbrechungsfreien, der jeweiligen Phase der Wundheilung optimal angepassten Thera-pie. Die Patienten fühlen sich zudem in ihrer spezifischen Situation bestens betreut und sind dankbar für einen festen Ansprechpartner im Krankenhaus, wo ansonsten aufgrund von Schichtbetrieb und Rotationen das betreuende Personal oft wechselt (Aper et al., 2011). Es können so eine schnellere Wundheilung mit konsekutiver beschleunigter Ent-lassung der Patienten und damit auch große Kosteneinsparungen erreicht werden (Landri-scina et al., 2015).

Entlassung

Missverständnisse während des komplexen Prozesses der Krankenhausentlassung von Patienten können zu unerwünschten Ereignissen, Unzufriedenheit der Patienten und Verzögerungen bei der Entlassung führen (Patel et al., 2019). Thomas (2008) konnte dagegen ermitteln, dass die Liegezeit von Patienten durch die Arbeit von Case-Mana-gern in Krankenhäusern signifikant gesenkt werden konnte. Gleichwohl ist die Effektivi-tät der Case-Manager eine Funktion der Beteiligung der interdisziplinären Leistungser-bringer am Entlassungsprozess (Patel et al., 2019) sowie der Akzeptanz im Team und einer klaren Rollenbeschreibung der Case-Manager (Thoma & Waite, 2018). Es ist daher Aufgabe der Krankenhausführung und der leitenden Ärzte und Pflegedienst-leitungen, für eine nahtlose Integration von Pflegemanagern in die täglichen Routinen zu sorgen.

Fazit

Mit den genannten Maßnahmen konnten wir in den von uns betreuten Krankenhäusern eine Entlastung der Kernleistungserbringer und damit eine erhöhte Patientensicherheit erreichen. Allerdings ist der Effekt einzelner Maßnahmen oder eines Maßnahmen-bündels dauerhaft begleitend kritisch zu evaluieren. Gemäß dem Parkinsonschen Ge-setz, nach dem sich „Arbeit in genau dem Maß ausdehnt, wie Zeit für ihre Erledigung zur Verfügung steht", besteht stets die Gefahr, dass die gewonnenen Kapazitäten eben nicht für eine verbesserte Fürsorge eingesetzt werden. Ob die Entlastung durch das ärzt-liche und pflegerische Personal tatsächlich genutzt wird, um langfristig die Qualität der Patientenversorgung zu verbessern, ist letztlich eine Frage der Unternehmenskultur im Krankenhaus.

20.3.4 Unternehmenskultur: Führung und Kommunikation

20.3.4.1 Führung

Organisation und Führung eines Krankenhauses werden von Akteuren mit sich mitunter widersprechenden Interessen bestimmt (siehe Tab. 20.2).

Aufgrund der divergierenden Interessen und der gleichzeitig limitierten (finanziellen) Ressourcen sind Krankenhausleitungen oft gezwungen, eine suboptimale Organisation des Krankenhauses oder zumindest von Teilbereichen in Kauf zu nehmen. An diesen Stellen lauern immense Gefahren für die Patientensicherheit. Der britische Professor James Reason von der Universität Manchester hat das **Schweizer-Käse-Modell** entwickelt, mit dem die Ursachen für das Auftreten unerwünschter Ereignisse im Krankenhaus veranschaulicht werden sollen (Reason, 2000): Erst wenn es auf mehreren Ebenen zu menschlichen oder Systemfehlern kommt, können aus diesen Fehlern schwere Schäden und Katastrophen entstehen. Das Konzept sieht die Ursachen im Schadensfall eher in organisatorischen Unzulänglichkeiten des Krankenhauses, ohne die das schädliche persönliche Verhalten einer einzelnen Person entweder gar nicht aufgetreten wäre oder keine gravierenden Auswirkungen gehabt hätte.

Die „planmäßigen" Organisations- und Strukturmängel von Krankenhäusern sind leider weltweit eine nicht absehbar endende Realität, der sich die Leistungserbringer stellen müssen. Die Herausforderung besteht also darin, trotz der Einschränkungen allen Patienten eine möglichst gute Therapie anbieten zu können. Dieses Ziel wird über ein hohes Maß an persönlichem Engagement in weiten Teilen der internationalen Krankenhauslandschaft auch erreicht. Die außerordentlichen und zum Teil bis an die Selbstaufgabe heranreichenden Leistungen von Ärzten, Pflegenden und Technikern müssen deswegen seitens der Krankenhausleitung, der Krankenversicherer, der Regierung und der Krankenhauseigentümer wertgeschätzt und mit einer geeigneten Führungs- und Kommunikationskultur so gut wie möglich unterstützt werden.

Führungs- und Kommunikationskultur tragen insofern in erheblichem Maß zur Patientensicherheit bei (Davies et al., 2007; Groene et al., 2010; Jacobs et al., 2013). Zwischen der Mortalität von Patienten und dem angewandten Führungsstil von Pflegeleitungen gibt es sogar nachgewiesene Korrelationen (Boyle, 2004; Houser, 2003; Pollack & Koch, 2003). Dabei stellte sich bei Houser (2003) der Zusammenhang indirekt dar: Die geringere

Tab. 20.2   Sich widersprechende Interessen der Akteure im Krankenhaus

Anspruchshalter	Interessen
Patienten	Optimale Therapie, niedrige Kosten
Medizinische Leistungserbringer	Optimale Therapie, angemessene Vergütung, Sicherheit
Regierung	Sicherung der Versorgung, hohe Kosteneffektivität
Krankenversicherung	Sicherung der Versorgung, höchste Kosteneffektivität
Inhaber	Positive Renditen, gute Reputation

Mortalität wurde direkt mit der größeren Erfahrung des Pflegepersonals in Verbindung gebracht. Es ist offensichtlich, dass medizinisches Personal mit größerer Erfahrung geringere Komplikationsraten erzeugt als weniger erfahrenes Personal. Eine positive, wertschätzende Führungskultur unterstützt jedoch hochqualifiziertes und erfahrenes Personal und trägt dazu bei, dieses zu gewinnen und in der Klinik zu halten. Ein Zusammenhang zwischen Management der Pflege und Mortalität der Patienten wurde in den Studien von Boyle (2004) und Pollack und Koch (2003) zwar gesehen, eine direkte Kausalität konnte aber nicht bewiesen werden. Nichtsdestotrotz kommt der Führung des Pflegepersonals eine wichtige Rolle bei der Schaffung einer geeigneten Arbeitsumgebung zu, in der die Pflegenden sich optimal und fokussiert der Krankenversorgung widmen können (Wong & Cummings, 2007).

Der jeweils praktizierte Führungsstil wird indes nicht in allen Studien eindeutig einer bestimmten Typologie zugeordnet. Bei einigen Studien werden zur Charakterisierung der Führungsprinzipien lediglich Attribute des Führungsverhaltens genannt: offene Kommunikation, Formalisierung oder gemeinschaftliche Entscheidungsfindung. Cummings et al. (2010) fanden bei der Untersuchung von 53 Studien zum Einfluss von Management auf die Produktivität und Effektivität des Pflegedienstes bessere Ergebnisse in Abteilungen, in denen ein charismatischer, transformationeller und wandelorientierter Führungsstil praktiziert wurde. Zwischen einer reduzierten Rate an unerwünschten Ereignissen sowie Komplikationen und einem positiven, beziehungsorientierten Führungsstil in der Pflege bestehen unbestritten starke Korrelationen (Anderson et al., 2003).

In der Literatur finden sich nahezu jedes Jahr neue Ideen und Konzepte zu Führungsstilen. Leider lässt sich für die Führung im Gesundheitswesen nicht der eine, allgemeingültige Führungsstil empfehlen. Vielmehr sollten alle medizinischen Leistungserbringer und Krankenhausmanager dafür sensibilisiert werden, bewusst ihren eigenen Führungsstil zu entwickeln, der sowohl authentisch zu ihrem persönlichen Charakter passt als auch flexibel genug ist, um sich den mannigfaltigen Zielgruppen in den unterschiedlichen Abteilungen und Situationen eines Krankenhaues anpassen zu können. Schließlich ist Führung immer eine Funktion aus der Beziehung von mindestens zwei Menschen und wird daher für jeden Mitarbeitenden individuell konfiguriert (Maxwell, 2011). Hierzu ist es erforderlich, die Mitarbeitenden im Krankenhaus mit einem praktikablen, anwendungsorientierten Wissen über die möglichen Führungsstile und Führungswerkzeuge auszustatten, damit sie diese ausprobieren, adaptieren und zu ihrem persönlichen Führungsstil kombinieren können. Um diesen Führungsstil effektiv und angemessen in der interprofessionellen Zusammenarbeit von Chirurgen, Anästhesisten, Technikern und Pflegepersonal umsetzen zu können, sind schließlich gute Kommunikationsfähigkeiten gefragt.

20.3.4.2 Kommunikation

Krankenhäuser sind stark hierarchisch organisiert. In vielen Notfallsituationen ist eine eindeutige Befehlskette sicher auch unerlässlich, um schnelle Entscheidungen treffen zu können und diese konsequent umzusetzen. In solchen Ausnahmesituationen sind eine **klare**

Hierarchie und **Gehorsam** notwendig. Eine übermäßige Betonung der Hierarchie, die dazu führt, dass jüngere Ärzte oder Pflegende es nicht wagen, ihre Meinung zu artikulieren, insbesondere, wenn diese der Meinung ihrer Vorgesetzten entgegensteht, kann jedoch auch eine Ursache für die Gefährdung von Patienten sein. Auf der anderen Seite wirkt sich eine hohe **Kommunikationskompetenz** von Ärzten positiv auf einen kritisch-professionellen Umgang im klinischen Alltag mit Patienten, Pflegepersonal, Kollegen und Vorgesetzten aus (Gehring & Schwappach, 2015). In der Konsequenz mündet dieses optimierte Kommunikationsverhalten schließlich in bessere medizinische Ergebnisse (Barzallo Salazar et al., 2014; Tavakoly Sany et al., 2020; VDU, 2015). Salazar et al. vom Maimonides Medical Center in New York ließen 55 Studierende bei einem chirurgischen Eingriff assistieren. Während 28 Studenten im Vorfeld der Operation ermutigt wurden, den Operateur auf offensichtliche Fehler hinzuweisen, wurde der Rest der Probanden vom Chef zu Unterordnung und Gehorsam aufgefordert. 82 % der ermutigten Studenten machten dann auch den Operateur auf einen von ihm absichtlich gemachten Fehler aufmerksam, während diesen Mut nur 30 % der Studenten in der eingeschüchterten Gruppe aufbrachten (Barzallo Salazar et al., 2014). Kommunikation hat damit einen unmittelbaren Einfluss auf das operative Ergebnis und damit auf die Patientensicherheit (VDU, 2015). So gibt es mittlerweile ausreichend Untersuchungen darüber, dass Prinzipen der Kommunikation aus der Luftfahrt auch in der Medizin zu einer signifikanten Reduktion von Behandlungsfehlern führen (Hardie et al., 2020).

Im SOCIUS-Programm von Klapdor et al. aus der Klinik für Frauenheilkunde und Geburtshilfe sowie der Klinik für Allgemein-, Viszeral- und Transplantationschirurgie der Medizinischen Hochschule Hannover werden vor diesem Hintergrund ausgewählte Studenten zusätzlich zum regulären Curriculum des Medizinstudiums in expliziten chirurgischen Fähigkeiten und besonders in Soft Skills wie interdisziplinärer und interprofessioneller Kommunikation geschult (Dunker, 2021). Diese Fähigkeiten sind für eine erfolgreiche Karriere sowie in der späteren Zusammenarbeit im Krankenhaus für die Sicherheit der Patienten unerlässlich. Umso irritierender ist es, dass die Vermittlung dieser Fähigkeiten bisher kaum systematisch Einzug in die Curricula des Medizinstudiums und der Pflegeausbildung gehalten hat.

20.3.5 Patientenbeteiligung – Mitwirkung und Gesundheitskompetenz

Eine respektvolle Arzt-Patienten-Beziehung hat einen positiven Einfluss auf das medizinische Ergebnis der Therapie (Ruberton et al., 2016). Einen unmittelbaren Effekt von guter Kommunikation konnten Tavakoly Sany et al. (2020) nachweisen, indem sie zeigten, dass das Kommunikationstraining von Ärzten die Gesundheitskompetenz der Patienten/innen und damit schließlich das klinische Ergebnis der Therapie positiv beeinflusst (Tavakoly Sany et al., 2020). Und auch die Kommunikation von Krankenpflegern zu Patienten beeinflusst das medizinische Ergebnis (Ellison, 2015). Die souveräne Kommunikation zwischen Ärzten, Pflegenden, Patienten und Angehörigen ist damit zunehmend eine notwendige Bedingung für die effektive Krankenversorgung.

Zunächst induziert eine klare, ehrliche und situationsangepasste Interaktion das notwendige Vertrauen zwischen Patienten und Leistungserbringern. Dieses Vertrauen ist die Grundlage für die Therapieadhärenz und damit eine wesentliche Grundlage für die Patientensicherheit. Denn erstens laufen alle therapeutischen Maßnahmen und Empfehlungen ins Leere, wenn die Patienten diese nicht umsetzen. Zweitens wird die aktive Mitwirkung der Patienten an ihrem Gesundungsprozess zunehmend wichtiger, weil für die Pflegenden und Ärzte immer weniger Zeit zur Verfügung steht, ihre genuinen Aufgaben vollumfänglich auszuüben und allen Patienten die Fürsorge zukommen zu lassen, die sie benötigen. Es sind also die Patienten gefragt, die Prävention von Erkrankungen, die Umsetzung der Therapien und später der Rehabilitationsmaßnahmen nach Kräften zu unterstützen. Drittens benötigen die Patienten in Zeiten von Fake News und irreführenden Internetressourcen eine verlässliche Orientierungshilfe in Gesundheitsfragen, die in letzter Konsequenz nur ein Arzt des Vertrauens bieten kann.

Ohne verlässliche Informationen über die eigene Erkrankung und mögliche Heilungsaussichten entstehen psychiatrische Grunddispositionen wie Angst und depressive Störungen, die wiederum einen eigenen negativen Effekt auf die Rekonvaleszenz haben. So ist hinlänglich bekannt, dass Depressionen zu einer erhöhten Rate an koronaren Herzerkrankungen führen (Tully & Cosh, 2013). Andere Studien zeigen, dass psychiatrische Prädispositionen grundsätzlich einen Einfluss auf die Morbidität und Mortalität nach herzchirurgischen Eingriffen haben (Grossi et al., 1998). Es konnte sogar ein Einfluss von präoperativen Angststörungen auf die Rate von postoperativ auftretendem Vorhofflimmern gefunden werden (Tully et al., 2011). Da der emotionale Status vor einem operativen Eingriff sehr plastisch ist und bereits mit einfachsten Mitteln positiv beeinflusst werden kann (Parent & Fortin, 2000), liegt in einem optimalen präoperativen psychologischen Umgang mit den Patienten ein erhebliches Potenzial zur grundsätzlichen Verbesserung des medizinischen Ergebnisses dieser Eingriffe.

Im Vordergrund steht bei allen medizinischen Interventionen eine klare und patientenangepasste Aufklärung. Aus vielen Gründen sind Patienten im Gespräch mit dem aufklärenden Arzt manchmal jedoch nicht in der Lage, alle Informationen zu verstehen. Auch sprachliche Barrieren können hier hinderlich sein. In solchen Fällen empfiehlt sich die Unterstützung der Aufklärung durch multimediale Inhalte wie Apps oder Aufklärungsfilme (Yap et al., 2020). Yap et al. konnten durch diese hybride Art der Patientenaufklärung ein deutlich verbessertes Wissen über eine bevorstehende Koronarangiographie und eine Reduktion der Angst erzielen. Nach demselben Mechanismus wirken Informationsmappen, die die stationäre Patientenkarriere Schritt für Schritt abbilden, so dass die Patienten und ihre Angehörigen bereits vor der Krankenhausaufnahme über alle Maßnahmen und Bedingungen auf den Normalstationen, im OP und der Intensivstation informiert sind. Mit prästationären Informationsveranstaltungen wie einer „Patientenuniversität" oder Patienteninformationsabenden kann Patienten ein Forum geboten werden, in dem sie sich bei erfahrenen Ärzten oder Pflegekräften im direkten Austausch informieren können. Die Gründung von Selbsthilfegruppen oder Vereinen kann den auch nach dem Krankenhausaufenthalt Hilfe bieten.

20.4   Schlussbetrachtung

Mit dem Fünf-Komponenten-Modell zur Steigerung der Patientensicherheit in Hochrisiko-Umgebungen haben wir ein System konfiguriert, das eine holistische Perspektive auf das Thema Patientensicherheit bietet. Die fünf Themenfelder „Krankenhausinfrastruktur", „Wissen & Fertigkeiten", „Prozessorganisation", „Unternehmenskultur" und „Mitwirkung der Patienten" stellen dabei lediglich die Komponenten eines Gerüsts dar, das in Abhängigkeit von den individuellen Anforderungen von Krankenhäusern und deren Abteilungen konkreten Maßnahmen einen strukturierenden Rahmen stellt. Dieses System soll somit zur individuellen, aber ganzheitlichen Optimierung der Patientensicherheit im Krankenhaus dienen. Besonders in Hochrisiko-Umgebungen wie z. B. der Herzchirurgie können durch die frühzeitige Detektion und Entwaffnung von Gefahren lebensbedrohliche Komplikationen verhindert und damit schließlich ein besseres ökonomisches Ergebnis erreicht werden.

20.5   Kontrollfragen

1. Welche Rahmenbedingungen führen in Krankenhäusern zu einem besonderen Gefährdungspotential für die Patienten?
2. Beschreiben Sie die Bedeutung des „Fünf-Komponenten-Modells" zur Patientensicherheit und definieren Sie seine Komponenten.
3. Was ist die Besonderheit des Modells in Bezug auf einen unterschiedlichen Stand der Bemühungen zur Patientensicherheit in verschiedenen Krankenhäusern?
4. Begründen Sie an Beispielen, warum die Nutzung von Digitalisierung und künstlicher Intelligenz (besonders auch bei schwierigen Rahmenbedingungen mit massivem Personalmangel) die Patientenversorgung im Krankenhaus, in der Nachsorge, aber auch im häuslichen Umfeld effektiv unterstützen kann.
5. Welches sind die besonderen Herausforderungen von Prozessen im Krankenhaus und wie wirken sich diese auf die Behandlungsqualität aus? Nennen Sie Maßnahmen zur Gegensteuerung.
6. Medizin und Ökonomie lassen sich unter den derzeitigen Rahmenbedingungen mit Personal- und Finanzmangel oft nur schwer kompatibel machen. Zeigen Sie Wege auf, sich dem Ziel einer notwendigen Kompatibilität zu nähern.
7. Begründen Sie die Notwendigkeit von kontinuierlichen Fortbildungen des Krankenhauspersonals zur Patientensicherheit.

8. Effizientes Abteilungsmanagement kann einen positiven Einfluss auf die Patienten-sicherheit haben. Begründen Sie diese Einschätzung unter Einbeziehung von Beispielen.
9. Behandlungsfehler in Krankenhäusern nehmen zu. Eine Patientenklage kann für den Verursacher und das Krankenhaus gravierende Folgen haben. Nennen Sie eine prakti-kable Strategie zur Vermeidung einer Patientenklage.

Literatur

Aiken, L. H., Sloane, D. M., Bruyneel, L., Van den Heede, K., Griffiths, P., Busse, R., Kinnunen, M. D., Kozka, M., Lesaffre, E., McHugh, M. D., Moreno-Casbas, M. T., Rafferty, A. M., Schwendimann, R., Scott, P. A., Tishelman, C., van Achterberg, T., Sermeus, W., & Rn Cast Con-sortium. (2014). Nurse staffing and education and hospital mortality in nine European countries: A retrospective observational study. *Lancet, 383*, 1824–1830.

Anderson, R. A., Issel, L. M., & McDaniel, R. R. (2003). Nursing homes as complex adaptive sys-tems. *Nursing Research, 52*, 12–21.

Aper, J., Egner, N., Michelmann, P., & Weishäupl-Karstens, P. (2011). Wundmanagement nach herz-chirurgischen Eingriffen. In P. M. Vogt (Hrsg.), *14. Jahreskongress der Deutschen Gesellschaft für Wundheilung und Wundbehandlung e. V.* Medizinische Hochschule Hannover.

Barzallo Salazar, M. J., Minkoff, H., Bayya, J., Gillett, B., Onoriode, H., Weedon, J., Altshuler, L., & Fisher, N. (2014). Influence of surgeon behavior on trainee willingness to speak up: a rando-mized controlled trial. *Journal of the American College of Surgeons, 219*, 1001–1007.

Basile, A. O., Yahi, A., & Tatonetti, N. P. (2019). Artificial intelligence for drug toxicity and safety. *Trends in Pharmacological Sciences, 40*, 624–635.

Bock, M., Fanolla, A., Segur-Cabanac, I., Auricchio, F., Melani, C., Girardi, F., Meier, H., & Pycha, A. (2016). A comparative effectiveness analysis of the implementation of surgical safety che-cklists in a tertiary care hospital. *JAMA Surgery, 151*, 639–646.

Boyle, S. . M. (2004). Nursing unit characteristics and patient outcomes. *Nursing Economics, 22*, 111–123.

Bruppacher, H. R., Alam, S. K., LeBlanc, V. R., Latter, D., Naik, V. N., Savoldelli, G. L., Mazer, C. D., Kurrek, M. M., & Joo, H. S. (2010). Simulation-based training improves physicians' per-formance in patient care in high-stakes clinical setting of cardiac surgery. *Anesthesiology, 112*, 985–992.

Cummings, G. G., MacGregor, T., Davey, M., Lee, H., Wong, C. A., Lo, E., Muise, M., & Stafford, E. (2010). Leadership styles and outcome patterns for the nursing workforce and work environ-ment: A systematic review. *International Journal of Nursing Studies, 47*, 363–385.

Davies, H. T., Mannion, R., Jacobs, R., Powell, A. E., & Marshall, M. N. (2007). Exploring the relationship between senior management team culture and hospital performance. *Medical Care Research and Review, 64*, 46–65.

Dunker, B. (2021). Training für die erste Operation. *MHH Info, 4*, 33.

Ellison, D. (2015). Communication skills. *Nursing Clinics of North America, 50*, 45–57.

Fann, J. I., Calhoon, J. H., Carpenter, A. J., Merrill, W. H., Brown, J. W., Poston, R. S., Kalani, M., Murray, G. F., Hicks, G. L., Jr., & Feins, R. H. (2010). Simulation in coronary artery anastomosis early in cardiothoracic surgical residency training: The Boot Camp experience. *Journal of Tho-racic and Cardiovascular Surgery, 139*, 1275–1281.

Gehring, K., & Schwappach, D. (2015). *Speak up*. Stiftung für Patientensicherheit.

Graf, K., Sohr, D., Haverich, A., Kuhn, C., Gastmeier, P., & Chaberny, I. F. (2009). Decrease of deep sternal surgical site infection rates after cardiac surgery by a comprehensive infection control program. *Interactive CardioVascular and Thoracic Surgery, 9*, 282–286.

Groene, O., Klazinga, N., Wagner, C., Arah, O. A., Thompson, A., Bruneau, C., Sunol, R., & Project Deepening our Understanding of Quality Improvement in Europe Research. (2010). Investigating organizational quality improvement systems, patient empowerment, organizational culture, professional involvement and the quality of care in European hospitals: The ‚Deepening our Understanding of Quality Improvement in Europe (DUQuE)‘ project. *BMC Health Services Research, 10*, 281–290.

Grossi, G., Perski, A., Feleke, E., & Jakobson, U. (1998). State anxiety predicts poor psychosocial outcome after coronary bypass surgery. *International Journal of Behavioral Medicine, 5*, 1–16.

Guze, P. A. (2015). Using technology to meet the challenges of medical education. *Transactions of the American Clinical and Climatological Association, 126*, 260–270.

Hardie, J. A., Oeppen, R. S., Shaw, G., Holden, C., Tayler, N., & Brennan, P. A. (2020). You have control: Aviation communication application for safety-critical times in surgery. *British Journal of Oral and Maxillofacial Surgery, 58*, 1073–1077.

Hashimoto, D. A., Ward, T. M., & Meireles, O. R. (2020). The role of artificial intelligence in surgery. *Advances in Surgery, 54*, 89–101.

Haugen, A. S., Sevdalis, N., & Softeland, E. (2019). Impact of the world health organization surgical safety checklist on patient safety. *Anesthesiology, 131*, 420–425.

Haynes, A. B., Weiser, T. G., Berry, W. R., Lipsitz, S. . R., Breizat, A. H., Dellinger, E. P., Herbosa, T., Joseph, S., Kibatala, P. L., Lapitan, M. C., Merry, A. F., Moorthy, K., Reznick, R. K., Taylor, B., Gawande, A. A., & Group Safe Surgery Saves Lives Study. (2009). A surgical safety checklist to reduce morbidity and mortality in a global population. *New England Journal of Medicine, 360*, 491–499.

He, J., Baxter, S. L., Xu, J., Xu, J., Zhou, X., & Zhang, K. (2019). The practical implementation of artificial intelligence technologies in medicine. *Nature Medicine, 25*, 30–36.

Hefner, J. L., McAlearney, A. S., Spatafora, N., & Moffatt-Bruce, S. D. (2019). Beyond patient satisfaction: Optimizing the patient experience. *Advances in Health Care Management, 18*. https://doi.org/10.1108/S1474-823120190000018010.

Hosny, A., Parmar, C., Quackenbush, J., Schwartz, L. H., & Aerts, H. (2018). Artificial intelligence in radiology. *Nature Reviews Cancer, 18*, 500–510.

Houser, J. (2003). A model for evaluating the context of nursing care delivery. *Journal of Nursing Administration, 33*, 39–47.

Hunter, A., Johnson, L., & Coustasse, A. (2020). Reduction of intensive care unit length of stay: The case of early mobilization. *Health Care Manag (Frederick), 39*, 109–116.

Issenberg, S. B., McGaghie, W. C., Petrusa, E. R., Lee Gordon, D., & Scalese, R. J. (2005). Features and uses of high-fidelity medical simulations that lead to effective learning: A BEME systematic review. *Medical Teacher, 27*, 10–28.

Jacobs, R., Mannion, R., Davies, H. T. O., Harrison, S., & Konteh, F. (2013). The relationship between organizational culture and performance in acute hospitals. *Social Science & Medicine, 76*, 115–125.

Kayambu, G., Boots, R., & Paratz, J. (2013). Physical therapy for the critically ill in the ICU: A systematic review and meta-analysis. *Critical Care Medicine, 41*, 1543–1554.

Korte, W., Merz, C., Kirchhoff, F., Heimeshoff, J., Goecke, T., Beckmann, E., Kaufeld, T., Fleissner, F., Arar, M., Schilling, T., Haverich, A., Shrestha, M., & Martens, A. (2020). Train early and with deliberate practice: simple coronary surgery simulation platform results in fast increase in technical surgical skills in residents and students. *Interactive CardioVascular and Thoracic Surgery, 30*, 871–878.

Kotler, S. (2014). *The rise of superman: Decoding the science of ultimate human performance.* Amazon Publishing.

Kruk, M. E., Gage, A. D., Joseph, N. T., Danaei, G., Garcia-Saiso, S., & Salomon, J. A. (2018). Mortality due to low-quality health systems in the universal health coverage era: A systematic analysis of amenable deaths in 137 countries. *Lancet, 17,* 2203–2212.

Landriscina, A., Rosen, J., & Friedman, A. J. (2015). Systematic approach to wound dressings. *Journal of Drugs in Dermatology, 14,* 740–744.

Lau, E., & Wu, J. C. (2018). Omics, big data, and precision medicine in cardiovascular sciences. *Circulation Research, 122,* 1165–1168.

Manghani, K. (2011). Quality assurance: Importance of systems and standard operating procedures. *Perspectives in Clinical Research, 2,* 34–37.

Maxwell, J. C. (2011). *The 5 levels of leadership.* Hachette Book Group.

McHugh, M. D., Aiken, L. H., Sloane, D. M., Windsor, C., Douglas, C., & Yates, P. (2021). Effects of nurse-to-patient ratio legislation on nurse staffing and patient mortality, readmissions, and length of stay: A prospective study in a panel of hospitals. *Lancet, 397,* 1905–1913.

Mitchell, I., Schuster, A., Smith, K., Pronovost, P., & Wu, A. (2016). Patient safety incident reporting: A qualitative study of thoughts and perceptions of experts 15 years after ‚To Err is Human'. *BMJ Quality & Safety, 25,* 92–99.

Mokadam, N. A., Fann, J. I., Hicks, G. L., Nesbitt, J. C., Burkhart, H. M., Conte, J. V., Coore, D. N., Ramphal, P. S., Shen, K. R., Walker, J. D., & Feins, R. H. (2017). Experience with the cardiac surgery simulation curriculum: Results of the resident and faculty survey. *Annals of Thoracic Surgery, 103,* 322–328.

Nilsson, J., Algotsson, L., Hoglund, P., Luhrs, C., & Brandt, J. (2006). Comparison of 19 preoperative risk stratification models in open-heart surgery. *European Heart Journal, 27,* 867–874.

Parent, N., & Fortin, F. (2000). A randomized, controlled trial of vicarious experience through peer support for male first-time cardiac surgery patients: Impact on anxiety, self-efficacy expectation, and self-reported activity. *Heart Lung, 29,* 389–400.

Patel, H., Yirdaw, E., Yu, A., Slater, L., Perica, K., Pierce, R. G., Amaro, C., & Jones, C. D. (2019). Improving early discharge using a team-based structure for discharge multidisciplinary rounds. *Professional Case Management, 24,* 83–89.

Perry, M. F., Macias, C., Chaparro, J. D., Heacock, A. C., Jackson, K., & Bode, R. S. (2020). Improving early discharges with an electronic health record discharge optimization tool. *Pediatric Quality and Safety, 5,* e301.

Pollack, M. M., & Koch, M. A. (2003). Association of outcomes with organizational characteristics of neonatal intensive care units. *Critical Care Medicine, 31,* 1620–1629.

Ragusa, P. S., Bitterman, A., Auerbach, B., & Healy, W. A. (2016). Effectiveness of surgical safety checklists in improving patient safety. *Orthopedics, 39,* e307–e310.

Raman, J., Leveson, N., Samost, A. L., Dobrilovic, N., Oldham, M., Dekker, S., & Finkelstein, S. (2016). When a checklist is not enough: How to improve them and what else is needed. *Journal of Thoracic and Cardiovascular Surgery, 152,* 585–592.

Reason, J. (2000). Human error: Models and management. *BMJ, 320,* 768–770.

Reddy, A. T. (2017). *Making lifelong learning reality for everyone.* Georgia Institute of Technology.

Renz, B., Angele, M. K., Jauch, K. W., Kasparek, M. S., Kreis, M., & Muller, M. H. (2012). Learning from aviation – How to increase patient safety in surgery. *Zentralblatt Fur Chirurgie, 137,* 149–154.

Ribeiro, I. B., Ngu, J. M. C., Lam, B. K., & Edwards, R. A. (2018). Simulation-based skill training for trainees in cardiac surgery: A systematic review. *Annals of Thoracic Surgery, 105,* 972–982.

Ruberton, P. M., Huynh, H. P., Miller, T. A., Kruse, E., Chancellor, J., & Lyubomirsky, S. (2016). The relationship between physician humility, physician-patient communication, and patient health. *Patient Education and Counseling, 99*, 1138–1145.

Ruel, M., Dickie, S., Chow, B. J., & Labinaz, M. (2010). Interventional valve surgery: Building a team and working together. *Seminars in Thoracic and Cardiovascular Surgery, 22*, 145–149.

Salenger, R., Morton-Bailey, V., Grant, M., Gregory, A., Williams, J. B., & Engelman, D. T. (2020). Cardiac enhanced recovery after surgery: A guide to team building and successful implementation. *Seminars in Thoracic and Cardiovascular Surgery, 32*, 187–196.

Schilling, T., Jager, C., & Haverich, A. (2009). Perspectives of improvement of quality in cardiac surgery. *Deutsche Medizinische Wochenschrift, 134*(Suppl 6), S230–S231.

Schilling, T., Struckmann, F., Hoy, L., & Haverich, A. (2011). Prädiktion der Intensivliegezeit in der Aorten- und Mitralklappenchirurgie. *Intensivmed, 48*, 432–438.

Schonhofer, B., Berndt, C., Achtzehn, U., Barchfeld, T., Geiseler, J., Heinemann, F., Herth, F., Kelbel, C., Schucher, B., Westhoff, M., & Kohler, D. (2008). Weaning from mechanical ventilation. A survey of the situation in pneumologic respiratory facilities in Germany. *Deutsche Medizinische Wochenschrift, 133*, 700–704.

Snowdon, A. W., & Tallarigo, D. (2018). Leveraging supply chain infrastructure to advance patient safety in community health-care settings. *Leadership in Health Services (Bradf Engl), 31*, 269–275.

Steffner, K. R., McQueen, K. A., & Gelb, A. W. (2014). Patient safety challenges in low-income and middle-income countries. *Current Opinion in Anesthesiology, 27*, 623–629.

Tavakoly Sany, S. B., Behzhad, F., Ferns, G., & Peyman, N. (2020). Communication skills training for physicians improves health literacy and medical outcomes among patients with hypertension: A randomized controlled trial. *BMC Health Services Research, 20*, 60.

Thoma, J. E., & Waite, M. A. (2018). Experiences of nurse case managers within a central discharge planning role of collaboration between physicians, patients and other healthcare professionals: A sociocultural qualitative study. *Journal of Clinical Nursing, 27*, 1198–1208.

Thomas, P. L. (2008). Case manager role definitions: Do they make an organizational impact? *Professional Case Management, 13*, 61–71; quiz 72–73.

Toennessen, B., Swart, E., & Marx, Y. (2013). Patient safety culture – Knowledge and knowledge needs of medical students. *Zentralblatt fur Chirurgie, 138*, 650–656.

Treadwell, J. R., Lucas, S., & Tsou, A. Y. (2014). Surgical checklists: A systematic review of impacts and implementation. *BMJ Quality & Safety, 23*, 299–318.

Tuckmann, B. W. (1965). Developmental sequence in small groups. *Psychological Bulletin, 63*, 384–399.

Tully, P. J., & Cosh, S. M. (2013). Generalized anxiety disorder prevalence and comorbidity with depression in coronary heart disease: A meta-analysis. *Journal of Health Psychology, 18*, 1601–1616.

Tully, P. J., Bennetts, J. S., Baker, R. A., McGavigan, A. D., Turnbull, D. A., & Winefield, H. R. (2011). Anxiety, depression, and stress as risk factors for atrial fibrillation after cardiac surgery. *Heart Lung, 40*, 4–11.

VDU. (2015). Hierarchie als Fehlerquelle. *Qualität Leben, 1*, 21.

Vries, E. N. de, H. A. Prins, R. M. Crolla, A. J. den Outer, G. van Andel, S. H. van Helden, W. S. Schlack, M. A. van Putten, D. J. Gouma, M. G. Dijkgraaf, S. M. Smorenburg, M. A. Boermeester, and Surpass Collaborative Group. (2010). Effect of a comprehensive surgical safety system on patient outcomes. *New England Journal of Medicine, 363*, 1928–1937.

Wong, C. A., & Cummings, G. G. (2007). The relationship between nursing leadership and patient outcomes: A systematic review. *Journal of Nursing Management, 15*, 508–521.

Word Health Organization. (2009). *Surgical safety checklist.* Word Health Organization. https://
www.who.int/teams/integrated-health-services/patient-safety/research/safe-surgery/tool-and-
resources. Zugegriffen am 01.10.2021.

Yap, J., Teo, T. Y., Foong, P., Binte Hussin, N., Wang, H., Shen, T., & Yeo, K. K. (2020). A randomized controlled trial on the effectiveness of a portable patient education video prior to coronary
angiography and angioplasty. *Catheterization and Cardiovascular Interventions, 96,* 1409–1414.

Qualitätsmanagement in der Fachabteilung

21

Wolfgang Hellmann

Inhaltsverzeichnis

Zusammenfassung

Effizientes Qualitätsmanagement ist Grundlage für ein gutes Ergebnis im Bereich der Patientensicherheit und damit unverzichtbar. Es darf nicht statisch betrachtet werden, sondern muss an die sich verändernden Rahmenbedingungen kontinuierlich angepasst werden. Die derzeit schwierige Situation ist gekennzeichnet durch knappe Finanzen, Fachkräftemangel und die Corona-Krise. Hinzu kommt zunehmend mangelnde Akzeptanz für ressourcenaufwendige komplexe hausinterne Qualitätsmanagementsysteme. Insbesondere Ärzte sehen diese kritisch. Zielführend ist es deshalb, darüber nachzudenken, wie QM auch in schwierigen Zeiten zwar ressourcenschonend, aber immer noch nachhaltig zielgerichtet und erfolgreich umgesetzt werden kann. Außer Zweifel steht, dass die Fachabteilung grundsätzlich mehr in die Pflicht genommen werden

W. Hellmann (✉)
Hemmingen, Deutschland
E-Mail: hellmann-w@t-online.de

muss. Sie ist zuständig für hohe Behandlungsqualität und Patientensicherheit. Daraus folgt die Notwendigkeit einer angemessenen Ausrichtung auf QM mit integriertem RM zum Erreichen eines hohen Grades an Patientensicherheit.

21.1   Anforderungen an das Qualitätsmanagement durch den G-BA

Grundsätzliche Anforderungen zum Qualitätsmanagement (QM) einschließlich Qualitätsberichte ergeben sich aus den Festlegungen des Gemeinsamen Bundesausschusses (G-BA). Hier wurden umfassende Fortschritte erzielt, so in Bezug auf die Umsetzung von Risikomanagement (RM), die Betrachtung von QM und RM als Einheit, die Zuordnung von QM als Führungsaufgabe oder die Einführung von anonymen Fehlermeldesystemen und das Management an den Schnittstellen (Gemeinsamer Bundesausschuss, 2015/2016, 2018; Voit, 2016; Berlage & Mennenga, 2020). Weitere Details ergeben sich aus dem konkreten Text der Richtlinie (G-BA 2015/2016). Insgesamt stehen gute praktische Hinweise, auch für die Sicherung von Qualität im ambulanten Bereich, zur Verfügung.

Ergänzungsbedarf zu den Anforderungen des G-BA
Die Berücksichtigung strukturierter Behandlungsabläufe (Klinischer Pfade), multidimensionaler Qualität, eines ganzheitlichen Ansatzes für RM und systemimmanenter Risiken werden vom G-BA bisher allerdings ausgeklammert. Zu vermissen sind auch Vorschläge zur Anwendung einer einheitlichen „Terminologie Qualität" für Versorger als wichtiger Beitrag für einen zielorientierten Dialog im Kontext von Patientensicherheit (Hellmann, 2021b).

Sinnvoll wäre auch die Zuweisung von mehr Verantwortung für das Qualitätsmanagement durch die Fachabteilung. Denn in zunehmend schwierigen Zeiten mit Fachkräfte- und Finanzmangel müssen neue Wege gegangen werden (Hellmann, 2017a, b).

21.2   Strukturierte Behandlungsabläufe

Strukturierte Behandlungspfade (Beispiel: Klinische Pfade) sind Behandlungsmuster zur Optimierung der Behandlungsqualität (Hellmann, 2010; Hellmann & Eble, 2010). Sie tragen nicht nur zu einer besseren Versorgungsqualität bei und ermöglichen Kosteneinsparungen, sondern sind darüber hinaus geeignet, Teamorientierung und Zusammenarbeit zu fördern. Denn Pfadarbeit erfordert ein enges Zusammenwirken zwischen allen beteiligten Mitarbeitern. Klinische Pfade (KP) sind darüber hinaus für eine Vereinfachung der Dokumentation, die Herstellung von medizinischen Markenprodukten (Klinische Pfade sind deren Rückgrat), für Marketingzwecke und zur Erlösoptimierung zu nutzen.

▶ Ein **Klinischer Pfad** ist ein netzartiger, berufsgruppenübergreifender Behandlungsablauf auf evidenzbasierter Grundlage (Leitlinie), der Patientenerwartungen, Qualität und Wirtschaftlichkeit gleichermaßen berücksichtigt (Hellmann, 2002).

Auf die besondere Bedeutung Klinischer Pfade (Clinical Pathways) für die Gesundheitsversorgung der Zukunft weist auch ein erfolgreicher Klinikkettenmanager von AMEOS hin (Paeger, 2021). Mit diesem und anderen Schweizer Experten hat der Herausgeber dieses Buches bereits vor vielen Jahren die Wichtigkeit von Pfaden thematisiert (Hellmann, 2002, 2003) und nachfolgend ihre Bedeutung für eine qualitativ hochwertige und wirtschaftliche Versorgung umfassend vertieft (Hellmann & Eble, 2010).

Details zu den breiten Einsatzmöglichkeiten, den Anforderungen an KP, zur Pfaderstellung in Einzelschritten und zu behaupteten Einschränkungen ärztlicher Therapiefreiheit wurden bereits ausführlich beschrieben (Hellmann, 2002, 2003; Hellmann & Eble, 2010). Eine Übersicht über wichtige Pfadtypen findet sich in Tab. 21.1.

Für alle Pfadtypen gilt:

- Standardisierter Behandlungsablauf mit Ausrichtung auf „homogene" Patientenkollektive.
- Verbindlichkeit für die behandelnden Personen (Ärzte) im Kontext von Rechtssicherheit für den Pfadablauf.
- Orientierung an Zielen für den Patienten im Sinne bestmöglicher Ergebnisqualität im Kontext von Wirtschaftlichkeit.

▶ **Praxistipp zur Pfadumsetzung** Tragen Sie diesen Merkmalen bei der Umsetzung von Pfaden Rechnung. Patienten und Behandler werden es Ihnen danken. Für die Patienten bedeutet ein Pfad mehr Behandlungssicherheit. Ärzte (vor allem in Weiterbildung) können dem Behandlungspfad auf einer rechtssicheren Grundlage folgen und damit Behandlungsfehler vermeiden.

Schwachstelle Terminologie

Die Verwendung einheitlicher Begriffe fördert die Kommunikation zwischen Mitarbeitern und mit den Patienten. Qualität kann nur auf der Grundlage einer konsentierten Termino-

Tab. 21.1 Übersicht über wichtige Typen Klinischer Pfade

Typ	Versorgungsbereich / Ort der Leistungserbringung
Stationärer Klinischer Pfad (SKP)	Krankenhaus; Pfaderstellung im Krankenhaus
Ambulanter Klinischer Pfad (AKP)	Ambulanter Bereich; Pfaderstellung im MVZ oder einer dem Krankenhaus angeschlossenen Gemeinschaftspraxis
Sektorenübergreifender Klinischer Pfad (SeKP)	Krankenhaus und ambulante Einrichtung; Pfaderstellung in Kooperation von Krankenhaus und ambulantem Leistungserbringer

logie erfolgreich umgesetzt werden (siehe auch Kap. 2, Abschn. 2.2). Sie muss gewähr-leisten, dass alle Mitarbeiter wissen, wovon sie reden. Dies gilt für Behandlungspfade und Risikokategorien gleichermaßen.

21.3 Das „3-Komponenten-Modell für Qualität"

Dieser neue Gesamtansatz für die interne Sicherung von Qualität im Krankenhaus be-inhaltet einen Paradigmenwechsel von eindimensionaler zu multidimensionaler Qualität im Kontext von umfassendem Risikomanagement und externer Qualitätssicherung (Hell-mann, 2020).

Multidimensionale Qualität
Diese Qualitätsdimension bündelt sehr unterschiedliche Qualitätskategorien einschließlich der Mitarbeiterqualität. Ihre Gesamtheit ist für das Behandlungsergebnis prägend, nicht alleine die medizinische Expertise. Diese ist nur eine von zahlreichen Qualitätskategorien.

▶ Daraus folgt: Gute Ergebnisqualität ist das Resultat aller Bemühungen um Qualität. Ergebnisqualität steht somit am Ende und nicht am Anfang aller Aktivitäten zur Qualität.

Umfassendes Risikomanagement (URM)
Bündelt sehr verschiedene Risikokategorien einschließlich Compliance und BCM (Busi-ness Continuity Management). Wie bei multidimensionaler Qualität steht hier ein ganz-heitlicher Ansatz im Mittelpunkt.

▶ Die Konzentration auf das Klinische RM, wie immer noch in vielen Kliniken (auch Universitätskliniken) praktiziert, reicht nicht aus. RM ist mehr als Klinisches RM!

Externe Qualitätssicherung
Gemeint ist damit ein vereinfachtes Verfahren, das den *strukturierten Dialog* zwar noch einbezieht, diesen aber eher nur noch formal ausweist. Voraussetzung ist, dass die Behandlungsdaten bereits im Krankenhaus auf der Grundlage multidimensionaler Quali-tät und URM hohe Qualität aufweisen.

Insgesamt ergibt sich ein prospektiver gegenüber dem bisher umgesetzten retro-spektiven Ansatz. Daraus resultieren hohe Ergebnisqualität und Patientensicherheit (Abb. 21.1).

Das beschriebene Modell (Hellmann, 2020) hat den Vorteil, dass Einzelkomponenten ausgegliedert und isoliert umgesetzt werden können. Vor allem in Krankenhäusern kann das „3-Komponenten-Modell für Qualität" aufwändige kommerzielle Qualitäts-managementsysteme (wie z. B. das Modell DIN EN 15224 für das Gesundheitssystem) ersetzen, die unter den derzeitigen schlechten Rahmenbedingungen aufgrund von

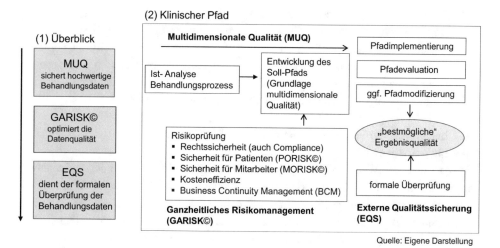

Quelle: Eigene Darstellung

Abb. 21.1 Das „3-Komponenten-Modell für Qualität" mit den Komponenten Multidimensionale Qualität (MUQ), Ganzheitliches Risikomanagement (GARISK) und Externe Qualitätssicherung (EQS) im Überblick (1) und am Beispiel Klinische Pfade (2)

Personalmangel und Finanzmangel nicht weitergeführt werden können. Insgesamt ergibt sich ein „Baukastensystem", dessen Anteile je nach individuellen Bedürfnissen genutzt werden können.

Die neue DIN-Norm für das Gesundheitswesen wird mit dieser Aussage nicht abgewertet. Im Gegenteil, wenn umsetzbar, ist sie eine gute Alternative zum „3-Komponenten Modell für Qualität", zumal sie im Vergleich zu früheren Normen auf die Anforderungen des Gesundheitswesens fokussiert und RM umfassend einbezieht.

21.4 Weitere wichtige Aspekte

Sofern ein zentrales QM existiert, ist es für hohe Versorgungsqualität und PS kontraproduktiv, sich diesem zu verweigern (keine Auswertung von Befragungsbögen und damit kein kontinuierlicher Verbesserungsprozess). PS wird durch ein entsprechendes Verhalten in Frage gestellt.

Patientensicherheit auf Ebene der Fachabteilung erfordert vor allem gute Führung mit gutem Management. Dies hat maßgeblichen Einfluss auf das Behandlungsergebnis und auf die PS (Schilling et al., 2009; West, 2001). Der Chefarzt ist deshalb gefordert, sicherzustellen, dass das Abteilungsmanagement auch immer den Aspekt der PS berücksichtigt.

Fallbeispiel: Management einer Fachabteilung

Der Chefarzt ist ein Perfektionist. Er meint, alles stemmen zu können: die Operationen seiner herzchirurgischen Patienten, die nicht unerheblichen Managementaufgaben, die

Forschungsaufgaben und auch die Repräsentationspflichten. Hinzu kommen neue Belastungen durch Corona. Drei Oberärzte stehen zur Verfügung, fragen sich aber gelegentlich, wofür sie eigentlich da sind. Auf die Idee, Verantwortung zu verteilen, z. B. im Hinblick auf die Delegation einzelner Aufgabenbereiche im Management, kommt er trotz guter Vorschläge seiner Mitarbeiter nicht. Die Folge ist: Immer weniger Zeit für Patienten, die PS wird damit nicht unerheblich gefährdet. ◄

Die Übernahme von Verantwortung der Fachabteilung für das Qualitätsmanagement

Hier darf es kein „Wenn und Aber" geben. Die Fachabteilung ist Ort der Patientenversorgung und muss somit für hohe Versorgungsqualität verantwortlich sein. Sofern ein Zentrales Qualitätsmanagement (ZQM) im Unternehmen vorhanden ist, muss eine effiziente Zusammenarbeit gewährleistet werden. Zumindest muss erwartet werden können, dass vom ZQM bereitgestellte Bögen zu Patientenbefragungen ausgewertet und einem kontinuierlichen Verbesserungsprozess (KVP) zugänglich gemacht werden. Erfolgt dies nicht, gefährdet die Abteilung die notwendige PS.

> **Fallbeispiel: Ignorieren der Notwendigkeit von Qualitätsmanagement)**
>
> Das Krankenhaus am Rande der Stadt hat ein funktionsfähiges ZQM, das sich nicht scheut, jederzeit auf die Fachabteilungen zuzugehen. Guter Wille ist somit ausreichend vorhanden, er fehlt aber beim Chefarzt der Klinik für Kardiologie. QM hält er für überflüssig, er vertritt die Auffassung: „Ich bin Qualität und meine Behandlungsmuster sind dies ebenfalls". Darüber hinaus ist er der Ansicht, dass aufwändige QMS nicht mehr in die Zeit passen. Er sieht auch keine Notwendigkeit, die Behandlung seiner Patienten durch Mitwirkung am von der Geschäftsführung geplanten Integrierten Versorgungskonzept zwecks einer „Versorgung ohne Brüche" zu optimieren. Damit gefährdet er die PS. ◄

Ist das Zentrale Qualitätsmanagement, aus welchen Gründen auch immer, nicht funktionsfähig (z. B. aufgrund von Personalmangel), muss die Fachabteilung das QM selbst in die Hand nehmen, das RM miteingeschlossen. Wie dies organisiert werden kann, wurde bereits beschrieben (Hellmann, 2017b).

Die Fachabteilung ist auch gefordert, neue Behandlungskonzepte zu entwickeln. Dies ergibt sich aus der zunehmenden Zahl alter und morbider bzw. chronisch erkrankter Patienten. Diese benötigen nicht nur eine „Versorgung ohne Brüche", sondern auch ganzheitliche Behandlungskonstellationen. In MVZ werden entsprechende Konzepte bereits seit längerer Zeit angewendet (Kretzmann, 2021).

Zum Qualitätsmanagement gehört auch ein zielführendes Abteilungsmanagement. Denn es steht inzwischen außer Zweifel, dass gutes Management die Behandlungsergebnisse optimieren kann (Schilling et al., 2009; West, 2001).

Fallbeispiel: Innovationsresistenz im Abteilungsmanagement

Der Chefarzt ist ein begnadeter Operateur, das Management seiner Abteilung ist aber desolat. Insbesondere Oberärzte werden nicht in dem Umfang eingesetzt, wie sie eingesetzt werden könnten. Dies führt zu einer schlechten Nutzung personeller Ressourcen und Engpässen für die Patienten, sowohl bezüglich des Zugangs zu Operationen als auch im Hinblick auf Wartezeiten zu aufwändiger Diagnostik. Dies widerspricht dem Gedanken hoher Patientensicherheit. ◄

Qualität ist ein Versprechen für Patienten, Mitarbeiter und Einweiser

Die Fachabteilung muss berücksichtigen, dass das Versprechen Qualität nicht nur für Patienten gilt, sondern gleichermaßen für Mitarbeiter und Einweiser. Insofern ist zu differenzieren zwischen **Patientenqualität**, **Mitarbeiterqualität** und **Einweiserqualität.** Qualität bedeutet dabei, die Wünsche und Vorstellungen der drei Adressatengruppen zu erfüllen (Abb. 21.2). Die Qualitätsziele für Patienten, Mitarbeiter und Einweiser spiegeln sich in definierten Qualitätsversprechen und müssen systembedingte Risiken, Anreize zur Umsetzung von Qualität und umfassende externe Qualitätskontrollen (MDK) berücksichtigen. Ist dies nicht gegeben, führt dies zu Demotivation und einem mangelhaften Engagement für die Fachabteilung.

Umfassende Bemühungen um den ärztlichen Nachwuchs

Das Beispiel Chirurgie macht deutlich: Die Nachfrage nach Bewerbern für das PJ und die ärztliche Weiterbildung nimmt stetig ab (Hellmann, 2021a). Dieser Entwicklung liegen unattraktive Arbeitsbedingungen und auch eine wenig zielführende Öffentlichkeitsarbeit

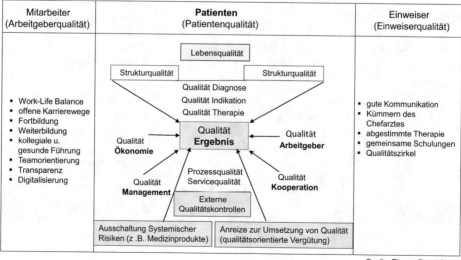

Quelle: Eigene Darstellung

Abb. 21.2 Qualitätsziele für Patienten, Mitarbeiter und Einweiser

ohne Magnetcharakter für den ärztlichen Nachwuchs zugrunde. Dies ist einer guten Patientenversorgung und damit auch der Patientensicherheit abträglich. Die Fachabteilung muss alle verfügbaren Möglichkeiten zu einer ausreichenden Rekrutierung und Bindung von Bewerbern für das PJ ausschöpfen. Nur so kann sie ärztliche Weiterbildung und damit auch eine ausreichende Zahl von Fachärzten sichern (Hellmann, 2021a).

Betriebswirtschaftliche Kompetenz, insbesondere der Chefärzte

Das Erreichen eines guten betriebswirtschaftlichen Ergebnisses der Fachabteilung ist ebenfalls eine zentrale Basis für PS. Nur mit ausreichend Sach- und Personalmitteln können alle Notwendigkeiten für die Patientenversorgung auf hohem Niveau erfüllt werden. Es ist deshalb von zentraler Bedeutung, dass der Chefarzt oder auch ein betriebswirtschaftlich orientierter Klinikmanager die Abteilung zielorientiert steuert und zu einem guten finanziellen Ergebnis führt. Vorhandene Managementkompetenzen zahlen sich hier aus.

Praxistipps
- Qualität ist der zentrale Wettbewerbsfaktor im zunehmenden Wettbewerb, gute Qualität sichert die Wettbewerbsfähigkeit.
- Orientieren Sie sich an den Vorgaben des G-BA (2018) und den Anregungen der KBV (2015/16) zur Einrichtung eines internen QMS und der jährlichen Bereitstellung von Qualitätsberichten.
- Berücksichtigen Sie auch alternative einfachere Lösungen, die im Kontext schwieriger Rahmenbedingungen in Ihrer Fachabteilung umsetzbar sind.
- Betrachten Sie die Verpflichtung zu mehr Engagement im Qualitätsmanagement nicht als lästige Aufgabe, sondern als Chance für höchste Patientensicherheit und -zufriedenheit.
- Beachten Sie (unabhängig von der Art Ihres QM), dass der Begriff Kunde weit über den Patienten hinausgehen muss und innerhalb Ihrer Einrichtung auch das Prinzip „interner Kunde" (Mitarbeiter, Kooperationspartner etc.) berücksichtigt werden sollte.
- Berücksichtigen Sie, dass es für Ihr abteilungsbezogenes QM keinen Stillstand geben darf! Das System bedarf der ständigen Verbesserung und Weiterentwicklung, z. B. in Bezug auf veränderte Patienten- und Mitarbeiterklientele oder im Hinblick auf technisch orientierte Herausforderungen wie die Digitalisierung.
- Überlegen Sie, wie Sie sich (ggf. mit weiteren Kooperationspartnern) optimal vernetzen können und welche digitalen Anwendungen für eine Optimierung der Kommunikation innerhalb Ihrer Mitarbeiterschaft und im Bereich der aktiven Patientenversorgung umgesetzt werden können.

21.5 Schlussbetrachtung

Die Vorgaben des G-BA zum QM und RM halten sich in Grenzen. Fokussiert wird vor allem auf Beauftragte für RM und anonyme Fehlermeldesysteme wie CIRS. Dies reicht bei weitem nicht aus, um Patientensicherheit umfassend zu gewährleisten. Ergänzungsbedarf besteht vor allem im Hinblick auf ein neues Verständnis von Qualität durch „Bündelung" von QM, RM und QS und einen ganzheitlichen RM-Ansatz, der über das Klinische Risikomanagement hinaus weitere Qualitätskriterien einbezieht und damit auch die bisherige „enge Vorstellung von der medizinischen Expertise als Garant für hohe medizinische Qualität und Patientensicherheit" auf eine vernünftige, für den Patienten angemessene Basis stellt. Nicht zuletzt muss dem Instrument „Klinischer Pfad" endlich die Bedeutung zugemessen werden, die es für hohe Patientensicherheit erfüllen kann. Nicht zu vernachlässigen ist auch die Bedeutung einer einheitlichen Terminologie in Bezug auf Begriffe rund um Qualität. Sie ermöglicht einen zielorientierten Dialog als Grundlage für regelrechtes Handeln am und mit dem Patienten.

21.6 Kontrollfragen

1. Geben Sie einen Überblick über die aktuellen Anforderungen des G-BA an die Krankenhäuser.
2. Was ist ein „strukturierter Behandlungsablauf" und welche Typten gibt es?
3. Begründen Sie die Notwendigkeit einer einheitlichen Terminologie für alle Mitarbeiter im Krankenhaus.
4. Was ist das „3-Komponenten-Modell für Qualität"? Worin liegt seine besondere Bedeutung?
5. Begründen Sie, warum Qualitätsmanagement und Risikomanagement nicht mehr getrennt betrachtet, sondern als Einheit gesehen werden sollten.
6. Begründen Sie die Notwendigkeit eines Paradigmenwechsels in Bezug auf die Sicherung von Qualität mit besonderer Berücksichtigung der zukünftigen Rolle der Fachabteilungen.
7. Begründen Sie, warum Bemühungen um den ärztlichen Nachwuchs, besonders in Bezug auf das Praktische Jahr (PJ) und die ärztliche Weiterbildung, massiv verstärkt werden müssen.
8. Machen Sie Vorschläge zu einer Optimierung des Praktischen Jahres, z. B. im Kontext der vom Marburger Bund aufgezeigten Defizite.
9. Begründen Sie die besondere Notwendigkeit betriebswirtschaftlicher Kompetenz des Chefarztes, vor allem auch für schwierige Zeiten wie Krisen.

Literatur

Berlage, S., & Mennenga, F. (2020). Neue Richlinie führt ab 2021 die stationäre und ambulante Qualitätssicherung zusammen. *Niedersächsisches Ärzteblatt, 12*, 31.

Gemeinsamer Bundesausschuss. (Hrsg.). (2015/2016). Beschluss des Gemeinsamen Bundesausschusses über eine Qualitätsmanagement-Richtlinie vom 17. Dezember 2015 und 15. September 2016.

Gemeinsamer Bundesausschuss. (Hrsg.). (2018). Regeln zum Qualitätsbericht der Krankenhäuser. Fassung vom 16.5.2013. In Kraft getreten am 12.10.2018.

Hellmann, W. (2002). *Klinische Pfade. Konzepte – Umsetzung – Erfahrungen*. ecomed.

Hellmann, W. (2003). *Praxis Klinischer Pfade. Viele Wege führen zum Ziel*. ecomed.

Hellmann, W. (2010). Klinische Pfade und Behandlungspfade – Einführung und Überblick. In W. Hellmann & S. Eble (Hrsg.), *Ambulante und Sektoren übergreifende Behandlungspfade. Konzepte, Umsetzung, Praxisbeispiele* (S. 3–57). Medizinisch Wissenschaftliche Verlagsgesellschaft.

Hellmann, W. (2017a). Die Fachabteilung – Protagonist für die Umsetzung einer Sicht von Kundenorientierung und Qualitätsmanagement. In W. Hellmann (Hrsg.), *Kooperative Kundenorientierung im Krankenhaus. Ein wegweisendes Konzept zur Sicherung von mehr Qualität* (S. 91–119). Kohlhammer.

Hellmann, W. (2017b). Möglichkeiten sinnvoller Aufgabenteilung in der Fachabteilung unter Einbeziehung der Übernahme von Aufgaben des Qualitätsmanagements. In W. Hellmann (Hrsg.), *Kooperative Kundenorientierung im Krankenhaus. Ein wegweisendes Konzept zur Sicherung von mehr Qualität* (S. 93–95). Kohlhammer.

Hellmann, W. (2020). Qualität im Krankenhaus – ein ganzheitlicher Ansatz. In W. Hellmann, J. Schäfer, G. Ohm, K. Rippmann & U. Rohrschneider (Hrsg.), *SOS Krankenhaus. Strategien zur Zukunftssicherung* (S. 138–145). Kohlhammer.

Hellmann, W. (2021a). *Die Chirurgie hat Zukunft. Innovative Aus- und Weiterbildung als Erfolgsfaktor. Reihe „essentials"*. SpringerGabler.

Hellmann, W. (2021b). *Kooperative Versorgungsformen – Chance für den ländlichen Raum. Praxisbeispiele, Konzepte, Wissensvermittlung*. mgo Fachverlage.

Hellmann, W., & Eble, S. (Hrsg.). (2010). *Ambulante und Sektoren übergreifende Behandlungspfade. Konzepte, Umsetzung, Praxisbeispiele*. Medizinisch Wissenschaftliche Verlagsgesellschaft.

KBV. (Hrsg.). (2015/16). Qualitätsmanagement in der Praxis. In Praxiswissen. Ein Service der Kassenärztlichen Bundesvereinigung. www.kbv.de/qm. Zugegriffen am 02.10.2021.

Kretzmann, W. (2021). Was ist das Konzept der multimodalen Medizin®? https://www.dr-kretzmann.de/Leistungen/Multimodale-Medizin/index.html. Zugegriffen am 02.10.2021.

Paeger, A. (2021). Wertschöpfung mittels integriertem Versorgungsmanagement. In B. Simon & N. Krämer (Hrsg.), *Zukunft der Gesundheitsversorgung: Vorschläge und Konzepte aus der Perspektive der stationären Leistungserbringer* (S. 63–73). SpringerGabler.

Schilling, T., Jäger, C., & Haverich, A. (2009). Perspektiven zur Optimierung der Qualität in der Herzchirurgie. *Deutsche Medizinische Wochenschrift, 134*, 5230–5231.

Voit, D. (2016). QM-RL: Qualitätsmanagement jetzt sektorenübergreifend geregelt. *das Krankenhaus, 10*, 850–855.

West, E. (2001). Management matters; the link between hospital organization and quality of patient care. *Quality in Health Care, 10*, 10–48.

Risikomanagement in der Fachabteilung

Wolfgang Hellmann

Inhaltsverzeichnis

Zusammenfassung

Effizientes Risikomanagement in der Fachabteilung ist der Schlüssel für hohe Patientensicherheit. Aus der starkenBelastung von ärztlichem und weiterem Personal folgt vor allem, dass der zusätzliche Arbeitsaufwand gering sein muss. Der Beitrag zeigt auf, was in der Fachabteilung sinnvoll, machbar und möglich ist.

22.1 Instrumente des Risikomanagements für die Fachabteilung

Es lassen sich die Instrumente einsetzen, die im Rahmen des QM eingesetzt werden. Aufgrund der zunehmend engeren finanziellen Spielräume werden vorrangig Instrumente zu nutzen sein, die bereits ansatzweise praktische Anwendung in den Fachabteilungen finden und/oder einfach umsetzbar sind. Beispiele dafür sind:

W. Hellmann (✉)
Hemmingen, Deutschland

W. Hellmann (Hrsg.), *Patientensicherheit*,
https://doi.org/10.1007/978-3-658-37143-2_22

Checklisten

Finden im OP-Bereich bereits seit langer Zeit Verwendung. Sie sind darüber hinaus breit einsetzbar und geeignet, Risiken unterschiedlichster Art in der Fachabteilung bzw. im OP zu identifizieren.

Befragungen

Sie sind in besonderer Weise geeignet, Risiken zu erfassen und zu bewältigen, die Qualität zu verbessern und damit eine gute Basis für hohe Patientensicherheit zu schaffen.

Dabei geht es nicht nur um Patienten, sondern auch um Mitarbeiter. Das Personal beinhaltet eine Vielfalt möglicher Risiken. Zu fokussieren ist auch auf Kooperationspartner im ambulanten Bereich und in Rehakliniken. Eine abgestimmte Koordination und Kooperation schafft PS!

Weiterbildung

Nicht vernachlässigt werden sollte die ärztliche Weiterbildung. Sie muss frei von Druck und nicht akzeptablen Vorgaben der Chefärzte sein. Ansonsten resultieren Demotivation und Verweigerung mit Risiken und Gefahren für die PS. Nur motivierte und exzellent ausgebildete Mitarbeiter sind in der Lage, Patienten qualitativ hochwertig zu versorgen.

Klinische Pfade

Mittels Klinischer Pfade lassen sich Behandlungen optimieren, Risiken für Mitarbeiter minimieren, die Zusammenarbeit verbessern und ggf. Kosten einsparen (Hellmann, 2002, Hellmann & Eble, 2010). Zu beachten ist, dass sie „rechtssicher" ausgelegt sein müssen.

Patientenpfade

Sie stellen eine besondere Form der Patienteninformation dar. Dabei handelt es sich um heruntergebrochene Klinische Pfade. Sie zeigen dem Patienten in einfacher Form den Behandlungsweg auf (Wo passiert mit mir was, wie, warum und mit welchen Konsequenzen?).

▶ **Praxistipp zur Patienteninformation** Verzichten Sie auf rein deskriptive Informationen! Bevorzugen Sie eine Kombination aus minimalem Text mit einfacher grafischer Darstellung. Der ärztlichen Aufklärungspflicht genügen Patientenpfade alleine nicht. Sie können die Aufklärung jedoch unterstützen und den Patienten motivieren, sich selbst in die Behandlung einzubringen.

Risikodialog – auch im Kontext von Business Continuity Management

Der Risikodialog ist ein wirksames Instrument zur Identifizierung, Minimierung, Vermeidung und Bewältigung von Risiken. In deutschen Krankenhäusern bzw. den Fachabteilungen wird er bisher wenig angewendet, wenn man von Fallkonferenzen bzw. Peer-Aktivitäten absieht.

Es handelt sich um ein kommunikatives Instrument, mit dem in unterschiedlichen Bereichen der Fachabteilung Risiken aufgedeckt, vermindert und bewältigt werden können (Hellmann & Ehrenbaum, 2020).

Es versteht sich von selbst, dass der Risikodialog ins Krankenhaus gehört wie der Arzt zum Patienten. Bekannt ist er im Hinblick auf den Arzt-Patient-Dialog. Ein Aspekt bezieht sich auf die Aufklärung zu einem Diagnoseverfahren oder einer Therapie. Ziel kann z. B. auch die Vorbeugung gegenüber Behandlungsfehlern sein.

Der Risikodialog kann und sollte sich ebenfalls auf Business Continuity Management (BCM) beziehen. Dies beinhaltet eine Art Vorbeugungsmaßnahme für plötzliche und unvorhergesehene Ereignisse mit Gefährdung der Bestandssicherung des Krankenhauses. Um hier vorbereitet zu sein, empfiehlt es sich, Handlungsoptionen „in der Tasche zu haben". BCM sollte aber auch auf eher „kleine Ereignisse" fokussieren, nicht nur in Bezug auf das gesamte Krankenhaus, sondern auch auf die Fachklinik. So kann plötzlich (aus welchen Gründen auch immer) ein Ärztemangel in der Fachabteilung eintreten oder es können Kooperationspartner in einem integrierten Versorgungsprojekt wegbrechen, so dass eine ausreichende Patientenversorgung in der Fachabteilung gefährdet ist. Dem kann durch einen Risikodialog zwischen Berater und Krankenhausärzten vorgebeugt werden.

Die wesentlichen Einsatzmöglichkeiten eines Risikodialogs:

- Partizipative Entscheidungsfindung zwischen Arzt und Patient im Behandlungsprozess.
- Risikodialog mit Mitarbeitern: Risiken für Mitarbeiter und Möglichkeiten zur Bewältigung können diskutiert und Lösungen gemeinsam entwickelt werden.
- Konferenzen unterschiedlichster Art zur Optimierung und Sicherung der Behandlungsqualität für Patienten wie z. B. Fallkonferenzen (auch strukturierter Dialog zwischen Krankenhausärzten und Experten aus der externen QS).
- Dialog zwischen Chefärzten und Geschäftsführung: Der Risikodialog ist hier ebenfalls ein wichtiges Instrument zur Vermeidung und Ausschaltung von Risiken (Beispiele: Chancen und Risiken im Rahmen von interdisziplinären Behandlungszentren, Kooperationen oder Fusionen). Hier lauern zahlreiche Risiken, vor allem auch betriebswirtschaftlicher Natur.
- Dialog zwischen Chefärzten und Controllern: Die Behandlung von Fragen zu wegbrechenden Erlösen und geeigneten Gegenmaßnahmen ist zur Vermeidung von Liquiditätsproblemen unausweichlich.
- Dialog zwischen Ärzten und potenziellen Kooperationspartnern: Kooperationen sollten gut überlegt werden. Zwischen Krankenhausärzten und Kollegen aus dem ambulanten Bereich muss intensiv diskutiert werden, welche Chancen und Risiken bestehen und wie potenziellen Risiken vorgebeugt werden kann.

Fazit

Die hier vorgestellten Instrumente stellen nur eine kleine Auswahl dar. Es sind jedoch diejenigen Maßnahmen, die von der Abteilung ggf. „alleine" (ohne Unterstützung eines ZQM) bewältigt werden können. Ist dies erfolgreich, hat die Fachabteilung viel gewonnen. Erfolgreich sein kann sie aber nur bei guter Zusammenarbeit aller Berufsgruppen und auf der Grundlage einer nachhaltigen Dialog- und Fehlerkultur.

22.2   Ansatzpunkte für Risikomanagement in der Fachabteilung

Wo Risikomanagement in der Fachabteilung ansetzen muss:
- bei strukturellen Veränderungen,
- bei organisatorischen Veränderungen,
- bei finanzrelevanten Veränderungen,
- als Basis für die Sicherung multidimensionaler Qualität,
- als Grundlage hoher Versorgungsqualität,
- bei der Sicherung hoher Prozessqualität (z. B. Klinische Pfade),
- beim RM zur Prävention von unerwartet auftretenden Schadensereignissen (BCM),
- beim RM für Mitarbeiter (Arbeitsschutz, Compliance, Gesundheit).

Folgenden Fragestellungen muss sich die Fachabteilung zur Gewährleistung von Patientensicherheit stellen:
- Ist das RM ausreichend?
- Ist ein Komplikationsmanagement vorhanden?
- Ist die Fachabteilung auf eventuelle Auseinandersetzungen mit Patienten bei Behandlungsfehlern vorbereitet?
- Ist die Fachabteilung auf ein unerwartetes Auftreten von Schadensereignissen (z. B. plötzliches Wegbrechen von Patienten) vorbereitet?

Für ein zielorientiertes RM der Fachabteilung bedarf dieser Fragenkatalog stetiger Erweiterung und Konkretisierung, in Abhängigkeit von den sich verändernden Ansprüchen und Rahmenbedingungen.

Umgang mit Behandlungsfehlern

Es ist eine Binsenweisheit, dass Behandlungsfehler bei Patienten gravierende Folgen für den Arzt und den Versorger haben können. Weniger reflektiert ist, dass Ärzte in Weiterbildung ebenfalls zur Verantwortung gezogen werden können, wenn sie fehlerhaft agieren. Dies gilt für schwere Behandlungsfehler. Das Thema PS muss deshalb schon früh, also im PJ und in der ärztlichen Weiterbildung, thematisiert werden. Ein unzureichender Qualitätsanspruch bei der Behandlung kann gravierende Folgen für die Weiterzubildenden, aber auch für den Versorger haben!

▶   **Praxistipp für Ärzte in Weiterbildung**   Lassen Sie als Arzt in Fachweiterbildung
    höchste Vorsicht bei möglichen Delegationen des CA oder eines FA an Sie wal-
    ten, vor allem bei Operationen mit Potenzial zu schweren Behandlungsfehlern.
    Die Materie ist kompliziert und komplex, zumal in verschiedenen Bundes-
    ländern unterschiedliche Regelungen bestehen. Fest steht: Bei jedem schweren
    Behandlungsfehler besteht Beweislastumkehr. Prüfen Sie deshalb die Rahmen-
    bedingungen für Ihr eventuelles Handeln genau. Die Überlegung, dass
    Sie nicht verantwortlich gemacht werden können, weil im Sinne eines
    Organisationsverschuldens der Träger bzw. der Chefarzt haftet, steht mög-
    licherweise auf schwachen Füßen. Es kann Ihnen unter Umständen Über-
    nahmeverschulden vorgeworfen werden. Dies orientiert sich vor allem an der
    Frage, ob Sie selbst für die Behandlung ausreichend qualifiziert waren und sich
    somit in der Lage sahen, den Anforderungen des Facharztstandards zu ge-
    nügen (Vorliegen theoretischer und praktischer Kenntnisse, ausreichende me-
    dizinische und operative Ausstattung etc.) (siehe auch Berg, 2020; Wienke &
    Sailer, 2015).

22.3   Schlussbetrachtung

RM muss mehr sein als Medizinisches RM. Es muss allen wesentlichen Risikokategorien
Rechnung tragen. Die Fachabteilung ist hier zentral verantwortlich. Sie muss sich die
Frage stellen, mit welcher Zielrichtung, mit welchem Personal und mit welchen Instrumenten sie Risiken für den Patienten ausschalten muss, um umfassende Patientensicherheit gewährleisten zu können. Dazu kann eine Ist-Analyse wichtige Anhaltspunkte liefern.
Auf ihrer Basis können ein schlüssiges und nachhaltiges Vorgehen für das RM und QM
entwickelt werden und die geeigneten Instrumente für eine sinnvolle Umsetzung ausgewählt werden.

Zu beachten ist auch ein regelgerechter Einsatz von Ärzten in Weiterbildung einschließlich deren persönlicher Reflexion, ob sie „eigenständigen" Aufgaben im Kontext der Delegation durch den Chefarzt ggf. genügen können.

22.4   Kontrollfragen

1. An welchen Stellschrauben muss Risikomanagement in der Fachabteilung ansetzen?
2. Nennen Sie wichtige Instrumente des Risikomanagements mit leichter Umsetzbarkeit
   für die Fachabteilung.
3. Wie können Sie im Hinblick auf die Erfassung von Risiken in Ihrer Abteilung vorgehen?
4. Welche Qualitätsansprüche sind an die Behandler zu stellen?
5. Teilen Sie die Auffassung: „Ein Assistenzarzt, der als Operateur der Not geschuldet
   eingesprungen ist, hat bei einem Behandlungsfehler nichts zu befürchten"?

Literatur

Berg, S. (2020). Grundlagen und Rüstzeug für den Ernstfall im ärztlichen Haftungsrecht einschließlich praktischer Tipps für den Arzt in der Fachabteilung. In W. Hellmann, F. Meyer, K. Ehrenbaum & I. Kutschka (Hrsg.), *Betriebswirtschaftliches Risikomanagement im Krankenhaus: Ein integrativer Bestandteil des Qualitätsmanagements* (S. 80–103). Kohlhammer.

Hellmann, W. (2002). *Klinische Pfade. Konzepte – Umsetzung – Erfahrungen.* ecomed.

Hellmann, W., & Eble, S. (Hrsg.). (2010). *Ambulante und Sektoren übergreifende Behandlungspfade. Konzepte, Umsetzung, Praxisbeispiele.* Medizinisch Wissenschaftliche Verlagsgesellschaft.

Hellmann, W., & Ehrenbaum, K. (2020). Der Risikodialog. In W. Hellmann, F. Meyer, K. Ehrenbaum & I. Kutschka (Hrsg.), *Betriebswirtschaftliches Risikomanagement im Krankenhaus: Ein integrativer Bestandteil des Qualitätsmanagements* (S. 170–175). Kohlhammer.

Wienke, A., & Sailer, R. (2015). Was darf der Weiterbildungsassistent, was nicht? https://www.kanzlei-wbk.de/aktuelles-medizinrecht/was-darf-der-weiterbildungsassistent-weiterbildungsassistent_was-nicht%2D%2D-152.html. Zugegriffen am 18.01.2021.

Patientensicherheit im Krankenhaus – ein Konzept für schwierige Zeiten

23

Wolfgang Hellmann

Inhaltsverzeichnis

Zusammenfassung

Ein Patientensicherheitskonzept (PSK) für ein Krankenhaus muss auf einer umfassenden Ist-Analyse (Was tun wir bereits?) und der Entwicklung eines Soll-Konzeptes (In welchen Bereichen müssen wir besser werden? Wie schaffen wir das?) basieren. Besondere Bedeutung hat dabei die Entwicklung eines klugen Personalkonzeptes, das sich an einer Zukunft mit wenig Personal und Finanzmangel zu orientieren hat. Es muss um das gehen, was machbar und möglich ist. Neue Wege mit Veränderungen sind unausweichlich, vor allem aufgrund zunehmenden Personalmangels, besonders in der Pflege. Bereits jetzt können Intensivbetten nicht mehr in ausreichendem Umfang vorgehalten werden. Sinnvoll ist daher eine perspektivische Planung des PSK, in die zukünftige Partner mit eingebunden werden.

W. Hellmann (✉)
Hemmingen, Deutschland

W. Hellmann (Hrsg.), *Patientensicherheit*,
https://doi.org/10.1007/978-3-658-37143-2_23

23.1   Einleitung

Die Forderung nach umfassender Berücksichtigung von Patientensicherheit (PS) im Krankenhaus könnte implizieren, dass diese aktuell nicht oder nur eingeschränkt im Fokus steht. Dies ist natürlich nicht der Fall. Zahlreiche Aktivitäten in den Krankenhäusern dienen der PS, insbesondere im Kontext der Einbeziehung von Qualitätsmanagementsystemen (QMS), die Krankenhäuser verpflichtend einführen müssen. Patientensicherheit ist aber meist nicht explizit als Ergebnis oder Ziel der Bemühungen um Qualität und Risikomanagement (RM) ausgewiesen. Dies gilt auch im Hinblick auf konventionelle QMS wie KTQ® oder die neue DIN-Norm für das Gesundheitswesen (ISO EN 15224:20212).

Im Mittelpunkt der Aussagen steht meist die Fokussierung auf hohe Ergebnisqualität, ggf. (je nach Konzept) auch im Kontext von Risikomanagement. Innerhalb dessen wird insbesondere auf das Medizinische RM abgestellt (Vermeidung und Minimierung von Behandlungsfehlern), die übrigen Risikokategorien werden dagegen eher am Rande berücksichtigt.

In diesem Zusammenhang wird medizinische Expertise durchaus überhöht. Sie ist jedoch nur Teil eines Bündels von Risikokategorien, die zur PS beitragen. Insbesondere wird die Bedeutung der Mitarbeiter für PS unterschätzt.

Die Integration eines Patientensicherheitskonzepts (PSK) im Krankenhaus setzt die Beantwortung der grundlegenden Frage voraus: *Genügt unser QMS (einschließlich RM) den Anforderungen der Gewährleistung notwendiger Patientensicherheit?*

Beantwortet werden kann diese Frage durch eine **Ist-Analyse**, auf deren Basis ein **Soll-Konzept** entwickelt wird. Dieses Soll-Konzept wird in der Regel auch eine Zuordnung der Verantwortlichkeiten in dem zu implementierenden PSK beinhalten müssen.

Grundlegendes Prozedere für ein Patientensicherheitskonzept
Geht man davon aus, dass bei Null begonnen wird (und auch Kooperationspartner sinnvollerweise eingebunden werden sollen), kann für das Erreichen des Ziels Patientensicherheit die folgende Logik von Einzelschritten sinnvoll sein:

- Beschluss der Geschäftsführung (ggf. gemeinsam mit den Geschäftsführern kooperierender Einrichtungen) zur Planung und Durchführung eines Projekts zur Entwicklung und Implementierung eines PSK,
- Festlegung der Projektverantwortlichen und Projektgruppen,
- Strukturierung des Projektplans mit Zielen und Prozedere,
- Durchführung des Projekts,
- Implementierung,
- Evaluation.

23.2   Ist-Analyse

Eine Ist-Analyse ist grundsätzlich erforderlich, auch wenn Patientensicherheit nicht explizit als Unternehmensziel ausgewiesen ist. Diese ist auch nicht der zentral bestimmende Faktor. Entscheidend sind vielmehr die Instrumente, die Grundlage von PS sind. Dies sind vor allem das Qualitäts- und Risikomanagement. Sie werden in allen Krankenhäusern genutzt, auch im Kontext der Verpflichtungen zur Vorhaltung eines QMS und Vorgaben des G-BA zu RM (z. B. anonymes Fehlermeldesystem, Beauftragter für RM). Vor diesem Hintergrund muss das Krankenhaus die folgenden Fragen beantworten:

Qualitätsmanagement
- Wie effizient ist unser QM-System?
- Können wir unser komplexes QM-System im Kontext schwieriger Rahmenbedingungen mit Fachkräfte- und Finanzmangel weiter aufrechterhalten?
- Welche Alternativen gibt es?

Risikomanagement
- Ist unser RM auf aktuellem Stand, d. h. sind wir den Forderungen des G-BA nach einem anonymen Fehlermeldesystem und der Bestellung eines Beauftragten für RM nachgekommen?
- Beschränken wir uns immer noch vorrangig auf das medizinische RM oder realisieren wir inzwischen einen übergreifenden Ansatz, der die unterschiedlichen Risikokategorien in die Betrachtung einbezieht?
- Berücksichtigen wir vor dem Hintergrund weiterer Möglichkeiten von Krisen Vorsorgemaßnahmen im Sinne des Business Continuity Management (Hellmann, 2021), ggf. auch im Kontext der Entwicklung von Szenarien?
- Welche Instrumente werden angewendet (z. B. Sturzvermeidung, Dialog zur Medikation mit den Patienten, Prophylaxe bei Medikamenten nach OP, Checklisten für Operationen etc.)?
- Wie ist RM bei uns organisiert?

Patientensicherheit
- Was versteht unser Unternehmen unter PS?
- Gibt es eine explizite Patientensicherheitsstrategie mit Zugänglichkeit für alle Mitarbeitenden und unter Einbindung der Patienten? Wenn ja:
  - Wer ist konkret zuständig (Beauftragte für RM, QM, PS, Pflegekräfte)?
  - Welche Qualifikationen haben diese Fachkräfte?
  - Gibt es kontinuierliche Schulungen für dieses Personal, auch im Hinblick auf den Erwerb methodisch-didaktischer Qualifikationen?
  - Gibt es Schulungen zur Gesundheitsbildung für Patienten? In welcher Form und mit welchen Inhalten?
  - Werden die Angehörigen eingebunden?

- Werden die Patienten in Ihrer Einrichtung letztendlich befähigt, Beiträge zur PS zu leisten, z. B. durch Identifizierung von Fehlern und Weitergabe an zuständiges Personal zwecks Nutzung für einen kontinuierlichen Verbesserungsprozess (KVP)?
- Werden in der PS neue Entwicklungen berücksichtigt, wie Digitalisierung, Krisen wie die Corona-Pandemie, Cyberkriminalität und auch unerwartete Naturkatastrophen wie in NRW, Rheinland-Pfalz und Bayern?

23.3 Soll-Konzept

Die Planung des Solls für ein PSK sollte mögliche oder bevorstehende Veränderungen im Hinblick auf Kooperationen und Zusammenschlüsse mit anderen Leistungserbringern (Krankenhaus – Krankenhaus, Krankenhaus – MVZ) bereits berücksichtigen und auch die Partner in die Diskussion einbeziehen, vor allem, wenn man als „Versorgungseinheit" im Sinne eines Integrierten Versorgers auftreten will oder muss. Dies vorausgesetzt, ist es sinnvoll, nicht nur auf „gleichsinnige Qualität", sondern auch auf „gleichsinnige Patientensicherheit" auszurichten, und das nicht nur intern, sondern vor allem auch extern mit Fokus auf die Akquisition von Patienten. Zu denken wäre auch an die Etablierung eines Slogans oder einer Marke, die dies sichtbar umschreibt und sich auch im Leitbild des Krankenhauses bzw. in der Kooperation niederschlägt, z. B.: „Qualität ist unsere Patientensicherheit".

Folgende wichtige Fragen ergeben sich dabei:

- Wie ist die derzeitige Situation des Krankenhauses (Einzelkrankenhaus oder Verbund)?
- Gibt es Pläne für
  - eine Fusion mit einem anderen stationären Anbieter oder einer ambulanten Einrichtung (z. B. einem Ambulant-Stationären Zentrum)?
  - eine Mitwirkung in einer Verbundlösung?
  - die Einbindung in einen sektorenübergreifenden Versorgungsansatz mit dem Krankenhaus als zentralem Leistungsanbieter (vgl. Raab, 2021)?
  - den Aufbau eines Versorgungszentrums neuerer Art aus Krankenhaus und MVZ (Hellmann, 2021)?
- Ist die Umsetzung und Implementierung eines PSK finanziell gesichert bzw. wie kann sie ggf. gesichert werden?
- Welcher Personenkreis kommt für die Aufgaben in Bezug auf PS in Frage?
- Lassen sich diese Personen aus dem Unternehmen bzw. seinen Partnern rekrutieren oder bedarf es einer Rekrutierung von Externen und damit verbunden höheren Kosten für das Krankenaus und seine potenziellen Partner?

Die Beantwortung dieser Fragen ist bedeutsam. Es geht ja nicht nur darum, ob ein PSK umgesetzt werden soll, sondern auch um Überlegungen, wie es strukturiert werden und wo die zuständige Stelle (z. B. Stabsstelle Patientensicherheit) angesiedelt sein soll. Diese Frage ist für die einzelnen genannten Möglichkeiten unterschiedlich zu beantworten. Die Umsetzung ist auch, je nach Ausrichtung des Krankenhauses, unterschiedlich komplex und kompliziert, vor allem aufgrund des evtl. notwendigen Abstimmungsbedarfs. Dieser ist für ein isoliertes Krankenhaus geringer als beispielsweise für eine komplexe integrierte Versorgungseinrichtung aus Krankenhaus, MVZ und weiteren Leistungsanbietern.

Unabhängig von der Ansiedlung der Zuständigkeit (in Abhängigkeit von der jeweiligen institutionellen Struktur) sind die Aufgaben, Qualifikationen und Zuständigkeiten der zukünftigen Beauftragten eindeutig zu definieren und voneinander abzugrenzen.

Im Einzelnen ergeben sich folgende Anforderungen:

- Klare Abgrenzung der Aufgaben und Zuständigkeiten der Beauftragten für QM, RM und PS.
- Bereitstellung von geschulten Mitarbeitern mit guten Fachkenntnissen zur Organisation der Versorgungseinrichtung, von QM, RM und QS, aber auch mit methodisch-didaktischer Kompetenz zwecks angemessener Unterweisung und Betreuung von schwierigen Adressaten (kranken Patienten).
- Hohe Kommunikations- und Konfliktfähigkeit für den Umgang mit Patienten, aber auch im Hinblick auf evtl. beratende Tätigkeiten der Fachabteilungen.

Die Betonung von QM oder RM in einem Patientensicherheitskonzept ist weder von der Sache her noch unter Marketingaspekten besonders klug. Denn die Begriffe QM und RM umschreiben lediglich ein Instrumentarium, das die Grundlage für das Ergebnis PS darstellt. Der Begriff „Patientensicherheit" ist aussagekräftiger und für den Patienten verständlicher. Er beinhaltet ein Versprechen: „Hier bist Du als Patient sicher, denn wir sorgen angemessen und mit hoher Qualität für Dich". Insofern passt er auch ins Leitbild, sofern dem Grundsatz „Wir halten, was wir versprechen" Rechnung getragen wird.

Das Soll-Konzept ist an der Realität zu orientieren, und seine grundlegende Machbarkeit auch unter veränderten Rahmenbedingungen zu berücksichtigen.

23.4 Zuständigkeiten in einem Patientensicherheitskonzept für das Krankenhaus

Die Aufgaben und Zuständigkeiten in einem PSK könnten wie folgt geregelt sein (siehe auch Abb. 23.1):

Geschäftsführung
Initiator und zentral Verantwortlicher für PS.

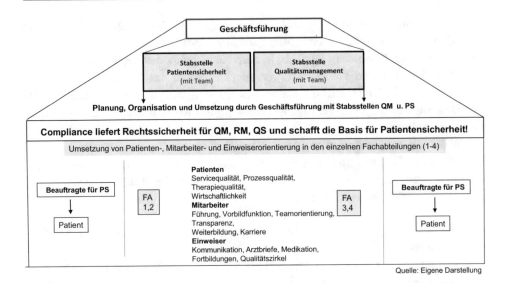

Abb. 23.1 Zuständigkeiten in einem Patientensicherheitskonzept

Stabsstelle für Patientensicherheit

- Festlegung der Aufgaben der Beauftragten für PS, seien es RMB, QMB oder anderes Personal.
- Festlegung der Kriterien für die Qualifikation der Beauftragten einschließlich der Beschreibung ihrer Qualifikationsprofile.
- Curriculare Entwicklung von Schulungen und Adaption der Inhalte in konkreten zeitlichen Abständen für sich verändernde Rahmenbedingungen.
- Koordination der Beauftragten für PS (z. B. bezüglich der Beratung der Fachabteilungen zur Umsetzung von QM und RM).
- Zusammenführung der Ergebnisse von QM und RM mit Einschätzung der Effektivität und Effizienz, auch unter wirtschaftlichen Aspekten.
- Vorschläge zur Optimierung der Aktivitäten von QM und RM für die Verantwortlichen dieser Bereiche.

Stabsstelle für Qualitäts- und Risikomanagement

QM und RM haben in verschiedenen Versorgungseinrichtungen unterschiedliche Strukturen. Gemeinsam ist den Einrichtungen ein verpflichtendes QMS, sei es konventionell oder „selbstgestrickt", und die Notwendigkeit der Umsetzung der Vorgaben des G-BA (anonymes Fehlermeldesystem und Beauftragter für RM). In vielen Krankenhäusern ist das QM in einem Zentrum für Qualitätsmanagement (ZQ) verankert, z. T. ergänzt durch dezentrale Beauftragte für QM.

Beauftragter oder Abteilung für Compliance

Die Zuständigkeit für Compliance kann unterschiedlich organisiert sein, ebenso ihre Einbindung ins Unternehmen. Häufig gibt es einen **Beauftragten für Compliance**, der der Geschäftsführung (z. B. im Sinne einer Stabsstelle) zugeordnet ist, oder aber eine **Funktionseinheit Compliance** mit einem ähnlichen Status wie Fachabteilungen.

Die Verantwortlichkeit für Compliance im Krankenhaus, wie auch immer organisiert, sorgt für die Einhaltung von Gesetzen und weiteren Vorgaben, besonders auch in patientenrelevanten Bereichen (z. B. Einhaltung von Patientenrechten) und hat damit eine wichtige und unverzichtbare Bedeutung. Effizient wird sie dann, wenn sie als gleichberechtigter Partner zum Qualitätsmanagement agieren kann und einen intensiven Kontakt zu den Fachabteilungen pflegt. Denn hier ist der Ort, an dem die Patientenbehandlung erfolgt und somit Verstöße gegen Patientenrechte erfolgen können (siehe auch Kap. 14).

23.5 Krisenprävention, Einhaltung von Patientenrechten und Digitalisierung als wichtige Aufgaben

Vorbereitung auf Krisen

Krankenhäuser sind generell auf sich kontinuierlich verändernde Rahmenbedingungen auszurichten und einzurichten. Präventionsmaßnahmen für Krisen mit Notfallplänen gemäß dem **Business Continuity Management** (Kap. 13) sind unverzichtbar, ebenfalls entsprechende integrierte Schulungen. Tipps zur praktischen Umsetzung finden sich beispielsweise in Kap. 6 und 24.

Notwendig sind außerdem entsprechende Teamtrainings, nicht nur im Hinblick auf eine erfolgreiche Zusammenarbeit für die normale Bewältigung des Krankenhausalltages, sondern auch für die Vorbereitung auf Krisen (Kap. 16).

Wahrung von Patientenrechten

Höchste Priorität muss die Wahrung von Patientenrechten haben. Insbesondere Verstößen gegen Aufklärungspflichten muss vorgebeugt werden, ebenso Verletzungen von Informationspflichten, unterlassene Befunderhebung etc. Grundsätzlich muss auf das Vermeiden von Fehlern höchster Wert gelegt werden. Auch hier ist der Bereich **Compliance** gefordert, indem er auf die Einhaltung gesetzlicher und interner Vorgaben ein Auge hat und Versäumnisse zwecks Abstellung bei der Geschäftsführung moniert (Kap. 14).

Prozessorientierung und Digitalisierung müssen Standard sein

Eine funktionale Organisation ist nicht mehr zeitgemäß. Zielführend ist Prozessorientierung auf allen Ebenen, vor allem über die gesamte Behandlungskette hinweg. Sie ist nicht nur Voraussetzung für gute Zusammenarbeit (z. B. therapeutische Teams aus Ärzten und Pflegekräften), sondern auch für die direkte Patientenbetreuung. Sie dient außerdem der notwendigen Einsparung von Personal und Kosten (siehe auch Kap. 17).

Digitalisierung ist ein „aufbauendes Instrument" (Kap. 15). Sie verbessert die Behandlungsmöglichkeiten für Patienten und schafft Erleichterungen für das Behandlungspersonal. Insgesamt kann sie auch zur Verschlankung von Arbeitsabläufen beitragen und hat damit einen kompensierenden Effekt im Hinblick auf Personal- und Finanzmangel.

23.6 Schlussbetrachtung

Am Anfang steht die Frage: Was verstehen wir unter PS und wie wird diese in unserer Einrichtung gewährleistet? Beantwortet werden kann diese Frage mit einer Ist-Analyse zur aktuellen Erfassung des Personalbestandes, der Struktur und der Funktionsfähigkeit des QM (mit RM) und der Liquidität, initiiert durch die Geschäftsführung und in Zusammenarbeit mit allen Funktionsabteilungen. Die zentrale Frage muss lauten: Welche Strukturen liegen vor und wer macht was, warum und wie? (Und nicht: Wer sollte was in welcher Weise wofür machen?) Denn bei der Ist-Analyse geht es um die Erfassung der Realität. Dies gilt ebenfalls für die Finanzsituation, auch in perspektivischer Ausrichtung. Denn die Ist-Analyse könnte im Hinblick auf veränderte Rahmenbedingungen massive Defizite erbringen, die beseitigt werden müssen. Dies ist nur möglich bei umfassender Liquidität.

Zu prüfen sind im Nachgang zur Ist-Analyse auch Fragen zu möglichen Veränderungen der Institution. Verbleiben als „isoliertes" Krankenhaus? Kurzfristig Teil einer Verbundlösung? Teilprivatisierung? Die Beantwortung dieser Fragen ist erheblich für die Erstellung eines effizienten Soll-Konzepts zur Patientensicherheit. Insgesamt muss es um die Ermittlung eines geeigneten Weges gehen, der berücksichtigt, was in schwierigen Zeiten noch machbar und möglich ist, und gleichzeitig die höchstmögliche Sicherheit der Patienten gewährleistet. Dies beinhaltet einfache und pragmatische Lösungen, die insbesondere auch auf zukünftige mögliche Krisen wie Corona ausgerichtet sein müssen.

23.7 Kontrollfragen

1. Beschreiben Sie die Hierarchie der Zuständigkeiten in einem Patientensicherheitskonzept.
2. Beschreiben Sie nach Definition der Begriffe das Zusammenspiel von ist-Analyse und Soll-Konzept auf dem Weg zur Implementierung eines Patientensicherheitskonzepts.
3. Warum genügt es nicht, sich im Marketing zur Patientensicherheit auf Begriffe wie Risiko- und Qualitätsmanagement zu beschränken?
4. Warum sind Überlegungen zur Patientensicherheit im Kontext von Planungen zu kooperativ orientierten Veränderungen bedeutsam (Teil eines Verbundes, Krankenhaus als Träger eines MVZ etc.)?
5. Warum ist es wichtig, die Aufgaben und Einsatzfelder von Qualitätsmanagern, Risikomanagern und (evtl.) Patientensicherheitsauftragen klar voneinander abzugrenzen?

Literatur

Hellmann, W. (Hrsg.). (2021). *Kooperative Versorgungsformen – Chance für den ländlichen Raum. Praxisbeispiele, Konzepte, Wissensvermittlung*. mgo-Fachverlage, Mediengruppe Oberfranken.

Raab, E. (2021). Sektorenübergreifende Versorgungskonzepte für kleine Landkrankenhäuser – Perspektiven für die Optimierung der Versorgung in ländlichen Bereichen. In W. Hellmann (Hrsg.), *Kooperative Versorgungsformen – Chance für den ländlichen Raum. Praxisbeispiele, Konzepte, Wissensvermittlung* (S. 148–167). mgo-Fachverlage, Mediengruppe Oberfranken.

Zukunftskonzept eines realen „Versorgungsnetzes" am Beispiel der Kreisklinik Groß-Gerau

24

Erika Raab

Inhaltsverzeichnis

Zusammenfassung

Dieser Beitrag betrachtet Patientensicherheit als Zielvorgabe praktischer Ansätze und Strukturen in der Umsetzung eines Intersektoralen Versorgungszentrums als mögliches Klinikmodell der Zukunft. Ausgangslage ist die Notwendigkeit neuer Gesundheitskonzepte als Folge eines stetig wachsenden Spannungsverhältnisses zwischen ethischer Verantwortung in der medizinischen Daseinsvorsorge und wirtschaftlicher Treibkraft als Voraussetzung für das Bestehen im Wettbewerb der Gesundheitsbranche. Hierzu wird zunächst das System der Fallpauschalen betrachtet und unter dem Gesichtspunkt der Patientenversorgung bewertet. Anschließend werden Hintergründe und Motivation sowie die Ansätze für das Zielbild eines regionalen Intersektoralen Versorgungszentrums

E. Raab (✉)
Kreisklinik Groß-Gerau GmbH, Groß-Gerau, Deutschland
E-Mail: Erika.raab@kreisklinik-gg.de

© Der/die Autor(en), exklusiv lizenziert an Springer Fachmedien Wiesbaden
GmbH, ein Teil von Springer Nature 2022
W. Hellmann (Hrsg.), *Patientensicherheit*,
https://doi.org/10.1007/978-3-658-37143-2_24

am Beispiel des aktuellen Projektstandes der Kreisklinik Groß-Gerau skizziert. Ein Blick auf die in der konkreten Praxis gewählten Instrumente zur Verbesserung der Patientensicherheit zeigt Herausforderungen und Vorteile einzelner Werkzeuge auf. Zuletzt wird anhand eines Erfahrungsberichts gezeigt, wie der Ausnahmefall Corona zur größten Stressprobe für das junge Modell und seine Beteiligten wird.

24.1 Die Notwendigkeit neuer Konzepte

Grund für die Existenz von Krankenhäusern ist die bestmögliche Versorgung von Patienten. Dass unter Patientensicherheit die Schaffung einer Umgebung verstanden wird, die unerwünschte Ereignisse vom Patienten abwendet, bezeugt sowohl eine gewisse Selbstverständlichkeit als auch ein Bewusstsein für die Größe des Risikopotenzials. Die traurige Ironie im Bereich der Risikoidentifikation liegt dabei nicht etwa in der zwangsläufig mitschwingenden Fehleranfälligkeit interner Krankenhausstrukturen (denn es ist eine Tatsache, dass Fehler zwangsläufig dort auftreten, wo Menschen tätig sind – insbesondere, wenn zunehmend komplexe Aufgaben unter Zeitdruck gelöst werden müssen), sondern im Gesundheitssystem selbst. Die durch Fallpauschalen geprägten Rahmenbedingungen und Vergütungsanreize führen zu einer Krankenhauslandschaft, die wirtschaftlichen Erfolg regelmäßig über das Patientenwohl stellt. Ein Fehlanreiz also, der die Patientensicherheit gefährdet und dadurch die Notwendigkeit neuer Konzepte schafft.

24.2 Fallpauschalen als Fehlanreiz

Dabei verfolgte die schrittweise Einführung eines Vergütungssystems auf Basis von Fallpauschalen (G-DRG – „German Diagnosis Related Groups") eigentlich eine ganze Reihe von Verbesserungen in der flächendeckenden Gesundheitsvorsorge. Intendiert war eine bewusste Abkehr vom vormals vorherrschenden Selbstkostentragungssystem hin zu einem Anreizsystem in Richtung kostenminimierender und zeitsparender Behandlung des Patienten (Geissler et al., 2010; Neubauer, 2003; Raab, 2019). Für den einzelnen Versorger bedeutet dies: Will er in wirtschaftlicher Hinsicht überlebensfähig bleiben, so muss er Prozesse etablieren, die zu einer Erhöhung der Fallzahlen unter gleichzeitiger Kostenminimierung der einzelnen Behandlungsvorgänge führen. Dieser Trend, der aus wettbewerbsökonomischer Sicht unzweifelhaft die richtige Indizwirkung entfaltet (Waehlert et al., 2015; Beivers & Waehlert, 2018), birgt allerdings in Teilen erhebliche Gefahren für die Patientensicherheit:

- Zum einen sieht sich der Patient immer häufiger damit konfrontiert, nach einem oder mehreren kurzen stationären Aufenthalten in die ambulante Versorgung entlassen zu werden. Diese sog. ökonomisch induzierten Leistungsverlagerungen haben in vergangener Zeit einen Trend hin zu einer primär ambulanten Versorgung ausgelöst. Problematisch ist hier, dass das DRG-System keine Anreize für ein Schnittstellenmanagement zwischen stationären und ambulanten Versorgern schafft. So ergeben sich aus Patientensicht erhebliche Risiken für Komplikationen und fehlerhafte Arzneimitteltherapien im Rahmen von Versorgungsabbrüchen. Exemplarisch steht hierfür der Verdacht, dass Krankenhäuser ihre Patienten aus Kostengründen früher und damit in einem schlechteren Gesundheitszustand an ambulante Versorger entlassen (Eiff et al., 2011). Aus diesem Umstand allein ergeben sich zwar noch keine empirisch belegbaren Patientenrisiken, in Kombination mit einem in weiten Teilen mangelhaften Schnittstellenmanagement sind solche jedoch immer wahrscheinlicher.

- Das DRG-System schafft darüber hinaus starke Anreize, den Patienten mehrmals einer kurzen Behandlung zu unterziehen, anstatt ihn ganzheitlich über einen längeren Zeitraum zu behandeln. Das liegt daran, dass das System den Patienten als Fall mit Haupt- und Nebendiagnosen in starre Formen presst, statt eine ganzheitliche und umfassende Betrachtung abzubilden. Die daraus entstehenden Risiken für den Patienten sind evident: Spontane Verschlechterungen des Gesundheitszustandes zwischen den Behandlungen können möglicherweise aufgrund des Kommunikationsdefizits zwischen Arzt und Patient nicht ausreichend aufgegriffen werden.

- Auch die in den vergangenen Jahren zu beobachtende Knappheit von Pflegepersonal dürfte unter anderem auf die DRG-Reform zurückzuführen sein. Grund dafür ist, dass die Erlöse über ärztliche Abrechnungen erzielt werden. Dieser Umstand führt unweigerlich zu einer verstärkten Nachfrage von Ärzten im Vergleich zu Pflegepersonal (Augurzky et al., 2019). Damit einher geht eine besondere Belastung von Pflegekräften. Zwischen den Jahren 2003 und 2015 allein konnte ein Patientenanstieg um 11,6 % pro Pflegevollkraft verzeichnet werden (Bertelsmann Stiftung, 2017). Diese Tendenz setzt sich bis heute fort. Eine daraus zwingend erfolgende Erhöhung der individuellen Fehlerquote ist empirisch kaum belegbar, liegt aber denklogisch auf der Hand.

Festhalten lässt sich daher, dass die DRG-Reform nicht nur ihrer Zielsetzung nach nicht primär auf das Patientenwohl ausgerichtet ist. Sie birgt auch – trotz der schweren empirischen Belegbarkeit – unmittelbare Risiken für das Patientenwohl und setzt insbesondere kleine, auf die Grundversorgung der Bevölkerung ausgerichtete Krankenhäuser unter enormen wirtschaftlichen Druck. Gewinner des Fallpauschalensystems sind häufig große Häuser, da sie über ausreichend Kapazitäten und Mittel verfügen, um in kurzer Zeit viele Patienten zu behandeln.

24.3 Das Modell Intersektorales Versorgungszentrum

Die Idee des Intersektoralen Versorgungszentrums (IVZ) ist also, eine Überlebensstrategie für einen auf die Bedürfnisse der Bevölkerung zugeschnittenen ländlichen Grundversorger zu schaffen. Ausgangssituation für die Erörterung neuer Modelle ist dabei stets eine genaue Betrachtung der vorliegenden Versorgungssituation. Der Versorgungsgrad einer Region wird ermittelt, indem das Ist-Niveau des tatsächlichen Einwohner-Arzt-Verhältnisses mit dem Soll-Niveau der Verhältniszahl verglichen wird. Der Versorgungsgrad wird in Prozent ausgedrückt und genutzt, um die Versorgung in einer Region zu bewerten.

Der Versorgungsgrad im beispielhaft angeführten Kreis Groß-Gerau beträgt aktuell (Stand 21.September 2021) 93,71 %. Das Ist-Niveau des Einwohner-Arzt-Verhältnisses beträgt demnach nur 93,71 % des Soll-Niveaus. Damit droht – den Regelungen der KV entsprechend – eine Unterversorgung.

Auch eine Analyse der Rettungsmittel-Verteilung und niedergelassenen Ärzte im Einzugsgebiet führte zu dem Schluss, dass ohne die Kreisklinik eine Versorgungslücke für den Gesamtkreis Groß-Gerau entstehen würde. Eine flächendeckende Versorgung mit den übrigen vorliegenden Mitteln wäre nicht möglich – insbesondere mit Blick auf die zu erwartenden steigenden Patientenzahlen (für das Versorgungsgebiet Groß-Gerau bis 2030 um 11 %) sowie die prognostizierte sinkende Anzahl an Arztpraxen.

Die einzig veritable Handlungsoption für dieses Szenario war eine sektorenübergreifende Bündelung der Gesundheitsexpertise und eine enge Verzahnung mit dem Knowhow angegliederter Praxen und Kooperationspartner (Abb. 24.1).

Die Struktur hatte dabei von Beginn an den Anspruch, eine mögliche Antwort auf gängige und weit verbreitete Herausforderungen der Gesundheitsbranche und Versorgungslandschaft zu geben (Raab, 2020a) – und damit einhergehend einen zentralen Risikofaktor für die Patientensicherheit auszuräumen: den sektoralen Patientenwechsel.

Durch den sektoralen Patientenwechsel, also den Übergang von Patienten zwischen ambulanter und stationärer Betreuung, kommt es an den Wechselschnittstellen häufig zu Herausforderungen und den folgenden Fehlern (Cadenbach, 2015):

- Das Risiko einer Situation in der Notaufnahme wird falsch eingeschätzt, weil der Patient seine Erkrankung bei der Erklärung vom Hausarzt nicht richtig verstanden hat.
- Zeitverlust bei der Patientenaufnahme (insb. in Notfällen), weil der überweisende Arzt den Patienten nicht oder zu spät ankündigt.
- Informationsverlust durch fehlende Unterlagen bzgl. Patientengeschichte, Vorerkrankungen oder Medikation.
- Verschlechterung des Gesundheitszustandes oder verspätete Komplikation beim Patienten nach Entlassung aus der Klinik durch fehlende Kontrolle oder Absprache mit Anschlussversorgern.
- Behandlungslücken oder Informationsverlust nach Krankenhausentlassung durch unzureichenden Nachrichtenfluss.

Durch die Verzahnung unterschiedlicher Sektionen verbindet das Intersektorale Versorgungszentrum Behandlungsangebote der gesamten Versorgungskette des Patienten. Aus Wechselschnittstellen werden durch dieses Konzept Knotenpunkte, die einen einheitlichen Standard festlegen. Übergreifende Prinzipien greifen auf integrierte Standards zurück und sorgen damit für fließende Übergänge. Jedes einzelne Puzzlestück (Anbieter am

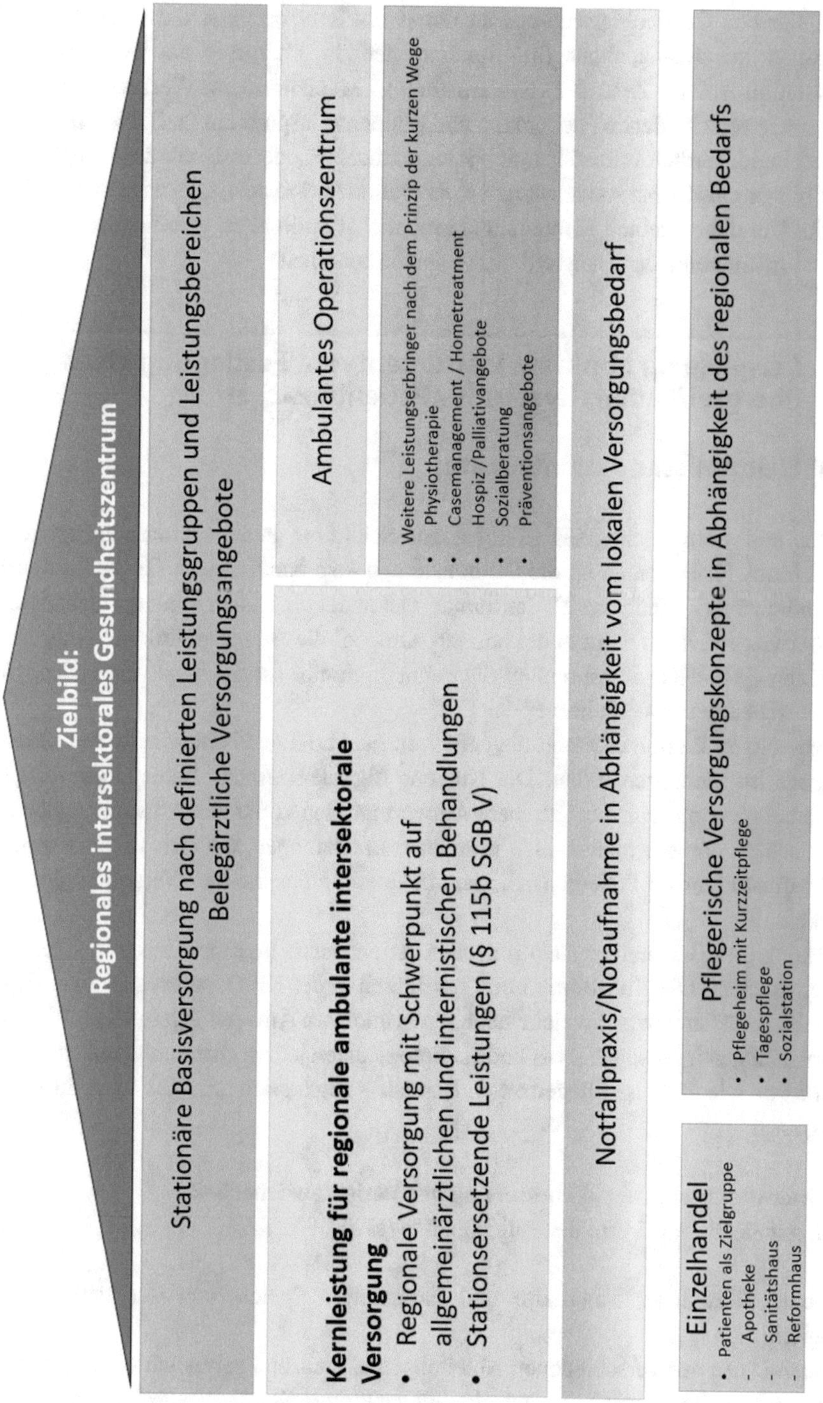

Zielbild:
Regionales intersektorales Gesundheitszentrum

Stationäre Basisversorgung nach definierten Leistungsgruppen und Leistungsbereichen
Belegärztliche Versorgungsangebote

Ambulantes Operationszentrum

Weitere Leistungserbringer nach dem Prinzip der kurzen Wege
- Physiotherapie
- Casemanagement / Hometreatment
- Hospiz / Palliativangebote
- Sozialberatung
- Präventionsangebote

Kernleistung für regionale ambulante intersektorale Versorgung
- Regionale Versorgung mit Schwerpunkt auf allgemeinärztlichen und internistischen Behandlungen
- Stationsersetzende Leistungen (§ 115b SGB V)

Notfallpraxis/Notaufnahme in Abhängigkeit vom lokalen Versorgungsbedarf

Pflegerische Versorgungskonzepte in Abhängigkeit des regionalen Bedarfs
- Pflegeheim mit Kurzzeitpflege
- Tagespflege
- Sozialstation

Einzelhandel
- Patienten als Zielgruppe
  - Apotheke
  - Sanitätshaus
  - Reformhaus

Abb. 24.1   Zielbild für das IVZ Groß-Gerau

Gesundheitscampus) dockt an die Netzwerkstruktur an und arbeitet mit denselben Instrumenten. Für den Gesundheitscampus an der Kreisklinik bedeutet dies aktuell ein Versorgungsnetz aus Krankenhaus (mit Innerer Medizin, Chirurgie und Anästhesie plus Intensivstation sowie Zentraler Notaufnahme), Medizinischem Versorgungszentrum (MVZ) sowie verschiedenen Fachpraxen und Kooperationspartnern (z. B. Neurochirurgie, Rheumatologie, Wirbelsäulenchirurgie, Schmerztherapie oder Augenärzte). Geplant sind darüber hinaus ein Hospiz sowie weitere Kooperationen, wie beispielsweise in der Kinderchirurgie. Um die einzelnen Knotenpunkte möglichst optimal zu verbinden, sichern verschiedene Instrumente den Standard der Patientensicherheit.

24.4 Beispiele für konkrete Instrumente zur Festlegung eines übergreifenden Niveaus für Patientensicherheit

24.4.1 Elektronische Patientenakte

Zentrales und wohl wichtigstes Element zur Schaffung eines sektorenübergreifenden Schutzschirms für Patienten ist die Digitalisierung – so banal es sich für Außenstehende auch anhören mag –, denn das 21. Jahrhundert ist in der deutschen Versorgungslandschaft ganz überwiegend noch nicht angekommen. Obwohl die Bundespolitik sich das Thema Digitalisierung bereits seit Jahren auf die Fahnen schreibt, ist das meistverwendete Gerät eines deutschen Arztes noch immer das Fax.

Wie bereits zu Beginn erwähnt, liegt eine zentrale mögliche Fehlerquelle des Krankenhausalltags im Menschen selbst. Die Nutzung digitaler Ansätze für analoge Aufgaben bringt dabei nicht nur eine unmittelbare Antwort auf den konkreten Anwendungsbereich, sondern schafft darüber hinaus auch mittelbare Entlastungen, die sich wiederum positiv auf die Infrastruktur für Patientensicherheit in einem Intersektoralen Versorgungszentrum auswirken.

Am konkreten Beispiel der elektronischen Patientenakte lässt sich dies folgendermaßen veranschaulichen: Die Kreisklinik nutzt seit Jahren in der Klinik selbst sehr intensiv eine elektronische Patientenakte, welche auch in der mobilen Anwendungsform auf dem iPad mit Echtzeitdaten inklusive Labor- und Radiologiedaten jedem einzelnen Nutzer – sowohl im ärztlichen wie auch im pflegerischen Bereich – zugänglich ist. Dies führt unserer Erfahrung nach

a) zu einer unmittelbaren Verbesserung der Patientensicherheit,
denn durch die digitale Form der Patientenakte (ePa)

- ist eine lückenlose, dauerhafte und umfassende Speicherung der Patientendaten möglich.
- können Daten aus verschiedenen Abteilungen aktuell und zeitgleich eingetragen werden – dazu gehören mit Blick auf eine Intersektorale Struktur natürlich auch die zum Gesundheitscampus gehörigen Praxen, Kooperationspartner und Anschlussversorger.

- können Ärzte spontan notwendige Informationen unterwegs vom mobilen Endgerät (an der Kreisklinik besitzt jeder Arzt ein iPad) abrufen – und das für jeden Patienten.
- können Pflegekräfte ohne Zeitverlust (z. B. noch während der Visite) digital die nächsten eingetragenen Behandlungsschritte einleiten sowie wiederum ihre entsprechende Ausführung hinterlegen.
- werden Anweisungs- und Dokumentationsfehler (z. B. durch unleserliche Handschriften, verlorene Zettel oder nicht zur Verfügung stehende Akten(-kopien) drastisch reduziert.
- verkürzen sich in der Rufbereitschaft der Ärzte die Einsatz- und Handlungszeiten: Durch die Verfügbarkeit der ePa per VPN an jedem Standort ist der im Hintergrund tätige Arzt bereits beim Anruf aus der Klinik in der Lage, sich anhand der digitalen Akte ein umfassendes Bild zur Situation des Patienten zu verschaffen und Entscheidungen zu treffen, etwa in Bezug auf die bereits während der Wegezeit des Arztes in die Klinik mögliche Vorbereitung des Patienten für die Operation oder Intervention.

b) auch mittelbar zu Effekten, die sich positiv auf das Patientenwohl auswirken, denn

- die seitens Ärzteschaft und Pflegekräften eingesparte Zeit kann wieder direkt in die Behandlung einfließen.
- das mit der digitalen Patientenakte einhergehende Sicherheitsniveau senkt die Möglichkeit für Folgefehler (z. B. falscher oder verspäteter Versorgung aufgrund fehlender oder unleserlicher Behandlungshinweise) drastisch.
- Ärzte und Pflegekräfte fühlen sich entlastet und sind im Umkehrschluss (z. B. für Notfälle) belastbarer.
- Patienten fühlen sich durch das Vorhandensein einer elektronischen Patientenakte besser betreut und damit sicherer.

Wichtig und daher an dieser Stelle nicht außer Betracht zu lassen ist auch das subjektive Empfinden der Patientensicherheit.

Exkurs: Patienten an Patientensicherheit mitwirken lassen
Die Idee, Patienten an ihrer eigenen Sicherheit zu beteiligen, ist nicht neu. Seit einigen Jahren gibt es Programme und Initiativen (wie beispielsweise das seit 2005 bestehende globale Netzwerk Patients for Patient Safety, welches die WHO im Jahr 2005 ins Leben gerufen hat), die Patienten selbst ermächtigen, sich aktiv und gemeinsam mit Leistungsträgern und Entscheidern für die Verbesserung von Patientensicherheit einzusetzen. Dass Patienten als Mittelpunkt der (klinischen) Versorgung auch selbst einen entscheidenden Beitrag zur Fehlervermeidung der medizinischen Therapie leisten können und wollen, ist einleuchtend – immerhin sind sie in der gesamten Behandlungskette das einzige Glied, welches von Beginn (Diagnose) bis

Ende (Entlassung) des Prozesses unmittelbar an allen Zwischenschritten beteiligt ist. Trotzdem haben Krankenhäuser teilweise große Schwierigkeiten, diese aktive Patientenbeteiligung auch praktisch umzusetzen.

Damit der Patient bereit und gewillt ist, auf mögliche Behandlungsfehler hinzuweisen, benötigt er eine entsprechende Empfehlung oder Einführung der betreuenden Ärzte und Pflegekräfte. Dies ist eine schwierige Aufgabe sowohl für Patienten als auch Mitarbeiter, denn (und dieser Aspekt bezieht sich insbesondere auf ältere Menschen) die Kruste des traditionellen Rollenbildes vom unfehlbaren Experten in Weiß und dem unwissenden Kranken ist noch immer tief in den Köpfen vieler Menschen verankert. Patienten müssen das Gefühl bekommen, dass sie nicht nur passive Leistungsbezieher sind, sondern auch aktive Mitgestalter ihrer eigenen Gesundheit, mit der professionellen Unterstützung durch Ärzte und Pflegekräfte. Hierfür braucht es einen beständigen und vor allem verständlichen Informationsfluss, Feedbackmöglichkeiten und eine Einbeziehung des Patienten in den Behandlungsprozess. Dies alles sind Aufgaben, die nicht allein beim Risiko- und Beschwerdemanagement abgebildet sein sollten, sondern integraler Bestandteil einer Sicherheitskultur sein müssen (Schwappach, 2010).

Im MVZ der Kreisklinik wurde so beispielsweise die Integration der Aufklärung in die elektronische Patientenakte vorgenommen. So können Patienten spezifisch auf ihre Muttersprache zugeschnittene Aufklärungsfilme auf den iPads des MVZ im Wartebereich abrufen, digital die Aufklärungsbögen zur Kenntnis nehmen und Fragen stellen. Gerade bei den Senioren zeigte sich sehr schnell, dass die mobile Aufklärung u. a. aufgrund der Anpassungsmöglichkeit von Schriftgrößen und der Wiederholbarkeit von Aufklärungsfilmen das Gefühl der Patientensicherheit besonders stärkt.

24.4.2 Medikamentensicherheit

Der Arzneimittelmarkt boomt. Wie modern, hoch spezialisiert und schnell Arzneimittel heute geschaffen werden, zeigt das aktuelle Beispiel des Corona-mRNA-Impfstoffs von BioNTech aus Mainz eindrücklich. Generell sind in den vergangenen Jahren die Behandlungsmöglichkeiten von akuten und chronischen Erkrankungen immer weiter perfektioniert worden. Auch die Anzahl von Wirkstoffen oder die Vielfalt von je nach zu behandelndem Symptom verfügbaren Medikamenten ist enorm. Gleichzeitig steigt auch die Anzahl an Menschen, die medikamentös behandelt werden müssen. Einer der Hauptfaktoren liegt hier im demografischen Wandel. Denn in einer immer älter werdenden Gesellschaft kommt es häufiger zu Symptom- und Krankheitskombinationen. Ein Blick auf die Prognose der demografischen Entwicklung unseres Kreisgebietes in Groß-Gerau zeigt deutlich, dass ein großer Anstieg der nachreproduktiven Altersgruppen ab 50 Jahren zu erwarten ist (Abb. 24.2).

Sozialdatenmonitor 2019 – Bevölkerung

Die demografische Entwicklung im Kreis Groß-Gerau

Entwicklung der „vorreproduktiven, reproduktiven und nachreproduktiven" Altersgruppen seit 1994

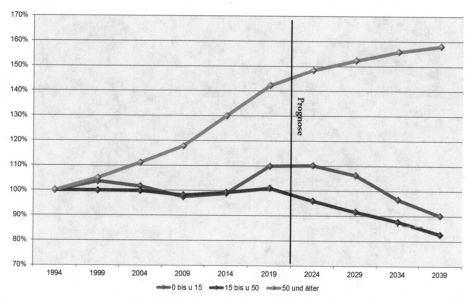

Abb. 24.2   Die demografische Entwicklung im Kreis Groß-Gerau

Für die Patientensicherheit hat dies in der Praxis große Bedeutung für den Teilbereich der Arzneimitteltherapiesicherheit, denn bei Patienten mit mehreren therapiebedürftigen Diagnosen steigt das Risiko von Neben- und Wechselwirkungen der verschiedenen Medikamente ebenso wie das von Verabreichungsfehlern.

Ob im ambulanten oder stationären Bereich, der Medikationsprozess kann grob in vier Phasen eingeteilt werden, die wiederum eigene typische Fehlerrisiken beinhalten (Fishman, 2015; WHO, 2012):

1. Verordnung,
2. Verteilung/Abgabe,
3. Anwendung (Applikation/Einnahme),
4. Kontrolle/Monitoring.

Die Verbesserung der Medikamentensicherheit liegt auch hier wieder in einer verstärkten Einbringung digitaler Prozesse. Beispielhaft hierfür befindet sich die Kreisklinik Groß-Gerau gerade im Einführungsprozess eines sogenannten „Closed Loops" (Abb. 24.3). Ziel eines solchen geschlossenen Medikationsmanagementprozesses ist es, für alle Berufs-

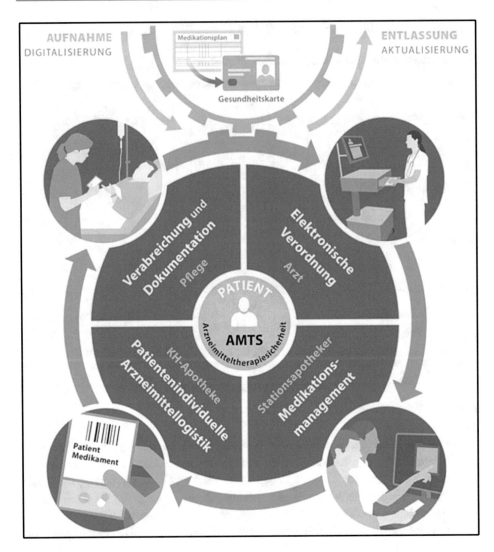

Abb. 24.3 Closed Loop Medication Management

gruppen der einzelnen Medikationsphasen sämtliche Informationen und Ergebnisse der einzelnen Prozessschritte zu jeder Zeit verfügbar und nachvollziehbar zu machen. Ganz im Sinne der intersektoralen Vernetzung der Abteilungen und des Aufbaus eines zentralen, einheitlichen sowie gemeinsam nutzbaren Systems muss das Modul in die elektronische Patientenakte integriert werden.

Im ersten Schritt wurde die Medikationsverordnung (Phase 1) von einem papierbasierten auf einen digitalen Ablauf umgestellt. Damit wird die Fehlerwahrscheinlichkeit in einer der anfälligsten Phasen (Walsh et al., 2009) minimiert. Die Erfahrung zeigt konkret, dass

- so gut wie keine Kontraindikationen missachtet werden, da das System die Wirkstoffe des verordneten Medikaments sofort mit möglichen Wechsel- und Nebenwirkungen der in der Patientenakte hinterlegten Medikamente abgleicht.
- unübliche und dadurch möglicherweise ungeeignete Dosierungen unmittelbar als Warnstufe vom System aufgezeigt werden.
- das System verlässlich anzeigt, ob ein Arzneimittel aufgrund von in der Patientenakte abgeglichenen Allergien oder Unverträglichkeiten kontraindiziert sein kann.
- der Patient nachhaltiger und unter einem breiteren Spektrum möglicher weiterer Behandlungseinflüsse betrachtet wird, womit notwendige Begleittherapien in die Medikamentenverordnung einfließen.

Wie viele Prozesse, müssen auch digitale Strukturen und Systeme stetig kontrolliert, angepasst und weiterentwickelt werden, denn nur eine gepflegte Infrastruktur bietet die Entlastung sowie das zusätzliche Netz für die Patientensicherheit. Um die Risiken in der zweiten Phase des Medikationsprozesses zu verringern, bauen wir aktuell den Stell- und Abgabeprozess auf das digitale Hilfsmittel auf. Barcodes auf den Medikamenten sowie auf den Armbändern der Patienten können dann eingescannt und als Datensätze in den „Closed Loop" eingeführt werden. Damit sollen

- Eingabe- und Übertragungsfehler vermieden werden,
- Rezepteinlösungen kontrolliert werden,
- die richtigen Arzneimittel an den richtigen Patienten gelangen,
- unvollständige oder fehlerhafte Patienteninformationen aufgedeckt werden.

24.4.3 Patientendatenmanagement-System

Welche Ausmaße eine für Außenstehende simpel anmutende elektronische Patientenakte annehmen kann, zeigt die Modulerweiterung durch ein **Patientendatenmanagement-System** (PDMS). Die Kreisklinik verwendet ein solches System zwar schon seit zehn Jahren. Durch ein umfassendes Update ist jedoch seit einigen Monaten auch die automatische Übertragung von Messdaten in die elektronische Patientenakte möglich.

Das Patientendatenmanagement-System wird bei den acht Betten der Intensivstation eingesetzt, da hier die Datenmenge aufgrund der ständig überwachten Vitalzeichen und Laborwerte am größten ist. Der Vorteil für die Patientensicherheit liegt hier in der minutiös geführten und lückenlosen Datenerfassung. So können Krankheiten mitunter schneller erkannt oder Behandlungen schneller angepasst werden. Auch die Fehleranfälligkeit menschlichen Handelns wird minimiert, z. B. bei der falschen Abschrift von Messergebnissen. Das PDMS kann genau kontrollieren, wer zu welcher Zeit welchen Schritt ausgeführt hat (Lamberts, 2021). Dies führt wiederum zu positiven Effekten im Klinikalltag, wie einer geringeren Mitarbeiterbelastung, einer erleichterten Übergabe und Kommunikation mit anderen Abteilungen durch Übermittlung der elektronischen Patientenakte, einer verbesserten Zusammenarbeit mit Haus- und Fachärzten außerhalb des Gesundheits-campus durch automatische Erstellung des Arztbriefes und nicht zuletzt einem reduzierten Kontroll- und Übermittlungsaufwand von Patientendaten bei der Prüfung des Medizinischen Dienstes.

Im Ergebnis ist dies ein weiterer Faktor, der Klinikprozesse optimiert und gleichzeitig die Patientensicherheit stärkt. Leider sind bei dieser Option, wie häufig bei modernen Lösungsansätzen, die Grenzen der Patientensicherheit eng verknüpft mit den Krankenhaus-Budgets. Ein Faktor, der ausnahmsweise an dieser Stelle einem kleinen Haus als Grundversorger zugutekommt, denn die Einführung eines PDMS berechnet sich pro Patientenbett. Grundsätzlich kann pro Bett mit einer technischen Investition von ca. 10.000 Euro gerechnet werden. Hinzu kommen Personalkosten: Man braucht für die Konfigurierung, die Vernetzung und Schulung eines solchen Systems ein engagiertes Team aus Klinikern und IT, das zumindest in der Aufbauphase ein hohes Maß an Freistellung von der Regelarbeit benötigt. Für eine Intensivstation erscheint die Investition bei acht Betten stemmbar, für einen Maximalversorger mit 40 Intensivbetten belaufen sich die Investitions- und Schulungskosten schnell auf eine halbe Million Euro. Auch trägt sich eine derartige Investition bei einem kleinen Haus schneller, denn durch die geschlossenen Dokumentationslücken kommt es zu weniger Erlöseinbußen. Das liegt auch daran, dass Ärzte am Ende weniger Zeit für die Administration aufwenden müssen und mehr Zeit für die Arbeit am Patienten bleibt.

In einem letzten Schritt sollen im Intersektoralen Versorgungszentrum die jeweiligen sektorenspezifischen Patientenakten der beteiligten Partner zusammengeführt und verfügbar gemacht werden. Während die Technik, etwa die Schaffung von entsprechenden Schnittstellen oder der mobile Zugriff auf die jeweiligen Akten, leichter umsetzbar erscheint, stoßen die entsprechenden Nutzungs- und Zugriffsmöglichkeiten an sektorenbedingte rechtliche Grenzen, beispielsweise im Bereich des Datenschutzes.

24.4.4 Investitionsbedarf am Beispiel eines MRT-Geräts

Analog zu der Geschwindigkeit, mit der die Arzneimittelbranche voranschreitet, legt auch die Gerätetechnik innerhalb kürzester Zeit Quantensprünge hin. Investitionen in innovative Geräte sind dabei keine technischen Spielereien, die allein hochspezialisierten Fachkliniken vorbehalten sind. Vielmehr sind sie wichtige Werkzeuge, um die Versorgung und die Patientensicherheit auf hohem Niveau zu halten. Hinzu kommt natürlich die ökonomische Betrachtung: Ohne Investitionen in moderne Technik kann sich ein Krankenhaus nicht wettbewerbsfähig halten.

Für die Kreisklinik Groß-Gerau ist die Wahl im Zuge einer Umstrukturierung der Radiologie auf ein neues MRT-Gerät in offener Bauweise gefallen. Ein neues MRT-Gerät bedeutet nicht nur einen höheren Nutzen für Ärzte und Assistenten, sondern insbesondere eine Investition in die Sicherheit und das Wohlbefinden von Patienten, denn die Grundlage einer gezielten Therapie ist immer eine präzise Diagnose. Die in den modernen Geräten verbaute Technik ist dabei um ein Vielfaches zuverlässiger und genauer als die in MRTs, die bereits seit 10 oder sogar 20 Jahren in Kliniken zum Einsatz kommen und allein mit Erweiterungen und Updates am Leben erhalten werden.

Signifikante Vorteile liegen natürlich besonders in der offenen Bauweise des Gerätes. Dies bringt für Patienten zusätzlichen Komfort, da die vielfach vorhandene Sorge vor der engen Röhre wegfällt und eine Untersuchung in jeder beliebigen, bequemeren Haltung möglich wird.

In der Gesamtschau zeigte die Befragung von Patienten der Radiologie und bei Mitarbeitenden der Röntgenabteilung, aber auch des Reinigungsdienstes folgende Aspekte auf:

- Mehr Liegekomfort: Alle Untersuchungen der Patienten können in bequemer Rückenlage durchgeführt werden. Besonders positiv wird die Vermeidung von Bauchlagenposition und Armabstreckungen bei eingeschränkt beweglichen bzw. älteren Patienten gewertet.
- Begleitpersonen im Raum während der Untersuchung möglich: Die gefühlte Patientensicherheit durch die Anwesenheit in ständiger Sichtweite bzw. mit möglichem Körperkontakt ist für Eltern mit zu untersuchenden (Klein)Kindern und bei Betreuern von älteren oder körperlich/geistig eingeschränkten Personen besonders relevant.
- Von den Reinigungskräften wird der aufgrund der offenen Bauweise schnelle und freie Zugang zu der zu reinigenden Untersuchungsfläche hervorgehoben. Besonders während der Corona-Pandemie waren durch die baulichen Gegebenheiten geschlossener Systeme vermehrte und dadurch belastungsintensive Desinfektionsvorgänge insbesondere im Untersuchungstunnel mit entsprechendem Zeitaufwand erforderlich gewesen. Zugleich war beim Tunnelsystem eine erhöhte Skepsis der Patienten in Bezug auf die Umsetzbarkeit von Hygieneanforderungen beobachtet worden (insbesondere angesichts der Übertragung von Corona-Infektionen durch Aerosole).

Nicht zu unterschätzen ist letztlich an dieser Stelle auch die **subjektive Patientensicht**. Ein Patient wird, die objektiv vorliegende Patientensicherheit vorausgesetzt, die eigene Sicherheit in einer komfortablen, stressfreien und angstlösenden Umgebung stets höher bewerten als in einer unbequemen und von Engegefühlen oder Platzangst geprägten Untersuchung.

24.4.5 Ausblick: Integration von Künstlicher Intelligenz in der Gastroenterologie und Radiologie

Künstliche Intelligenz (KI) hat einen neuen Reifegrad erreicht und entwickelt sich zum Treiber der Digitalisierung in allen Lebensbereichen. In den vergangenen Jahren wurden auch KI-Assistenzsysteme in der Medizin entwickelt, welche einen Mehrwert für die Sicherheit und die Versorgungsqualität am Patienten bieten können.

In konsequenter Fortsetzung der Digitalisierungsstrategie zur Erhöhung der Patientensicherheit wurde im Intersektoralen Versorgungszentrum im Bereich der ambulanten Versorgung die Anwendung von Assistenzsystemen getestet, welche eine automatisierte Detektion und Charakterisierung von Kolonpolypen in der Koloskopie versprechen. In einem zweiten Projekt wird im stationären Bereich die Testung der KI im Bereich der Radiologie folgen.

Die Ergebnisse der ersten medizinischen Testphase im Bereich der Koloskopie in unserem ambulanten Versorgungszentrum sind dabei bereits vielversprechend. Eine interessante (Neben)Beobachtung mit Blick auf die gefühlte Patientensicherheit war dabei beispielsweise bei einigen Patienten die beobachtete Interaktion des Assistenzsystems: Die Art der Kennzeichnung detektierter Befunde mithilfe von Farben und akustischen Signalen durch die KI in der Interaktion mit dem untersuchenden Arzt führte zu einem erhöhten Sicherheitsgefühl beim Patienten.

24.5 Sonderfall Corona – pragmatisch intersektoral in der Corona-Krise

Mit Beginn der Corona-Pandemie erlangte die Patientensicherheit ein neues Maß an Bedeutung. Als intersektoraler Versorger sahen wir uns quasi täglich damit konfrontiert, neue Strategien zu entwickeln, um der immerwährenden Transmissionsgefahr zwischen Patienten untereinander und Patienten und dem Personal entgegenzutreten. Zu Beginn der Pandemie galt es zu vermeiden, dass Patienten mit Verdacht auf eine Covid-19-Infektion die Notaufnahme der Kreisklinik oder des medizinischen Versorgungszentrums betreten. Hier wurde zunächst der großzügige Parkraum auf dem Klinikgelände genutzt, um Testabstriche am Auto einzuführen. Das Modell, welches von den Mitarbeitenden und der Bevölkerung eine stark positive Resonanz erfuhr, wurde schnell umgangssprachlich als „Corona-Drive-In" bezeichnet.

Mit den steigenden Anfragen zum Umgang mit Corona, telefonischen Anmeldungen für Untersuchungen oder Testungen und diversen Nachfragen sowohl in der Kreisklinik als auch im MVZ wurde die Einrichtung einer zentralen Hotline für den Standort erforderlich. So konnten höhere Patientenaufkommen vor Ort entzerrt und dadurch auch höhere Infektionsrisiken vermindert werden.

Positiv getestete Patienten, die überwiegend leichte Symptome aufwiesen, wurden regelmäßig telefonisch kontaktiert, um eine aktuelle Statusbestimmung vorzunehmen. Außerdem wurde das Angebot des MVZ sehr zeitnah um eine telemedizinische Komponente, die Videosprechstunde, erweitert, um eine bessere Beurteilung der Krankheitssituation vornehmen zu können. Um Verdachtsfälle in Pflegeheimen möglichst risikoarm abzuklären und Hausbesuche effektiver zu ermöglichen, wurde ein Lieferwagen der Kreisklinik so umgerüstet, dass ein ärztlicher Fahrdienst eingerichtet werden konnte. Das „Corona-Mobil" erhielt eine mobile Grundversorgungsausrüstung, so dass Abstriche und Untersuchungen extern unter Einhaltung der Schutzmaßnahmen in Pflegeheimen wie auch bei häuslichen Besuchen vorgenommen werden können (Raab, 2020b).

Zu den „Corona-Großprojekten" der Kreisklinik kamen tagtäglich organisatorische Herausforderungen sowohl für die Klinikleitung als auch für das gesamte Personal hinzu. An der Schnittstelle von ambulanten und stationären Aufgabenstellungen, die unter hohem Zeitdruck zu lösen waren, bildeten die Einsatzbereitschaft und Flexibilität des Personals den entscheidenden Hebel zum Erfolg bei der Umsetzung auch unkonventioneller Ideen. Bei der morgendlichen Besprechung der anstehenden Fragestellungen wurde der Personaleinsatz am täglichen Bedarf ausgerichtet. Sämtliche Fragestellungen ließen sich mit einem hohen Engagement und einem gesunden Pragmatismus lösen, wobei alle Beteiligten proaktiv und unter Überwindung der Sektorengrenzen zur Bewältigung des ersten Ansturms beitrugen (Raab, 2020b). Die umfassende Gewährleistung der Patientensicherheit in der derzeit noch andauernden Corona-Sondersituation bleibt eine Herausforderung.

In der Reflexion der eingesetzten Module der Versorgung bei Covid19 zeigt sich, dass das in Groß-Gerau gelebte Modell bereits der Umsetzung einer intersektoralen Versorgung entsprach. Durch die vertikale wie auch horizontale Vernetzung stand bei der Versorgung die optimale Betreuung der Patienten im Vordergrund (Raab, 2020b).

24.6 Schlussbetrachtung

Das Thema Patientensicherheit führt eindrücklich vor Augen, welche Maßstäbe Krankenhäuser und Co. anlegen müssen, um ihren Versorgungsauftrag zu erfüllen. Die Schwierigkeiten liegen eindeutig in systematischen Fehlanreizen, die die wirtschaftliche Stabilität über das Patientenwohl stellen. Zur Erreichung eines Standards, der die Gesundheit anstelle der Krankheit in den Mittelpunkt rückt, braucht es innovative Modelle, die sich wiederum konkret und individuell auf die vor Ort gegebene Versorgungsstruktur ausrichten. Es bleibt zu hoffen, dass die Politik hier den Handlungsbedarf erkennt und die gesetzlich starren Vorgaben entsprechend anpasst. In der Sache braucht es neuen Raum für kreative Ideen, der Schaffensprozesse und Umsetzungen ermöglicht, welche die zentralen Herausforderungen unserer Zeit bewältigen können.

24.7 Kontrollfragen

1. Woraus ergeben sich Fehlanreize des G-DRG-Systems?
2. Welche Schlagworte beschreiben das Modell des Intersektoralen Versorgungszentrums am besten? Geben Sie das Konzept in drei Sätzen wieder.
3. Was sind drei typische Fehlerquellen für Patientensicherheit bei der Nutzung analoger Patientenakten?
4. In welche Phasen lässt sich der Medikationsprozess gliedern?
5. Wo kommt ein PDMS (Patientendatenmanagement-System) sinnvoll zum Einsatz?

Literatur

Augurzky, B., Krolop, S., Mensen, A., Pilny, A., Schmidt, C. M., & Wuckel, C. (2019). *Krankenhaus Rating Report 2019 – Das Ende des Wachstums?* Medhochzwei.

Beivers, A., & Waehlert, L. (2018). Steuerung der Mengendynamik nach dem KHSG: Implikationen für die Krankenhäuser. In P. Da-Cruz, C. Rasche & M. Pfannstiel (Hrsg.), *Entrepreneurship im Gesundheitswesen – Geschäftsmodelle, Prozesse, Funktionen* (Bd. 2). Springer.

Bertelsmann Stiftung. (Hrsg.). (2017). Pflegepersonal im Krankenhaus: Mehr Pflegepersonal erhöht die Versorgungsqualität – Konkrete Vorgaben zum Stellenplan sind erforderlich. Faktencheck Gesundheit, Daten, Analysen, Perspektiven, Nr. 6. Gütersloh. https://faktencheck-gesundheit.de/fileadmin/files/BSt/Publikationen/GrauePublikationen/VV_FC_Pflegepersonal_final.pdf. Zugegriffen am 04.10.2021.

Cadenbach, A. (2015). Patientensicherheit im nicht-klinischen Bereich (S. 519–529). In P. Gausmann, M. Henninger & J. Koppenberg (Hrsg.), *Patientensicherheitsmanagement* (S. 519 f). de Gruyter.

Eiff, W von, Schüring, S, & Niehues, C. (2011). REDIA-Studie – Auswirkungen der DRG-Einführung auf die medizinische Rehabilitation - Ergebnisse einer prospektiven und medizin-ökonomischen Langzeitstudie 2003 bis 2011. In: von Eiff W, Prinz A, Senninger N, Steinmeyer HD (Hrsg.). *Münsteraner Schriften zu Medizinökonomie, Gesundheitsmanagement und Medizinrecht*, Bd. 7. LIT .

Fishman, L. (2015). Arzneimitteltherapiesicherheit. In P. Gausmann, M. Henninger & J. Koppenberg (Hrsg.), *Patientensicherheitsmanagement* (S. 503–510). de Gruyter.

Geissler, A., Wörz, M., & Busse, R. (2010). Deutsche Krankenhauskapazitäten im internationalen Vergleich. In J. Klauber, M. Geraedts & J. Friedrich (Hrsg.), *Krankenhaus-Report 2010, Schwerpunkt: Krankenhausversorgung in der Krise?* (S. 25–40). Stuttgart: Schattauer Verlag.

Lamberts, R. (2021). Kreisklinik Groß-Gerau: PDMS setzt neue Standards in der Grundversorgung. Health&Care Management. https://www.hcm-magazin.de/intensivmedizin-der-kreisklinik-gross-gerau-setzt-auf-pdms/150/23788/413407. Zugegriffen am 14.10.2021.

Neubauer, G. (2003). Zur ökonomischen Steuerung der Krankenhausversorgung unter DRG-Fallpauschalen. In J. Klauber, B.-P. Robra & H. Schellschmidt (Hrsg.), *Krankenhaus-Report 2003, Schwerpunkt: G-DRGs im Jahre 1* (S. 101–119). Stuttgart: Schattauer Verlag.

Raab, E. (2019). Eine Chance für intersektorale Versorgungsmodelle. Der Reformansatz im Referentenentwurf zum MDK-Gesetz. *KU Gesundheitsmanagement, 7,* 66–68.

Raab, E. (2020a). Wohin mit den Kleinen? Sektorübergreifende Versorgungszentren als Perspektive für kleine (Land)Krankenhäuser. *KU Gesundheitsmanagement, 3,* 68 f.

Raab, E. (2020b). Intersektorale Versorgung in der Coronakrise. Von der Behandlung nach Abrechnungsart zur Abrechnung nach Behandlung. *KU special Medizincontrolling September, 2020,* 30–32.

Schwappach, D. (2010). Engaging patients as vigilant partners in safety: A systematic review. *Medical Care Research Reveiw, 67,* 119–148.

Waehlert, L., Beivers, A., & Auhuber, T. C. (2015). Ordnungspolitische Herausforderungen und Handlungsbedarfe für die Versorgungsstruktur und Vergütung von Krankenhäusern: Ansatzpunkte zur Verknüpfung von Qualität und Wirtschaftlichkeit. In L. Mülheims et al. (Hrsg.), *Handbuch Sozialversicherungswissenschaft* (S. 455–469). Springer VS.

Walsh, K. E., Dodd, K. S., Seetharaman, K., Roblin, D. W., Herrinton, L. J., Von Worley, A., et al. (2009). Medication errors among adults and children with cancer in the outpatient setting. *Journal of Clinical Oncology, 27,* 891–896.

World Health Organization (WHO). (2012). Patient safety curriculum guide. Handouts: Patient safety topics. Improving medication safety. 2012. https://www.who.int/patientsafety/education/curriculum/who_mc_topic-11.pdf. Zugegriffen am 14.10.2021.

Sicherheitskultur für Patienten in Deutschland – ein Thesenpapier

25

Wolfgang Hellmann

Inhaltsverzeichnis

Zusammenfassung

Eine Sicherheitskultur in Deutschland gibt es nicht. Dies zeigt sich schon am unterschiedlichen Grad der Versorgung in Ballungsgebieten und in strukturschwachen Regionen. Insofern besteht die zwingende Notwendigkeit, hier einen sinnvollen Ausgleich sicherzustellen, vor allem auch durch die Umsetzung kluger regionaler Konzepte im ländlichen Bereich mit der Einbeziehung kleiner Krankenhäuser zur Sicherung ortsnaher Versorgung. Punktuelle, wenig patientenorientierte Konzepte privater Investoren mit Profitorientierung sind hier nicht gefragt, da einer guten Patientenversorgung abträglich. Zur Entwicklung eines Gesamtkonzeptes bedarf es zunächst einer umfassenden Bedarfsanalyse unter Einbeziehung bereits vorhandener Versorgungseinrichtungen, seien sie stationärer oder ambulanter Natur, auf deren Basis dann geplant werden kann.

W. Hellmann (✉)
Hemmingen, Deutschland
E-Mail: hellmann-w@t-online.de

© Der/die Autor(en), exklusiv lizenziert an Springer Fachmedien Wiesbaden GmbH, ein Teil von Springer Nature 2022
W. Hellmann (Hrsg.), *Patientensicherheit*,
https://doi.org/10.1007/978-3-658-37143-2_25

25.1   Es gibt keine deutschlandweite Patientensicherheitskultur

Eine echte Patientensicherheitskultur (PSK) ist im deutschen Gesundheitswesen nicht identifizierbar. Diese würde nämlich ein konsentiertes Vorgehen über die verschiedenen Institutionen und Bundesländer hinaus und eine primäre Orientierung am Patienten voraussetzen.

Auch bei neuen Versorgungsansätzen steht in erster Linie die Ökonomie (auch einzelner Protagonisten) im Vordergrund. Dies spiegelt sich u. a. in der zunehmenden Abkehr vom Begriff „Gesundheitswesen" hin zum Terminus „Gesundheitsmarkt" wider, ebenso in Konzepten, die (zumindest unter den derzeitigen Bedingungen) kaum umsetzbar sind.

Patientensicherheit als Ergebnis aller Bemühungen um Qualität wird weder breit artikuliert noch punktgenau umgesetzt. Insoweit ist sie auch nicht als notwendige Forderung im Bewusstsein der Bürger verankert. Eine Sicherheitskultur muss auf einer engen Zusammenarbeit zwischen den zentralen Akteuren aus Politik, Ärzteschaft und Krankenkassen basieren, mit dem gemeinsamen Ziel, hohe Sicherheit für Patienten zu gewährleisten. Dies alles steht nicht im Widerspruch zu vielfältigen punktuellen zielführenden Aktivitäten von Vereinen, Verbänden und auch von Einzelpersonen.

25.2   Ausgewogene Versorgung in strukturschwachen Regionen und in Ballungsgebieten

Diese Forderung ist leichter artikuliert als umgesetzt. Zentrales Problem im ländlichen Raum ist einerseits der anhaltende Exodus in städtische Bereiche, vor allem von jüngeren Leuten. Andererseits ist es schwierig, Ärztinnen und Ärzte dazu zu motivieren, in ländlichen Bereichen tätig zu werden. Gleichermaßen gilt dies für junges IT-Personal, das für die Digitalisierung in Versorgungseinrichtungen benötigt wird.

Der Blick ist aber auch auf die Ballungsgebiete zu richten. Vielerorts werden Arztpraxen mit dem Ausscheiden des Praxisinhabers aus der Berufstätigkeit geschlossen. Ein Nachrücken von jüngeren Ärzten erfolgt meist nicht. Sie arbeiten lieber als Angestellte in Medizinischen Versorgungszentren und Gesundheitszentren. Insofern ist es folgerichtig, dass zunehmend gefordert wird, dieser Situation durch Einrichtung von ambulanten Zentren entgegenzuwirken. Besonders im Fokus stehen die von der Robert Bosch Stiftung geförderten sogenannten „PORT – Patientenorientierten *Zentren* zur Primär- und Langzeitversorgung", die sowohl für den ländlichen Raum als auch für Ballungsgebiete geeignet sind. PORT-Zentren sind ambulante Einrichtungen mit einer interdisziplinären Ausrichtung. Hier arbeiten Ärzte, Physiotherapeuten und andere Dienstleister eng zusammen (siehe auch Klapper, 2020; IGES, 2021; Hellmann, 2022).

Fazit

Für „gleiche Bedingungen in der Versorgung" genügen nicht punktuelle Blicke, z. B. auf Ineffizienzen in der stationären Versorgung (Simon & Krämer, 2021). So ist es auch nicht zielführend, so zu tun, als könnten „Strukturbereinigungen" des Krankenhausmarktes alle Probleme lösen. Selbstverständlich müssen auch die Entwicklungen im niedergelassenen Bereich unter die Lupe genommen werden.

Eine Gesamtschau ist zwingend, um auf Bundesebene flächendeckend gleiche Bedingungen in der Gesundheitsversorgung für die Bürger schaffen zu können. Daraus folgt die Notwendigkeit einer länderübergreifenden Gesamtanalyse der Versorgung mit Erfassung der strukturellen Gegebenheiten in den einzelnen Regionen unter Einbeziehung von Szenarien der wirtschaftlichen Entwicklung und der zu erwartenden Bevölkerungsstruktur. ◄

25.3   Berücksichtigung der Bevölkerungsentwicklung und der entsprechenden Bedarfe

Ein detaillierter Überblick über die derzeitige Bevölkerungsstruktur und die aktuelle Gesundheitsversorgung ist Voraussetzung für eine kluge Planung für die Zukunft. Die Entwicklung von Szenarien kann hier wichtige Hilfestellungen geben (Fink, 2021).

Ein erster guter Schritt ist die Demografie-Typisierung für 3000 Kommunen durch die Bertelsmann Stiftung (siehe www.wegweiser-kommune.de). Insgesamt werden hier 11 Typen von Kommunen definiert. Aus den Ergebnissen lässt sich ablesen, wie unterschiedlich diese sind und welche Potenziale, aber auch Herausforderungen bestehen. Es liegt auf der Hand, dass dies eine gute Grundlage für individuelle kommunale Entwicklungen ist, auch zur Gesundheitsversorgung.

Das Projekt Smart Country

Das Projekt unterstützt Kommunen, die Chancen der Digitalisierung zu nutzen und Regionen innovativ weiterzuentwickeln (https://blog-smartcountry.de). Erfolgreiche Praxisbeispiele werden vorgestellt, auch digitale Anwendungen. ◄

Die Koordination bei einem bundesorientierten Ansatz sollte ähnlich wie beim Katastrophenschutz dem Bund zugeordnet werden. Konkret würde dies bedeuten, dass innerhalb des Bundesgesundheitsministeriums eine übergreifende Stelle für Patientensicherheit eingerichtet werden müsste, die gemeinsam mit den Ländern agiert.

Insoweit kann der Überlegung der Deutschen Krankenhausgesellschaft (DKG) nicht gefolgt werden, dass für die Krankenhausplanung die Länder verantwortlich bleiben müssen (Mau, 2021). Die unübersichtliche Situation in Bezug auf die Versorgung in den verschiedenen Bundesländern zeigt, dass man hier bisher nicht vorangekommen ist. Unangebracht sind auch unreflektierte Äußerungen des G-BA, der ein Zuviel an 700 Krankenhäusern postuliert, ohne dass genaue Erhebungen dazu vorliegen. Empathie für die Patienten ist hier offenbar nicht angesagt.

25.4 Regionale Versorgungsansätze und flächendeckende Konzepte

Liegt ein Überblick vor, welche Versorgungseinrichtungen in den einzelnen Regionen zur Verfügung stehen, kann ergänzend übergreifend geplant werden, für die stationäre und die ambulante Versorgung gleichermaßen. Bestehende innovative regionale Versorgungskonzepte (Hellmann, 2021) sollten erhalten bleiben, ausgebaut werden und auch als Vorbild für die Übernahme in noch nicht gut versorgten Regionen dienen. Vorbildhaft sind zahlreiche innovative Entwicklungen in unterschiedlichen Regionen, so dass „das Rad nicht grundsätzlich neu erfunden werden muss". Dies bedeutet, dass Regionen, die neu aktiv werden wollen, sich nur das Konzept aussuchen müssen, das für die Versorgung ihrer Region passt und es, ggf. mit Modifizierungen, umsetzen. Hingewiesen sei in diesem Zusammenhang auf Modelle, die bereits ausgewiesen wurden (Hellmann, 2021) und kluge Konzepte darstellen, die bereits praktisch umgesetzt werden oder vor der pilotmäßigen Umsetzung stehen.

Nachfolgend ein Überblick über in Deutschland bereits bestehende und in Planung befindliche regionale Versorgungsansätze mit Vorbildcharakter (siehe Hellmann, 2021).

- Intersektorale Gesundheitszentren (*Andreas Schmid, Jan Hacker*)
- Der kommunale Gesamtversorger als mögliche Weiterentwicklung und visionäre Lösungsoption für die Optimierung der Gesundheitsversorgung im ländlichen Raum (*Markus Schmola*)
- Ländliche Notfallversorgung 4.0 – MVZ in Verantwortungseigentum als visionäres Konzept? (*Felix Hoffmann*)
- Digital gestützte Gesundheitsversorgung (*Wolfgang Hellmann*)
- Neue Wege in der Versorgung ländlicher Regionen – Ergebnisse und Rückschlüsse aus einer Feldstudie im Landkreis Holzminden (*Wilhelm Klauser*)
- Integrierte Versorgung in „Innovativen Gesundheitsregionen" – Konzept für eine nachhaltige Transformation des Gesundheitswesens (*Helmut Hildebrandt, Teresa Greschik*)
- Leuchttürme für die Integrierte Versorgung: bevölkerungsorientierte, regionale Versorgungsnetzwerke der OptiMedis AG (*Helmut Hildebrandt, Teresa Greschik, Oliver Gröne, Justin Rautenberg*)
- Strukturmigration im Mittelbereich Templin – Das Ambulant-Stationäre Zentrum (ASZ): Ziele, Struktur und erste Ergebnisse (*Steffen Bohm, Lutz O. Freiberg, Pramono Supantia*)

- Sektorenübergreifendes Versorgungskonzept für kleine Landkrankenhäuser – Perspektiven für die Optimierung der Versorgung in ländlichen Bereichen (*Erika Raab*)
- Krankenhaus Emmaus Niesky – vom Regelversorger zum Lokalen Gesundheitszentrum (*Victor Franke*)
- Telemedizinisches Netzwerk als digitale Gesundheitsstruktur zur messbaren Verbesserung der wohnortnahen Versorgung (*Annette Hempen, Hans-Jürgen Beckmann*)
- Gesundheits- und Pflegenetzwerk Plettenberg-Herscheid: Aktivitäten zur Sicherstellung der Gesundheitsversorgung in einer ländlichen Region des Märkischen Kreises (*Vera Gerling*)
- Das kommunale Medizinische Versorgungszentrum – kMVZ (*Adrian W.T. Dostal*)
- Optimierung der Versorgung in ländlichen Regionen durch Kooperationen von Versorgern vor Ort mit Universitätskliniken – Möglichkeiten und Grenzen (*Felix v. Warburg, Jelena Bagnjuk, Hannah Lehmbecker, Gunda Ohm*)
- Die besondere Rolle kleiner Krankenhäuser bei der Gestaltung von Gesundheitsnetzwerken für den ländlichen Raum (*Wolfgang Hellmann*)
- Blick über die Grenzen – Innovative Versorgungsstrukturen in ländlichen und schwer zu versorgenden Regionen am Beispiel Gesundheitszentrum Unterengadin/Schweiz (*Joachim Koppenberg*)

Nicht nur in Bezug auf regionale Versorgungskonstellationen, sondern auch im Hinblick auf innovative flächendeckende Konzepte gibt es kluge Überlegungen. Beispielhaft sei hier das „Richtungspapier" des Leibniz-Instituts für Wirtschaftsforschung – RWI genannt (Augurzky & Schmidt, 2020), dessen Autoren die Herausforderungen einer flächendeckenden Versorgung erkannt und ein ausgewogenes Konzept entwickelt haben, das u. a. die Notwendigkeit einer ortsnahen Versorgung durch kleinere Krankenhäuser nicht ausschließt. Auch vor dem Hintergrund der zunehmenden Hochwasserkatastrophen, wie 2021 an der Ahr, ist dies notwendiger denn je!

25.5 Schlussbetrachtung

Patientensicherheit bedarf einer übergreifenden Lösung auf Bundesebene und nicht einer mosaikartigen Anhäufung nicht konsentierter Einzelaktivitäten. Am Anfang muss die Erfassung aller bestehenden Aktivitäten und Maßnahmen zur Gesundheitsversorgung bzw. Daseinsvorsorge einschließlich der zuständigen Versorger in Ballungsgebieten und ländlichen Regionen in Form einer Ist-Analyse stehen, sozusagen eine länderübergreifende Kartierung des gesamten Versorgungsangebotes in Deutschland. Dies gibt Aufschluss über bestehende Defizite.

Die Erarbeitung eines Soll-Konzepts muss sich anschließen. Darin müssen Überlegungen eingehen, wie strukturschwache Gebiete gefördert und attraktiv gemacht werden können, auch um ärztliche Nachwuchskräfte und IT-Personal für eine dauerhafte Tätigkeit im ländlichen Raum binden zu können. Bereits bestehende Konzepte wie Ambulant-Stationäre Zentren (ASZ) oder Intersektorale Gesundheitszentren (IGZ) können hier gute Orientierungshilfen geben.

Empfehlenswert wäre in diesem Zusammenhang auch die **Entwicklung eines Leitfadens**, der allen Versorgern verdeutlicht, was Patientensicherheit sein muss und wie sie zielorientiert umgesetzt werden kann. Organisatorisch sollte ein länderübergreifendes Gremium aus Mitgliedern von Ärzteschaft, Krankenkassen, Deutscher Krankenhausgesellschaft (DKG), Kassenärztlicher Bundesvereinigung, IQTIG und Vertretern der Gesundheitspolitik gebildet werden, das ein schlüssiges Gesamtkonzept mit primärer Orientierung an den Patienten für eine flächendeckende angemessene Versorgung entwickelt und Patientensicherheit gewährleistet.

25.6   Kontrollfragen

1. Begründen Sie die Aussage; „In Deutschland gibt es keine Sicherheitskultur".
2. Eine ausgewogene Versorgung in Ballungsgebieten und strukturschwachen ländlichen Bereichen wird immer wieder eingefordert. Warum ist diese schwer umsetzbar?
3. Medizinische Versorgungszentren reichen als Ersatz für ein kleines Krankenhaus im ländlichen Bereich nicht aus. Geben Sie eine Begründung für diese Aussage.
4. Worin liegen die Vorteile der Integrierten Versorgung für alte Patienten?
5. Wie kann eine Zusammenarbeit zwischen einer Universitätsklinik mit einem kleinen Krankenhaus im ländlichen Bereich aussehen?

Literatur

Augurzky, B., & Schmidt, C. M. (2020). *Nach Corona: Jetzt stabile Krankenhausstrukturen schaffen* (RWI Position 79, 06. Oktober 2020). Leibniz-Institut für Wirtschaftsforschung.

Fink, A. (2021). Szenariomanagement – Entwicklung, Bewertung und Nutzung von Zukunftsszenarien. In W. Hellmann (Hrsg.), *Kooperative Versorgungsformen – Chance für den ländlichen Raum. Praxisbeispiele, Konzepte, Wissensvermittlung* (S. 112–121). mgo-Fachverlage Mediengruppe Oberfranken.

Hellmann, W. (2021). *Kooperative Versorgungsformen – Chance für den ländlichen Raum. Praxisbeispiele, Konzepte, Wissensvermittlung*. mgo-Fachverlag Mediengruppe Oberfranken.

Hellmann, W. (Hrsg.). (2022). *Medizinische Versorgungszentren und Gesundheitszenten*. Mediengruppe Oberfranken, Kulmbach.

IGES. (2021). Experten zu Hausärztemangel: Primärversorgung als eigenständige Versorgungsform verankern. https://www.iges.com/kunden/gesundheit/forschungsergebnisse/2021/hausaerztemangel/index_ger.html. Zugegriffen am 02.07.2021.

Klapper, B. (2020). PORT-Gesundheitszentren – eine Perspektive (nicht nur) für kleine Krankenhäuser im ländlichen Raum. In W. Hellmann, J. Schäfer, G. Ohm, K. Rippmann & U. Rohrschneider (Hrsg.), *SOS Krankenhaus. Strategien zur Zukuftssicherung* (S. 267–272). Kohlhammer.

Mau, J. (2021). DKG positioniert sich fürs Wahljahr und die Zeit danach. Bibliomed Manager für Entscheider im Krankenhaus. https://www.bibliomedmanager.de/news/dkg-positioniert-sich-fuers-wahljahr-und-die-zeit-danach. Zugegriffen am 07.05.2021.

Simon, B., & Krämer, N. (2021). Spezialisierung, Privatisierung, Digitalisierung. In B. Simon & N. Krämer (Hrsg.), *Zukunft der Gesundheitsversorgung: Vorschläge und Konzepte aus der Perspektive der stationären Leistungserbringer* (S. 193–203). Springer Gabler.

Wolfgang Hellmann

Inhaltsverzeichnis

Zusammenfassung

Patientensicherheit ist ein hochaktuelles Thema, das im Medizinstudium bisher kaum verankert ist. Es ist deshalb zwingend, Medizinstudierende im Praktischen Jahr (PJ) und in der ärztlichen Weiterbildung mit Fragen der Patientensicherheit vertraut zu machen. Dazu bedarf es der Qualifizierung des betreuenden ärztlichen Personals. Patientensicherheit muss ebenfalls wichtiges Thema für Beauftragte für Patientensicherheit sein, die im Krankenhaus als „Kümmerer" Patienten betreuen. Das hier im Umriss vorgestellte Studienprogramm vermittelt darauf bezogene Inhalte. Bescheinigt wird der erfolgreiche Abschluss durch ein Hochschulzertifikat.

W. Hellmann (✉)
Hemmingen, Deutschland
E-Mail: hellmann-w@t-online.de

© Der/die Autor(en), exklusiv lizenziert an Springer Fachmedien Wiesbaden GmbH, ein Teil von Springer Nature 2022
W. Hellmann (Hrsg.), *Patientensicherheit*,
https://doi.org/10.1007/978-3-658-37143-2_26

26.1   Vorbemerkungen

Patientensicherheit entwickelt sich, auch im Kontext der aktuellen Corona-Krise, zu *dem* Thema gesundheitspolitischer und krankenhausspezifischer Aktivitäten. Dabei geht es vor allem darum, die Bedeutung des Themas in Gesundheitseinrichtungen unterschiedlicher Art (Universitätskliniken, Krankenhäuser, MVZ, Reha, Physiotherapie) zu verankern und Personal zu befähigen, PS in den Einrichtungen umzusetzen oder bei der Umsetzung zu unterstützen.

Außerordentliche Bedeutung hat das Thema auch für ärztliche Betreuer von Medizin-studierenden im Praktischen Jahr (PJ) und in der ärztlichen Weiterbildung. Patienten-sicherheit sollte hier ein zentrales Thema sein. Es mangelt aber an grundsätzlichen Kennt-nissen der ärztlichen Betreuer zum Thema und ebenso an methodisch-didaktischen Qualifikationen für eine angemessene inhaltliche Stoffvermittlung.

Ziel
Vermittlung eines Überblicks über Aufgaben, Ziele und Strategien zur Umsetzung von Patientensicherheit für Lehrende im Praktischen Jahr und in der ärztlichen Weiterbildung, schwerpunktmäßig aber auch für Personal als Betreuer von Patienten zur Gewährleistung von Patientensicherheit.

Adressaten
Ärztliche Lehrende, die den Unterrichtsstoff zur Patientensicherheit an Medizinstudierende im PJ oder Ärzte in Weiterbildung vermitteln müssen, sowie zukünftige Beauftragte für Patientensicherheit, die Patienten unterweisen und Fachabteilungen in Bezug auf die Pla-nung und Umsetzung von Patientensicherheit beraten sollen.

26.2   Inhalte und Lernziele

Vermittlung von theoretischem und Handlungswissen für die Planung und Umsetzung von Patientensicherheit in Versorgungseinrichtungen und in der medizinischen Aus- und Weiterbildung. Schwerpunkte:

- Patientensicherheit – Definition
- Qualität, Risikomanagement und Qualitätssicherung als Grundlage für Patienten-sicherheit
- Strategien zur Sensibilisierung von Mitarbeitern für das Thema Patientensicherheit
- Strategien zur erfolgreichen Einbindung von Patienten
- Strategien zu einer erfolgreichen Umsetzung von Patientensicherheit
- Befähigung zur Entwicklung eines hausinternen Curriculums zur Vermittlung von grundlegenden Kenntnissen zur Patientensicherheit für Mitarbeiter und Patienten

- Organisationskonzepte für die Umsetzung von Patientensicherheit
- Didaktisch-methodische Qualifikationen für Unterweisende in den Versorgungseinrichtungen und für Lehrende in der ärztlichen Aus- und Weiterbildung

Umfang des Studienprogramms
Ca. 180 Unterrichtstunden zu je 45 Minuten, Kombination von Präsenz- und Online-Unterricht.

Prüfung, Bezeichnung, Studienbeginn
Das Studium schließt mit einer Prüfung (Kombination schriftlich/mündlich) ab. Die erfolgreiche Prüfung wird durch das Hochschulzertifikat „Beauftragter für Patientensicherheit (BPS)" bescheinigt.

Der Studienbeginn ist für das 3. Quartal 2022 vorgesehen.

26.3 Schlussbetrachtung

Patientensicherheit als zentrales, wichtiges Thema für die Patientenversorgung muss, wenn nicht bereits im Studium behandelt, Eingang in die Ausbildung von Medizinstudierenden im Praktischen Jahr und in die ärztliche Weiterbildung finden. Besondere Bedeutung hat es für Personal, das für die Betreuung von Patienten in Sachen Patientensicherheit zuständig ist, aber auch für das gesamte Personal, das Aufgaben im Qualitätsmanagement, im Risikomanagement und der Qualitätssicherung übernimmt oder übernommen hat.

Ausblick

27

Wolfgang Hellmann

Inhaltsverzeichnis

Zusammenfassung

Patientensicherheit muss Markenkern unseres Gesundheitswesens werden, bedarf eines länderübergreifenden Gesamtkonzepts und muss auch bei unerwarteten, plötzlichen Krisen gewährleistet sein.

27.1 Vorbemerkungen

Patientensicherheit muss der Maßstab für ein leistungsstarkes und leistungsfähiges Gesundheitssystem sein, das auch in Krisenzeiten den Anspruch, „eines der besten Gesundheitswesen der Welt zu sein", erfüllen kann. Bereits vor der Corona-Krise wurde an vielen Stellen deutlich, dass dies nur eingeschränkt der Fall ist. Zugrunde liegt diesen Defiziten eine Fülle nicht koordinierter Einzelaktivitäten, die das Gesamtproblem einer fehlenden Gesamtstrategie Patientensicherheit nicht erfüllen kann. Einzelaktionen liefern

W. Hellmann (✉)
Hemmingen, Deutschland
E-Mail: hellmann-w@t-online.de

bestenfalls einzelne Mosaiksteine, können das Problem der Notwendigkeit eines übergreifenden Patientensicherheitskonzeptes jedoch nicht lösen.

Einzelaktionen zur Patientensicherheit von Verbänden sind hilfreich, bleiben jedoch so lange Stückwerk (Schrappe, 2021), bis sie in einen übergreifenden „Patientensicherheitsrahmen" eingeordnet werden können. Die Forderung nach Patientensicherheitsbeauftragten (gemäß dem Beispiel des Landes Hessen) hört sich gut an, sie hat aber nicht ansatzweise den Charakter eines Problemlösers.

Auch Aussagen mit Marketingcharakter wie zum Beispiel „Wir müssen technologieoffener und risikobereiter agieren" oder „Es braucht offene Schnittstellen und Interoperabilität" (FAZ Verlagsspezial, 2021) führen nicht wirklich weiter. Es handelt sich dabei bestenfalls um Absichtserklärungen, geprägt vor allem durch Wirtschaftsunternehmen wie Pharmafirmen, die gerade in neuerer Zeit nicht immer ein besonderes Engagement für Patientensicherheit haben erkennen lassen. Betrachtet man die Gesamtheit der Aussagen im FAZ Verlagsspezial (2021), dann wird deutlich: Die Prioritäten richten sich auf gesundheitsmarktwirtschaftliche Aspekte und im Mittelpunkt der Patientenversorgung steht „Ökonomie als Primat ärztlichen Handelns". Danach erst folgt (wenn überhaupt) die Patientensicherheit.

Die Ausgangsfrage muss sein: „Was will der Patient und was braucht er?" (Ehrenbaum, 2009; Hauser & Ehrenbaum, 2018). Danach muss sich die Frage anschließen: „Wie lassen sich die Ansprüche des Patienten realisieren, insbesondere auch im Kontext neuer Entwicklungen wie Digitalisierung und Künstliche Intelligenz?"

Ein Umdenken ist zwingend, vor allem in Bezug auf die zunehmende Privatisierung im Gesundheitswesen (Engartner, 2020, 2021). Bisherige Erkenntnisse weisen darauf hin, dass sich dadurch eher Nachteile für die Patientensicherheit ergeben, da Profitorientierung im Vordergrund steht. Vorrangige Priorität muss aber die Patientensicherheit haben. An ihr müssen sich technische Neuentwicklungen orientieren, nicht am Profit findiger Firmen! Ist dies nicht möglich, sollte über Patientensicherheit in Deutschland nicht weiter schwadroniert werden.

27.2 Was im Einzelnen zu tun ist

- **Entwicklung eines länderübergreifenden Gesamtkonzepts Gesundheit** für eine effiziente und krisenorientierte Gesundheitsversorgung in Deutschland auf der Grundlage eines Integrierten Versorgungsansatzes mit schwerpunktmäßiger Fokussierung auf Patientensicherheit. Nur so lässt sich nachhaltige Sicherheit in der Gesundheitsversorgung gewährleisten.
- Bereits **von der Bundesregierung eingeleitete Maßnahmen und Vorschläge** sind zielführend, aber sie reichen nicht aus. Dies gilt vor allem im Hinblick auf die Bewältigung von Krisen wie Corona. Hier gilt es, umfassende Sicherheitskonzepte im Sinne von Business Continuity Management (BCM) zu entwickeln.

- **Berücksichtigung von Patientensicherheit in den Inhalten des Studiums, des Praktischen Jahres (PJ) und in der ärztlichen Weiterbildung.** Hier gibt es für die Ärzteschaft bzw. die Bundesärztekammer viel zu tun (Hellmann, 2021a). Eine Fokussierung auf anonyme Fehlermeldesysteme, Gutachterkommissionen, Peer-Review-Systeme und Arzneimitteltherapiesicherheit (Bundesärztekammer, 2021) reicht nicht aus.

- Auch die **Verengung von Patientensicherheit auf medizinisches Risikomanagement** gilt es zu vermeiden. Bezugspunkt kann u. a. das von Schrappe entwickelte Prozessmodell zur Patientensicherheit sein (Schrappe, 2018; Kettner & Köster-Steinebach, 2019). Das Konzept ist wegweisend, zumal es umfassend auf neue Handlungsfelder in der Patientensicherheit eingeht (z. B. Robotik, KI, etc.).

- Eine **abgestimmte Krankenhausplanung** der Länder zu einer effizienten Sicherung der Gesundheitsversorgung in Ballungsgebieten und in ländlichen Bereichen durch den Erhalt kleiner Krankenhäuser und die Einbindung neuer Versorgungskonzepte (MVZ) sind unverzichtbar. Eine bessere Alternative wäre eine Krankenhausplanung in der Hand des Bundes, die aber kaum durchsetzbar ist. Hier gibt es breiten Widerstand, so auch von der DKG.

- Eine **umfassende Förderung öffentlicher Krankenhäuser** bei gleichzeitiger Zurückdrängung des Einflusses privater Klinikkettenbetreiber und ausufernder Privatisierung mit Zunahme profitorientierter privater Betreiber sollte angestrebt und umgesetzt werden. Die Entwicklungen bei privaten Klinikketten mit exzessiver Profitorientierung zu Lasten der Patienten sind beunruhigend. Sie sind teilweise mit dem Ziel Patientensicherheit nicht mehr in Deckung zu bringen.

- **Entwicklung von Szenarien zur Bewältigung möglicher Krisen** unter Einbeziehung von Notfallplänen und konkreten Zuständigkeiten, die zur Bestandssicherung des Gesundheitswesens bzw. der Versorgungseinrichtungen notwendig sind.

- Stärkung der Anstrengungen der Krankenhäuser und ambulanten Einrichtungen zum Qualitätsmanagement durch die **Ausschaltung „systemimmanenter Risiken"** durch die Gesundheitspolitik (Hellmann, 2021b, c)

- **Verhinderung minderwertiger Medizinprodukte, fragwürdiger Vereinbarungen zwischen Krankenhäusern und niedergelassenen Ärzten** sowie **nicht akzeptabler Zielvereinbarungen** zu nicht begründbaren Fallzahlsteigerungen durch unnötige Operationen, vor allem in der Orthopädie und Urologie.

- Umsetzung notwendiger Veränderungen in den Krankenhäusern wie die **Stärkung übergreifender Zusammenarbeit** und eine Neujustierung von Managementaufgaben und Managementfunktionen, angepasst an die jeweils neuen Rahmenbedingungen.

- Verzicht auf nicht zielführende Statements und wenig förderliche Auseinandersetzungen, insbesondere von exponierten Ärzten und Gesundheitsökonomen, die in der Sache nicht weiterführen, massiv zur Verunsicherung von Patienten beitragen und damit die Patientensicherheit in Frage stellen.

27.3 Schlussbetrachtung

Gesundheitsversorgung darf nicht vorrangig ein betriebswirtschaftlich orientiertes Geschäftsmodell sein. Insoweit ist der zunehmend identifizierbaren Tendenz von privaten Krankenhausketten zur kontinuierlichen Gewinnmaximierung zu Lasten von Patienten (Beispiel Rückenoperationen) seitens der Gesundheitspolitik Einhalt zu gebieten.

Weitere Anregungen für ein leistungsstarkes Gesundheitswesen der Zukunft finden sich bei Augurzky und Schmidt (2020).

Literatur

Augurzky, B., & Schmidt, C. M. (2020). *Nach Corona: Jetzt stabile Krankenhausstrukturen schaffen* (RWI Position 79, 06. Oktober 2020). Leibniz-Institut für Wirtschaftsforschung.

Bundesärztekammer. (2021). Patientensicherheit. https://www.bundesaerztekammer.de/patienten/patientensicherheit/. Zugegriffen am 18.05.2021.

Ehrenbaum, K. (2009). *Der Patient – was er will und braucht. Integrierte, qualitätskontrollierte Patientenversorgung.* Economica.

Engartner, T. (2020). Krankes Gesundheitssystem. Ökonomisierung. Weg von der Bedarfs- hin zur Gewinnorientierung lautet seit langem die Devise für Kliniken. Die Corona-Krise zeigt, wie fatal das ist. Der Freitag vom 01.04.2020. https://www.freitag.de/autoren/der-freitag/krankes-gesundheitssystem. Zugegriffen am 19.04.2021.

Engartner, T. (2021). *Staat im Ausverkauf – ein Weckruf. Privatisierung in Deutschland.* Campus.

FAZ Verlagsspezial. (21.04.2021). Zukunft Gesundheitswesen 2021. https://www.faz.net/asv/zukunft-gesundheitswesen-2021/. Zugegriffen am 16.05.2021.

Hauser, E., & Ehrenbaum, K. (2018). *Patient Gesundheitssystem. Zu viel des Guten oder immer noch zu wenig.* Tredition.

Hellmann, W. (2021a). *Die Chirurgie hat Zukunft.* Springer Gabler.

Hellmann, W. (2021b). Schwachstelle Systemimmanente Risiken. In W. Hellmann (Hrsg.), *Kooperative Versorgungsformen – Chance für den ländlichen Raum. Praxisbeispiele, Konzepte, Wissensvermittlung* (S. 347–349). Mediengruppe Oberfranken.

Hellmann, W. (2021c). Marktversagen im Kontext systemimmanenter Risiken. In W. Hellmann (Hrsg.), *Kooperative Versorgungsformen – Chance für den ländlichen Raum. Praxisbeispiele, Konzepte, Wissensvermittlung* (S. 192–194). Mediengruppe Oberfranken.

Kettner, F., & Köster-Steinebach, I. (2019). Patientensicherheit in Deutschland: Geschichte und Gegenwart. https://www.bdc.de/patientensicherheit-in-deutschland-geschichte-und-gegenwart<. Zugegriffen am 16.05.2021.

Schrappe, M. (2018). *APS-Weißbuch Patientensicherheit.* Medizinisch Wissenschaftliche Verlagsgesellschaft.

Schrappe, M. (2021). *APS-Weißbuch Patientensicherheit.* Medizinisch Wissenschaftliche Verlagsgesellschaft.

Ergänzende Literatur

Albrecht, M., Loos, S., & Irps, S. (2021). *Qualitätsverbesserung durch Leistungskonzentration in der stationären Versorgung. Bestandsaufnahme, Erfolgsfaktoren und Hemmnisse.* Ergebnisbericht für den Verband der Ersatzkassen e. V.

Augurzky, B., Krolop, S., Pilny, A., Schmidt, C. M., & Wuckel, C. (2020). *Krankenhaus Rating Report 2020: Ende einer Ära. Aufbruch ins neue Jahrzehnt.* Medhochzwei.

Becker, A. (Hrsg.). (2015). *Beiträge zur Patientensicherheit im Krankenhaus.* Mediengruppe Oberfranken.

Corell, C., & Naucke, C. (2021). *Einrichtung von Compliance Managementsystemen (CMS) im Krankenhaus.* Kohlhammer.

Dann, M. (Hrsg.). (2015). *Compliance im Krankenhaus. Risiken erkennen – Rahmenbedingungen gestalten.* Deutsche Krankenhaus Verlagsgesellschaft mbH.

DKG (Hrsg.). (2020). *Empfehlungen zur Aufklärung von Krankenhauspatienten über vorgesehene ärztliche Maßnahmen* (8. Aufl.). Kohlhammer.

Haeske-Seeberg, H. (2021). *Qualitätsmanagement im Krankenhaus. Strategien, Analysen, Konzepte* (3. Aufl.). Kohlhammer.

Hauser, A. (2021). *Krankenhausrecht kompakt 2021. KHG, KHEntG, FPV, VBE, BPflV, PEPPV, PpUGV, SGB V* (31. Aufl.). Kohlhammer.

Hellmann, W. (Hrsg.). (2006). *Strategie Risikomanagement. Konzepte für das Krankenhaus und die Integrierte Versorgung.* Kohlhammer.

Hellmann, W., & Ehrenbaum, K. (Hrsg.). (2012). *Umfassendes Risikomanagement. Risiken beherrschen und Chancen erkennen.* Medizinisch Wissenschaftliche Verlagsgesellschaft.

Kahla-Witzsch, H.-A., Jorzig, A., & Brühwiler, B. (2019). *Das sichere Krankenhaus.* Kohlhammer.

Löber, N. (2017). *Patientensicherheit im Krankenhaus. Effektives Klinisches Qualitäts- und Risikomanagement.* Medizinisch Wissenschaftliche Verlagsgesellschaft.

Maio, G. (2014). *Wie der Markt die Heilkunst abschafft.* Suhrkamp.

Maio, G. (2017). *Mittelpunkt Mensch. Lehrbuch der Ethik in der Medizin.* Schattauer.

Paula, H. (2007). *Patientensicherheit und Risikomanagement im Pflege- und Krankenhausalltag.* Springer.

Schmola, G., & Rapp, B. (Hrsg.). (2016). *Compliance, Governance und Risikomanagement im Krankenhaus. Rechtliche Anforderungen – Praktische Umsetzung – Nachhaltige Organisation.* Springer Gabler.

Strametz, R. & Aktionsbündnis Sicherheit e.V. (Hrsg.). (2021). *Mitarbeitersicherheit ist Patientensicherheit. Psychosoziale Unterstützung von Behandelnden im Krankenhaus.* Kohlhammer.

Strametz, R., & Baeff-Fillof, M. (Hrsg.). (2019). *Risikomanagement in der Notaufnahme.* Kohlhammer.

Weimer, T. (Hrsg.). (2020). *Krankenhauskeime und Hygienemängel. Skandale vermeiden und in der Krise richtig handeln.* Kohlhammer.

Glossar

Anmerkung

Die Begriffsdefinitionen wurden einfach gehalten, auf Fremdwörter wurde weitgehend verzichtet. Geeignet sind die Definitionen daher auch für die Verwendung durch Beauftragte für Patientensicherheit zur Unterweisung von Patienten betreffs Wissensvermittlung zur Patientensicherheit.

Die überwiegende Zahl der Definitionen unterliegt dem Copyright (Prof. Dr. Wolfgang Hellmann). Dies wurde bei den Definitionen aufgrund besserer Lesbarkeit in der Regel nicht gesondert ausgewiesen. Ausnahmen sind Definitionen, die sich auf vom Herausgeber entwickelte Konzepte oder Sichtweisen beziehen. Hier wird das Copyright explizit erwähnt. Von anderen Autoren übernommene Definitionen werden in Übereinstimmung mit dem Urheberrecht angemessen ausgewiesen (wörtliches Zitat mit Literaturangabe).

A

Ablauforganisation

Gestaltung (Organisation) der Prozesse, die innerhalb eines Systems (Unternehmens) ablaufen. Sie ist damit der Gegenpol zur ›*Aufbauorganisation*, die die grundlegende (statische) Struktur der einzelnen Systemkomponenten beschreibt.

Abteilungsmanagement

Management der Fachabteilung im Krankenhaus.

Administration

Umfasst Aufgaben und Bereiche wie. z. B. Geschäftsleitung, Finanz- und Rechnungswesen, Personalwesen, Recht, Gebäudemanagement, Technik, Einkauf, Logistik.

Akkreditierung

Der Begriff findet z. B. Verwendung in Zusammenhang mit der Vereinheitlichung von Studiengängen innerhalb der EU. Ziel ist die Herstellung einer nationalen und internationalen Vergleichbarkeit von Studienstrukturen, Studieninhalten und Studienabschlüssen. Die Akkreditierung von Studiengängen erfolgt über Agenturen.

Arbeitgebermarke
Marke, die verdeutlich, dass der Arbeitgeber gute Arbeitsbedingungen für Mitarbeiter ausweist. Ziel ist, das Unternehmen für potenzielle Mitarbeiter attraktiv zu machen und letztendlich zu bewirken, dass der Mitarbeiter sich mit dem Unternehmen identifiziert.

Arbeitgeberqualität
Qualität der Arbeitsbedingungen für Mitarbeiter im Krankenhaus. Im Mittelpunkt müssen stehen: arbeitsfreundliche und motivierende Arbeitsbedingungen mit angemessener Vergütung, offene Karrierewege, Möglichkeit der Vereinbarung von Arbeit und Freizeit. Die Notwendigkeit der Wertschätzung durch Vorgesetzte versteht sich von selbst.

Arbeitsanweisung
Beschreibung, welche Tätigkeit wie ausgeführt werden muss.

Arbeitsschutz
Gesamtheit aller Aktivitäten zur Minimierung und Beseitigung die Gesundheit gefährdender Arbeitsbedingungen und Belastungen von Mitarbeitern.

Arbeitsschutzgesetz
Deutsches Gesetz zur Umsetzung von EU-Richtlinien zum Arbeitsschutz. Ziel ist die Sicherung aller Beschäftigten (auch des Öffentlichen Dienstes) durch Maßnahmen des Arbeitsschutzes (z. B. Gefährdungsbeurteilung).

Arbeitszeitgesetz
Betrifft den öffentlich-rechtlichen Arbeitsschutz. Zweck ist die Gewährleistung der Sicherheit und des Gesundheitsschutzes der Arbeitnehmer bei der Arbeitszeitgestaltung.

Arbeitszufriedenheit
Ergebnis guter Arbeitsbedingungen für Mitarbeiter.

Arzneimittelmanagement
Gesamtheit aller Aktivitäten einer medizinisch angemessenen und wirtschaftlichen Versorgung eines Patienten mit Arzneimitteln.

Arzt-Patient-Dialog
Kommunikation des Arztes mit dem Patienten, z. B. im Behandlungsprozess und bei der Visite.

Arzthaftung

Komplexes und kompliziertes Rechtsgebiet in Verbindung mit der Zunahme von Behand-
lungsrisiken, auch durch den medizinischen Fortschritt. Vor allem Behandlungsfehler und
Verletzungen der Aufklärungspflicht stehen im Fokus des Arzthaftungsrechtes.

Ärztlicher Direktor

Der ärztliche Direktor ist Mitglied der Krankenhausleitung (in der Regel neben dem
›*Verwaltungs-* und ›*Pflegedirektor.* Er ist Arzt, meist ›*Chefarzt.* Aufgaben sind z. B. Füh-
rungs- und Leitungsfunktion als Teil der Krankenhausleitung, Sprecher für den ärztlichen
Bereich.

Ärztlicher (Medizinischer) Geschäftsführer

Der ärztliche Geschäftsführer übt sein Amt in der Regel als Hauptamt aus. Er findet sich
vor allem bei Krankenhäusern in der Rechtsform einer GmbH. Häufig leitet er das Krankenhaus in Alleinstellung. Aufgaben z. B.: Unternehmensplanung und Unternehmenssteuerung, Vorgesetzten- und Leitungsfunktion für nachgeordnete Klinik- und Instituts-
bereiche.

Ärztliches Rollenverständnis

Haltung gegenüber Patienten, Mitarbeitern und Kooperationspartnern. Hierarchische Orientierung war bisher der Regelfall. Dies ist nicht mehr zeitgemäß, zunehmend wollen Patienten als gleichberechtigte Partner anerkannt und in den Behandlungsprozess eingebunden werden (z. B. Mitbestimmung bei der Auswahl einer Therapie). Mitarbeiter fordern
Teamorientierung und kollegiale Führung ein.

Audit (Anhörung)

Verfahren z. B. im Kontext einer ›*Zertifizierung.* Im ›*Zertifizierungsaudit* wird geprüft, ob
die im ›*Qualitätsmanagementhandbuch* beschriebenen Abläufe tatsächlich umgesetzt
werden. Wird dies bestätigt, erhält die Einrichtung ein ›*Zertifikat* und gilt damit (mit zeitlicher Begrenzung) als zertifiziert.

Aufbauorganisation

Geläufig ist noch die funktionale Aufbauorganisation mit Kliniken unter Leitung von Chefärzten und mit einer übergeordneten Geschäftsführung. Zunehmend wird diese abgelöst
durch eine prozessorientierte Organisation mit flacheren Hierarchien und Ausrichtung
auf Teamorientierung (z. B. therapeutische Teams aus Ärzten und Pflegekräften auf
Augenhöhe).

Aufklärung

Rechtssichere Aufklärung bei medizinischen Interventionen mit Notwendigkeit der Einwilligung des Patienten. Erfolgt ein Eingriff ohne diese, ist er rechtswidrig. Wirksam ist
die Einwilligung nur, wenn der Patient konkret weiß, worum es geht. Entsprechendes
Wissen muss der Arzt vermitteln.

Aufnahmemanagement
Gesamtheit der Aktivitäten und Handlungen für die Aufnahme eines Patienten ins Krankenhaus.

B
Behandlungsfehler
Fehler (in der Regel) des behandelnden Arztes, der schwerwiegende Folgen für den Patienten haben kann (z. B. Verwechslung von Extremitäten im Zusammenhang mit einer Amputation). Behandlungsfehler sind für Krankenhäuser ein massives Problem. Sie können ▸*Patientenklagen* auslösen und erhebliche Kosten verursachen.

Behandlungspfad
Behandlungsablauf auf wissenschaftlicher Grundlage (▸*Leitlinie*), der ▸*Patientenerwartungen*, ▸*Qualität* und ▸*Wirtschaftlichkeit* gleichermaßen berücksichtigt.

Behandlungsqualität
Grad der Qualität der Behandlung.

Behandlungsschaden
Oberbegriff für Gesundheitsschäden, die durch vermeidbare Techniken oder Handlungen am Patienten entstehen (z. B. Gewebeschädigung durch Bestrahlung, Schäden durch Diagnosefehler).

Behandlungsvertrag
Ist ein Dienstvertrag. Der Arzt schuldet die Durchführung der Behandlung nach (aktuellem) medizinischem Standard. Der Erfolg der Behandlung wird nicht geschuldet.

Behandlungsziel
Ziel, das auf eine möglichst optimale Wiederherstellung des Gesundheitszustandes des Patienten ausgerichtet ist.

Beinahefehler
Fehler, der leicht hätte eintreten können, tatsächlich jedoch nicht eingetreten ist. Ein Schaden für den Patienten ist somit nicht entstanden. Die Erfassung von entsprechenden „Fehlern" im Rahmen des RM ist für das Krankenhaus zwingend, da damit Behandlungsfehlern vorgebeugt werden kann. Krankenhäuser müssens deshalb sogenannte anonyme Fehlermeldesysteme vorhalten.

Benchmarking
Kontinuierliche Vergleichsanalyse von Produkten und Dienstleistungen, Prozessen und Methoden des eigenen Unternehmens mit denen der besten Konkurrenten. Ziel ist es, die

Leistungslücke zum besten Unternehmen in der Branche zu erkennen und systematisch zu schließen. (Siehe auch: Hellmann, 2007, S. 374)

Beschwerdebox
Art eines Briefkastens, in den Patienten (oder auch Mitarbeiter) Beschwerden einbringen können. Vorteil für die handelnden Personen ist die Anonymität. Denn Patienten und auch Mitarbeiter haben häufig Sorge, dass ihnen durch kritische Anmerkungen Nachteile im Krankenhaus entstehen können.

Beschwerdemanagement
Regelt den Umgang mit Beschwerden innerhalb der Organisation (des Krankenhauses). Beschwerden werden aufgenommen und dienen wie Befragungen einer Verbesserung der Bedingungen für Patienten und Mitarbeiter. Anonyme Beschwerden lassen sich über die Aufstellung von *Beschwerdeboxen* erfassen.

Best Practice
Vorzeigepraxis, z. B. in Bezug auf Unternehmen, die für andere Unternehmen Vorbildcharakter haben (z. B. sehr geringe Sterblichkeitsrate bei Operationen durch die Anwendung besonderer OP-Techniken).

Betriebliche Gesundheitsförderung (BGF)
Optimierung der Arbeitsorganisation und Arbeitsumgebung in Betrieben (auch Förderung aktiver Teilnahme von Mitarbeitern und Setzung von Anreizen für ein gesundes Verhalten).

Betriebliches Gesundheitsmanagement (BGM)
Systematischer, integrierter und qualitätsgesicherter Managementansatz zur Planung und Umsetzung der ›Betrieblichen Gesundheitsförderung.

Bottom-up- und Top-down-Strategie
Konzepte der Unternehmensstrategie. Top-down: Ausrichtung „von oben nach unten" (Initiierung von Handlungen durch die Geschäftsführung ohne weitgehende Mitarbeitereinbindung), Bottom-up: Primäre Ausrichtung „von unten nach oben" (Aktivitäten der Mitarbeiter). Eine Top-down-Strategie von Führung wäre streng hierarchisch orientiert, eine Bottom-up-Strategie hingegen orientiert auf eine kollegiale Zusammenarbeit.

Business Continuity Management (BCM)
Zweig des ›Risikomanagements. Dieser befasst sich nicht, wie andere Bereiche des RM, mit der Verhinderung bzw. Minimierung von Behandlungsfehlern oder anderen Risiken für das Krankenhaus. Im Mittelpunkt stehen vielmehr Handlungsoptionen für den plötzlichen Eintritt eines Schadens, z. B. im Hinblick auf plötzliche und unerwartete Ereignisse, die die Zukunft des Krankenhauses bedrohen können (Umwelteinflüsse, Pandemie wie Corona etc.).

Businessplan
Geschäftsplan für die Vergabe von Krediten. Das Geschäftsvorhaben muss detailliert beschrieben werden, damit der Kreditgeber seine Kreditrisiken abschätzen kann.

C
Case Management
Auf den Patienten bezogene individuelle Betreuung des Patienten, z. B. während eines stationären Aufenthaltes. Im Idealfall wird der Patient von der Aufnahme bis zur Entlassung durch das Krankenhaus geleitet und mit seinen Fragen niemals allein gelassen.

Change Management
Veränderungsmanagement. Es beinhaltet die professionelle und kontinuierliche Planung, Gestaltung und Umsetzung von Veränderungsprozessen.

Chefarzt
Leiter einer Abteilung (Klinik) mit Verantwortungshoheit für alle wichtigen Entscheidungen der Abteilung wie medizinische Leistungen, Personalentscheidungen und Ausbildungsfragen. Das detaillierte Aufgabenfeld kann variieren, es ist im Chefarztvertrag geregelt.

CIRS – Critical Incident Reporting System
Bekanntes anonymes Fehlermeldesystem zur Erfassung von Beinahefehlern, das in vielen deutschen Krankenhäusern bereits eingeführt ist.

Coaching
„Professionelle Anleitung zur Selbstreflexion, es vermittelt Selbstbewusstsein, klare Vorstellungen von dem Arbeitsfeld, ein klares Bild der eigenen Stärken und Schwächen" (Ley, 2010, S. 174–182).

Compliance
Einhaltung einschlägiger Vorgaben wie: gesetzliche Regelungen, organisationsinterne Normen und ethische Regeln. Daraus resultiert vor allem die Bewertung von Risiken bei Nichteinhaltung der definierten Vorgaben. Compliance ist Teil des Risikomanagements und fokussiert vor allem auf strategische Risiken, rechtlich-regulatorische Risiken, operative Risiken, Finanzrisiken und Personalrisiken.

Der Begriff Compliance wird auch in Zusammenhang mit ärztlichen Anweisungen (regelrechte Einnahme von Medikamenten durch den Patienten) verwendet.

Compliance Management System (CMS)
Teil eines Risikomanagementsystems, das wirksam die Einhaltung von Recht und Gesetz im Unternehmen sichert.

Compliance Manager

Mittler zwischen Arzt und Patient zur Förderung der Compliance des Patienten. Der Compliance Manager gibt dem Patienten praktische Tipps zur Therapie und Medikamenteneinnahme, macht diese für ihn transparent und gewinnt ihn damit für eine Mitwirkung am Behandlungsprozess.

Compliance Officer

Von der Krankenhausleitung eingesetzte Person, die einschlägige Compliance-Aufgaben überwacht.

Controlling

Gesamtprozess von Planung, Zielfestlegung und Steuerung eines jeden Führungsbereiches im Krankenhaus (z. B. Fachabteilung).

Corporate Identity (CI)

Strategisch geplante und im Geschäftsbetrieb eingesetzte Selbstdarstellung und Verhaltensweise eines Unternehmens nach innen und außen auf Basis eines festgelegten Erscheinungsbildes, verleiht dem Unternehmen Unverwechselbarkeit nach außen und ermöglicht den Mitarbeitern, sich mit dem Unternehmen zu identifizieren.

D

Delegation

Führungsinstrument mit dem Ziel, Personalressourcen optimal einzusetzen (z. B. Übertragung von Aufgaben an die Pflege oder ärztliche Mitarbeiter durch Chefärzte.

Demografischer Wandel

„Als Folge von Geburtenrückgängen treten Bevölkerungsschrumpfungen auf, begleitet von einer spürbaren demographischen Alterung bei gleichzeitig verlängerter Lebenszeit" (Schmieg et al., 2011, S. 129–133).

Deutscher Ärztetag

Hauptversammlung der Bundesärztekammer.

Dialogkultur

Eine Dialogkultur ist Teil der Unternehmenskultur. Sie zeichnet sich aus durch eine Haltung und ein Bewusstsein für eine berufsgruppenübergreifende Gesprächs- und Begegnungskultur, die auf kommunikativer Kompetenz aller Mitarbeiter im Krankenhaus beruht.

Dienstleistung

Leistung, die vom Dienstleister Krankenhaus qualitativ hochwertig entgeltlich (Patienten) oder unentgeltlich (Mitarbeiter, Einweiser) zur Verfügung gestellt wird

DIN EN ISO 9000-Gruppe

Bezeichnung für eine Gruppe von drei internationalen Normen zum ›*Qualitätsmanagement*.

Disease Management (Krankheitsmanagement)

Versorgungsform mit Möglichkeit der Verbesserung der Prävention und Behandlung sowie der Verringerung krankheitsbedingter Beeinträchtigungen.

Disease-Management-Programme (DMP)

Aufeinander abgestimmte evidenzbasierte Programme zur Behandlung und Betreuung von Patienten über Krankheitsverläufe und institutionelle Grenzen hinaus.

Disruption

Geschäftsmodell mit umwälzendem Charakter, das ganze Branchen auf den Kopf stellt (z. B. Google). Es ist weit mehr als eine Innovation.

DRG-System

Vergütungssystem für stationäre Behandlungen (DRG = Diagnosis-Related Groups; Fallpauschalen).

E
ECO-Konzept (Expert Care Organisation)

Spezifisches Versorgungskonzept des DRK-Krankenhauses Clementinenhaus (Hannover) mit besonderer ›*Patienten-* und ›*Mitarbeiterorientierung*. Patientenorientierung bedeutet hier die Versorgung von Patienten durch Kernteams aus Arzt und Pflegekraft mit dem Ziel hoher ›*Patientenzufriedenheit*. Mitarbeiterorientierung fokussiert u. a. auf die Möglichkeit für Mitarbeiter, Expertenstatus zu gewinnen, z. B. durch die Nutzung umfassender Fort- und Weiterbildungsangebote.

Effektivität

Grad des Ausmaßes oder der Wirksamkeit einer Tätigkeit, Maßnahme oder Therapie. Effektiv wäre z. B. eine Blutdrucktherapie, mit deren Hilfe das Ziel, den Blutdruck auf bestimmte Werte zu senken, erreicht wird.

Effizienz

Wirksamkeit einer Tätigkeit, Maßnahme oder Therapie im Kontext der *Wirtschaftlichkeit* bzw. der eingesetzten Ressourcen. Effizient wäre z. B. eine Therapie, bei der mit geringen Kosten eine maximale Wirksamkeit erreicht wird. Der Begriff wird nicht nur in einem absoluten, sondern auch in einem relativen Sinne verwendet. So kann ein auf einem ›*Klinischen Pfad* basierender Behandlungsablauf effizienter sein als die bisher praktizierte Behandlung. Konkret kann dies heißen, dass die Behandlung über den Klinischen Pfad bei vergleichbarem Behandlungsergebnis weniger Ressourcen verbraucht.

Eindimensionale Qualitätsperspektive

Enge Sicht auf Qualität, die vorrangig auf die ›*Ergebnisqualität* abstellt und nicht mehr als zeitgemäß angesehen wird. Sie sollte durch eine erweiterte Sicht auf Qualität abgelöst werden (›*Multidimensionale Qualitätsperspektive*).

Einsichtsrecht des Patienten

Recht des Patienten gegenüber dem behandelnden Arzt oder Krankenhausträger, Einsicht in seine Original-Krankenunterlagen zu nehmen. Ein besonderes Interesse dazu muss der Patient weder nachweisen noch erklären. Unter gewissen Voraussetzungen kann die Einsicht vom behandelnden Arzt eingeschränkt werden (z. B. bei psychiatrischen Behandlungen).

Einweiser (Zuweiser)

Niedergelassene Ärzte, die Patienten ins Krankenhaus einweisen.

Einweiserbefragung (Zuweiserbefragung)

Instrument des QM. Befragung analog zu *Patienten-* und *Mitarbeiterbefragungen*. Ziel ist, Defizite aufzudecken, um im Sinne eines ›*Kontinuierlichen Entwicklungsprozesses (KVP)* die Zusammenarbeit mit den Einweisern optimieren zu können.

Einweisermanagement

Gesamtheit der Aktivitäten des Krankenhauses zur Gewinnung und Bindung von Einweisern.

Einweiserorientierung

Strategie zur Rekrutierung und Bindung von ›*Einweisern*. Sie hat für das Krankenhaus einen besonders hohen Stellenwert. Einweiser führen dem Krankenhaus Patienten zu. Ziel des Krankenhauses muss deshalb sein, den Wünschen und Bedürfnissen der Einweiser angemessen Rechnung zu tragen (kontinuierliches Kümmern, schnelle Arztbriefe, gute Kommunikation, Informations- und Fortbildungsveranstaltungen etc.). Zur Ermittlung der Bedürfnisse und Wünsche von Einweisern sind ›*Einweiserbefragungen* ein geeignetes Werkzeug.

Einweiserrisikomanagement

Gesamtheit von Maßnahmen innerhalb eines ›*Umfassenden Risikomanagements (URM)*, das auf die kontinuierliche Sicherung einer für das Krankenhaus zukunftssichernden (ausreichenden) Zahl von Einweisern abstellt.

Employer Branding

Strategisches Instrument der Unternehmensführung. Zie ist die Verankerung einer „starken" ›*Arbeitgebermarke*.

Entlassungsmanagement
Teilbereich des ▸*Case Managements*. Beschreibt das Procedere für einen geordneten medizinisch orientierten Übergang von der stationären Betreuung in eine Rehabilitationseinrichtung, den ambulanten Bereich oder die häusliche Umgebung.

Ergebnisqualität
Qualität des Behandlungsergebnisses, definiert auf Grundlage festgelegter Kriterien bzw. Kennzahlen. Hohe Ergebnisqualität lässt sich nur erreichen durch die Bündelung relevanter ▸*Qualitätskategorien* wie z. B. ▸*Medizinische Qualität*, ▸*Mitarbeiterqualität* etc.

Evaluation
Wissenschaftsbasiertes Verfahren zur Bewertung von Organisationen und Prozessen.

Evidenz
Nachweis aufgrund von Informationen aus wissenschaftlichen Studien, die einen Sachverhalt erhärten oder belegen. Die Qualität der Evidenzlage hängt dabei wesentlich von der methodischen Qualität der zugrundeliegenden Studien ab.

Evidenzbasierte Medizin (EBM)
Prinzip der möglichst optimalen Patientenversorgung aufgrund der besten zur Verfügung stehenden aktuellen Daten bzw. Studien.

F
Feedback. Neuer Text
Wichtiges Führungsinstrument, das in besonderer Weise zur ▸*Motivation* von Mitarbeitern geeignet ist Es beinhaltet Rückmeldungen, z. B. zum Stand des durch einen Mitarbeiter erzielten Ergebnisses innerhalb eines Projekts. Seitens des Feedbackgebers kann es sowohl kritische als auch lobende Komponenten enthalten. Feedback bedeutet aber auch Rückmeldung durch den Feedbackempfänger.

Fehler
Nichterfüllung einer Anforderung. (Siehe auch: DIN EN ISO 9000:2005, Abschn. 3.6.2)

Fehlerkultur
Haltung und Anspruch des Krankenhauses, zum Erreichen des Ziels Patientensicherheit angemessen mit Fehlern umzugehen. Wichtiger Teil der Organisations- bzw. Unternehmenskultur.

Fehlermanagement
Gesamtheit von Maßnahmen zur Vermeidung, Minimierung und zum Umgang mit Fehlern. Das Fehlermanagement kann auch als Aufgabe oder Teil des ▸*Risikomanagements* betrachtet werden.

Flexible Arzt-Patient-Kommunikation
Dem jeweiligen Patiententyp angepasste Kommunikation. Beispielsweise ›*Partizipative Entscheidungsfindung* bei gut informierten und kommunikationsfähigen Patienten, eher direktive Orientierung dort, wo es erforderlich ist.

Führung
„Gesamtheit aller Aktivitäten zur Motivation und zu einem effizienten Einsatz von Mitarbeitern. Führung heißt auch: andere inspirieren, andere begeistern, Leidenschaft vermitteln, nicht zu verwechseln mit Leadership!" (Thanner & Nagel, 2010, S. 505–507).

Führung mit Magnetwirkung für die Rekrutierung von Mitarbeitern
Form der Führung, die aufgrund herausragender medizinischer und managementorientierter Eigenschaften und Fähigkeiten des Chefarztes magnetartig zur Rekrutierung und Bindung von Mitarbeitern beiträgt.

Führungsmodelle für das Abteilungsmanagement
Führungsmodelle für das Abteilungsmanagement beschreiben unterschiedliche Optionen für das Abteilungsmanagement unter neuen Rahmenbedingungen.

Führungsstil
Art der Führung. So ist ein situativer Führungsstil der Situation angepasst.

Funktionale Krankenhausorganisation
Ablauf- und Aufbauorganisation mit steiler Hierarchie und Gliederung des Krankenhauses in Abteilungen oder Kliniken unter Leitung von Chefärzten. In Deutschland noch breiter verankert, wird aber zunehmend ersetzt durch prozessorientierte Strukturierung mit flachen Hierarchien und Teamorientierung.

Funktionsbereiche
Teilbereiche einer Institution oder einer Abteilung mit unterschiedlichen Aufgaben.

G
Generation Babyboomer
Generation der Jahrgänge zwischen 1946 und 1964. Von der Generation und auch Autoren häufig verwendeter Slogan: „Leben, um zu arbeiten".

Generation Veteranen
Generation der vor 1948 geborenen, heute über 73 Jahre alten Menschen mit Merkmalen wie hierarchiegeprägt und -orientiert, hoher Anspruch an Pflicht, Disziplin, Loyalität und Verlässlichkeit.

Generation X
Generation der zwischen 1964 und 1980 Geborenen mit besonderen Ansprüchen an eine individuelle Lebensgestaltung, weniger Statusorientierung, Wunsch nach Unabhängigkeit, in der Regel keine Führungsverantwortung anstrebend.

Generation Y
Schlagwort für junge Mitarbeiter ab Geburtsjahr 1981 mit Merkmalen wie: selbstbewusst, konsumorientiert, leistungsorientiert und hochgradig veränderungswillig.

Generation Z
Generation ab Geburtsjahr 2001, umfasst die heute etwa Zwanzigjährigen. Aufgewachsen in der Wirtschafts- und Finanzkrise, politisch eher wenig interessiert, starke Affinität zu den sozialen Medien, hoher Realitätsbezug mit festen Vorstellungen von der Arbeitszeit, schnell überfordert, wenig flexibel, nicht besonders zuverlässig, bei Problemen Wechsel der Arbeitsstelle, Begriff der Loyalität eher unbekannt.

Geschäftsführung
Leitet das Krankenhaus oder eine andere Versorgungseinrichtung. Aufgaben sind z. B.: Erzielung eines positiven Betriebsergebnisses und Sicherstellung einer qualitativ hochwertigen Patientenversorgung. Repräsentiert wird die Geschäftsführung häufig von einem ärztlichen Geschäftsführer (in Alleinstellung) oder durch eine duale Geschäftsführung aus einem ärztlichen und einem kaufmännischen Geschäftsführer.

Geschäftsmodell
Unternehmerisches Konzept zur Erreichung definierter Geschäftsziele.

Gesundheitskommunikation
Gesundheitskommunikation ist der Austausch von Informationen rund um die Gesundheit zwischen unterschiedlichen Akteuren.

Gesundheitskompetenz
Gesundheitskompetenz „ist der Grad, zu dem Individuen durch Bildungs-, Sozial- und/oder Gesundheitssystem in die Lage versetzt werden, die für angemessene gesundheitsbezogene Entscheidungen relevanten Gesundheitsinformationen zu finden, zu verarbeiten und zu verstehen" (*Definition des DNGK, s. auch Naczinsky und Preising 2021*).

Gesundheitsmarkt
Wirtschaftsbereich, der sich mit der menschlichen Gesundheit befasst. Der sogenannte *erste Gesundheitsmarkt* bezieht sich auf Leistungen der traditionellen Gesundheitsversorgung durch die Gesetzliche (GKV) und die Private Krankenversicherung (PKV). Der sogenannte *zweite Gesundheitsmarkt* umfasst Produkte und Dienstleistungen im Kontext von Gesundheit und Krankheit auf Grundlage privater Finanzierung.

Gesundheitsökonomie
Befasst sich mit der Analyse des Gesundheitssystems bzw. mit seinen einzelnen Facetten wie z. B. der Analyse von Gesundheitsdienstleistungen mit betriebswirtschaftlichen Methoden. Ziel: Optimierung der Effizienz und Effektivität von Gesundheitsdienstleistungen.

Gesundheitsstrukturgesetz (GSG)
Gesetz vom 22.12.1992, das z. B. abstellt auf: freie Kassenwahl für alle GKV-Mitglieder ab 1996, ambulante Operationen im Krankenhaus etc. (Siehe auch: KomPart, 2012)

Gesundheitswirtschaft
Sich etablierender Begriff für den eigenständigen Wirtschaftszweig rund um die Gesundheit. Der Begriff ersetzt zunehmend den Begriff „Gesundheitswesen".

Gesundheitszentrum
Nicht einheitlich verwendeter Begriff. Darunter wurde bisher häufig ein Ärztehaus verstanden, in welchem Ärzte unterschiedlicher Fachrichtungen voneinander unabhängig Patienten betreuen. Verschiedene Krankenkassen beziehen diesen Begriff auf ärztliche Zentren, in denen, ähnlich wie in einem *Medizinischen Versorgungszentrum (MVZ)*, Fachärzte unterschiedlicher Fachrichtungen Patienten betreuen. Im Gegensatz zum MVZ sind die im Gesundheitszentrum agierenden Ärzte bzw. Praxen jedoch unternehmerisch selbstständig. Eine synonyme Verwendung bzw. Gleichsetzung der Begriffe „MVZ" und „Gesundheitszentrum" erscheint deshalb nicht angemessen.

Governance-System
System aus vier Säulen der Unternehmenssteuerung: Risikomanagement, Compliance Management, Internes Kontrollsystem, Interne Revision.

H
Hausarzt
Niedergelassener Arzt mit Lotsenfunktion, erster Ansprechpartner des Patienten bei medizinischen Problemen. Bedarfsorientiert Überweisung zum Facharzt, Einweisung in ein Krankenhaus.

Hierarchie
Abgestuftes System von Verantwortlichkeiten und Zuständigkeiten (siehe *Funktionale Krankenhausorganisation*).

Hygienemanagement
Teil des Qualitätsmanagements, mit dem Ziel, nosokomiale Infektionen zu vermeiden bzw. zu bewältigen und damit Kosten zu sparen.

I

Indikation

Indiziert ist ein Arzneimittel, wenn es für die Therapie einer bestimmten Erkrankung vorgesehen und somit dafür geeignet ist. Gegensatz: ▸*Kontraindikation*.

Indikationsqualität

Qualität der Indikation. Sie definiert die Punktgenauigkeit der Diagnose und ist der Ergebnisqualität sozusagen vorgeschaltet. Gute ▸*Ergebnisqualität* ist ohne hohe Indikationsqualität (und ohne ▸*Therapeutische Qualität*) nicht erzielbar

Individualisierte Medizin

Beinhaltet kostenaufwendige medizinische Interventionen, die für Patienten individuell und ökonomisch attraktiv sind (z. B. Diagnose über Genprofile, Behandlungen mit köpereigenen Zellpräparaten). Ihre Zielrichtung und Anwendung sind durchaus umstritten.

Individuelle Gesundheitsdienstleistungen (IGeL)

Gesundheitsdienstleistungen, die außerhalb des Leistungskatalogs der GKV angesiedelt sind. Sie können somit in der Regel von den Vertragsärzten nicht mit den Krankenkassen abgerechnet werden bzw. müssen von den Patienten selbst bezahlt werden. Über Zusatzversicherungen können einzelne Leistungen aus der von der ▸*Kassenärztlichen Bundesvereinigung (KBV)* erstellten „IGeL-Liste" erstattet werden.

Instrumente des Qualitätsmanagements

Gesamtheit von Maßnahmen zur Erfassung von Wünschen und Anregungen des Patienten. Dazu gehören: Patientenbefragungen, Mitarbeiterbefragungen, Befragungen von Einweisern, Beschwerdemanagement, Vorschlagsmanagement.

Integrierte Versorgung nach § 140 ff SGB V

Sektorenübergreifende Versorgung. Dabei müssen entweder mindestens zwei Ärzte unterschiedlicher Fachrichtungen oder zwei Leistungserbringer aus verschiedenen Versorgungssektoren Vertragspartner gegenüber einer gesetzlichen Krankenkasse sein. Bisher ist eine Integrierte Versorgung in Deutschland bedauerlicherweise nicht annähernd umfassend realisiert. Damit kann derzeit eine durchgängige „Versorgung ohne Brüche" aufgrund der immer noch vorhandenen formalen Trennung zwischen „stationär" und „ambulant" zum Nachteil von insbesondere alten Patienten nicht realisiert werden. Dies schadet auch der Patientensicherheit.

Interdisziplinäres Behandlungszentrum

Fachübergreifendes Zentrum im Krankenhaus, an dem mehrere Fachabteilungen beteiligt sind (z. B. Bauchzentrum).

Inzidenz

Begriff aus der Epidemiologie. Beziffert die Anzahl der an einer Krankheit Neuerkrankten bezogen auf eine definierte Population und einen bestimmten Zeitraum (z. B. 100.000 Einwohner, 1 Jahr). Die Inzidenz hat wichtige Bedeutung für die Erforschung von Ursachen schwerer Erkrankungen, z. B. von Krebserkrankungen. Aktuelle Bedeutung hat sie momentan in der Corona-Krise. Der Inzidenzwert dient hier als wichtiger Indikator bzw. Anhaltspunkt für Öffnungen von Einrichtungen und ggf. die Einschränkung von Bürgerrechten zwecks Zurückdrängung des Infektionsgeschehens.

Ist-Analyse

Erfassung des aktuellen Zustandes eines Prozesses oder einer Prozesskette.

Ist-Pfad

Resultat einer ›*Ist-Analyse*. Bei der Entwicklung von ›*Klinischen Pfaden* wird zunächst der Ist-Zustand erhoben bzw. ein „Ist-Pfad" erstellt. Dieser beschreibt die einzelnen Schritte der Behandlung, das beteiligte Personal und die entstandenen Kosten. Auf Grundlage des „Ist" wird das „Soll" bzw. der ›*Soll-Pfad* entwickelt. Er definiert die zukünftige Behandlung.

K

Kernkompetenzen

Eigenschaften und Fähigkeiten, die kraft Ausbildung für die Berufstätigkeit relevant sind. Kernkompetenz des Arztes: medizinische Expertise zur Betreuung des Patienten, Kernkompetenz der Verwaltung: kaufmännische Qualifikationen, z. B. im Hinblick auf die Frage der Sicherstellung von ›*Wirtschaftlichkeit* im Krankenhaus

Klinischer Pfad (Clinical Pathway)

Netzartiger, berufsgruppenübergreifender Behandlungsablauf auf evidenzbasierter Grundlage (›*Leitlinie*), der Patientenerwartungen, Qualität und Wirtschaftlichkeit gleichermaßen berücksichtigt und auf ein homogenes Patientenkollektiv ausgerichtet ist. Er dient der Standardisierung von Behandlungsprozessen zu definierten Diagnosen mit dem Ziel der Qualitätsverbesserung und Kostenminimierung. Für die behandelten Patienten ist er verbindlich, was ein Abweichen vom Pfad in besonderen Fällen jedoch nicht ausschließt, sofern dies begründet wird. Der Begriff Klinischer Pfad bezieht sich auf stationäre und ambulante Pfade im Krankenhaus, nicht jedoch auf den ambulanten und Integrierten Versorgungsbereich. Hier wird der Begriff ›*Behandlungspfad* (ambulanter und sektorenübergreifender Behandlungspfad) verwendet.

Kollegiale Entscheidungsfindung

Kollegiale Entscheidungsfindung ist, ähnlich wie die ›*Partizipative Entscheidungsfindung (PEF)* im ›*Arzt-Patient-Dialog,* eine konsentierte Entscheidungsfindung im Miteinander von Chefarzt und Mitarbeitern (z. B. Oberärzten).

Kommunikation
Interpersoneller Informationsaustausch. Dieser kann im persönlichen Gespräch, auf schriftlicher Grundlage oder unter Einbeziehung technischer Mittel erfolgen.

Kommunikative Kompetenz
Gesamtheit von Fähigkeiten für die Sicherstellung einer an den Bedürfnissen definierter Adressaten ausgerichteten Kommunikation: zuhören können, das Gegenüber ausreden lassen, sich sprachlich auf das Gegenüber einstellen können und die Fähigkeit, das Gegenüber von seinen Zielen überzeugen zu können.

Komplexpauschalen
Honorareinheiten mit Vergütung einer Gesamtleistung, die von mehreren Leistungserbringern erbracht wurde (z. B. bei sektorenübergreifenden Versorgungskonzepten mit Beteiligung von Krankenhaus- und niedergelassenen Ärzten).

Konfliktmanagement
Führungsinstrument mit dem Ziel, Konflikte zu vermeiden und zu bewältigen.

Kontinuierlicher Verbesserungsprozess (KVP)
Instrument des ›Qualitätsmanagements. Ziel ist es, Prozesse kontinuierlich zu überprüfen und zu optimieren, damit auch neuen Erfordernissen schnell Rechnung getragen werden kann (Beispiel: ›Klinischer Pfad, der ja stetig dem wissenschaftlichen Stand angepasst werden muss).

Kontraindikation
Kontraindiziert ist z. B. ein Arzneimittel, das zwar grundsätzlich für die Behandlung einer bestimmten Erkrankung anwendbar ist, unter bestimmten Voraussetzungen aber nicht eingesetzt werden darf (z. B. ein Antibiotikum in der Schwangerschaft, um embryonalen Schäden vorzubeugen, oder aber ein Arzneimittel, das im Falle einer Mehrfacherkrankung des Patienten die Wirkung eines anderen zur Behandlung des Patienten eingesetzten Arzneimittels aufhebt).

Kooperation
Zusammenschluss von zwei oder mehr Partnern zu gegenseitigem Nutzen auf Grundlage gemeinsamer Ziele (z. B. zur Einsparung von Kosten, Optimierung des Geschäftsergebnisses etc.). Im Gesundheitswesen haben Kooperationen vor allem Bedeutung als ›Kooperative Versorgungsstrukturen.

Kooperationsmarke
Marke, die sich auf das Zusammenwirken von Kooperationspartnern bezieht (z. B. Krankenhaus und Ärztenetz als Kooperationspartner). Über die Marke können Patienten und

anderen externen Kunden gleiche Anliegen kommuniziert werden (z. B. identische Quali-tätsstandards). Die Marke kann somit auch zur Rekrutierung und Bindung von Patienten für alle an der Kooperation beteiligten Partner genutzt werden.

Kooperationsqualität

Qualität der Zusammenarbeit im Krankenhaus (z. B. zwischen den verschiedenen Berufs-gruppen, Geschäftsführung, Pflege und Leitenden Ärzten) und bei der kooperativen Ver-sorgung (interdisziplinäre Behandlungszentren im Krankenhaus, Integrierte Versorgung). Kooperationsqualität ist basales Element für gute ›*Prozessqualität*, ›*Therapeutische Qua-lität* und hochwertige ›*Ergebnisqualität.*

Kooperative Versorgungsstrukturen

Zusammenschluss mehrerer Leistungserbringer zum gegenseitigen Nutzen. Kooperatio-nen sind für das Krankenhaus das Versorgungsmodell der Zukunft. Zielsetzungen sind: Versorgungssicherung, Optimierung der Behandlungsqualität, Sicherung von Einweisern, Verschiebung stationärer Budgets in den ambulanten Sektor, Einsparung von Kosten durch gemeinsame Beschaffung von Medizinprodukten, effizientere Kostengestaltung durch Outsourcing etc.

Krankenhausbehandlung

Vollstationäre, teilstationäre, vorstationäre und nachstationäre Behandlung, zusätzlich auch die ambulante Behandlung im Krankenhaus.

Krankenhausfinanzierungsgesetz (KHG)

Gesetz von 1972 zur Regelung der dualen Finanzierung von Krankenhäusern.

Krankenhausfinanzierungsreformgesetz (KHRG)

Gesetz von 2008 zur Regelung der Einführung von Fallpauschalen.

Krankenhausleitung

Person oder Gremium mit übergreifender Verantwortung für die strategische Entwicklung und Zukunftssicherung des Krankenhauses. Beinhaltet unterschiedliche Optionen (z. B. Ärztlicher Geschäftsführer, Dreigestirn aus Ärztlichem Direktor, Pflegedirektor und Kauf-männischem Direktor).

Krankenhausstrukturgesetz (KHSG)

Am 1.1.2016 in Kraft getretenes Gesetz, das vor allem auf Verankerung von mehr Qualität im Krankenhaus abstellen soll. Das Gesetz weist erhebliche Schwächen auf, denn es ist nicht festgelegt, was Qualität konkret sein soll, wie gute Qualität honoriert werden kann und welche Sanktionsmaßnahmen ggf. einbezogen werden können.

Kunde
Der Patient als (externer) Adressat der Leistungserbringung im Krankenhaus. Kunden sind aber auch Mitarbeiter (interne Kunden) und Kooperationspartner (externe Kunden).

Kundenorientierung im Krankenhaus
Kundenorientierung ist die Fokussierung auf alle Kunden des Krankenhauses (Patienten, Mitarbeiter, Kooperationspartner) mit dem Ziel der Herstellung von Kundenzufriedenheit auf Grundlage der Erfüllung spezifischer Wünsche und Bedürfnisse.

Kundenzufriedenheit
Ergebnis von ›*Kundenorientierung*. Der Grad der Kundenzufriedenheit ist ein Maß für die Kundenorientierung und die Qualität eines Krankenhauses.

L
Leistungsspektrum
Gesamtheit der medizinischen Leistungen (Leistungsportfolio) einer Fachabteilung oder des Krankenhauses.

Leitbild
Unternehmerisches Instrument mit Orientierungsfunktion für Patienten, Mitarbeiter und Kooperationspartner, das von allen Mitarbeitern getragen werden soll. Es ist eine Art „ethischer Ausweis" der gesamten Mitarbeiterschaft mit Spiegelung der Haltungen und Einstellungen des Unternehmens im Hinblick auf die Fürsorge für die Patienten.

Leitender Oberarzt
Vertreter des Chefarztes in der Gesamtheit der Dienstaufgaben und Mittler zwischen Chef- und Oberärzten.

Leitlinie
Beschreibt das medizinische oder pflegerische Vorgehen bei der Behandlung und Betreuung der von einer bestimmten Erkrankung betroffenen Patienten.

Liquidationsrecht
Dem Chefarzt kann vertraglich das Recht eingeräumt werden, für persönlich erbrachte Leistungen eine Vergütung einzufordern. Meist bezieht sich dies auf wahlärztliche Behandlungen. Ein eigenes Liquidationsrecht ist dann gegeben, wenn der Chefarzt die Befugnis hat, mit dem Patienten selbst abzurechnen.

Liquidität
Fähigkeit eines Unternehmens, allen seinen vertraglichen Zahlungsverpflichtungen termingenau nachzukommen.

M

Magnetwirkung des Chefarztes

Effekt, der über ein spezifisches Personalmarketing des Chefarztes erzielt werden kann, z. B. für eine erfolgreiche Rekrutierung von Mitarbeitern der ›*Generation Y* über das Internet. Dieser setzt voraus, dass der Chefarzt nicht nur einschlägige ›*Managementkompetenzen* besitzt, sondern diese auch in der praktischen Umsetzung im Krankenhausalltag sichtbar werden (z. B. kollegiale Entscheidungsfindung, Teamorientierung, Fähigkeit zur Führung altersheterogener Mitarbeitergruppen, gute Zusammenarbeit mit der Geschäftsführung). Insgesamt muss für die Magnetwirkung ein ›*Markenstatus des Chefarztes* auf Grundlage von Managementkompetenzen gegeben sein.

Management

Gesamtheit der Aktivitäten zur Bestandsicherung eines Krankenhauses oder einer Fachabteilung in Bezug auf Personal, Finanzmittel oder Strukturen.

Managementaufgaben einer Fachabteilung im Krankenhaus

Gesamtheit der betriebswirtschaftlichen und managementorientierten Aufgaben, die in einer Fachabteilung anfallen.

Managementkompetenzen

Gesamtheit von Fähigkeiten und Eigenschaften einer Person, ein Unternehmen oder eine Fachabteilung strategisch und operativ wettbewerbsfähig und zukunftssicher auszurichten. Dazu gehören: kommunikative Kompetenz, soziale Kompetenz, Kooperationsfähigkeit, Führungsqualitäten, betriebswirtschaftliches Wissen, Rechtssicherheit.

Managementqualität

Qualität des Managements, sei es in Bezug auf das Krankenhaus, die Fachabteilung oder eine ›*Kooperative Versorgungsstruktur*. Effizientes Management, z. B. der Fachabteilung, kann sich positiv auf die Behandlungsergebnisse auswirken. Entsprechendes gilt für ›*Interdisziplinäre Behandlungszentren* im Krankenhaus. Wird das Zentrum gut gemanagt, d. h. greifen die notwendigen Interventionen der am Zentrum beteiligten Fachabteilungen stimmig ineinander, kann sich dies auf das Behandlungsergebnis positiv auswirken und ggf. auch Kosten einsparen helfen.

Marke

Ein durch besondere Eigenschaften hervortretendes Produkt, das sich von anderen ähnlichen Produkten abhebt und in der Regel unverwechselbar erkennbar gekennzeichnet ist, sei es durch einen Namen (Coca Cola), ein Symbol (Krokodil von Lacoste) oder ein geschütztes Warenzeichen (Medical Hospital Manager, MHM®).

Marke Chefarzt

Eine „Marke Chefarzt" ist identifizierbar, wenn der Chefarzt einen exzellenten fachlichen Ruf hat und dies auch über eine formale Marke (Personenmarke) kommuniziert wird.

Marke für das Krankenhaus

Angewendet auf das Krankenhaus oder die Abteilung als Institution bedeutet Marke, dass das Krankenhaus, die Abteilung oder aber auch ein Chefarzt sich gegenüber Wettbewerbern durch besondere Formen und Arten der Leistungserbringung auszeichnet (Best Practice).

Marke für Netze

Eine formale Marke ist für ein regionales Ärztenetz oder ein Gesundheitsnetz aus Krankenhäusern und ambulanten Einrichtungen sinnstiftend. Für die Mitglieder des Netzes bedeutet sie Verpflichtung (z. B. Realisierung definierter Qualitätsanforderungen), für die Patienten kann sie Qualität und Verlässlichkeit aller im Netz tätigen Leistungserbringer symbolisieren.

Markenbehandlung

Behandlung auf Grundlage eines standardisierten und strukturierten Behandlungsablaufes (▸*Klinischer Pfad* oder ▸*Behandlungspfad*), häufig auch als ▸*Medizinisches Markenprodukt* ausgewiesen. Markenprodukte beinhalten detaillierte Festlegungen zu Qualität, Zeit (z. B. Haltbarkeit einer Prothese) und Kosten. Sie sind deshalb insbesondere auch interessant für Verträge von Leistungserbringern mit den Krankenkassen.

Markenbildung

Prozess der Bildung und Entwicklung einer Marke. Zunehmend wichtig werdender Anteil der Produktpolitik eines Unternehmens mit dem Ziel, den Kunden über die Marke Vertrauen, Glaubwürdigkeit und fachliche Expertise zu vermitteln. Die Marke eines Gesundheitsunternehmens wirkt dabei nicht nur im Sinne der Kundenbindung und Kundenrekrutierung extern, sondern auch intern als Bindeglied und Orientierungshilfe zwischen den Partnern oder Mitarbeitern (*Corporate Identity*).

Markenstatus des Chefarztes

Werbewirksamer Status des Chefarztes basierend auf hoher medizinischer Expertise in Verbindung mit einschlägigen Managementkompetenzen und deren Spiegelung in der täglichen Krankenhauspraxis (z. B. gute Führung von Mitarbeitern, gute Zusammenarbeit mit der Geschäftsführung etc.). Grundlage für eine Magnetwirkung zur erfolgreichen Rekrutierung von Mitarbeitern, z. B. über die elektronischen Medien. Der Markenstatus kann in einer formalen Marke verankert werden.

Marketing

Funktion des Managements zur Analyse von Kundenbedürfnissen und damit zur Befähigung des Unternehmens, diesen im Vergleich zu einschlägigen Wettbewerbern besser Rechnung tragen zu können.

Marktanalyse

Systematische Analyse des Krankenhausmarktes im Einzugsgebiet eines Krankenhauses mit dem Ziel der Steigerung der Wettbewerbsfähigkeit.

Marktversagen

Wird häufig und fälschlicherweise mit ›*Ökonomisierung* verwechselt. Wenn Ärzte das Gesundheitssystem kritisieren, gebrauchen sie häufig den Begriff Ökonomisierung, meinen aber damit meist Marktversagen aufgrund unzureichender Gesetze, fehlerhafter Honorarsysteme etc. Ökonomisierung passt hier nur im Hinblick auf eine zunehmend von Investoren geprägte Umgebung, z. B. Medizinproduktehersteller als Betreiber von Medizinischen Versorgungszentren.

Master of Business Administration (MBA)

Abschlussbezeichnung für berufsqualifizierende Weiterbildungsstudiengänge mit betriebswirtschaftlicher Ausrichtung. Zunehmend auch absolviert von Krankenhausärzten, die Leitungspositionen (Chefarzt, Ärztlicher Direktor, Ärztlicher Geschäftsführer) anstreben, um den Erfordernissen einer nicht nur qualitätsorientierten, sondern auch wirtschaftlichen Patientenversorgung Rechnung tragen zu können.

MDK

Medizinischer Dienst der Krankenversicherung mit Beratungs- und Begutachtungsfunktion (z. B. Begutachtung von alten Menschen zwecks Zuordnung eines Pflegegrades).

Medizinisches Markenprodukt

Standardisiertes Behandlungskonzept für definierte Patientengruppen mit reproduzierbarem Ergebnis (z. B. eine Hüftprothese). Der Weg zum medizinischen Markenprodukt ist aufwendig. Grundlage eines Markenprodukts ist ein ›*Klinischer Pfad*, wie er zur Prozessoptimierung, Qualitätsverbesserung und Kostenminimierung in Krankenhäusern eingesetzt wird. Der Pfad ist sozusagen das Rückgrat des Produkts, indem er Vorgehensweise und zeitliche Gegebenheiten detailliert beschreibt.

Medizinisches Versorgungszentrum (MVZ)

Medizinische Versorgungszentren sind ambulante, fachübergreifende, ärztlich geleitete Einrichtungen, in denen Ärzte, die in das Arztregister eingetragen sind, als Angestellte oder Vertragsärzte tätig sind. (Siehe auch: Hellmann, 2006, S. 214).

Mentoring
Methode, die unerfahrene von erfahrenen Mitarbeitern lernen lässt und damit zur Förderung der persönlichen und beruflichen Weiterentwicklung von Mitarbeitern sehr geeignet ist.

Mindestmenge
„Indikator, der die Anzahl der in einem Zeitraum erbrachten Leistungen beschreibt und in § 137 SGB V für die Zulassung zur Erbringung von Leistungen vorgeschrieben ist" (Bundesärztekammer, 2007).

Mitarbeiterbefragungen
Sind analog den ▸*Patientenbefragungen* ein wichtiges Instrument des ▸*Qualitätsmanagements*, aber auch des Personalmanagements. Ähnlich wie bei Patientenbefragungen ist ihr Einsatz nur sinnvoll, wenn aus den Ergebnissen auch tatsächlich Verbesserungen für die Adressaten abgeleitet werden.

Mitarbeitermarketing
Gesamtheit der Aktivitäten der Fachabteilung oder des Krankenhauses zur Rekrutierung, Bindung und Wiedereingliederung von Mitarbeitern.

Mitarbeiterorientierung
Gesamtheit der Aktivitäten eines Krankenhauses bzw. einer Fachabteilung, um Wünschen und Bedürfnissen der Mitarbeiter umfassend Rechnung zu tragen, sei es im Hinblick auf Gesundheit und das Wohlfühlen am Arbeitsplatz, sei es in Bezug auf Karriereentwicklung, Weiterbildung und attraktive Verdienstmöglichkeiten. Insgesamt spiegelt sie sich in Arbeitszufriedenheit bzw. ▸*Mitarbeiterzufriedenheit*.

Mitarbeiterzufriedenheit
Zustand, der resultiert, wenn ein Mitarbeiter gute Arbeitsbedingungen hat und sich mit dem Unternehmen, in dem er tätig ist, identifiziert. Mitarbeiterzufriedenheit muss zentrales Ziel des Managements sein. Denn nur zufriedene Mitarbeiter können dazu beitragen, das Unternehmen nach vorne zu bringen und wettbewerbsfähig zu halten. Realisierbar ist Mitarbeiterzufriedenheit z. B. durch angemessene Vergütung, familienfreundliche Arbeitsbedingungen, Wertschätzung auch durch Führungskräfte, Zuordnung von Tätigkeiten, die mit der Qualifikation des Mitarbeiters kompatibel sind und ausreichende Fortbildungsmöglichkeiten.

Moderator
Eine Sitzung oder Veranstaltung steuernde Person mit Kenntnissen der Inhalte.

Monitor
Verantwortlicher für die Überwachung eines Prozesses (z. B. Prüfung eines Arzneimittels).

Mortalitäts- & Morbiditätskonferenzen

„Forum, bei dem Chirurgen unerwartete Komplikationen in der Patientenbehandlung in einem offenen Forum diskutieren können" (Kuhlen et al., 2011).

Motivation

Impuls zu einer Handlung oder einem Verhalten, beispielsweise zu einer besseren Kooperation mit Mitgliedern anderer Berufsgruppen oder einem höheren Engagement für das Unternehmen. Zu unterscheiden sind die *extrinsische Motivation* (z. B. Beeinflussung durch ein höheres Gehalt) und die *intrinsische Motivation* (Beeinflussung durch die innere Einstellung).

Mündiger Patient

Patient mit den nötigen intellektuellen Fähigkeiten und Kenntnissen zur Führung eines ▸*Arzt-Patient-Dialogs* auf Augenhöhe zwecks gemeinsamer Festlegung einer geeigneten Therapie (▸*Partizipative Entscheidungsfindung*).

O

Oberarzt

Verantwortlich für Teil- und Funktionsbereiche einer Fachabteilung, sofern entsprechende Aufgaben vom Chefarzt übertragen wurden. Für diesen Fall ergibt sich ein eingeschränktes Aufsichts- und Weisungsrecht im Hinblick auf die Mitarbeiter.

Ökonomische Qualität

Ausgewogenes Verhältnis zwischen hoher Behandlungsqualität und Wirtschaftlichkeit. Ökonomische Qualität beinhaltet das Maßhalten im Kontext überspannter Forderungen nach Behandlungsqualität.

Ökonomisierung

Folge eines zunehmend erweiterten Marktes, in dem immer mehr Güter in „Produkte" umgewandelt werden. Diese Produkte werden preisorientiert auf einem Markt gehandelt. Ökonomisierung wird von Ärzten auch als Kampfbegriff verwendet, der suggerieren soll, unser Gesundheitssystem bedürfe einer Systemänderung.

Ortsnahe Versorgung

Möglichkeit, Patienten in dünn besiedelten Ländern angemessen zu versorgen. Derzeit wird diesbezüglich sehr kontrovers diskutiert. Krankenkassen und private Klinikketten plädieren zunehmend für eine Schließung kleinerer Krankenhäuser. Damit wird vor allem eine gute ärztliche Versorgung in ländlichen Bereichen in Frage gestellt.

Outcome

International geläufige Bezeichnung für das nachgefragte, geplante und planmäßig erbrachte Ergebnis des Krankenhauses im Einzelfall, für Patientengruppen und für das

Krankenhaus insgesamt (negativ: z. B. Mortalität, positiv: Gesundheitsstatus, Zufriedenheit). (Siehe auch: Hellmann, 2002, S. 272)

Outsourcing
Auslagerung von Leistungen eines Krankenhauses, z. B. Vergabe diagnostischer Laborleistungen an ein externes Labor.

P

Partizipative Entscheidungsfindung (PEF)
Partizipative Entscheidungsfindung (auch ›*Shared Decision-Making – SDM*) beinhaltet die Einbindung des Patienten in den Behandlungsprozess, z. B. im Zusammenhang eines ›*Arzt-Patient-Dialogs* mit dem Ziel einer gemeinsamen Entscheidung für eine auszuwählende Therapie.

Paternalistisches ärztliches Rollenverständnis
Ärztliches Rollenverständnis mit paternalistischer Ausrichtung. Der Arzt ist der Taktgeber, der Patient folgt. Ein Dialog auf Augenhöhe gemäß ›*Partizipativer Entscheidungsfindung (PEF)* ist in der Regel nicht gegeben.

Patientenautonomie
Umschreibt ein neues Selbstverständnis des Patienten, der sich als Partner des Arztes begreift, z. B. im ›*Arzt-Patient-Dialog*.

Patientenbeauftragter
Beauftragter der Bundesregierung zur Wahrung der Interessen von Patientinnen und Patienten in der medizinischen Versorgung.

Patientenbefragung
Instrument zur Ermittlung von Wünschen und Bedürfnissen der Patienten mit dem Ziel, die Versorgungs- und Servicequalität im Krankenhaus kontinuierlich zu optimieren.

Patientenbindung
Gesamtheit von Strategien zur Bindung des Patienten an das Krankenhaus. Dazu zählen z. B. Veranstaltungen des Krankenhauses für ehemalige Patienten, wie Rückenschulungen oder Fitnessprogramme für Herzpatienten. Ebenfalls hier einzuordnen sind die Angebote der Patientenuniversität an der Medizinischen Hochschule Hannover. Diese bietet im Rahmen eines Studiums fachliche Informationen unterschiedlichster Art für ehemalige und potenzielle Patienten an. Insofern ist die Patientenuniversität nicht nur ein Patientenbindungs-, sondern auch ein Patientenrekrutierungsinstrument. Neben diesen unternehmensbezogenen strategisch ausgerichteten Aspekten hat die Patientenuniversität (oder andere ähnliche Angebote) eine wichtige übergreifende Bedeutung. Sie trägt zur „Mündigkeit" von (potenziellen) Patienten bei, indem sie fundiertes medizinisches Fachwissen vermit-

telt und damit eine wichtige Grundlage für die *Patientenautonomie* bzw. einen zielorientierten Dialog zwischen Arzt und Patient schafft.

Patienteninformation
Informationen für den Patienten in mündlicher Form, als Papierversion (z. B. Informationsbroschüre) oder elektronisch zu unterschiedlichsten Fragen, die das Krankenhaus, sein Leistungsangebot und den Krankenhausaufenthalt des Patienten betreffen. Patienteninformationen beziehen sich auch auf ›*Patientenpfade*.

Patientenklagen
Klagen, die im Zusammenhang mit ›*Behandlungsfehlern* eingeleitet werden. Dies kann für das Krankenhaus und den verantwortlichen Arzt zu massiven finanziellen Problemen, aber natürlich auch zu einem gravierenden Imageschaden führen. Patientenklagen können zu einem hohen Prozentsatz vermieden werden, wenn der Arzt dazu mit dem Patienten in einen Dialog eintritt, sich zu seinem Fehler bekennt und die Gründe für das Entstehen des Fehlers darlegt.

Patientenmarketing
Gesamtheit der Marketingaktivitäten einer Fachabteilung oder des Krankenhauses zur Rekrutierung und Bindung von Patienten (z. B. Leistungsportfolio, Qualitätsbericht, Kooperationspartner etc.).

Patientenorientierung
Unternehmensphilosophie, die sich im Leitbild des Krankenhauses spiegelt. Sie umfasst alle Konzepte und Aktivitäten des Krankenhauses, die einer qualitativ hochwertigen und sicheren Patientenversorgung dienen und sich auf das Ziel Patientensicherheit ausrichten.

Patientenpfad
Vereinfachter und für den Patienten verständlich dargestellter ›*Behandlungspfad*. Er macht für den Patienten transparent, durch wen, wann und wo welche Leistung mit welcher Zielsetzung erbracht wird. Eine Gleichsetzung mit dem Begriff Behandlungspfad (oder auch ›*Klinischer Pfad*) ist somit nicht sinnvoll, denn der Behandlungspfad oder Klinische Pfad ist nach allgemeinem Verständnis ein „diagnostischer oder therapeutischer Wegweiser" oder „Behandlungskorridor" für Ärzte und Pflegende. (© Prof. Dr. Wolfgang Hellmann, 2003). Der Patientenpfad ist hingegen nur eine ›*Patienteninformation*.

Patientenrechtegesetz
Gesetz zur Stärkung der Patientenrechte, das am 26.2.2013 in Kraft getreten ist.

Patientensicherheit
Ergebnis aller Aktivitäten im Krankenhaus oder in kooperativen Versorgungsstrukturen, die für den Patienten eine (möglichst) risikofreie Behandlung sicherstellen. Nachhaltige

Patientensicherheit lässt sich nur gewährleisten durch die Einführung eines *Risikomanagementsystems*. Dabei spielt das *Medizinische (Klinische) Risikomanagement* eine zentrale Rolle. Ziel ist, *Behandlungsfehler* zu vermeiden und damit auch evtl. *Patientenklagen* vorzubeugen. Anonyme Fehlermeldesysteme wie *CIRS* sind ein wichtiges Instrument eines nachhaltigen medizinischen Risikomanagements.

Patientensicherheitsbeauftragter (PSB)
Beauftragter („Kümmerer") in einem Krankenhaus für die Betreuung von Patienten, auch in Bezug auf die Vermittlung von Inhalten, um Patienten dafür zu gewinnen, die Patientensicherheit mitzugestalten (z. B. Identifizierung und Meldung von Fehlern an die Zuständigen im Krankenhaus). Ausgewiesen durch Kenntnisse zu Abläufen im Krankenhaus, vor allem auch zum ›*Qualitätsmanagement* und ›*Risikomanagement*, aber auch durch das Vorhandensein methodisch-didaktischer Qualifikationen für die adressatengerechte Wissensvermittlung.

Patientensicherheitskonzept (PSK)
Gesamtkonzept, z. B. eines Krankenhauses, zur Gewährleistung von Patientensicherheit. Entsprechende Konzepte sind bisher nicht identifizierbar, wären aber dringend geboten. Eine Möglichkeit wird in diesem Buch vorgestellt (siehe Kap. 23).

Patientenzufriedenheit
Gesamthaltung und Einschätzung des Patienten gegenüber seinem Aufenthalt im Krankenhaus. Patientenzufriedenheit ist eher das Ergebnis der subjektiv wahrgenommenen Qualität des Krankenhauses in Bezug auf Prozesse und Services Denn die ›*Ergebnisqualität* im engeren Sinne kann der Patient in der Regel nicht beurteilen.

PDCA-Zyklus
Methode zur Qualitätsverbesserung. PDCA steht für Plan, Do, Check, Act. (Siehe auch: Hellmann, 2002, S. 273)

Peer Review
„Konstruktiv-kritische Bewertung erzielter Qualitätsergebnisse und kollegiale Beratung über Verbesserungspotenziale durch Fachkollegen anderer Einrichtungen auf gleicher Augenhöhe" (Kuhlen et al., 2011).

Personalbereich
Bereich, der sich mit allen Themen befasst, die das Personal des Unternehmens betreffen. Somit zuständig für Personalbeschaffung, Personalauswahl, Personaleinsatz, Personalentwicklung und Freisetzung von Personal.

Pfadkostenrechnung
Verfahren zur Kostenberechnung eines ›*Behandlungspfades* oder ›*Klinischen Pfades*.

Pfadmanager

Verantwortlicher für die Erstellung eines ›*Klinischen Pfades* (sowie für die Steuerung der Zusammenarbeit der verschiedenen Berufsgruppen im Pfadteam).

Pflege

Pauschalbezeichnung für Personen, die mit der Pflege von Patienten beauftragt sind, ungeachtet ihrer Ausbildung (akademisierte und nicht akademisierte Pflege) und dem Ort ihrer Tätigkeit (Krankenhaus, Pflegeeinrichtung etc.).

Pflegedienstleitung (PDL)

Verantwortliche Person für den Pflegedienst, in der Regel dem Mittleren Management zugeordnet. Die PDL hat die disziplinarische und fachliche Aufsicht über das Pflegepersonal.

Pflegedirektor

Neben dem ›*Ärztlichen Direktor* und dem ›*Verwaltungsdirektor* Mitglied der Geschäftsleitung (z. B. in kommunalen Krankenhäusern).

Prävention

Sammelbegriff für Maßnahmen zur Krankheitsvorbeugung und Gesundheitsförderung mit dem Ziel der Wiederherstellung der Gesundheit. *Primärprävention* meint die Minimierung von Krankheitsursachen oder von Krankheiten. *Sekundärprävention* fokussiert auf die Entdeckung von Frühphasen oder Frühstadien einer Erkrankung. *Tertiärprävention oder Rehabilitation* umfasst vor allem die Verhinderung oder Abschwächung von funktionellen Einschränkungen.

Praxisnetz

Sammelbegriff für unterschiedliche Kooperationsformen (z. B. Ärztenetz, Integriertes Versorgungsnetz bestehend aus MVZ, Krankenhaus und weiteren Gesundheitsdienstleistern).

Prinzip interner Kunde

Interne Kunden des Krankenhauses sind die Mitarbeiter. Das Prinzip interner Kunde bedeutet, dass jeder Mitarbeiter über die Orientierung am Patienten hinaus angehalten ist, auch andere interne Kunden (Mitarbeiter) in höchstmöglicher Qualität zu bedienen (z. B. Lieferung aussagekräftiger Daten des Controllers an die Fachabteilung). Wesentlich ist, dass dieses Prinzip nicht nur für die Arbeitsbeziehungen der „normalen" Mitarbeiter gilt, sondern auch für die Zusammenarbeit zwischen Chefärzten und Geschäftsführung eingefordert werden muss. (© Prof. Dr. Wolfgang Hellmann, 2017)

Private Klinikkettenbetreiber
Dazu gehören z. B. ASKLEPIOS, AMEOS, HELIOS. Dies sind Kliniken mit hoher Ren-
diteorientierung, die wegen angenommener Fehlentwicklungen zum Teil stark in der Kritik stehen.

Prozess
„Satz von in Wechselbeziehung oder in Wechselwirkung stehenden Tätigkeiten, der Ein-
gaben in Ergebnisse umwandelt" (*DIN EN ISO 9000:2000*). Differenziert werden können
Managementprozesse (übergreifende Planung und Organisation), *Kernprozesse* (Prozesse
der Leistungserbringung wie Behandlungsabläufe oder Diagnostik) und *Unterstützungsprozesse* zur Sicherstellung und Steuerung der Leistungserstellung (z. B. Aufgaben des
Personal- und Rechnungswesens, Gebäudemanagement).

Prozessmanagement
Gesamtheit des Managements von Prozessen (Abläufen) im Krankenhaus.

Prozessorientierung (PO)
Managementansatz, der als Alternative zur funktionalen Aufbau- und Ablauforganisation
mit voneinander isolierten Fachabteilungen verstanden werden kann. Prozessorientierung
beinhaltet eine Fokussierung auf flache Hierarchien und Teamorientierung mit erweiterten
Kompetenzen für die Pflege.

Prozessqualität
Qualität der Prozesse der medizinischen und pflegerischen Versorgung (Diagnostik, Be-
handlungsablauf, Kommunikation mit dem Patienten und Kooperation der verschiedenen
Berufsgruppen).

Q
Qualität
Güte oder Beschaffenheit eines Prozesses, Produktes oder einer Dienstleistung. Qualität
im Krankenhaus wurde bisher im Kontext von *Struktur-* und *Prozessqualität* vor allem an
der ›*Ergebnisqualität* festgemacht (*eindimensionale Qualität*). Inzwischen deutet sich
eine erweiterte Sicht von Qualität an (*multidimensionale Qualität*), die neben der Ergebnisqualität weitere Facetten in die Betrachtung einbezieht: *Servicequalität* (*subjektive
Qualität*), *diagnostische Qualität, Indikationsqualität, Arbeitgeberqualität, Kooperationsqualität, Managementqualität, ökonomische Qualität*. Nur wenn alle genannten Qualitäts-
facetten gebündelt und im Zusammenspiel betrachtet werden, kann Qualität im Krankenhaus nachhaltig verankert werden. (© Prof. Dr. Wolfgang Hellmann, 2016)

Qualitätsbericht
Bericht des Krankenhauses zu Aktivitäten rund um Qualität, wie Spektrum und Anzahl der
Leistungen und Stand der Qualitätssicherung. Verpflichtend seit 2005 mit Auflage zur Ver-
öffentlichung, auch im Internet.

Qualitätsdarlegung
Darlegung von Informationen zum Bemühen um Qualität. Diese können intern (internes Berichtswesen) oder extern (‣*Qualitätsberichte*, ‣*Zertifizierung*) ausgerichtet sein.

Qualitätsindikator
Quantitatives Maß zur Bewertung von Qualität (z. B. Mortalitätsrate bei operativen Eingriffen).

Qualitätskategorien
Definieren Teilaspekte der Qualität. Die Gesamtheit der Qualitätskategorien definiert die ‣*Ergebnisqualität*. Qualitätskategorien sind z. B. Strukturqualität, Prozessqualität, Managementqualität, ökonomische Qualität. Eine Übersicht über alle wichtigen Qualitätskategorien einschließlich Definitionen findet sich bei Hellmann (2021, S. 344).

Qualitätsmanagement (im Krankenhaus)
Unternehmensstrategie mit dem Ziel, Qualität nachhaltig zu verankern. Erreichbar wird dieses Ziel durch die Implementierung eines ‣*Qualitätsmanagementsystems*, das hohe ‣*Behandlungsqualität*, hohe ‣*Patientensicherheit* und hohe ‣*Servicequalität* im Kontext qualitätssichernder Maßnahmen auf Grundlage eines ‣*Kontinuierlichen Verbesserungsprozesses (KVP)* sicherstellen soll. (© Prof. Dr. Wolfgang Hellmann, 2003)

Qualitätsmanagementbeauftragte
Beauftragte für das ‣*Qualitätsmanagement*. Gemeint sein können hier Beauftragte für Qualität auf einer Stabsstelle mit direkter Zuordnung zur Geschäftsführung oder aber auch dezentrale Beauftragte zur Unterstützung der Fachabteilungen.

Qualitätsmanagementsystem
Managementsystem zur Planung, Strukturierung, Leitung und Lenkung einer Organisation für die kontinuierliche Umsetzung der ‣*Qualitätssicherung* in stationären und ambulanten Versorgungseinrichtungen. Rechtliche Grundlage für die Notwendigkeit der Einführung eines Qualitätsmanagementsystems ist das GKV-Modernisierungsgesetz. Gängige Systeme für Arztpraxen sind z. B. *Qualität und Entwicklung in Praxen* und *KTQ ambulant*, aber auch branchenspezifische Systeme wie z. B. *EFQM*. Zugelassene Krankenhäuser sind zur Einführung eines einrichtungsinternen Qualitätsmanagementsystems verpflichtet (§ 137 SGB V), in Bezug auf die Auswahl sind sie jedoch frei.

Qualitätsmanager
Verantwortlicher für das ‣*Qualitätsmanagement*, sei es auf Einrichtungs- oder Fachabteilungsebene.

Qualitätssicherung
Gesamtheit aller Maßnahmen in einem Krankenhaus zur Sicherung von Qualität.

R
Risiko
Ein geplantes oder ungeplantes unerwünschtes Ereignis, welches möglicherweise eine Organisation, einen Vorgang, einen Prozess oder ein Projekt beeinträchtigen kann. Wenn ein Risiko zu einem positiven Ereignis führt, bezeichnet man es als Chance oder Gelegenheit.

Risikobewältigung
Bewältigung von Risiken durch Instrumente des ‣*Risikomanagements* und des ‣*Qualitätsmanagements*.

Risikobewertung
Bewertung von Risiken nach ihrer Eintrittswahrscheinlichkeit.

Risikokategorien
Definieren Teilaspekte des ‣*Risikomanagements*. Die Gesamtheit der Risikokategorien spiegelt sich in dem Terminus *Umfassendes Risikomanagement* (URM). Risikokategorien sind z. B. Klinisches Risikomanagement, betriebswirtschaftliches Risikomanagement oder auch Risikomanagement bei Umweltrisiken. Eine Übersicht über alle wichtigen Risikokategorien einschließlich Definitionen findet sich bei Hellmann (2021, S. 345–346).

Risikokompetenz
Fähigkeit, ein Risiko im Kontext verschiedener Risikomöglichkeiten einschätzen zu können. Dies beinhaltet die Fähigkeit, mehrere Möglichkeiten abzuwägen und danach zu einem Ergebnis zu kommen. Risikokompetenz im Gesundheitsbereich sollten vor allem Ärzte mitbringen, insbesondere beim zentralen Thema der Risiko-Nutzen-Relationen von medizinischen Untersuchungen oder Behandlungen, um z. B. gemeinsam mit Patienten die optimale Therapie auswählen zu können (partizipative Entscheidungsfindung). Dies setzt allerdings Kompetenzen im Umgang mit Statistiken und in der Bewertung von Studien voraus. An diesen Fähigkeiten scheint es deutschen Ärzten leider zu mangeln. (Siehe auch: Gigerenzer & Muir Gray, 2018)

Risikomanagement
Gesamtheit aller Aktivitäten der Krankenhausleitung und der Mitarbeiter mit dem Ziel, Risiken für Patienten, Mitarbeiter und Kooperationspartner zu vermeiden, zu minimieren und zu bewältigen.

Risikomanagementsystem
Sicherungssystem zur Vermeidung und Minimierung von Unternehmensrisiken wie medizinischen Risiken für den Patienten, betriebswirtschaftlichen Risiken und juristischen Risiken. Zum Risikomanagementsystem gehören auch ‣*CIRS*, ‣*Business Continuity Management* und ‣*Compliance Management System*. (© Prof. Dr. Wolfgang Hellmann, 2014)

Risikoreduzierung
Bewältigung und Steuerung von Risiken.

Risikospirale
Der Begriff der Risikospirale beinhaltet eine von einem nicht bewältigten oder unterschätzten Risiko ausgehende „Streugefahr" für weitere Risiken. Wurde beispielsweise ein Krankenhausneubau geplant oder erstellt, dessen Kosten fehleingeschätzt wurdent, kann dies zu massiven Folgerisiken führen (Haushaltssperre mit fehlender Möglichkeit der Einstellung neuer Mitarbeiter, Aussetzung der Beschaffung neuer Großgeräte etc.). Im Extremfall kann das Krankenhaus so unter massiven finanziellen Druck kommen, dass der normale Geschäftsbetrieb nicht mehr aufrechterhalten werden kann. Ergebnis kann eine Einstellung der gesamten Aktivitäten des Krankenhauses sein. (© Prof. Dr. Wolfgang Hellmann, 2006)

Risikoüberwachung
Kontinuierliche Beobachtung bestehender, sich entwickelnder oder fortsetzender Risiken über das Risikocontrolling.

S
Selbstbewertung
Überprüfung der Unternehmensaktivitäten, z. B. bei der Einführung von Qualitäts- oder Risikomanagement.

Selbstmanagement
Fähigkeit, sich selbst zu steuern und zu führen. Fundament erfolgreicher Führung und damit die Grundlage für die Übernahme von Führungspositionen.

Soll-Pfad
Auf Grundlage einer ›Ist-Analyse entwickelter und gegenüber der ursprünglichen Behandlung optimierter Behandlungsablauf. (© Prof. Dr. Wolfgang Hellmann, 2003)

Strategie
Gesamtheit von Aktivitäten zur Zukunftssicherung des Krankenhauses, umfasst z. B. Menschenführung sowie den effizienten Einsatz von Ressourcen, Techniken und Materialien. Sie basiert auf einer Vision. (Siehe auch: Wichelhaus, 2008)

Strategien zur Verminderung von Personalrisiken
Pauschal betrachtet stehen im Mittelpunkt: die Schaffung von Arbeitsbedingungen, die eine gute Vereinbarkeit von Arbeit und Freizeit ermöglichen, gute Aufstiegsmöglichkeiten, Möglichkeiten zu einer persönlichen Weiterentwicklung, insbesondere auch fachlicher Natur (Fort- und Weiterbildung) und die Gelegenheit zur Wahrnehmung von Angeboten zur Gesundheitsförderung.

Stress
Persönliches (subjektives) Empfinden. Bei Mitarbeitern z. B. ausgelöst durch äußere Faktoren wie hohe Arbeitsdauer, Zeitdruck etc. oder innere Faktoren wie Ungeduld mit Kunden. Bei Patienten oft aufgrund innerer Faktoren, z. B. Angst vor dem, was im Krankenhaus auf sie zukommt, aber auch bei Konflikten mit dem Personal etc.

Strukturierte Behandlungsabläufe
Dazu zählen: Klinischer Pfad, Sektorenübergreifender Pfad, Stationärer Klinischer Pfad, Ambulanter Klinischer Pfad, Patientenpfad, Strukturierter Behandlungsablauf, Leitlinie, Standard Operation Procedure (SOP).

Systemimmanente Risiken
Risiken, die kontinuierlich bestehen, verursacht meist durch Fehler und Unterlassungen der Gesundheitspolitik.

Szenariotechnik*
Planungsmethode, bei der mögliche Zukunftsentwicklungen erarbeitet werden, z. B. Best Case Scenario (bestes denkbares Szenario) und Worst Case Scenario (schlechtestes denkbares Szenario). Bestimmte Voraussetzungen, deren Eintreten denkbar ist, werden in die Zukunft extrapoliert. Zwischen den Extremszenarien wird dann in der Regel ein wahrscheinliches „Trendszenario" verortet.

T
Telemedizin
Teilgebiet der Gesundheitstelematik mit Ausrichtung auf die Übermittlung gesundheitsspezifischer Informationen zwischen behandelndem Arzt und Patient oder zwischen Ärzten (Haus- und Krankenhausarzt) mithilfe von Telekommunikationsmedien. (Siehe auch: Dittmar et al., 2009)

Transparenz
Merkmal einer guten Unternehmenskultur mit dem Ziel, Strukturen, Prozesse und Entscheidungen nach innen und außen zu kommunizieren. Durchlässigkeit (Durchsichtigkeit) von Informationen bei Patienten und Mitarbeitern.

U
Unternehmensphilosophie
Umfasst die Einstellung des Unternehmens gegenüber der Gesellschaft und der Umwelt, gegenüber dem Markt und den Mitbewerbern sowie gegenüber den Menschen. Die Philosophie beschreibt den „Stil", mit dem ein Unternehmen seine Geschäfte betreibt.

Umfassendes Risikomanagement (URM)
Umfassender Ansatz zum ▸*Risikomanagement* auf Grundlage der Bündelung der verschiedenen relevanten ▸*Risikokategorien.*

Unternehmensstrategie Qualitätsmanagement
Strategie des Krankenhauses mit dem Ziel nachhaltiger Verankerung von Qualität durch Implementierung eines einrichtungsinternen ▸*Qualitätsmanagements* im Kontext einschlägiger Verfahren zur externen ▸*Qualitätssicherung.*

V

Validierung
Überprüfung der Einhaltung von Standards bei der Behandlung von Patienten (Vergleich mit Ist- Werten aus effektiven Behandlungsfällen).

Validität
Ausmaß, in dem ein Studienergebnis die Wirklichkeit spiegelt und frei von systematischen Fehlern ist.

Verbindlichkeit
Eine auf Vertrauen basierende Einhaltung von Absprachen. Verbindlichkeit ist ein wichtiges Kriterium für den regelrechten und erfolgreichen Einsatz von ▸*Klinischen Pfaden.* Gemeint ist das Erfordernis, sich an die Vorgaben des Pfades zu halten. Dies schließt ein Abweichen vom Pfad jedoch nicht aus. Sofern ein solches erfolgt, muss es begründet werden. Daraus folgt, dass eine Reglementierung oder Einschränkung ärztlicher Handlungskompetenz (wie von Ärzten manchmal behauptet) nicht vorliegt. (© Prof. Dr. Wolfgang Hellmann, 2011a)

Verwaltungsdirektor
Mitglied der Krankenhausleitung mit Zuständigkeit für Finanzen und Personal.

Verweildauer
Zeitraum zwischen Aufnahme ins Krankenhaus und Entlassung aus dem Krankenhaus.

W

Wettbewerbsanalyse
Analyse der in den Qualitätsberichten der Mitbewerber veröffentlichten Fallzahlen zu den behandelten Hauptdiagnosen und durchgeführten Prozeduren. (Siehe auch: Elmhorst & Hünefeld, 2008, S. 185–203)

Wirtschaftlichkeit
Anspruch, der unabdingbar mit der Versorgungsqualität verbunden ist. Im Zuge zunehmender Verknappung von Ressourcen im Kontext des neuen Vergütungssystems (DRG) sind Leistungen nicht nur qualitativ hochwertig, sondern auch wirtschaftlich zu erbringen. Gemäß § 12 SGB V beinhaltet dieser Begriff, dass medizinische Leistungen ausreichend, zweckmäßig und wirtschaftlich sein müssen. Die medizinische Leistung muss dem Behandlungsziel Rechnung tragen. Ärzten fällt es häufig schwer, dem Wirtschaftlichkeitsgebot zu folgen, da sie damit eine Einschränkung ihrer Fachkompetenz verbinden. (© Prof. Dr. Wolfgang Hellmann, 2011b)

Wirtschaftlichkeitsgebot
Nach dem gesetzlich verankerten Wirtschaftlichkeitsgebot der Gesetzlichen Krankenversicherung muss dem Aspekt der ▸*Wirtschaftlichkeit* angemessen Rechnung getragen werden. Das Gebot bezieht sich auf alle Bereiche der vertragsärztlichen Versorgung wie Diagnostik, Therapie, Medikation etc. Ziel ist es, eine qualitativ hochwertige Patientenversorgung mit Wirtschaftlichkeit kompatibel zu machen. Die Einhaltung des Wirtschaftlichkeitsgebotes wird durch Wirtschaftlichkeitsprüfungen überprüft. Zuständig dafür sind Krankenkassen und Kassenärztliche Vereinigungen (siehe auch § 106 SGB V).

Work-Life-Balance
Zustand, der den Grad der Kompatibilität („Verträglichkeit") von Arbeit und Privatleben ausdrückt.

Z

Zertifikat
Bescheinigung über die erfolgreiche Zertifizierung z. B. eines Krankenhauses oder einer Fachabteilung. Bescheinigt wird das Bemühen um Qualität.

Zertifizierer
Zur Zertifizierung berechtigte Einrichtung (z. B. TÜV Nord).

Quellenverzeichnis

Bundesärztekammer. (Hrsg.). (2007). *Curriculum Ärztliches Qualitätsmanagement* (4. Aufl.). Texte und Materialien der Bundesärztekammer zur Fortbildung und Weiterbildung, Band 10.

Dittmar, R., Wohlgemuth, W. A., & Nagel, E. (2009). Potenziale und Barrieren der Telemedizin in der Regelversorgung. *GGW, 4*, 16–26.

Elmhorst, D., & Hünefeld, D. (2008). Sicherung der Wettbewerbsposition durch konsequente Marktorientierung. In W. Hellmann, H. Baumann, M. L. Bienert & D. Wichelmann (Hrsg.), *Abteilungsmanagement für Leitende Ärzte* (S. 185–203). medhochzwei.

Gigerenzer, G., & Muir Gray, J. A. (Hrsg.). (2018). *Bessere Ärzte, bessere Patienten, bessere Medizin. Aufbruch in ein transparentes Gesundheitswesen.* Medizinisch Wissenschaftliche Verlagsgesellschaft.

Hellmann, W. (Hrsg.). (2002). *Klinische Pfade*. Ecomed.

Hellmann, W. (2003). Glossar. In W. Hellmann (Hrsg.), *Praxis Klinischer Pfade. Viele Wege führen zum Ziel* (S. 311–328). ecomed.

Hellmann, W. (Hrsg.). (2006). *Strategie Risikomanagement: Konzepte für das Krankenhaus und die Integrierte Versorgung* (S. 214). Kohlhammer.

Hellmann, W. (Hrsg.). (2007). *Gesunde Mitarbeiter als Erfolgsfaktor*. medhochzwei.

Hellmann, W. (2011a). Krankenhausmanagement. In W. Hellmann, S. Eble, B. Halbe, C. Kurscheid & D. Wichelhaus (Hrsg.), *Lexikon Krankenhausmanagement*. medhochzwei.

Hellmann, W. (2011b). Das kleine Lexikon zum Krankenhausmanagement. In W. Hellmann, R. Schmid, C. Schmitz & D. Wichelhaus (Hrsg.), *Managementwissen für Krankenhausärztinnen und Krankenhausärzte*. medhochzwei.

Hellmann, W. (2014). Glossar Kooperative Versorgungsstrukturen. In W. Hellmann (Hrsg.), *Handbuch Integrierte Versorgung, 44. Akt.* medhochzwei.

Hellmann, W. (2017). Glossar. In *Hellmann, W.: Kooperative Kundenorientierung im Krankenhaus*. Kohlhammer.

Hellmann, W. (2021). Risikokategorien. In W. Hellmann (Hrsg.), *Kooperative Versorgungsformen – Chance für den ländlichen Raum* (S. 345–346). Mediengruppe Oberfranken.

KomPart (Hrsg.). (2012). *Stichwort Gesundheitswesen: Ein Lexikon für Einsteiger und Insider. Stichwort Gesundheitsreform* (S. 141–142). KomPart-Verlag.

Kuhlen, R., Rink, O., & Zacher, J. (Hrsg.). (2011). *Jahrbuch Qualitätsmedizin*. Medizinisch Wissenschaftliche Verlagsgesellschaft.

Ley, U. (2010). Coaching: Beratung ohne Ratschlag. In U. Ley & G. Kaczmarczyk (Hrsg.), *Führungshandbuch für Ärztinnen* (S. 174–182). Springer.

Schmieg, P., Marquardt, G., & Korneli, P. (2011). Wie die Generation 65 plus das Krankenhaus verändert. *Krankenhaus, 103*(2), 129–133.

Thanner, M., & Nagel, E. (2010). Führen, Vertrauen, Verantworten. Leadership und Corporate social Responsibility als Bestandteile des Managements. *f&w, 27*(5), 505–507.

Wichelhaus, D. (2008). Strategiefindung und Umsetzung. In W. Hellmann, A. Beivers, C. Radtke & D. Wichelmann (Hrsg.), *Krankenhausmanagement für Leitende Ärzte* (S. 76–95). medhochzwei.

Adressen

Aktionsbündnis Patientensicherheit e. V.

Geschäftsstelle
Alte Jakobstraße 81
10179 Berlin
www.aps-ev.de

Deutsche Gesellschaft für Patientensicherheit
i.h.mydell@t-online.de, www.dgpas.de

Deutsche Stiftung Patientenschutz

Geschäftsstelle Dortmund Baldestr.9 44269 Dortmund	Geschäftsstelle München Europlatz 7 80469 München

info@stiftung-patientenschutz.de, www.stiftung-patientenschutz.de

Qualitouch-HC Foundation und Medcap GmbH
Löwenstrasse 2
CH-8001 Zürich
info@qualitouch-hc.org
www.outcomecalculator.org

Rebirth Forschungszentrum für translationale regenerative Medizin
Dr. Ing Tilmann Fabian
Medizinische Hochschule Hannover
www.rebirth-hannover.de

© Der/die Herausgeber bzw. der/die Autor(en), exklusiv lizenziert an Springer
Fachmedien Wiesbaden GmbH, ein Teil von Springer Nature 2022
W. Hellmann (Hrsg.), *Patientensicherheit*,
https://doi.org/10.1007/978-3-658-37143-2

Stichwortverzeichnis

Printed in the United States
by Baker & Taylor Publisher Services